El nuevo
Vivir del trading

Psicología • Disciplina
Herramientas y sistemas de *trading*
Control del riesgo • Gestión de operaciones

Dr. Alexander Elder

EDICIONES OBELISCO

Si este libro le ha interesado y desea que le mantengamos informado
de nuestras publicaciones, escríbanos indicándonos qué temas son de su interés
(Astrología, Autoayuda, Ciencias Ocultas, Artes Marciales, Naturismo,
Espiritualidad, Tradición…) y gustosamente le complaceremos.

Puede consultar nuestro catálogo en www.edicionesobelisco.com

Colección Éxito
El nuevo *Vivir del trading*
Dr. Alexander Elder

1.ª edición: septiembre de 2017
2.ª edición: marzo de 2018

Título original: *The New Trading for a Living*

Traducción: *Israel Planagumà*
Maquetación: *Juan Bejarano*
Corrección: *M.ª Ángeles Olivera*
Diseño de cubierta: *Isabel Estrada*

© 2014, Dr. Alexander Elder
(Reservados todos los derechos)
© 2017, Ediciones Obelisco, S. L.
(Reservados los derechos para la presente edición)

Edita: Ediciones Obelisco, S. L.
Collita, 23-25. Pol. Ind. Molí de la Bastida
08191 Rubí - Barcelona - España
Tel. 93 309 85 25 - Fax 93 309 85 23
E-mail: info@edicionesobelisco.com

ISBN: 978-84-9111-211-2
Depósito Legal: B-3.564-2017

Printed in Spain

Impreso en España por ANMAN, Gràfiques del Vallès, S. L.
c/ Llobateres, 16-18, Tallers 7 - Nau 10. Polígono Industrial Santiga.
08210 - Barberà del Vallès (Barcelona)

Reservados todos los derechos. Ninguna parte de esta publicación, incluido el diseño de la cubierta, puede ser reproducida, almacenada, transmitida o utilizada en manera alguna por ningún medio, ya sea electrónico, químico, mecánico, óptico, de grabación o electrográfico, sin el previo consentimiento por escrito del editor. Diríjase a CEDRO (Centro Español de Derechos Reprográficos, www.cedro.org) si necesita fotocopiar o escanear algún fragmento de esta obra.

A la memoria de Lou Taylor.
Un hombre sabio, un *trader* astuto y un amigo de verdad.

PRÓLOGO

La versión original inglesa de *Trading for a Living* fue publicada en 1993 y se convirtió en un best-seller internacional. Sigue estando en los puestos más destacados de muchas listas de lectura, gracias a las recomendaciones entre amigos y a que las empresas de *trading* lo entregan a sus nuevos empleados. He resistido la tentación de revisar mi libro durante todos estos años porque confiaba en su lógica interna, me gustaba. He estado trabajando, viajando, escribiendo otros libros y dando algunas clases. Ahora, veintiún años después, he aceptado actualizar mi libro más popular, para que puedan beneficiarse de las nuevas tecnologías, así como de las lecciones que he aprendido.

Mi gran amigo Lou Taylor, ya fallecido, y a quien dedico este libro, solía bromear: «Si gano un 0,5 % de inteligencia cada año, seré un genio para cuando muera». Revisar mi primer libro ha sido como vivir de nuevo mi juventud, con la ventaja de la experiencia.

Mientras planeaba esta actualización, pensaba en un complejo de edificios en Viena, Austria, llamado «el Gasómetro». En su núcleo hay depósitos de almacenamiento de varios pisos, erigidos por albañiles austríacos en 1927. Cuando la tecnología moderna hizo que los cilindros de gas quedaran obsoletos, los arquitectos los convirtieron en pisos modernos. Abrieron grandes aberturas en los muros de ladrillos, creando vistas panorámicas; pusieron suelos y ascensores y añadieron áticos acristalados. Solía quedarme en uno de estos áticos, y es por eso que he querido que mi nuevo libro siguiese ese modelo de combinar la vieja artesanía con la nueva tecnología.

Antes de empezar a leer este libro, hágase la pregunta: ¿cuál es el paso más importante que puedo dar para convertirme en un *trader* de éxito?

La psicología es importante. Mientras escribía el libro original *Trading for a Living* también practicaba activamente la psiquiatría y, desde entonces, la parte psicológica ha resistido la prueba del tiempo, por lo que ha sufrido pocos cambios en esta nueva edición.

El análisis del mercado es muy importante, pero recuerde: cuando observamos un gráfico, sólo estamos tratando con cinco datos: la abertura, el máximo, el mínimo, el cierre y el volumen. Acumular cantidad de indicadores y patrones sobre estos cinco valores sólo incrementa la confusión. Muy a menudo, menos es más. Si ha leído *Vivir del trading*, verá que he reducido el número de capítulos técnicos, y he movido algunos de ellos a un apéndice que se puede descargar de Internet. Por otro lado, he añadido algunos capítulos que se centran en nuevas herramientas, sobre todo el sistema impulso. También he añadido una sección sobre *stops*, objetivos de beneficio y otros detalles prácticos.

La gestión del capital es extremadamente importante, ya que los mercados financieros son focos de riesgo. Ésa era la parte menos sólida del libro original, por lo que la reescribí por completo. Una de las herramientas que encontrará es el triángulo de hierro del control del riesgo.

La psicología, las tácticas de inversión y la gestión del capital son los tres pilares del éxito, pero existe un cuarto factor que las une. Ese factor –que integra a los otros– es el mantenimiento de registros. Llevar un buen registro le permitirá aprender de sus experiencias. Le ayudará a salir del círculo vicioso de pequeñas ganancias y grandes pérdidas, dando vueltas como un hámster, sudando y estresado, sin llegar a ninguna parte. Llevar registros de calidad hará de usted su propio maestro y un mejor *trader*. Le mostraré diversos tipos de registros que deberá llevar, y compartiré con usted algunos de mis diarios de operaciones.

Si es un nuevo lector, bienvenido al viaje. Si ya ha leído *Vivir del trading*, espero que encuentre este libro dos décadas más inteligente que el primero.

Dr. Alexander Elder
Nueva York-Vermont, 2014

Introducción

1. El *trading*: la última frontera

Puede ser libre. Puede vivir y trabajar en cualquier lugar del mundo. Puede ser libre de la rutina y no tener que dar explicaciones a nadie.

Así es la vida de un *trader* de éxito.

Son muchos los que aspiran a esto, pero pocos lo consiguen. Un principiante mira una pantalla de cotizaciones y ve millones de dólares centelleando ante sus ojos. Trata de alcanzar el dinero y pierde. Vuelve a intentarlo –y aún pierde más–. Los *traders* pierden porque el juego es difícil, o por ignorancia, o por falta de disciplina. Si usted sufre alguna de estas aflicciones, escribí este libro para usted.

Cómo empecé en el *trading*

En el verano de 1976 conduje de Nueva York a California. Llevaba algunos libros de psiquiatría (entonces estaba en mi primer año de residente en psiquiatría), algunos historiales clínicos y una copia en rústica de *How to Buy Stocks*, de Engel. No me imaginaba para nada que aquel libro, sobado y con las esquinas dobladas que me había prestado un amigo abogado, llegaría un día a cambiar el curso de mi vida. Aquel amigo, por cierto, era todo lo contrario al dicho de «convierte en oro todo lo que toca»: todo lo que tocaba se hundía. Aunque ésa es otra historia.

Devoré el libro de Engel en áreas de descanso a lo largo de Estados Unidos y lo acabé en una playa del Pacífico en La Jolla. Antes no conocía nada del mercado de valores y la idea de ganar dinero simplemente pensando me fascinó.

Crecí en la Unión Soviética en los tiempos en que, según las palabras de un famoso ex presidente de EE.UU., ésta era «un imperio malvado». Yo odiaba el sistema soviético y quería escaparme, pero estaba prohibido emigrar. Comencé la universidad a los dieciséis años, me gradué en medicina a los veintidós, hice el período de prácticas y encontré trabajo como doctor en un barco. ¡Ahora ya podía escaparme! Salté de la nave soviética en Abiyán (Costa de Marfil).

Fui corriendo a la embajada de EE.UU. a través de las calles llenas de atascos y polvorientas de ese puerto africano, con los miembros de la tripulación persiguiéndome. En la embajada me escondieron en un piso franco y después me metieron en un avión con destino a Nueva York. Aterricé en el aeropuerto de JFK en febrero de 1974, proveniente de África, con veinticinco dólares en el bolsillo. Hablaba algo de inglés, pero no conocía absolutamente a nadie en ese país.

No tenía ni idea de qué eran las acciones, los bonos, los futuros ni las opciones, y de vez en cuando me mareaba al ver los billetes de dólares estadounidenses en mi cartera. En mi antiguo país, un puñado de ellos podían hacerte acabar tres años en Siberia.

La lectura de *How to Buy Stocks* abrió mi mente a un mundo completamente nuevo. Cuando volví a Nueva York compré mis primeras acciones –acciones de KinderCare–. Ocurrió algo muy malo: gané dinero en mi primera operación, y después de nuevo con la segunda, quedándome con la falsa ilusión de que ganar dinero en los mercados era fácil. Tardé dos años en deshacerme de esa noción.

Mi carrera profesional avanzaba por un camino diferente. Completé mis prácticas en psiquiatría en un hospital universitario muy importante, estudié en el Instituto de Psicoanálisis de Nueva York y trabajé como editor de libros en el mayor diario de psiquiatría de Estados Unidos. Aún conservo mi licencia, pero mi práctica profesional hoy se reduce a una o dos horas al mes, como mucho. Estoy muy ocupado con el *trading*, me encanta viajar y doy algunas clases.

Aprender el negocio del *trading* ha sido un largo viaje, con algunos puntos álgidos maravillosos y otros dolorosos. Mientras avanzaba, o daba vueltas en círculos sin llegar a ninguna parte, me estrellé contra un muro y acabé, repetidamente, con mi cuenta de operaciones bajo mínimos. Cada vez volvía a mi trabajo en el hospital, ahorraba algo, leía, pensaba, hacía más pruebas y empezaba a practicar el *trading* de nuevo.

Mis competencias en el *trading* mejoraron poco a poco, pero el gran paso adelante fue cuando me di cuenta de que la clave del éxito estaba en mi cabeza, no dentro de un ordenador. La psiquiatría me permitió comprender el *trading*, y esto es lo que compartiré con usted.

¿Quiere triunfar realmente?

Tuve un amigo durante años cuya esposa era obesa. Vestía con elegancia, y había estado a dieta desde el día que la conocí. Decía que quería perder peso, y no comía pasteles o patatas delante de otras personas… Pero cada vez que entraba en su cocina, la veía comiendo a manos llenas. Decía que quería ser delgada, pero seguía estando gorda.

El placer a corto plazo de comer era más fuerte en ella que el placer pospuesto y los beneficios para la salud de perder peso. La esposa de mi amigo me recordaba a muchos *traders*, que dicen que quieren llegar al éxito, pero siguen haciendo operaciones impulsivas, persiguiendo las emociones fuertes a corto plazo de apostar en los mercados.

La gente se engaña a sí misma y fantasea. Mentir a los demás es malo, pero mentirse a uno mismo es un caso perdido. Las librerías están llenas de buenos libros sobre cómo hacer dieta; no obstante, el mundo aún está lleno de personas con sobrepeso.

Este libro le enseñará cómo analizar y operar en los mercados, el control del riesgo y a lidiar con su propia mente. Yo puedo ofrecerle el conocimiento. Sólo usted puede poner la motivación.

Recuerde esto: el atleta que quiere disfrutar de deportes de riesgo debe seguir ciertas medidas de seguridad. Cuando reduce los riesgos, experimenta una sensación añadida de haber logrado algo y de control. Ocurre lo mismo con el *trading*.

Sólo puede tener éxito en el trading *si lo trata como una actividad intelectual seria. El* trading *emocional es letal. Para asegurarse el éxito, practique una gestión del capital defensiva. Un buen trader vigila su capital con el mismo cuidado que un buceador profesional vigila sus reservas de aire.*

2. La psicología es la clave

¿Recuerda cómo se sintió la última vez que colocó una orden? ¿Estaba ansioso por saltar a la cancha? ¿O tenía miedo de perder? ¿Aplazó la decisión repetidamente antes de dar la orden? Cuando cierra una operación, ¿se siente alguna vez eufórico o humillado? Las emociones de miles de inversores se funden en corrientes psicológicas gigantescas que mueven los mercados.

Bajarse de la montaña rusa

La mayoría de inversores pasan la mayor parte del tiempo buscando operaciones buenas. Una vez han entrado en una operación, no la gestionan, sino que, o bien se retuercen de dolor, o bien hacen muecas de placer. Montan en una montaña rusa de emociones y se pierden el elemento esencial de la victoria: la gestión de las emociones. Su incapacidad de autogestión les lleva a una mala gestión del riesgo y a las pérdidas.

Si su mente no está en sintonía con los mercados, o si no hace caso a los cambios en la psicología de masas, no tiene ninguna posibilidad de ganar dinero en el *trading*. Todos los profesionales que ganan conocen la enorme importancia de la psicología. La mayoría de principiantes que pierden la ignoran.

Algunos amigos y estudiantes que saben que soy psiquiatra a menudo me preguntan si esta condición me ayuda como *trader*. La buena psiquiatría y el buen *trading* tienen un principio en común importante. Ambos se centran en la realidad, en ver el mundo tal y como es. Para vivir saludablemente, uno debe ir con los ojos bien abiertos. Para ser un buen *trader*, uno debe operar con los ojos bien abiertos, identificar las tendencias y giros reales y no desperdiciar el tiempo o la energía en fantasías, en lamentos, ni en hacerse vanas ilusiones.

¿Un juego de hombres?

Los datos de las agencias de bolsa indican que la mayoría de inversores son hombres. Los archivos de mi empresa, Elder.com, confirman que aproximadamente entre el 85 y el 90 % de los inversores son hombres. El porcentaje de inversoras entre mis clientes, no obstante, se ha más que duplicado desde la edición original de *Vivir del trading*, escrito hace veinte años.

Dada la naturaleza de la lengua inglesa*, *él* fluye mejor que *él* o *ella*, o que ir saltando de un pronombre al otro. Para facilitar la lectura, usaré el pronombre masculino a lo largo de este libro. Esto no pretende ser una falta de respeto a las muchas inversoras que hay, por supuesto.

En realidad, encuentro que el porcentaje de inversores exitosos es mayor entre las mujeres. Como grupo, tienden a ser más disciplinadas y menos arrogantes que los hombres.

Cómo se organiza este libro

Los tres pilares del éxito en el *trading* son la psicología, el análisis de los mercados y la gestión del riesgo. Llevar un buen registro es el nexo entre ellos. Este libro le ayudará a aprender los fundamentos de todas estas áreas.

La primera parte de este libro le mostrará cómo gestionar sus emociones en el *trading*. Descubrí este método practicando la psiquiatría. Mejoró en gran medida mi rendimiento como *trader*, y también puede ayudarle a usted.

La segunda parte se centrará en la psicología de masas de los mercados. La conducta colectiva es más primitiva que la de los individuos. Si entiende cómo se comportan las masas, podrá aprovecharse de los cambios de ánimo de éstas, en lugar de ser arrastrado por estas corrientes emocionales.

La tercera parte mostrará cómo los patrones en los gráficos reflejan las conductas colectivas. El análisis técnico clásico es psicología colectiva aplicada, como la realización de sondeos. El soporte, la resistencia, las rupturas y otros patrones reflejan la conducta colectiva.

La cuarta parte le enseñará métodos modernos de análisis técnico por ordenador. Los indicadores proveen de una mejor perspectiva de la psicología de masas que los patrones clásicos de las gráficas. Los indicadores de seguimiento de tendencia ayudan a identificar tendencias de mercado, mientras que los osciladores muestran cuándo estas tendencias están a punto de invertirse.

El volumen y las posiciones abiertas también reflejan la conducta colectiva. La quinta parte se centrará en éstos, así como en el paso del tiempo en los mercados. Las masas tienen una ca-

---

* Ídem para la española. *(N. del T.)*

pacidad de concentración y atención limitadas, por lo que el inversor que consigue encontrar la relación entre cambios de precios y tiempo gana una ventaja competitiva.

La sexta parte se centrará en las mejores herramientas para analizar el mercado de valores de manera global. Pueden ser de especial ayuda para los *traders* que inviertan en futuros y opciones de índices bursátiles.

La séptima parte representará diversos sistemas de inversión. Comenzaremos con la triple pantalla, que ha sido ampliamente aceptada, para después examinar el sistema impulso y el sistema de canales.

La octava parte discutirá diversas clases de vehículos de inversión. Esbozará las ventajas y las desventajas de las acciones, los futuros, las opciones y el *forex*, a la vez que despejará la niebla publicitaria que nubla algunos de estos mercados.

La novena parte le llevará al tema de suma importancia de la gestión del capital. Este aspecto esencial del éxito en el *trading* es descuidado por la mayoría de principiantes. Puede tener un sistema de inversión brillante, pero si su gestión del riesgo es deficiente, una racha corta de pérdidas podría destruir su cuenta. Armado con el triángulo de hierro de control del riesgo y otras herramientas, usted se convertirá en un inversor más seguro y efectivo.

La décima parte ahondará en el meollo del *trading*: poner *stops*, objetivos de beneficio y escaneo. Estos detalles prácticos le ayudarán a implementar el sistema que usted prefiera.

La undécima parte le guiará a través de los principios y las plantillas para llevar un buen registro. La calidad de sus registros es el mejor indicador individual de sus probabilidades de éxito. Le ofreceré descargas gratuitas de plantillas que me gusta usar.

Por último, y no por ello menos importante, este libro tiene una guía de estudio aparte. Plantea más de cien preguntas, cada una enlazada con una sección específica de este libro. Todas las preguntas están diseñadas para probar su nivel de comprensión y descubrir sus puntos flacos. Después de leer cada sección de este libro, tendría sentido usar la guía de estudio y responder a las preguntas relevantes de dicha sección. Si los resultados de la prueba resultan ser menos que excelentes, no se apresure, lea de nuevo la sección del libro en cuestión, y haga la prueba de nuevo.

Está a punto de pasar muchas horas con este libro. Cuando encuentre ideas que le parezcan importantes, compruébelas de la única manera que importa: con sus propios datos de mercado y en su propio *trading*. Usted sólo aprehenderá estos conocimientos mediante la inquisición y la prueba.

3. Las probabilidades en su contra

¿Por qué pierden la mayoría de inversores y son expulsados de los mercados? El *trading* emocional y desidioso es una razón importante, pero existe otra. Los mercados, de hecho, están diseñados para que la mayoría de *traders* pierdan dinero. La industria del *trading* mata lentamente a los *traders* con las comisiones y el deslizamiento.

Usted paga comisiones por entrar y salir de cada operación. El deslizamiento es la diferencia entre el precio al que usted coloca su orden y el precio al que esta orden acaba ejecutándose. Cuando usted da una orden limitada, ésta se ejecuta a su precio o a un precio mejor, o no se ejecuta. Cuando usted está impaciente por entrar o salir y da una orden de mercado, a menudo se ejecuta a un precio peor al que había cuando la dio.

La mayoría de principiantes no son conscientes del daño causado por las comisiones y el deslizamiento, de la misma manera en que los campesinos en la Edad Media no se podían imaginar que unos diminutos gérmenes invisibles podían matarlos. Si hace caso omiso del deslizamiento y emplea un agente de bolsa que cobre comisiones altas, estará actuando como el campesino que bebe de un pozo comunitario durante una epidemia de cólera.

La industria del *trading* drena grandes cantidades de dinero de los mercados. Las bolsas, los reguladores, los agentes y los asesores viven de los mercados, mientras generaciones enteras de *traders* continúan siendo expulsadas. Los mercados necesitan un suministro de nuevos perdedores, de la misma manera que los constructores de las antiguas pirámides precisaban un suministro de nuevos esclavos. Los perdedores aportan el dinero necesario a los mercados para la prosperidad de la industria del *trading*.

Un juego de suma negativa

Los ganadores de un juego de suma cero ganan tanto como los perdedores pierden. Si usted y yo apostamos veinte dólares sobre en qué dirección será el próximo movimiento de cien puntos en el índice Dow, uno de nosotros recibirá veinte dólares y el otro perderá la misma cantidad. Una apuesta simple contiene un componente de suerte, aunque la persona mejor informada ganará con mayor frecuencia a lo largo del tiempo.

La gente se cree la propaganda de la industria que dice que el *trading* es un juego de suma cero, muerde el anzuelo y abre cuentas. No se da cuenta de que el *trading* es un juego de suma negativa.

Los ganadores reciben menos de lo que los perdedores pierden, ya que la industria está drenando dinero de los mercados.

Por ejemplo, el juego de la ruleta en el casino es un juego de suma negativa, ya que el casino se lleva entre el 3 y el 6 % de cada apuesta. Esto hace que no se pueda ganar en la ruleta a largo plazo. Usted y yo podríamos entrar en un juego de suma negativa, haciendo la misma apuesta de veinte dólares sobre en qué dirección será el próximo movimiento de cien puntos en el índice Dow Jones a través de brókeres. A la hora de saldar cuentas, el perdedor tendrá veintitrés dólares menos, el ganador recibirá sólo diecisiete dólares, mientras que los dos agentes irán sonriendo al banco.

Las comisiones y el deslizamiento representan para los *traders* lo que la muerte y los impuestos representan para todo el mundo. Hacen que la vida sea menos divertida y, en último término, terminan con ésta. Todo *trader* debe mantener a su bróker y a la maquinaria de las bolsas antes de ganar un centavo. Limitarse a ser «mejor que la media» no basta. Deberá sacarle más de una cabeza al resto, para ganar en un juego de suma negativa.

Las comisiones

Las comisiones han disminuido mucho en las dos últimas décadas. Hace veinte años, aún había agentes que cobraban comisiones de entre el 0,5 y el 1 % del valor de la operación en cada sentido. Comprar mil acciones de GE a veinte dólares la acción, por un valor total de 20.000 dólares le costaría entre 100 dólares y 200 dólares para entrar, y de nuevo para salir. Afortunadamente para los *traders*, los importes de las comisiones han caído en picado.

Las tarifas abusivas no han desaparecido por completo. Mientras estaba preparando este libro para su publicación, recibí un correo electrónico de un cliente en Grecia con una cuenta pequeña, cuyo agente –un banco europeo muy importante– le cobraba una comisión mínima de 40 dólares sobre cada operación. Le hablé de mi agente, cuya comisión mínima por cien acciones es de sólo 1 dólar.

Sin el cuidado debido, incluso las cifras aparentemente pequeñas pueden levantar una gran barrera al éxito.

Veamos el ejemplo de un *trader* bastante activo, con una cuenta de 20.000 dólares, que efectúa una operación de ida y vuelta al día, cuatro días por semana. Si pagase 10 dólares en un sentido, al final de la semana habría gastado 80 dólares en comisiones: 40 dólares en operaciones de entrada y 40 dólares en operaciones de salida. Si hiciese esto cincuenta semanas al año –si es que puede aguantar tanto tiempo–, al final del año habría desembolsado 4.000 dólares en comisiones. ¡Eso representaría el 20 % de su cuenta!

George Soros, uno de los mejores gestores de carteras, consigue de media un retorno anual del 29 %. ¡No estaría en esa posición si pagase un 20 % en comisiones al año! ¡Incluso las «comisiones pequeñas» pueden suponer una gran barrera al éxito! He oído a agentes echarse unas risas mientras chismorreaban sobre clientes que se devanaban los sesos simplemente para cubrir los gastos del juego.

Busque las comisiones más bajas posibles. No le dé vergüenza regatear tarifas más bajas. He oído a muchos agentes quejarse de la falta de clientes, pero no a muchos clientes quejarse de la falta de agentes. Dígale a su bróker que él es el primer interesado en cobrarle comisiones bajas, ya que así usted sobrevivirá y seguirá siendo su cliente por mucho tiempo. Diseñe un sistema de trading *en que se opere con menos frecuencia.*

En mi *trading* a nivel personal, tengo una cuenta importante con un agente que me cobra 7,99 dólares por operación, sea del tamaño que sea, y otra con un agente que me cobra un centavo por acción con un mínimo de 1 dólar. Cuando opero con acciones caras, comprando menos de ochocientas acciones, coloco la orden con el agente que cobra un centavo por acción; en el resto de casos, trabajo con el agente que cobra 7,99 dólares por operación. Un *trader* principiante, que esté dando sus primeros pasos, debería buscar un agente que cobre un centavo por acción. Así podrá operar con cien acciones por un dólar. Un *trader* en el mercado de futuros puede esperar pagar sólo un par de dólares por una operación de ida y vuelta.

El deslizamiento

El deslizamiento ocurre cuando sus órdenes son ejecutadas a un precio diferente al que usted vio en la pantalla cuando dio la orden. Es como pagar cincuenta centavos por una manzana en una tienda de comestibles, a pesar de que el precio anunciado es de cuarenta y nueve centavos. Un centavo no es nada; pero cuando compra mil manzanas, o mil acciones, con un deslizamiento de un centavo, resultará en 10 dólares por orden, lo que probablemente sea más que la comisión.

Existen dos tipos de órdenes: limitadas o de mercado. Su deslizamiento depende de cuál de ellas utilice.

Una orden limitada dice: «Deme esa manzana a cuarenta y nueve centavos». Garantiza el precio, pero no la cantidad. No pagará más de cuarenta y nueve centavos, pero quizá acabe sin la manzana que quería.

Una orden de mercado dice: «Deme esa manzana». Garantiza la cantidad, pero no el precio. Si el precio de las manzanas está subiendo cuando dé la orden, puede que acabe pagando más de lo que veía en la pantalla cuando le dio al botón *comprar*. Puede que el deslizamiento le afecte.

El deslizamiento en las órdenes de mercado se incrementa con la volatilidad de éste. Cuando el mercado se dispara, el deslizamiento se pone por las nubes.

¿Sabe cuánto le cuesta el deslizamiento?

Sólo hay una manera de averiguarlo: anote el precio en el momento de dar la orden de mercado, compárela con la contrapartida recibida y multiplique la diferencia por el número de acciones o de contratos. No hace falta decir que necesitará un buen sistema para llevar el registro, como una hoja de cálculo con columnas para cada uno de los conceptos detallados anteriormente. Ofrecemos una hoja de cálculo con estas características a los *traders* como un servicio público en www.elder.com.

A lo largo de este libro leerá «registre esto» y «registre lo otro». Recuerde que un buen sistema de registro es esencial para el éxito. Debe vigilar sus ganancias, y controlar sus pérdidas aún más de cerca, ya que puede aprender mucho de estas últimas.

Aquí tiene un dato chocante, que usted puede confirmar llevando un buen registro: el *trader* promedio gasta tres veces más en deslizamiento que en comisiones.

Antes hemos hablado de cómo las comisiones suponen una barrera al éxito. La barrera del deslizamiento es tres veces más alta. Ésta es la razón por la que, por muy tentadora que sea una operación, debe evitar comprar *a precio de mercado* (con órdenes de mercado).

Usted quiere estar al control y operar sólo a los precios que le convengan. Hay miles de acciones y docenas de contratos de futuros. Si pierde una operación a causa de una orden limitada, tendrá innumerables oportunidades más. ¡No pague de más! Yo casi siempre uso órdenes limitadas y recurro a las órdenes de mercado sólo para establecer *stops*. Cuando se alcanza un nivel de *stop*, éste pasa a ser una orden de mercado. Cuando una operación esté quemándole, no es el momento de economizar. Entre despacio, pero salga rápido.

Para reducir el deslizamiento, opere en mercados líquidos con volúmenes de contratación elevados, y evite los mercados estrechos, en los que el deslizamiento suele ser mayor. Adopte posi-

ciones largas o cortas cuando el mercado esté calmado, y utilice órdenes limitadas para comprar o vender a precios específicos. Lleve el registro de precios en el momento en que dé una orden. Pídale a su agente que se pelee en el parqué para que le consiga una mejor contrapartida, cuando sea necesario.

La horquilla de precios de compra y venta

Cuando el mercado está abierto, siempre existen dos precios para todo activo negociado: el precio de compra (*bid*) y el precio de venta (*ask*). El precio de compra es la cantidad que la gente está dispuesta a pagar por un valor en un momento dado; el precio de venta es la cantidad demandada por los vendedores para venderlo. El precio de compra siempre es más bajo, y el precio de venta más alto, y el diferencial entre ambos, conocido como horquilla, va cambiando.

Las horquillas varían entre mercados, e incluso en el mismo mercado en momentos diferentes. Las horquillas de precios de compra-venta son más altas en los activos menos negociados, ya que los profesionales que dominan tales mercados demandan cantidades elevadas a aquellos que quieren unirse a la fiesta. Las horquillas probablemente sean muy estrechas, quizá sólo un *tick* en un día tranquilo en una acción, futuro u opción negociados activamente. Se hacen más amplias a medida que los precios se aceleran al alza o a la baja, y pueden llegar a ser enormes –docenas de *ticks*– después de una caída severa o de una recuperación muy brusca.

Las órdenes de mercado se ejecutan en el lado malo de la horquilla. Una orden de mercado compra al precio de venta (alto) y vende al precio de compra (bajo). No es de extrañar, por tanto, que muchos *traders* profesionales se ganen bien la vida dando contrapartida a órdenes de mercado. No dé de comer a los lobos, ¡utilice órdenes limitadas siempre que pueda!

Las barreras al éxito

El deslizamiento y las comisiones hacen que el *trading* se asemeje a nadar en un río infestado de pirañas. Hay otros gastos que también consumen dinero del *trader*. El coste de los ordenadores y los datos, el precio de servicios de asesoría y libros –incluyendo el que está leyendo ahora–, todos salen de sus fondos para practicar el *trading*.

Busque el agente con las comisiones más baratas y vigílelo como un halcón. Diseñe un sistema de inversión que dé señales con relativa infrecuencia y que le permita entrar en los mercados en épocas de calma. Utilice órdenes limitadas casi en exclusiva, excepto para establecer stops. *Vaya con cuidado con las herramientas en qué invierte su dinero: no existen las soluciones mágicas. El éxito no puede ser comprado; sólo puede ser ganado.*

PRIMERA PARTE

Psicología del individuo

■ 4. ¿Por qué practicar el *trading*?

El *trading* parece fácil a primera vista. Un principiante puede entrar en el mercado con cautela, ganar unas cuantas veces y comenzar a creer que es un genio y que es invencible. Entonces comienza a asumir riesgos absurdos y acaba teniendo grandes pérdidas.

La gente hace *trading* por muchas razones; algunas son racionales, muchas otras irracionales. El *trading* ofrece la oportunidad de ganar mucho dinero en muy poco tiempo. Para mucha gente, el dinero representa libertad, a pesar de que a menudo no sepa qué hacer con él.

Si sabe practicar el *trading*, puede hacerse su propio horario, vivir y trabajar donde le plazca, y no tener que dar explicaciones a ningún jefe. El *trading* es un juego fascinante: ajedrez, póker y videojuegos, todo en uno. El *trading* atrae a las personas que aman los desafíos.

Atrae a los amantes del riesgo, y ahuyenta a los que no les gusta. Una persona normal se levanta por la mañana, va al trabajo, almuerza, vuelve a casa, se toma una cerveza y cena, mira la televisión y se va a dormir. Si gana algo más de dinero que de costumbre, lo pone en una cuenta de ahorro. Un *trader* hace horarios extraños y pone su propio capital en riesgo. Muchos *traders* son personas solitarias que abandonan la seguridad de la rutina y saltan al vacío de lo desconocido.

La autorrealización

Mucha gente tiene una tendencia innata a intentar sacar lo mejor de uno mismo y desarrollar sus habilidades al máximo. Esta tendencia, junto con la gratificación del juego y la atracción del dinero, empuja a los *traders* a desafiar a los mercados.

Los buenos *traders* suelen ser gente muy trabajadora y astuta, abierta a nuevas ideas. El objetivo de un buen *trader*, paradójicamente, no es ganar dinero. Su objetivo es practicar bien el *trading*.

Si invierte bien, el dinero es una consecuencia de segundo orden. Los *traders* exitosos nunca dejan de perfeccionar sus habilidades en el intento de llegar a su máximo desarrollo personal.

Un *trader* profesional de Texas me invitó a su oficina y me dijo: «Si se sienta delante de mí a la mesa mientras hago *trading* intradía, no podrá saber si estoy ganando o perdiendo 2.000 dólares en esa sesión». Ha alcanzado un nivel en el cual ganar no le genera euforia, y perder no le causa desaliento. Está tan centrado en practicar bien el *trading* y en mejorar sus habilidades que el dinero ya no influye en sus emociones.

El problema de la autorrealización es que mucha gente tiene tendencias autodestructivas. Los conductores propensos a tener accidentes destruyen sus vehículos, mientras que los *traders* autodestructivos destruyen sus cuentas. Los mercados ofrecen amplias oportunidades para sabotearse uno mismo, así como para autorrealizarse. Representar los conflictos internos de uno mismo en los mercados es una propuesta que puede salir muy cara.

Los *traders* que no están en paz consigo mismos a menudo intentan cumplir deseos contradictorios en los mercados. Si usted no sabe hacia dónde va, acabará en un lugar indeseado.

5. La realidad frente a la fantasía

Si un amigo con poca experiencia en la agricultura le dijese que planea alimentarse con la comida producida en un terreno de alrededor de mil metros cuadrados, usted esperará que su amigo pase hambre. Sólo se puede obtener una cantidad limitada de alimentos de un huerto pequeño. Sin embargo, existe un campo en que los adultos dejan volar sus fantasías: el *trading*.

Una persona que antes trabajaba por cuenta ajena me dijo que tenía pensado ganarse la vida con el *trading*, con una cuenta de 6.000 dólares. Cuando intenté convencerlo de la futilidad de su plan, cambió de tema rápidamente. Era un analista brillante, y aun así rehusaba aceptar que su plan de «cultivo intensivo» era suicida. En su intento desesperado por triunfar, tendría que tomar posiciones de gran tamaño, por lo que el más leve movimiento del mercado lo llevaría a la bancarrota.

Un *trader* de éxito es una persona realista. Conoce sus habilidades y sus limitaciones. Ve lo que está ocurriendo en los mercados y sabe cómo reaccionar. Analiza los mercados sin escatimar esfuerzos, se contempla a sí mismo y hace planes realistas. Un *trader* profesional no puede permitirse ilusiones.

Una vez el principiante ha sufrido varias caídas y recibido varias demandas de margen adicional, pasa de ser un gallito a ser temeroso, y empieza a desarrollar ideas extrañas sobre los mercados. Los perdedores compran, venden o evitan operaciones por culpa de sus ideas exóticas. Se comportan como niños que tienen miedo de pasar por un cementerio o de mirar debajo de la cama por la noche porque tienen miedo de los fantasmas. El ambiente sin estructura del mercado facilita que se desarrollen fantasías.

La mayoría de personas que crecen en Occidente tienen fantasías similares. Están tan extendidas que, cuando estudiaba en el Instituto de Psicoanálisis de Nueva York, se ofrecía un curso llamado «Fantasías universales». Por ejemplo, mucha gente en su infancia tiene la fantasía de haber sido adoptado. Esta fantasía parece explicar el mundo poco amistoso e impersonal. El niño encuentra consuelo en ella, pero le impide tomar consciencia de una realidad que preferiría no ver: que sus padres no son tan buenos. Nuestras fantasías influyen en nuestra conducta, incluso cuando no somos conscientes de ellas.

Después de haber hablado con cientos de *traders*, aún sigo oyendo diversas fantasías universales. Éstas distorsionan la realidad y dificultan nuestro éxito en el *trading*. Un *trader* de éxito debe identificar sus fantasías y librarse de ellas.

El mito del cerebro

Los perdedores que sufren el *mito del cerebro* le dirán: «He perdido porque no conozco los secretos del *trading*». Muchos albergan la fantasía de que los *traders* de éxito poseen algún tipo de conocimiento secreto. Esa fantasía ayuda a mantener vivo el mercado de servicios de asesoría y los sistemas de *trading* precocinados.

Un *trader* desmoralizado puede que tire de su tarjeta de crédito para comprar «secretos del *trading*». Puede que envíe dinero a un charlatán por un sistema de *trading* por ordenador que «nunca falla» porque se ha probado con datos del pasado. Cuando dicho sistema se autodestruye, sacará de nuevo su tarjeta, que casi ha llegado al límite de crédito para comprar un «manual científico» que explica cómo dejar de perder y comenzar a ganar contemplando la luna, las estrellas e incluso Urano.

En un club de inversión que teníamos en Nueva York, solía encontrarme con un famoso astrólogo de las finanzas. A menudo pedía entrar gratis porque no se podía permitir pagar el precio modesto del encuentro y la comida. Su fuente principal de ingresos sigue siendo la predicción bursátil basada en la astrología proveniente de principiantes con esperanzas.

Los perdedores no se dan cuenta de que el *trading* es bastante simple desde el punto de vista intelectual. No es ni mucho menos tan exigente como extraer el apéndice, construir un puente o juzgar un caso en un tribunal. Los buenos *traders* son astutos, pero pocos son intelectuales. Muchos no han ido a la universidad, y algunos no acabaron la educación secundaria.

A menudo, gente inteligente y trabajadora que ha tenido éxito en sus carreras se siente atraída hacia el *trading*.

¿Por qué fracasan con tanta frecuencia? Lo que diferencia a los ganadores de los perdedores no es su inteligencia ni los secretos, y desde luego tampoco la educación recibida.

El mito de la infracapitalización

Muchos perdedores opinan que tendrían éxito en el *trading* si tuviesen una cuenta más grande. La gente destruye sus cuentas o bien a causa de una racha de pérdidas o bien por una única operación abismalmente mala. Con frecuencia, cuando el perdedor se queda sin nada, incapaz de responder a la llamada de reponer el margen mínimo exigido, el mercado se invierte y se mueve en la dirección que él esperaba. Comienza a echar humo: si hubiese sobrevivido otra semana, ¡habría ganado una fortuna, en vez de perder!

Este tipo de gente ve las inflexiones del mercado que llegan demasiado tarde y piensa que estos cambios confirman sus métodos. Puede que vuelva al trabajo, gane y ahorre algún dinero, o lo pida prestado, y abra otra cuenta pequeña. La historia se repite: el perdedor es barrido del mercado, éste cambia de tendencia y «prueba» que tenía razón, sólo que demasiado tarde: se ha vuelto a quedar sin nada. Así nace la fantasía: «Si tuviese una cuenta más grande, podría haber permanecido en el mercado más tiempo y habría ganado».

Algunos perdedores obtienen fondos de familiares y amigos mostrándoles un historial de operaciones. Parece que pruebe que habrían ganado mucho si hubiesen tenido más dinero con el que operar. Incluso si obtienen más fondos, también los pierden, ¡como si el mercado se estuviese riendo de ellos!

El perdedor no está infracapitalizado; lo que pasa es que su mente está subdesarrollada. El perdedor puede destruir una gran cuenta casi tan rápido como una pequeña. Una vez, un conocido hizo que se esfumaran más de doscientos millones de dólares en un día. Su agente liquidó su cuenta –y entonces el mercado invirtió su tendencia–. Demandó a su agente y me dijo: «Si tuviese una cuenta más grande…». Parece que una cuenta con doscientos millones de dólares no es suficiente.

El problema real de los perdedores no es el tamaño de su cuenta, sino operar más allá de sus posibilidades y una gestión del capital poco rigurosa. Toman riesgos demasiado grandes para el tamaño de sus cuentas, sea cual sea el tamaño de éstas. No importa lo buenos que sean sus sistemas: una serie de operaciones malas seguro que los llevará a la bancarrota.

Los principiantes ni esperan perder ni están preparados para gestionar operaciones con pérdidas. Considerarse a sí mismos infracapitalizados es una manera de evadir la realidad para evitar dos verdades dolorosas: su carencia de un plan de gestión del capital realista y su falta de disciplina.

El *trader* que quiera sobrevivir y prosperar debe controlar las pérdidas. Esto se consigue arriesgando sólo una pequeña fracción de su patrimonio neto en toda operación individual (*véase* sección novena, «Gestión del riesgo»). Aprenda de los errores baratos en una cuenta pequeña.

La única ventaja de las cuentas de operaciones grandes es que el precio de los equipos y servicios representa un menor porcentaje de su capital. El propietario de un fondo de un millón de dólares puede gastar 5.000 dólares en clases, y eso sólo le representa un 0,5 % de su patrimonio. Un gasto igual le supondría un mortífero 25 % del patrimonio a un *trader* con una cuenta de 20.000 dólares.

El mito del piloto automático

Los *traders* que creen en el mito del piloto automático consideran que la búsqueda de la riqueza puede ser automatizada. Algunas personas intentan desarrollar un sistema de inversión automático, mientras que otras compran sistemas de vendedores especializados. Personas que han invertido años en pulir sus competencias como abogado, médico o empresario se dejan miles de dólares en competencias enlatadas. La mayoría están motivadas por la codicia, la indolencia y la incompetencia matemática.

Antes, los sistemas eran escritos en folios, pero ahora se descargan a un ordenador. Algunos son primitivos; otros, elaborados, con optimización integrada e incluso reglas de gestión del capital. Muchos *traders* gastan miles de dólares buscando fórmulas mágicas que hagan que unas cuantas páginas de código de programación se conviertan en una fuente de riqueza inagotable. La gente que paga por sistemas de inversión automáticos es como los caballeros medievales que pagaban a alquimistas por el secreto de cómo convertir metales en oro.

Las actividades humanas complejas no se prestan a la automatización. Los sistemas de aprendizaje por ordenador no han reemplazado a los profesores, y los programas para presentar impuestos no han generado paro entre gestores y asesores fiscales. La mayoría de actividades humanas requiere el ejercicio del juicio con criterio; las máquinas y los sistemas pueden ser de ayuda, pero no reemplazar a las personas.

Si existiese un sistema de inversión automático que funcionase, su comprador podría irse a vivir a Tahití y pasar el resto de sus días disfrutando, mantenido por un flujo de cheques de su agente. Hasta el día de hoy, los únicos que han ganado dinero con estos sistemas de inversión son sus vendedores. Forman una pequeña, aunque pintoresca, industria artesanal. Si sus sistemas funcionasen, ¿por qué razón los venderían? ¡Ellos mismos podrían ser los que se mudasen a Tahití y cobrasen los cheques de sus agentes! Entretanto, cada vendedor de sistemas tiene su excusa. Algunos dicen que prefieren la programación al *trading*. Otros alegan que venden sus sistemas tan sólo para capitalizarse, o incluso por amor a la humanidad.

Los mercados siempre están en continuo cambio, por lo que derrotan a los sistemas de inversión automáticos. Las reglas rígidas de ayer funcionarán peor hoy, y probablemente dejen de funcionar mañana. Un *trader* competente puede ajustar sus métodos cuando detecta problemas. Un sistema automático es menos adaptable y acaba autodestruyéndose.

Las líneas aéreas pagan salarios altos a sus pilotos a pesar de tener pilotos automáticos. Lo hacen porque los humanos pueden manejar los acontecimientos imprevistos. Sólo un humano puede gestionar crisis tales como cuando el techo de un avión de pasajeros sale volando por el Pacífico, o cuando éste pierde ambos motores a causa de una bandada de gansos sobrevolando Manhattan. La prensa ha informado de emergencias así, y en cada caso, pilotos con experiencia consiguieron hacer aterrizar sus aviones con soluciones improvisadas. Ningún piloto automático puede hacer eso. Jugarse su dinero con un sistema automático es como jugarse la vida con un piloto automático. El primer acontecimiento imprevisto hará que su cuenta se estrelle y arda.

Existen buenos sistemas de inversión en venta, pero deben ser monitorizados y ajustados usando el criterio personal. Deberá mantener los ojos fijos en la pelota: no puede cejar en su responsabilidad de tener éxito en un sistema mecánico.

Los *traders* que creen en la fantasía del piloto automático intentan reproducir los sentimientos de su infancia. Sus madres satisfacían sus necesidades de comida, calidez y confort. Ahora intentan recrear la experiencia de estar acostados y recibir ganancias pasivamente, como una fuente inagotable de leche caliente y gratuita. El mercado no es su madre. Está constituido por hombres y mujeres duros, que buscan la manera de obtener su dinero, no de servirle leche caliente directamente a la boca.

El culto a la personalidad

La mayoría de personas sólo desean la libertad y la independencia de boquilla; cuando están bajo presión cambian de parecer y empiezan a buscar un «liderazgo fuerte». Los *traders* en situaciones angustiosas a menudo buscan dirección de diversos gurús.

Mientras crecía en la antigua Unión Soviética, se les enseñaba a los niños que Stalin era nuestro gran líder. Más tarde descubrimos cuán monstruoso llegó a ser, pero mientras estuvo vivo, la mayoría de personas disfrutaba de seguir al líder. Les liberaba de la obligación de pensar por sí mismos.

Había «pequeños Stalins» en cada área de la sociedad: en la economía, la biología, la arquitectura, etc. Cuando llegué a Estados Unidos y comencé con el *trading*, me sorprendió comprobar cuántos *traders* buscaban un gurú –su «pequeño Stalin» particular–. La fantasía de que un tercero puede hacerte rico siempre nos acompaña.

Existen tres tipos de gurús en los mercados financieros: los gurús del ciclo de mercado, los gurús de métodos mágicos y los gurús muertos. Los gurús del ciclo anuncian los giros importantes del mercado. Los gurús de métodos promueven nuevos atajos a la riqueza. Otros han escapado de la crítica e invitado al seguimiento de culto a través del simple mecanismo de partir de este mundo.

Los gurús del ciclo de mercado

Durante muchas décadas, el mercado de valores estadounidense ha seguido de forma general un ciclo de cuatro años. El mercado de valores ha pasado dos y medio o tres años subiendo, y un año o un año y medio bajando. Durante casi cada ciclo importante emerge un nuevo gurú del ciclo de mercado, una vez cada cuatro años. La fama de los gurús tiende a durar de dos a tres años. El reinado de los gurús coincide con importantes fases alcistas del mercado en Estados Unidos.

Los gurús del ciclo de mercado predicen recuperaciones y recesiones. Cada predicción correcta les da más fama y hace que aún más gente compre o venda cuando hacen públicos sus dictámenes. Todo gurú del ciclo de mercado tiene su teoría preferida sobre el mercado. Desarrolla esa teoría –ciclos, volumen, ondas de Elliott, no importa– durante los años anteriores a su llegada al estrellato. Al principio, el mercado se niega a seguir la teoría preferida de los aspirantes a gurú. Entonces el mercado cambia, y durante algunos años se pone en marcha con las llamadas del gurú. Ése es el momento en que la estrella del gurú gana ascendencia sobre el mercado.

Compare eso con lo que les ocurre a las modelos de moda con los cambios en los gustos del público. Un año, las rubias están en boga, al siguiente lo están las pelirrojas. De repente, la estrella rubia del año anterior ya no es requerida para las portadas de las revistas importantes. Todo el mundo quiere una modelo de color, o una mujer con una marca de nacimiento en la cara. La modelo no cambia, pero el gusto del público sí lo hace.

Los gurús siempre surgen de la periferia del análisis de mercado. Nunca son analistas establecidos. Los empleados de las instituciones juegan sobre seguro –temerosos de arriesgarse– y casi nunca consiguen resultados espectaculares. Los gurús de ciclo del mercado son intrusos con una teoría singular.

Los gurús permanecen en la fama mientras el mercado se comporte de acuerdo con su teoría, generalmente menos que la duración de un ciclo de mercado de cuatro años. En algún momento el mercado cambia y comienza a marchar al son de otra melodía. El gurú de turno sigue usando los métodos antiguos que le funcionaron tan bien en el pasado y pierde sus seguidores. Cuando las predicciones del gurú dejan de funcionar, la admiración del público se convierte en odio. Es imposible que un gurú del ciclo de mercado desacreditado pueda volver al estrellato.

Todos los gurús del ciclo de mercado tienen algunas características en común. Están activos en el negocio de las predicciones varios años antes de llegar al estrellato. Cada uno tiene su teoría singular, algunos seguidores y cierta credibilidad, ganada por la mera supervivencia en el negocio de la asesoría. El hecho de que las teorías de todo gurú no funcionasen durante algunos años es ignorado por sus seguidores. Cuando la teoría comienza a funcionar, los medios de comunicación le prestan atención. Cuando una teoría deja de funcionar, la adulación de las masas se convierte en odio.

Cuando reconozca la emergencia de un nuevo gurú de éxito, quizá sea provechoso subirse al carro. Aún es más importante reconocer cuando un gurú ha llegado a la cima. Todos los gurús se estrellan y, por definición, se estrellan desde la cúspide de la fama. Una buena señal de que ha llegado a la cima es cuando los medios de comunicación lo han aceptado. Los medios de comunicación convencionales no se fían de los intrusos desconocidos. Usted sabrá que el fin está cerca cuando varias revistas de circulación masiva le dediquen espacio a un gurú de mercado de moda. Seguirán emergiendo nuevos gurús por la propia naturaleza de la psicología de masas.

Los gurús de métodos mágicos
Mientras que los gurús de ciclos son criaturas de la bolsa de valores, los «gurús de métodos» son más prominentes en los mercados de derivados. Los «gurús de métodos» irrumpen en la escena financiera tras descubrir un nuevo método de análisis o de inversión.

Los *traders* siempre están buscando algo que les dé ventaja sobre el resto de *traders*. Como caballeros a la compra de espadas, están dispuestos a pagar generosamente por sus herramientas de *trading*. No hay precio demasiado alto si con éste consiguen acceder a la cañería por donde corre el dinero.

Los gurús del método mágico venden un juego de llaves nuevo a las ganancias en el mercado: *speedlines*, ciclos, perfil del mercado, etc. Puede que ofrezca una ventaja al principio, pero tan pronto como suficiente gente se familiarice con el nuevo método y lo pruebe en los mercados, éste inevitablemente se deteriorará, comenzando a perder popularidad. Los mercados siempre acaban destrozando la ventaja de cada método, por lo que aquello que funcionaba ayer es probable que no funcione hoy, y aún menos probable que funcione de aquí a un año.

Es bastante raro que, en nuestra era de comunicaciones globales, las reputaciones cambien despacio. Un gurú que haya perdido su estatus en su propio país puede ganar dinero difundiendo su teoría en el extranjero. Un gurú me hizo esta observación mientras comparaba su continua popularidad en Asia con lo que le ocurre a los cantantes y actores americanos que ya no están de moda: son incapaces de atraer audiencias en Estados Unidos, pero aún pueden ganarse la vida actuando en el extranjero.

Los gurús muertos
El tercer tipo de gurú del mercado son los gurús muertos. Sus libros se reeditan, sus cursos sobre el mercado son objeto de escrutinio por las nuevas generaciones de *traders* entusiastas y la leyenda sobre la capacidad y riqueza personal del querido difunto crece póstumamente. El gurú muerto ya no está entre nosotros y no puede capitalizar su fama. Otros promotores sacan provecho de su reputación y de sus derechos de propiedad vencidos. Un ejemplo de gurú fallecido es R. N. Elliott, aunque el mejor ejemplo de leyenda es W. D. Gann.

Varios oportunistas venden «cursos Gann» y «software Gann». Afirman que Gann fue uno de los mejores *traders* que haya existido, que legó una herencia de cincuenta millones de dólares, y aún más cosas. Entrevisté al hijo de W. D. Gann, que es analista en un banco de Boston. Me explicó que su famoso padre no podía mantener a su familia con el *trading*, sino que se ganaba la vida escribiendo y vendiendo cursos de instrucción. No podía permitirse un asistente, por lo que su hijo tenía que trabajar para él. Cuando W. D. Gann murió en la década de 1950, su herencia, incluyendo su vivienda, estaba valorada en poco más de 100.000 dólares. La leyenda de W. D. Gann, el gigante del *trading*, es perpetuada por los que venden cursos y demás parafernalia a clientes crédulos.

Los seguidores de los gurús
Los gurús tienen la obligación de producir investigación original durante diversos años y después tener suerte cuando los mercados se giran en su dirección. Algunos gurús han fallecido, mientras que entre los que siguen vivos hay un amplio espectro, desde los académicos serios hasta los *showmen*. Si desea leer sobre escándalos relacionados con diversos gurús, pruebe con *Winner Take All*, de William R. Gallacher.

Cuando pagamos a un gurú, esperamos obtener más de lo que gastamos. Actuamos como un hombre que apuesta unos cuantos dólares contra un trilero en una esquina jugando a monte con tres cartas. Esperamos ganar más de lo que ha depositado en un cajón boca abajo. Sólo los ignorantes o los codiciosos muerden este anzuelo.

Algunos siguen a gurús buscando un líder fuerte. Buscan un proveedor omnisciente, como sus padres durante su infancia. Como me dijo una vez un amigo: «Caminan con el cordón umbilical en la mano, buscando un sitio donde conectarlo». Un emprendedor listo provee un enchufe así, a cambio de un precio.

El público quiere gurús, y nuevos gurús habrá. Como trader *inteligente, usted debe darse cuenta de que, a la larga, ningún gurú le hará rico. Usted tiene que trabajar en ello por su cuenta.*

Ocasionalmente, cuando doy una charla o salgo en la televisión, alguien me presenta como un «gurú famoso». Me estremezco al oír esto e interrumpo tales presentaciones. Un gurú es alguien que afirma liderar a las masas a través del desierto a cambio de un donativo. ¡Yo no vendo discursitos!

Siempre comienzo explicando que no hay métodos mágicos, que el campo del *trading* es tan amplio y diverso como el de la medicina, en que uno debe escoger una especialidad y trabajar duro para acabar siendo bueno en ella. Yo escogí mi camino hace mucho tiempo, y lo que hago frente a una clase es simplemente pensar en voz alta, compartiendo mis métodos de investigación y de toma de decisiones.

Haga *trading* con los ojos bien abiertos

Las vanas ilusiones son más poderosas que los dólares. Investigaciones recientes han probado que la gente tiene una capacidad prodigiosa de autoengaño y de evitar ver la verdad.

Dan Ariely, profesor en la Universidad de Duke, describe un experimento ingenioso. Se le entrega un test de inteligencia a un grupo de personas, pero a la mitad de ellas se les muestra la hoja de respuestas «por accidente», permitiéndoles mirar las respuestas correctas antes de que escriban las suyas. No hace falta decir que este grupo obtiene resultados por encima del resto. A continuación, se les pide a todos que predigan sus puntuaciones en el siguiente test de coeficiente intelectual, en el que no habrá trampas de ningún tipo –y aquellos que hagan una predicción correcta tendrán una recompensa económica–. Sorprendentemente, la mitad del grupo que obtuvo una puntuación más alta usando la hoja de respuestas predijo mejores resultados para el siguiente test. Los tramposos deseaban creer que eran muy inteligentes, incluso cuando sus predicciones incorrectas les costaban dinero.

Un *trader* de éxito no puede permitirse las ilusiones vanas, debe ser realista. No hay chuletas ni hojas de respuestas en los mercados: puede ver la verdad en sus diarios de operaciones y curvas de patrimonio.

Para ganar en los mercados deberemos dominar tres componentes esenciales del *trading*: una psicología sólida, un sistema de inversión lógico y un plan efectivo de gestión de riesgos. Estos tres componentes son como las tres patas de un taburete: quite una y el taburete caerá. Un error típico de principiantes es centrarse exclusivamente en los indicadores y en los sistemas de inversión.

Deberá analizar sus emociones mientras opere para asegurarse de que sus decisiones son sólidas. Sus operaciones deberán estar basadas en reglas claramente definidas. Deberá estructurar su gestión del capital de manera que ninguna serie de pérdidas pueda expulsarle del partido.

6. Las tendencias autodestructivas

El *trading* es un juego muy duro. El *trader* que desee ganar y seguir teniendo éxito a largo plazo tiene que ser extremadamente serio en su oficio. No puede permitirse ser ingenuo ni operar bajo motivaciones psicológicas ocultas.

Por desgracia, el *trading* a menudo atrae a gente impulsiva, personas con tendencia al juego, y a aquellos que sienten que el mundo les debe el sustento. Si usted invierte en busca de emociones fuertes, de manera inevitable se meterá en operaciones con bajas probabilidades de éxito y aceptará riesgos innecesarios. Los mercados no perdonan, y el *trading* emocional siempre acaba en pérdidas.

El juego

El juego consiste en apostar en juegos de azar o de habilidades. Se da en todas las sociedades, y casi todo el mundo ha apostado alguna vez en la vida.

Freud creía que el juego era universalmente atractivo porque era un sustitutivo de la masturbación. La actividad repetitiva y excitante de las manos, el impulso irrefrenable, las decisiones de parar, la cualidad embriagadora del placer y los sentimientos de culpa establecen un vínculo entre el juego y la masturbación.

El Dr. Ralph Greenson, un psicoanalista destacado en California, ha dividido a los jugadores en tres grupos: la persona normal que apuesta por diversión y puede parar cuando quiere; el jugador profesional, que escoge las apuestas como su medio de vida; y el jugador neurótico, que apuesta movido por necesidades inconscientes y no puede controlarse.

El jugador neurótico o bien se siente afortunado, o bien quiere probar su suerte. Ganar le proporciona una sensación de poder. Se siente a gusto, como un bebé tomando el pecho. Al final, el jugador neurótico siempre acaba perdiendo, ya que intenta recrear aquella sensación omnipotente de felicidad absoluta en vez de concentrarse en un plan de juego realista a largo plazo.

La Dra. Sheila Blume, directora del programa de juego compulsivo en el South Oaks Hospital de Nueva York, ha definido el juego como «una adicción sin droga». La mayoría de jugadores compulsivos son hombres que apuestan en busca de acción. Las mujeres tienden a apostar como una vía de escape. Los perdedores generalmente ocultan sus pérdidas, aparentando y actuando como si fuesen triunfadores, aunque están asolados por la falta de confianza en sí mismos.

Operar con acciones, futuros y opciones proporciona un subidón al jugador, a la vez que parece más respetable que apostar en carreras de caballos. Apostar en los mercados financieros otorga una mayor aura de sofisticación que hacerlo con un corredor de apuestas.

Los jugadores se sienten felices cuando las operaciones van a su favor. Se sienten muy deprimidos cuando pierden. Se diferencian de los profesionales de éxito en que éstos se centran en planes a largo plazo y no se disgustan ni se excitan particularmente a causa de operaciones específicas.

La señal clave de que se está apostando es la incapacidad de resistir el impulso a apostar. Si siente que está operando demasiado y los resultados son malos, deje de operar durante un mes. Esto le dará la oportunidad de reexaminar su *trading*. Si el impulso a operar es tan fuerte que no puede permanecer alejado de la acción durante un mes, entonces es hora de visitar su sección local de Jugadores Anónimos o de empezar a seguir los principios de Alcohólicos Anónimos, esbozados más adelante en este capítulo.

El autosabotaje

Tras practicar la psiquiatría durante décadas, llegué al convencimiento de que la mayoría de fracasos en la vida se deben a que nos saboteamos a nosotros mismos. Fracasamos en nuestros asuntos profesionales, personales y empresariales, no por mala suerte o incompetencia, sino para cumplir un deseo inconsciente de fracasar.

Un amigo mío brillante tenía un historial personal de destruir sus propios éxitos. De joven fue un farmacéutico exitoso, pero perdió su negocio; se hizo bróker y subió a casi lo más alto de su firma, pero fue demandado; se metió en el *trading*, pero se arruinó a la vez que se desenmarañaba de otros desastres anteriores. Echaba la culpa de todos sus fracasos a jefes envidiosos, reguladores incompetentes y una esposa que no le brindaba apoyo.

Al final, tocó fondo. No tenía trabajo ni dinero. Tomó prestado un terminal de operaciones de otro *trader* arruinado y obtuvo financiación de personas que habían oído que había sido un buen *trader* en el pasado. Comenzó a ganar dinero para su *pool* de inversiones y, a medida que corría la voz, más gente invertía. Mi amigo estaba en racha. Entonces inició un tour de conferencias por Asia, continuando su *trading* durante el viaje. Hizo un viaje no relacionado con el tour a un país famoso por sus burdeles, dejando una posición abierta muy grande en futuros sobre bonos, sin orden de *stop* para protegerla. Cuando volvió a la civilización, se habían producido movimientos importantes en el mercado y su *pool* se había volatilizado. ¿Intentó entender su problema? ¿Aprender? No, ¡culpó a su agente! Después de esto le ayudé a conseguir un trabajo atractivo en una empresa de datos importante, pero mordió la mano que le daba de comer y fue despedido. Al final, este hombre brillante acabó yendo de puerta en puerta, vendiendo revestimientos de aluminio, mientras otros ganaban dinero utilizando sus técnicas.

Cuando los *traders* se meten en problemas, tienden a culpar a los demás, a la mala suerte o a cualquier otra cosa. Buscar la causa del fracaso dentro de uno mismo es doloroso.

Un *trader* destacado me consultó algo. Su capital estaba siendo destruido por una recuperación del dólar estadounidense, en el que tenía posiciones cortas muy importantes. Había crecido luchando contra un padre abusivo y arrogante. Se había hecho un nombre apostando en posiciones largas en inversiones de tendencias establecidas. Este *trader* seguía incrementando su posición corta porque no podía admitir que el mercado, que representaba a su padre, era más grande y más fuerte que él.

Esto son sólo dos ejemplos de cómo la gente actúa influida por sus tendencias autodestructivas. Nos saboteamos a nosotros mismos actuando como niños impulsivos, en vez de como adultos inteligentes. Nos aferramos a nuestros patrones de autoderrota. Pueden ser tratados: el fracaso es una enfermedad curable.

El bagaje mental de la infancia puede impedir que triunfe en los mercados. Deberá identificar sus puntos débiles y trabajar para cambiar. Lleve un diario de operaciones –anote las razones por las que entra y sale de cada operación–. Busque patrones repetitivos de éxito y de fracaso.

El *demolition derby**

Todos los miembros de la sociedad son indulgentes, hasta cierto punto, para protegerse mutuamente de las consecuencias de sus errores. Cuando usted conduce, intenta evitar colisionar con el resto de vehículos, y los demás intentan evitar colisionar con usted. Si alguien le adelanta de mala manera en la carretera, quizá maldiga, pero frenará. Si alguien abre una puerta de un vehículo estacionado, usted virará con brusquedad. Evita las colisiones porque son caras para ambas partes.

Casi todas las profesiones proporcionan una red de protección a sus miembros. Sus jefes, colegas y clientes le avisarán si usted se comporta incorrectamente o de manera autodestructiva. En el *trading* no existe tal red de protección, lo que lo hace más peligroso que la mayoría de actividades humanas. Los mercados ofrecen un sinfín de oportunidades para destruirse uno mismo.

Comprar en el momento culminante del día es como abrir la puerta de su vehículo en medio del tráfico. Cuando su orden de compra llega al parqué, muchos *traders* se apresuran a venderle: a arrancar su puerta junto con su brazo. Los otros *traders* desean que fracase porque, cuando usted pierde, ellos ganan.

Los mercados operan sin la ayuda mutua típica de las relaciones humanas. Todo *trader* es golpeado por el resto. Todo *trader* intenta golpear al resto. La carretera del *trading* está llena de accidentes. El *trading* es la actividad humana más peligrosa después de la guerra.

Cómo controlar las tendencias autodestructivas

La mayor parte de la gente vive cometiendo los mismos errores década tras década. Algunos estructuran sus vidas para tener éxito en un área, representando sus conflictos internos en otras.

Deberá ser consciente de su tendencia a sabotearse a sí mismo. Deje de echar la culpa de sus pérdidas a la mala suerte o a los demás, y tome la responsabilidad de los resultados. Comience a llevar un diario: un registro de todas sus operaciones, con las razones para entrar y salir de éstas. Busque patrones repetitivos de éxito y de fracaso. Aquellos que no pueden recordar el pasado están condenados a repetirlo.

El *trader* necesita una red de protección psicológica de la misma manera que un escalador precisa su equipo de supervivencia. Advertí que los principios de Alcohólicos Anónimos, es-

---

* Un *demolition derby* es un espectáculo de automóviles en el que se pretende dejar fuera de combate a los demás participantes colisionando con el resto. *(N. del T.)*

bozados más adelante, son de gran ayuda en las etapas iniciales del desarrollo del *trader*. Unas reglas de gestión del capital estrictas también ofrecen una red de protección, mientras que un diario le ayuda a aprender de sus errores, así como de sus éxitos.

7. La psicología del *trading*

Su éxito o fracaso como *trader* depende de sus emociones. Puede que tenga un sistema de inversión brillante, pero si se siente arrogante, temeroso o alterado, su cuenta sufrirá, sin duda alguna. Si usted es consciente de que está experimentado miedo, codicia, o el subidón del jugador, cierre sus operaciones.

En el *trading*, uno compite contra las mentes más agudas del mundo. Las comisiones y el deslizamiento ponen el campo de juego cuesta arriba para usted. Si, además, usted permite que sus emociones interfieran con sus operaciones, la batalla está perdida. A mi amigo y socio en SpikeTrade.com, Kerry Lovvorn, le encanta repetir: «Cuesta mucho saber qué va a hacer el mercado; si uno no sabe qué va a hacer, la partida está perdida».

No basta con tener un buen sistema de inversión. Muchos *traders* con buenos sistemas son expulsados porque no están preparados psicológicamente para ganar.

Interpretar las reglas según convenga

Los mercados ofrecen enormes tentaciones, como si se tratase de caminar por una cámara acorazada o de cruzar un harén. Provocan impulsos irrefrenables de codicia, y una sensación aún mayor de miedo de perder lo que tenemos. Esas emociones nublan nuestra percepción de la realidad del mercado.

La mayoría de principiantes se siente que es un genio después de una corta racha de victorias. Pensar que uno es tan bueno que todas sus operaciones serán éxitos seguros es excitante. Ahí es cuando los *traders* comienzan a desviarse de sus reglas y a dañar sus cuentas.

Los *traders* aprenden algo, ganan, sus emociones entran en juego y se autodestruyen. La mayoría de *traders* devuelve sus «trofeos de caza» a los mercados rápidamente, que están llenos de historias de la pobreza a la fortuna, y de nuevo a la pobreza. El sello distintivo de un *trader* de éxito es su capacidad de acumular capital.

Deberá hacer del *trading* algo lo más objetivo posible. Asegúrese de seguir unas reglas de gestión del capital. Lleve una hoja de cálculo anotando todas sus operaciones, incluyendo las comisiones y el deslizamiento. Lleve un diario de todas sus operaciones con gráficos *pre* y *post*. En las primeras etapas de su carrera en el *trading*, quizá tenga que dedicar tanta energía a analizarse a usted mismo como a analizar los mercados.

Mientras aprendía el *trading* leí todos los libros sobre psicología del *trading* que pude encontrar. Muchos escritores ofrecían consejos sensatos. Algunos enfatizaban la disciplina: «No puede permitir que los mercados influyan en usted. No tome decisiones cuando las sesiones estén activas. Planee una operación, y opere un plan». Otros enfatizaban la flexibilidad: «No entre en el mercado con ideas preconcebidas. Modifique sus planes cuando el mercado cambie». Algunos expertos sugerían que uno se aislase: nada de noticias sobre negocios, nada de *Wall Street Journal*, nada de escuchar a otros *traders*; solo uno, a solas con el mercado. Otros aconsejaban mantener una mentalidad abierta, estar en contacto con otros *traders* y absorber ideas nuevas. Todos los consejos parecían tener sentido, pero se contradecían entre ellos.

Seguí leyendo, invirtiendo y centrándome en el desarrollo de sistemas. También continué la práctica de la psiquiatría. Nunca pensé que los dos campos estuviesen relacionados, hasta que tuve una revelación inesperada. La idea que cambió mi forma de practicar el *trading* surgió de la psiquiatría.

La revelación que cambió mi manera de practicar *trading*

Como la mayoría de psiquiatras, siempre tenía algunos pacientes con problemas con el alcohol. También presté servicios de consultoría a un importante programa de rehabilitación de drogas. No tardé mucho en darme cuenta de que los alcohólicos y otros adictos tenían más probabilidades de recuperarse en grupos de autoayuda que en entornos clásicos de psiquiatría.

La psicoterapia, la medicación y los hospitales y clínicas caros pueden conseguir que un borracho vuelva a la sobriedad, pero pocas veces a que permanezca sobrio. La mayoría de adictos recaen rápidamente. Es más probable que se recuperen participando en Alcohólicos Anónimos (AA) y demás grupos de autoayuda similares.

Una vez me di cuenta de que los miembros de AA tenían más probabilidades de mantenerse sobrios y reconstruir sus vidas; comencé a admirar a Alcohólicos Anónimos. Empecé a enviar pacientes con problemas con el alcohol a AA y grupos relacionados, como ACA (Adult Children of Alcoholics, Hijos Adultos de Alcohólicos). Si me llegaba un alcohólico pidiendo tratamiento insistía en que también asistiera a AA, porque de lo contrario estaría desperdiciando el tiempo de ambos, además de su dinero.

Una noche me detuve en la oficina de un amigo de camino a una fiesta. Nos quedaban dos horas antes de que empezase; mi amigo, que era un alcohólico en rehabilitación, me dijo: «¿Prefieres alquilar una película, o ir a un encuentro de AA?». Había enviado a muchos pacientes a AA, pero nunca había asistido a un encuentro, ya que nunca he tenido problemas con el alcohol. No dejé perder la oportunidad de asistir a un encuentro de AA, ya que era una nueva experiencia.

El encuentro tuvo lugar en un local de YMCA. Una docena de hombres y algunas mujeres estaban sentados en sillas plegables en una sencilla sala. El encuentro duró una hora. Lo que escuché me dejó atónito… ¡esta gente parecía estar hablando sobre mi *trading*!

Hablaban acerca del alcohol, pero siempre que sustituyese la palabra *alcohol* por *pérdidas*, ¡casi todo lo que decían me afectaba a mí! El capital neto de mi cuenta fluctuaba mucho por aquel entonces. Salí del encuentro sabiendo que tenía que tratar mis pérdidas de la manera en que AA trata el alcoholismo.

8. Lecciones de Alcohólicos Anónimos para el *trading*

Casi todos los borrachos pueden mantenerse sobrios durante unos días; hasta que el impulso irrefrenable de beber les conduce de nuevo a la botella. No pueden resistir mientras continúen pensando y sintiendo como alcohólicos. La sobriedad comienza dentro de la mente de la persona.

Alcohólicos Anónimos (AA) tiene un sistema para cambiar la manera en que la gente piensa y se siente acerca de la bebida. Los miembros de AA usan un programa de doce pasos para cambiar sus mentes. Estos doce pasos, descritos en el libro *Doce pasos y doce tradiciones*, se refieren a doce etapas del crecimiento personal. Los alcohólicos en rehabilitación asisten a encuentros donde comparten sus experiencias con otros alcohólicos en rehabilitación y se apoyan los unos a los otros en su sobriedad. Todo miembro puede conseguir un padrino –otro miembro de AA al que puede llamar para pedirle apoyo cuando siente la necesidad de beber.

AA fue fundado en la década de 1930 por dos alcohólicos: un médico y un vendedor ambulante que comenzaron a encontrarse para ayudarse mutuamente a permanecer sobrios. Desarrollaron un sistema que funcionaba tan bien que otros comenzaron a unírseles. AA solo tiene un objetivo: ayudar a sus miembros a permanecer sobrios. No pide dinero, ni se posiciona políticamente, ni hace campañas publicitarias. AA sigue creciendo tan sólo gracias a las recomendaciones entre personas, y debe su éxito en exclusiva a su efectividad.

El programa de doce pasos de AA es tan efectivo que ahora gente con problemas distintos también lo usa. Existen grupos de doce pasos para hijos de alcohólicos, jugadores y otros. He llegado a la conclusión de que los *traders* pueden dejar de perder dinero si incorporan los principios clave de Alcohólicos Anónimos a su práctica del *trading*.

La negación

La persona que bebe alcohol en eventos sociales disfruta de un cóctel, de una copa de vino o de una cerveza, pero deja de beber cuando siente que ya ha tenido suficiente. La química de un alcohólico funciona de otra forma. Una vez ha tomado una bebida, siente la necesidad de continuar hasta perder el conocimiento o quedarse sin dinero.

Un borracho quizá diga que tiene que reducir su consumo de alcohol, pero no puede admitir que está fuera de control. Intente decirle a un amigo, familiar o empleado alcohólico que su consumo de alcohol está fuera de control y está dañando su vida, y chocará contra el muro de la negación.

Un alcohólico es capaz de decir: «Mi jefe me despidió porque llevaba resaca y llegué tarde. Mi esposa cogió a los niños y me dejó porque, para comenzar, no tiene sentido común. Mi casero me está intentando echar del piso porque voy un poco retrasado con el alquiler. Voy a tener que reducir mi consumo de alcohol, y todo volverá a ir bien».

Esta persona ha perdido la familia y el trabajo. Está a punto de perder el techo bajo el que vive. Su vida está dando vueltas sin control alguno, pero sigue diciendo que puede reducir su consumo de alcohol. ¡A esto se le llama negación!

Los alcohólicos niegan la existencia de problemas a la vez que sus vidas se están desmoronando. Mientras que un alcohólico crea que puede «controlar la bebida», sigue cayendo en picado hacia abajo. Nada cambiará, incluso si consigue una nueva faena, una nueva esposa y un nuevo casero.

Los alcohólicos niegan que el alcohol controle sus vidas. Cuando hablan de reducir su consumo de alcohol, hablan de gestionar algo que es inmanejable. Son como el conductor cuyo coche va dando tumbos, fuera de control, en una carretera de montaña. Cuando un coche baja a toda velocidad por un barranco es demasiado tarde para prometer que se va a conducir con cuidado. La vida de un alcohólico va a toda velocidad, está fuera de control, mientras niega que es alcohólico.

Existe un crudo paralelismo entre el alcohólico y el *trader* cuya cuenta está siendo demolida por las pérdidas. A medida que va cambiando de tácticas de inversión, actúa como un alcohólico que intenta solucionar su problema pasando del licor a la cerveza. El perdedor niega que ha perdido el control de su vida en el *trading*.

Tocar fondo

El borracho puede comenzar el camino hacia la recuperación sólo después de admitir que es alcohólico. Tiene que entender que el alcohol está al control de su vida, y no al revés. La mayoría de borrachos no pueden aceptar esta dolorosa verdad. Sólo pueden enfrentarla una vez han tocado fondo.

Algunos alcohólicos tocan fondo cuando surge una enfermedad que amenaza sus vidas. Otros lo hacen después de que sus familias los hayan rechazado, o de perder un trabajo. El alcohólico tiene que hundirse hasta un nivel tan bajo, tan al fondo de la cuneta, con un dolor tan insoportable, que al final atraviese la negación.

El dolor de tocar fondo hace que el alcohólico vea cuán hundido está. Contempla una simple pero cruda elección: o hace un cambio radical en su vida o morirá. Sólo entonces el alcohólico puede comenzar su camino hacia la recuperación.

Las ganancias provocan un subidón emocional y un sentimiento de poder en los traders. *Intentan volver a sentir el subidón, asumiendo operaciones temerarias, devolviendo sus ganancias. La mayoría de* traders *no puede soportar el dolor de las pérdidas importantes. Mueren como* traders *después de haber tocado fondo y ser barridos de los mercados. Los pocos supervivientes se dan cuenta de que el problema principal no está en sus métodos, sino en su manera de pensar. Pueden cambiar y acabar siendo* traders *de éxito.*

El primer paso

Los alcohólicos que quieren recuperarse tienen que tomar doce pasos –doce etapas de crecimiento personal–. Tienen que cambiar su manera de pensar y de sentir, cómo se relacionan consigo mismos y con los demás.

El primer paso de AA es el más duro: admitir que uno no tiene ningún poder sobre el alcohol. El alcohólico debe reconocer que su vida se ha vuelto incontrolable, que el alcohol es más fuerte que él. La mayoría no puede dar ese paso, abandona y sigue adelante, destruyendo su vida.

Si el alcohol es más fuerte que uno, entonces uno no puede volver a tocarlo jamás, ni un sorbo, por el resto de sus días. Uno tiene que dejar la bebida para siempre. La mayor parte de borrachos no quiere dejar ese placer. Destruye su vida antes que tomar el primer paso de AA. Sólo el dolor de tocar fondo puede motivarlos a dar ese primer paso.

Día a día

Quizá haya visto pegatinas en vehículos que dicen: «Día a día» o «Despacito y buena letra». Son eslóganes de AA, y la gente que conduce esos vehículos probablemente sean alcohólicos en proceso de rehabilitación.

Planear una vida sin alcohol puede parecer abrumador. Por esta razón, AA anima a sus miembros a que permanezcan sobrios tomándose cada día tranquilamente, día a día.

La meta de todo miembro de AA es permanecer sobrio ese día, e irse a dormir sobrio. Poco a poco, los días se vuelven semanas, las semanas, meses, y los meses, años. Los encuentros de AA y demás actividades ayudan a los alcohólicos que se están recuperando a permanecer sobrios, día a día.

Los alcohólicos en rehabilitación reciben –y dan a los demás– un apoyo inestimable y sentido de comunidad en estos encuentros. Hay encuentros a todas horas y por todo el mundo. Los *traders* tienen mucho que aprender de esos encuentros.

Un encuentro de AA

Una de las mejores cosas que un *trader* puede hacer es ir a un encuentro de AA. Se lo recomiendo especialmente a todo *trader* que esté pasando por una racha de pérdidas. Llame a Alcohólicos Anónimos e infórmese del próximo «encuentro abierto» o «encuentro para principiantes» en su zona.

El encuentro dura alrededor de una hora. Puede sentarse al fondo de la sala y escuchar con atención. No hay presión para hablar, y nadie pregunta apellidos.

Todos los encuentros comienzan con un miembro experimentado, que se levanta y habla de su batalla personal para recuperarse del alcoholismo. Otros miembros comparten sus experiencias. Se pasa una colecta para cubrir los gastos –puede dar un euro, si así lo desea–. Todo lo que tiene que hacer es escuchar atentamente, y cada vez que oiga la palabra *alcohol*, sustitúyala por la palabra *pérdida*. ¡Sentirá como si la gente en el encuentro estuviese hablando de su *trading*!

■ 9. Perdedores anónimos

Las personas que beben alcohol en eventos sociales disfrutan de una bebida ocasionalmente, pero el alcohólico tiene ansias de alcohol. Niega que el alcohol controle y destruya su vida, hasta que llega a una crisis personal. Puede que sea una enfermedad que amenace su vida, la falta de empleo, que su familia lo abandone u otro acontecimiento insoportablemente doloroso. AA lo llama «tocar fondo».

El dolor de tocar fondo atraviesa la negación del alcohólico. Contempla una cruda elección: ahogarse o subir a la superficie a respirar. Su primer paso hacia la recuperación es admitir que no tiene ningún poder sobre el alcohol. Un alcohólico en rehabilitación nunca podrá beber de nuevo.

La pérdida es al perdedor lo que el alcohol es al alcohólico. Una pérdida pequeña es como beber un trago. Una pérdida grande es como salir de copas. Una racha de pérdidas es como una gran borrachera. El perdedor va cambiando de mercado, gurú y sistema de inversión. Su patrimonio se reduce a medida que intenta recrear la sensación placentera de ganar.

Los *traders* que pierden piensan y actúan como alcohólicos, excepto por el hecho de que no les cuesta pronunciar cuando hablan. Los dos grupos tienen tanto en común que se puede predecir qué hará un perdedor usando a los alcohólicos como modelo.

El alcoholismo es una condición que se puede curar, como lo es tener pérdidas. Los perdedores pueden cambiar usando los principios de Alcohólicos Anónimos.

El impulso irrefrenable de operar

Los *traders* exitosos tratan las pérdidas igual que los bebedores sociales tratan el alcohol. Toman un poco y paran. Si tienen unas cuantas pérdidas seguidas, lo entienden como una señal de que algo no está funcionando: quizá su sistema no esté sincronizado con el entorno de mercado actual. Es el momento de tomar un descanso y observar los mercados con una nueva mirada. Los perdedores, en cambio, no pueden parar: siguen operando porque son adictos a la excitación del juego y siguen esperando una gran victoria.

Un destacado asesor de inversiones que se arruinó y dejó el *trading* escribió que, para él, el placer del *trading* era mayor que el del sexo o el de pilotar aviones a reacción. Del mismo modo que los alcohólicos pasan de beber socialmente a la embriaguez, los perdedores van tomando riesgos cada vez mayores. Cruzan una línea de enorme importancia: la que separa el riesgo de los negocios del juego. Muchos perdedores ni siquiera saben que existe.

Los perdedores sienten el impulso del *trading* igual que los alcohólicos sienten el impulso de beber. Hacen operaciones impulsivas, se van de *trading* como el que se va de juerga, e intentan salir del agujero con más *trading* todavía.

Las cuentas de los perdedores se desangran. La mayoría se arruina y deja el *trading*, aunque algunos se pasan a administrar el dinero de otros después de haber perdido el suyo; otros ofrecen servicios de asesoría, como los borrachos quemados que limpian vasos en el bar.

La mayoría de perdedores oculta sus pérdidas a sí mismos y a los demás. No llevan un registro y echan a la basura los extractos de cuentas de sus agentes. El perdedor es como el alcohólico que no quiere saber cuánto licor ha bebido.

En el agujero

El perdedor opera en la niebla y no sabe por qué sigue perdiendo. Si lo supiese habría hecho algo al respecto y sería un triunfador. El perdedor intenta gestionar su *trading* de la misma manera que el alcohólico intenta gestionar su problema con la bebida.

Las esperanzas desesperadas que los perdedores ponen en soluciones mágicas ayudan a los asesores a vender sus servicios al público. Cambian a nuevos sistemas de inversión, comprar más software y buscan consejos de nuevos gurús.

A medida que las pérdidas aumentan y el capital se reduce, el perdedor se desespera más y más y convierte posiciones directas en *spreads*, dobla sus posiciones en pérdidas, invierte sus operaciones en la dirección contraria, y nunca se detiene. Todo esto no le es de más ayuda que el paso del licor fuerte al vino ayudaría a un alcohólico.

Un *trader* en pérdidas va a toda velocidad, fuera de control, intentando gestionar lo imposible. Los alcohólicos mueren prematuramente, y la mayoría de *traders* se arruinan y dejan los mercados para no volver nunca más. Los métodos de inversión nuevos, los consejos de moda y el software mejorado no ayudan a la persona que no puede gestionarse a sí misma.

El perdedor sigue teniendo subidones con el *trading* mientras su capital se reduce. Intentar decirle que es un perdedor es como tratar de quitar la botella a un borracho. El perdedor tiene que tocar fondo antes de comenzar a recuperarse. Quizá deba cambiar su manera de pensar para dejar de perder y comenzar su recuperación como *trader*.

Tocar fondo como *trader*

Tocar fondo es una sensación horrible. Es doloroso y humillante. Uno toca fondo cuando se pierde dinero que no puede permitirse perder. Se toca fondo cuando se han apostado y perdido los ahorros.

Uno toca fondo después de decir a los amigos cuán inteligente es uno, para más tarde pedirles un préstamo. Se toca fondo cuando el mercado viene rugiendo hacia uno y le grita: «¡Tonto!».

Algunas personas tocan fondo sólo unas semanas después de practicar el *trading*. Otras siguen añadiendo dinero a sus cuentas para posponer el día del juicio final. Ver a un perdedor en el espejo es doloroso. Nos pasamos la vida construyendo nuestra autoestima. La mayoría de nosotros tiene una buena opinión de sí mismo. Su primera reacción puede que sea esconderse, pero recuerde, no está solo. Casi todos los *traders* se han encontrado en esa situación.

Muchos de los *traders* que han tocado fondo se escabullen del mercado y nunca más miran atrás. Muchos de los que están operando hoy se habrán ido en un año, si no antes. Tocarán fondo, se desmoronarán y se marcharán. Intentarán olvidar el *trading* como si de una pesadilla se tratara.

Algunos se lamerán las heridas y esperarán hasta que el dolor desaparezca, y entonces volverán sin haber aprendido casi nada. Serán temerosos, y este temor aún perjudicará más su *trading*.

Afortunadamente, algunos *traders* se recuperarán después de haber tocado fondo para empezar el proceso de cambio y crecimiento. Para estos individuos, el dolor de tocar fondo romperá el ciclo vicioso de tener subidones con las ganancias para después perderlo todo y estrellarse. Cuando uno admite que un problema personal es la causa de estar perdiendo, uno puede comenzar a construir una nueva vida en el *trading*. Uno puede empezar a desarrollar la disciplina del ganador.

El primer paso del *trader*

Al igual que un alcohólico necesita admitir que no puede controlar la bebida, un *trader* precisa admitir que no puede controlar sus pérdidas. El primer paso de todo miembro de AA es decir: «Soy alcohólico, no tengo poder alguno sobre el alcohol». Como *trader*, usted debe dar su primer paso diciendo: «Soy un perdedor, no tengo poder alguno sobre las pérdidas».

Los alcohólicos en rehabilitación luchan por mantenerse sobrios, día a día. El *trader* puede recuperarse utilizando los principios de AA. Ahora usted deberá luchar por operar sin pérdidas, día a día.

Quizá diga que es imposible. ¿Qué ocurre si compra y el mercado baja inmediatamente? ¿Qué pasa si vende al descubierto, y resulta que está en el *tick* más bajo, y el mercado se recupera de inmediato? Incluso los mejores *traders* pierden dinero en algunas operaciones.

La respuesta está en trazar una línea entre el riesgo empresarial y las pérdidas. Como *traders* siempre estamos aceptando riesgos empresariales, pero nunca sufrimos pérdidas por encima de este riesgo predeterminado.

Por ejemplo, un tendero acepta un riesgo cada vez que se abastece de nueva mercancía. Si no la vende, perderá dinero. Un empresario inteligente sólo toma riesgos que no le puedan llevar a la quiebra, incluso si comete varios errores seguidos. Proveerse de dos cajas de mercancía puede ser un riesgo empresarial sensato, pero un tráiler entero probablemente sea una apuesta.

Como *trader*, está metido en el negocio del *trading*. Tiene la obligación de acotar su riesgo empresarial: la cantidad máxima de capital que arriesgará en cada operación. No hay una cantidad monetaria estándar, de la misma forma que no hay un estándar para los negocios. Un riesgo empresarial aceptable dependerá, primero, del volumen de su cuenta operativa. También de su método de inversión y de su resistencia al dolor.

El concepto de riesgo empresarial cambiará su manera de gestionar el dinero (*véase* sección novena, «Gestión del riesgo»). El máximo absoluto que cualquier *trader* debería arriesgar en una operación es el 2 % del capital neto de su cuenta. Por ejemplo, si usted tiene 30.000 dólares en su cuenta, no debería arriesgar más de 600 dólares por operación, y si tiene 10.000 dólares, no debería arriesgar más de 200. Si su cuenta es pequeña, limítese a operar con menos acciones, futuros menos caros, o con minicontratos. Si ve una operación atractiva, pero ésta requiere un *stop* que ponga en riesgo más del 2 % de su capital, déjela pasar de largo. Puede arriesgar menos, pero nunca arriesgar más. Debe evitar arriesgar más del 2 % en una sola operación de la misma manera que un alcohólico debe evitar los bares.

El *trader* que culpa a un bróker por sus altas comisiones y a un *trader* del parqué por el deslizamiento ha cedido el control de su vida en el *trading*. Intente reducir ambas cosas, pero hágase responsable de éstas. Si pierde ni que sea un dólar más de lo estipulado en su riesgo empresarial, incluyendo las comisiones y el deslizamiento, será un perdedor.

¿Lleva un buen registro de operaciones? Llevar un mal registro es una señal inequívoca del jugador. Los buenos empresarios llevan bien las cuentas. Su registro de operaciones deberá mostrar la fecha y el precio de cada entrada y salida, deslizamiento, comisiones, *stops*, todos los ajustes de los *stops*, las razones de cada entrada, los objetivos de cada salida, las ganancias máximas teóricas, las pérdidas máximas teóricas si se llega a un *stop* y cualquier otra información necesaria para, en el futuro, reexaminar y entender completamente cada operación.

Es normal que tenga que salir corriendo de una operación dentro de los límites de su riesgo empresarial. No existe posibilidad de regatear, esperar al siguiente *tick* u otros cambios. Perder un dólar más de lo establecido en su riesgo es como emborracharse, meterse en una pelea, tener náuseas de camino a casa y despertarse en la cuneta. No desea que suceda. Jamás.

Un encuentro de un único asistente

Si va a un encuentro de AA verá gente que no ha bebido alcohol en años levantándose y diciendo: «Hola, me llamo tal y soy alcohólico». ¿Por qué se llaman alcohólicos a sí mismos después de años de sobriedad? Porque si creen por un momento que han vencido al alcoholismo comenzarán a beber de nuevo. Cuando una persona deja de creer que es alcohólica, es libre de tomar un trago, después otro, y probablemente acabe de nuevo en la cuneta. La persona que quiere permanecer sobria debe recordar que es alcohólica durante el resto de sus días.

Los *traders* sacarían mucho provecho de una organización de autoayuda; yo la llamaría Perdedores Anónimos. ¿Y por qué no *Traders* Anónimos? Porque un nombre crudo ayuda a centrarse en nuestras tendencias autodestructivas. Después de todo, Alcohólicos Anónimos no se llama Bebedores Anónimos. Mientras se considere a sí mismo como perdedor se centrará en evitar las pérdidas.

Diversos *traders* han discutido sobre lo que ellos consideran el «pensamiento negativo» de Perdedores Anónimos. Una mujer jubilada de Texas, una *trader* con mucho éxito, ha descrito su enfoque. Es muy religiosa, reza cada mañana y después conduce a su oficina, desde donde opera activamente. En el momento en que el mercado comienza a moverse en su contra, corta sus pérdidas con rapidez, pues al Señor no le gustaría que perdiese Su dinero. Pienso que nuestros métodos son similares. El objetivo es cortar las pérdidas a través de una regla objetiva y externa.

Operar dentro de los límites del riesgo empresarial es como vivir sin alcohol. El *trader* debe admitir que es un perdedor, igual que el bebedor debe admitir que es alcohólico. Sólo entonces puede comenzar su camino hacia la recuperación.

Ésta es la razón por la que recomiendo que cada mañana, antes de comenzar a operar, uno diga: «Buenos días, me llamo tal, y soy un perdedor. Tengo la tendencia a causar daños financieros graves a mi cuenta». Es como un encuentro de AA, ayuda a la mente a centrarse en los primeros principios. Incluso si hoy obtiene miles de euros del mercado, mañana dirá: «Buenos días, me llamo tal, y soy un perdedor».

Un amigo solía bromear: «Por la mañana, cuando estoy sentado frente a mi pantalla de cotizaciones, digo: "Me llamo John y voy a degollaros a todos"». Su manera de pensar genera tensión. Pensar en términos de «Perdedores Anónimos» produce serenidad. El *trader* que se siente sereno y relajado puede centrarse en buscar las mejores y más seguras operaciones. Todo el mundo sabe quién es más probable que gane cuando un hombre sobrio y otro ebrio hacen una carrera. El borracho puede que gane de vez en cuando, pero la persona sobria es la apuesta segura. Desea ser la persona sobria en esa carrera.

10. Ganadores y perdedores

Todos llegamos al *trading* desde diferentes profesiones y estilos de vida, llevando con nosotros un bagaje mental. Muchos consideramos que cuando actuamos en el mercado de la misma manera en que lo hacemos en nuestra vida diaria perdemos dinero. Más que nada, el éxito o fracaso dependen de la habilidad de usar el intelecto y no actuar desde las emociones. Un *trader* que se siente eufórico cuando gana y depresivo cuando pierde está a merced de los movimientos del mercado, por lo que no podrá acumular capital.

Para triunfar en el mercado deberá actuar con calma y siendo responsable. El dolor de las pérdidas conduce a la gente a la búsqueda de métodos mágicos. Al mismo tiempo, descarta muchas cosas útiles de su experiencia profesional o empresarial.

Como el océano

El mercado es como el océano: sube y baja, independientemente de los deseos de uno. Quizá sienta gozo cuando compra unos valores y éstos se disparan en una recuperación. Tal vez se sienta dominado por el temor cuando toma posiciones cortas pero el mercado sube, fundiendo su capital con cada pequeña subida. Estas emociones no tienen nada que ver con el mercado, sólo existen en su interior.

El mercado no sabe que usted existe. No puede hacer nada para influir en él. Al océano no le importa su bienestar, pero tampoco desea lastimarlo. Usted sólo está al control de su propia conducta.

El marinero no puede controlar el océano, pero puede controlarse a sí mismo. Sí que puede estudiar las corrientes y los patrones atmosféricos y climáticos, aprender buenas técnicas de navegación y ganar experiencia. Puede aprender cuándo navegar y cuándo quedarse en puerto. Un marinero de éxito usa su inteligencia.

El océano puede ser útil: puede pescar en él y usar su superficie para ir a otras islas. El océano puede ser peligroso; puede ahogarse en él. Cuanto más racional sea su enfoque, más probabilidades tendrá de conseguir lo que desea. Por otro lado, si actúa movido por sus emociones, no podrá centrarse en la realidad del océano.

El *trader* debe estudiar las tendencias y las inversiones del mercado como el marinero estudia los mares. Deberá operar a pequeña escala mientras aprende a gestionar su cuenta. No se puede controlar el mercado, pero se puede aprender a controlarse uno mismo.

Tras una serie de operaciones lucrativas, puede que el principiante sienta que podría caminar sobre las aguas. Comienza a tomar riesgos absurdos y hace saltar su cuenta por los aires. En cambio, el principiante que sufre varias pérdidas seguidas a menudo se desmoraliza tanto que ya no puede dar órdenes, incluso cuando su sistema le da señales para comprar o para vender. Si el *trading* le hace sentir eufórico o asustado, no podrá usar su intelecto plenamente. Cuando la alegría le haga subir a una nube, hará operaciones irracionales y perderá. Cuando el miedo se apodere de usted, perderá oportunidades lucrativas.

El marinero cuyo barco está siendo embestido por los vientos de los mares arría velas, reduciendo su exposición al viento. El primer remedio para el *trader* que está siendo maltratado por el mercado es reducir el tamaño de sus operaciones. Opere a pequeña escala cuando esté aprendiendo o cuando esté estresado.

El *trader* profesional utiliza la cabeza y permanece en calma. Sólo los principiantes se ponen eufóricos o se deprimen. El *trading* emocional es un lujo que nadie puede permitirse.

El *trading* emocional

La mayoría de personas ansía la excitación y el entretenimiento. Los cantantes, actores y deportistas profesionales ganan mucho más dinero que personas con oficios mundanos como los médicos, pilotos o profesores universitarios. A la gente le encanta sentir el cosquilleo nervioso: compra boletos de lotería, viaja a Las Vegas y reduce la velocidad para observar, boquiabierta, los accidentes de carretera.

El *trading* emocional puede ser muy adictivo. Incluso aquellos que tiran el dinero a los mercados reciben, a cambio, un entretenimiento fantástico.

El mercado es un espectáculo deportivo y un deporte que se juegan al mismo tiempo. Imagínese ir a un partido de béisbol de la liga profesional en que no estuviese confinado a las gradas, pudiendo pagar unos cientos de dólares para poder saltar al campo y unirse al partido. Si batease la pelota bien sería remunerado como los profesionales.

Seguramente se lo pensaría dos veces antes de saltar al campo las primeras veces. Esta actitud cautelosa es responsable de la conocida como *suerte del principiante*. Después de haber bateado la bola bien unas cuantas veces y recibir su recompensa, el principiante quizá piense que es tan bueno como los profesionales, o quizá mejor, por lo que podría ganarse bien la vida jugando. Los principiantes codiciosos saltan al campo con demasiada frecuencia, incluso cuando no se dan buenas oportunidades de juego. Antes de que se hayan dado cuenta de qué está pasando, una racha corta de pérdidas destruye sus cuentas.

El mercado es uno de los lugares más divertidos en la faz de la Tierra, pero las decisiones emocionales son letales. Si alguna vez va a un hipódromo, gírese y observe a los humanos en vez de a los caballos. Los jugadores patalean, dan saltos y gritan a caballos y jinetes. Miles de personas muestran sus emociones en público. Los ganadores se abrazan y los perdedores rompen sus boletos, furiosos. El gozo, el dolor y la intensidad de las ilusiones vanas son caricaturas de lo que pasa en los mercados. El *handicapper* sereno que se gana la vida en las carreras no se excita, grita ni apuesta el grueso de su dinero en una sola carrera, ni siquiera en un solo día.*

Los casinos aman a los borrachos. Sirven bebidas gratuitas a los jugadores para que sean más emocionales y apuesten más. Otra cosa que los casinos también hacen es expulsar a los jugadores, calmados e inteligentes, que saben contar cartas. En Wall Street hay menos licor gratis que en un casino, pero al menos aquí no te expulsan por ser un buen *trader*.

Estar al mando de la vida de uno

Cuando un mono se lastima el pie con la raíz de un árbol tiene un ataque de furia y patea el trozo de madera. Usted se puede reír del mono, pero ¿se ríe de sí mismo cuando actúa como él? Si el mercado baja cuando usted tiene posiciones largas, quizá redoble la posición en su operación en pérdidas, o tal vez cambie de estrategia y tome posiciones cortas como venganza. Esta forma de actuar es emocional, no está usando su intelecto. ¿Cuál es la diferencia entre un *trader* que intenta vengarse del mercado y un mono pateando la raíz de un árbol? Actuar dejándose llevar por la ira, el miedo o la euforia destruye sus posibilidades de éxito. Debe analizar su propia conducta, en vez de representar sus sentimientos.

Nos enfadamos con el mercado; le cogemos miedo y desarrollamos supersticiones estúpidas. Mientras tanto, el mercado sigue su ciclo de recuperaciones y descensos como un océano pasa de la tormenta a la calma. Mark Douglas, en *The Disciplined Trader* escribe que en el mercado «No existe principio, mitad ni final, sólo lo que usted crea en su propia mente. Raramente alguno de nosotros crece aprendiendo a operar en una arena que permite una completa libertad de expresión creativa, sin estructura externa que la restrinja en forma alguna».

Intentamos engatusar al mercado, comportándonos como el antiguo emperador Jerjes, quien mandó a sus soldados que azotasen al mar por haber hundido su flota. La mayoría de nosotros no es consciente de cuán manipuladores somos, de cuánto llegamos a regatear y a representar nuestros sentimientos. La mayoría de nosotros se considera a sí mismo el centro del Universo y espera que cada persona o grupo sea bueno o malo hacia su persona. Esto no funciona en el mercado, que es completamente impersonal.

Leston Havens, psiquiatra de la Universidad de Harvard, escribe: «El canibalismo y la práctica de la esclavitud probablemente sean las manifestaciones más antiguas de la depredación y sumisión entre humanos. A pesar de que hoy se disuada de la práctica de ambos, su existencia continuada en formas psicológicas demuestra que la civilización ha tenido un gran éxito moviéndose de lo concreto y material a lo abstracto y psicológico, aunque persista en los mismos propósitos». Los padres amenazan a sus hijos, los abusones los golpean y los maestros intentan

---

* En mi cartera llevo un pase de por vida del hipódromo de Belmont, en Nueva York, que pertenecía a mi difunto gran amigo Lou Taylor. Parece una credencial de empleado, pero en la línea donde se especifica el cargo dice: «vencedor». Mi amigo ganó muchas competiciones de *handicap* y siguió ganando dinero en las carreras de caballos hasta unos meses antes de su muerte.

doblegar su voluntad en la escuela. No es de extrañar que la mayoría de nosotros crezcamos o bien escondiéndonos en un caparazón o bien aprendiendo a cómo manipular a los demás en defensa propia. Actuar de manera independiente no es algo natural para nosotros, pero es la única manera de triunfar en el mercado.

Douglas nos avisa: «Si el comportamiento del mercado le parece misterioso, es porque su propio comportamiento es misterioso y difícil de controlar. En realidad no puede determinar lo que el mercado va a hacer a continuación cuando ni siquiera sabe lo que va a hacer usted». Al final, «la única cosa que puede controlar es a usted mismo. Como *trader* tiene el poder de darse dinero a usted mismo, o de dar dinero al resto de *traders*». Añade: «Los *traders* que pueden ganar dinero consistentemente […] enfocan el *trading* desde la perspectiva de una disciplina mental».

Todos tenemos nuestros propios demonios por exorcizar en el viaje hacia convertirnos en *traders* de éxito. Aquí expongo diversas reglas que me han servido, desde que comencé, siendo un principiante salvaje, pasando por un semiprofesional errático, hasta finalmente llegar a ser un *trader* profesional reposado. Puede hacer los cambios a esta lista que más le convengan a su personalidad.

1. Decida que estará en los mercados a largo plazo, es decir, que quiere seguir siendo *trader* incluso de aquí a veinte años.
2. Aprenda tanto como pueda. Lea y escuche a los expertos, manteniendo un grado de escepticismo saludable sobre todo lo que lea y oiga. Plantee preguntas, y no se fíe sólo porque alguien es un experto.
3. No sea codicioso y se apresure a invertir –tómese su tiempo para aprender–. Los mercados seguirán estando ahí, ofreciendo buenas oportunidades en los siguientes meses y años.
4. Desarrolle un método de análisis del mercado, es decir, «si ocurre A, probablemente ocurra B». Los mercados tienen muchas dimensiones: utilice diversos métodos analíticos para confirmar las operaciones. Testee todo sobre datos históricos y después en los mercados, usando dinero real. Los mercados están en cambio continuo: necesitará diferentes herramientas para operar en mercados alcistas y bajistas y en los períodos de transición, así como un método para notar la diferencia (*véase* secciones sobre análisis técnico).
5. Desarrolle un plan de gestión del capital. Su primer objetivo deberá ser la supervivencia a largo plazo; el segundo, un incremento regular del capital; y, por último, el tercero, obtener grandes beneficios. La mayoría de *traders* pone el tercer objetivo al principio y no es consciente de que existan los objetivos primero y segundo (*véase* sección novena, «Gestión del riesgo»).
6. Sea consciente de que el *trader* es el eslabón más débil de todo sistema de inversión. Vaya a un encuentro de Alcohólicos Anónimos para aprender cómo evitar las pérdidas o desarrolle su propio método para eliminar las operaciones impulsivas.
7. Los triunfadores piensan, sienten y actúan de forma diferente a los perdedores. Deberá mirar en su interior, deshacerse de las ilusiones vanas y cambiar su vieja manera de ser, pensar y

actuar. El cambio es difícil, pero si quiere ser un *trader* profesional, deberá trabajar en cambiar y desarrollar su personalidad.

Para llegar al éxito necesitará empuje, conocimiento y disciplina. El dinero es importante, pero menos que cualquiera de estas cualidades. Si tiene suficiente empuje para trabajar, en este libro adquirirá mucho conocimiento, y entonces cerraremos el círculo volviendo al tema de la disciplina en los capítulos finales.

SEGUNDA PARTE

Psicología de masas

Wall Street recibe su nombre de un muro que evitaba que los animales de granja se escapasen de un asentamiento en el extremo sur de Manhattan. El legado de los granjeros pervive en el lenguaje de los *traders*. En Wall Street se menciona cuatro animales con especial frecuencia: los toros y los osos, los cerdos y los corderos. Los *traders* dicen: «Los toros ganan dinero, los osos ganan dinero, pero los cerdos son para la matanza».

El toro lucha embistiendo hacia arriba con los cuernos. El toro, conocido como alcista, es el comprador: la persona que apuesta por las recuperaciones y se aprovecha de los ascensos en los precios. El oso, conocido como bajista, lucha golpeando con sus zarpas hacia abajo. El oso es el vendedor: la persona que apuesta por las bajadas y se aprovecha de los descensos en los precios.*

Los cerdos son codiciosos. Algunos compran o venden posiciones demasiado grandes para sus cuentas y son sacrificados cuando se da un pequeño movimiento adverso. Otros cerdos se quedan demasiado tiempo en una posición: siguen esperando ganancias incluso después de una inversión de tendencia. Los corderos siguen las tendencias, rumores y a los gurús, pasivamente y con temor. A veces se ponen los cuernos del toro o la piel del oso para pavonearse. Pueden ser reconocidos por sus balidos lastimosos cuando los mercados se vuelven volátiles.

---

* Hay lugar de sobra para ambos, en el mercado, a veces incluso al mismo tiempo. Siempre me sorprende cuando dos *traders* de élite de SpikeTrade escogen el mismo valor, pero en direcciones opuestas, larga o corta. A menudo, al final de la semana ambos recogen beneficios, lo que demuestra que la manera en que se gestiona cada operación es más importante que el valor y la dirección que se escogen.

Cuando el mercado está abierto, los alcistas compran, los bajistas venden, los cerdos y los corderos son pisoteados, y los *traders* indecisos esperan a un lado. Las pantallas de cotización de todo el mundo muestran un flujo continuo de los últimos precios de todos los vehículos de inversión negociados. Miles de ojos se centran en cada cotización mientras la gente toma sus decisiones operativas.

11. ¿Qué es el precio?

Los *traders* se dividen en tres categorías: compradores, vendedores e indecisos. Los compradores quieren pagar lo mínimo que sea posible y los vendedores quieren cobrar lo máximo que se pueda. El conflicto permanente entre ambos grupos queda reflejado en la horquilla de precios de compra-venta discutida en la introducción. El precio de venta es lo que el vendedor pide por su mercancía. El precio de compra es lo que el comprador ofrece por esa mercancía.

El comprador se enfrenta a una elección: esperar a que los precios bajen o pagar lo que los vendedores piden. El vendedor se enfrenta a una elección similar: esperar a que los precios suban o aceptar las ofertas inferiores por su mercancía.

Una transacción se da cuando hay un encuentro momentáneo entre dos mentes: un alcista ansioso acepta las condiciones de un vendedor y paga, o un bajista ansioso acepta las condiciones de un comprador y vende un poco más barato.

La presencia de *traders* indecisos mete presión sobre alcistas y bajistas. Los compradores y los vendedores se mueven rápido porque saben que están rodeados por un público de *traders* indecisos que puede entrar al ruedo en cualquier momento y arrebatarles el trato.

El comprador sabe que si piensa durante demasiado tiempo, otro *trader* puede irrumpir y comprar antes que él. El vendedor sabe que, si intenta aguardar a un precio más alto, otro *trader* puede irrumpir y vender a un precio inferior. El público de *traders* indecisos hace que los compradores y los vendedores estén más dispuestos a llegar a un acuerdo con sus oponentes. La transacción se da cuando dos mentes convergen.

El consenso sobre el valor

Cada *tick* en su pantalla de cotizaciones representa una transacción entre un comprador y un vendedor.

Los compradores compran porque esperan que los precios suban. Los vendedores venden porque esperan que los precios bajen. Los compradores y los vendedores están rodeados de un público compuesto por *traders* indecisos que pone presión sobre ellos porque puede ser comprador y vendedor en cualquier momento.

La compra por parte de los alcistas empuja a los mercados al alza, mientras que la venta por parte de los bajistas los empuja a la baja. Los *traders* indecisos hacen que todo ocurra más rápido creando una sensación de perentoriedad entre compradores y vendedores.

Llegan *traders* de todo el mundo al mercado: en persona, a través de ordenadores o por mediación de sus agentes. Todo el mundo tiene la oportunidad de comprar y vender. *Cada cotización es un consenso momentáneo sobre el valor entre todos los participantes en el mercado, expresado en una acción.* Los precios son creados por las masas de operadores: compradores, vendedores y gente indecisa. Los patrones de los precios y el volumen reflejan la psicología de masas en los mercados.

Patrones de comportamiento

Multitudes enormes operan en los mercados de valores, *commodities* (materias primas y mercancías básicas) y opciones. Capitales pequeños y grandes, inteligentes y estúpidos, institucionales y privados, inversores a largo plazo y *traders* a corto plazo, todos se encuentran en el mercado. *Cada cotización representa un consenso momentáneo sobre el valor entre compradores, vendedores y* traders *indecisos en el momento de la transacción. Hay una multitud de* traders *detrás de cada patrón en la pantalla.*

El consenso público cambia continuamente. A veces se establece en un entorno tranquilo, y en otras ocasiones el entorno enloquece. Las cotizaciones varían en pequeños incrementos, durante los períodos tranquilos. Cuando el público se asusta o está eufórico los precios comienzan a dar saltos. Imagínese una subasta por un chaleco salvavidas en un barco que se está hundiendo: los precios van saltando de esta manera, cuando las masas de *traders* se vuelven emocionales respecto a una tendencia. Un *trader* astuto procura entrar en el mercado durante los períodos tranquilos y retirar beneficios durante los períodos de desenfreno. Eso, por supuesto, es exactamente lo contrario a lo que hacen los principiantes: entran y salen cuando los precios comienzan a galopar, pero se aburren y pierden interés cuando los precios están en calma.

Los patrones gráficos reflejan los cambios en la psicología de masas de los mercados financieros. Cada sesión es una batalla entre los alcistas, que ganan dinero con los ascensos en los precios, y los bajistas, que sacan beneficio de los descensos. El objetivo de todo analista técnico serio es descubrir el equilibrio de fuerzas entre alcistas y bajistas y apostar por el grupo vencedor. Si los alcistas son mucho más fuertes, deberá comprar y aguantar. Si los bajistas son mucho más fuertes, deberá vender y vender al descubierto. Cuando ambos campos están igualados, el *trader* sabio se mantiene a un lado. Deja que los alcistas y los bajistas se peleen y solo entra en una operación cuando tiene una certeza razonable sobre qué lado es más probable que gane.

Los precios y el volumen, junto con los indicadores de seguimiento de éstos, reflejan el comportamiento del público. El análisis técnico se asemeja a la realización de sondeos. Ambos comparten ciencia y arte: son científicos, en parte, pues usan métodos estadísticos y ordenadores; y son artísticos, en parte, ya que emplean el juicio y la experiencia personales para interpretar los resultados.

12. ¿Qué es el mercado?

¿Cuál es la realidad subyacente a las cotizaciones, cifras y gráficos del mercado? Cuando uno mira los precios en el periódico, sigue los *ticks* en la pantalla, o traza un indicador en una gráfica, ¿qué está mirando exactamente? ¿Qué es el mercado para que uno quiera analizarlo y operar en él?

Los principiantes actúan como si el mercado fuese un *happening** gigante, un partido de béisbol al que pueden unirse con los profesionales y ganar dinero. Los *traders* con formación científica o en ingeniería a menudo tratan el mercado como un evento físico, aplicando principios de proceso de señales, reducción del ruido, etc. En contraste, todos los *traders* profesionales saben muy bien que el mercado es una multitud enorme de gente.

Todo *trader* intenta quitar el dinero a los demás anticipándose a éstos a la hora de determinar la dirección más probable del mercado. Los miembros del público del mercado viven en continentes diferentes, pero se congregan gracias a las telecomunicaciones modernas, a la búsqueda del beneficio a costa del otro. *El mercado es una multitud enorme de gente. Cada miembro de esta multitud intenta quitarle el dinero al resto siendo más listo que ellos.* El mercado es un entorno excepcionalmente duro porque todo el mundo está en contra de uno, y uno está en contra de todo el mundo.

El mercado no solamente es duro, sino que uno tiene que pagar cada vez que entra y que sale. Debe saltar las barreras de las comisiones y el deslizamiento antes de ganar un solo céntimo. En el momento en que da una orden, le debe una comisión a su agente: va perdiendo ya desde el momento en que entra. Los creadores de mercado intentan darle con el deslizamiento cuando su orden llega para su ejecución. Intentan darle otro mordisco a su cuenta cuando sale. *En el* trading, *se compite contra algunas de las mentes más brillantes del mundo, a la vez que se esquivan las pirañas de las comisiones y el deslizamiento.*

Un público a nivel mundial

Antiguamente, los mercados eran pequeños y muchos de los participantes se conocían. La Bolsa de Valores de Nueva York fue constituida en 1792 como un club con dos docenas de brókeres. En los días soleados solían reunirse bajo un álamo, y en los días lluviosos iban a una taberna llamada Fraunces Tavern. Tan pronto como esos brókeres organizaron la Bolsa de Nueva York comenzaron a cobrar comisiones fijas al público. Esto se mantuvo durante los ciento ochenta años siguientes.

Hoy en día, los pocos *traders* de parqué que quedan están en extinción. La mayoría de nosotros estamos conectados al mercado de forma electrónica. Aun así, el hecho de que observemos las mismas cotizaciones en nuestras pantallas y leamos los mismos artículos en los medios financieros hace que seamos miembros del público del mercado, incluso viviendo a miles de

---

* Un *happening* es un espectáculo teatral contemporáneo, sin texto previo escrito, que se basa en la improvisación de los actores y la participación del público. *(N. del T.)*

kilómetros unos de otros. Gracias a las telecomunicaciones modernas, el mundo se hace más pequeño, mientras que los mercados crecen. La euforia de Londres salta a Nueva York, y el pesimismo de Tokio llega a Frankfurt.

Cuando analice el mercado, estará mirando el comportamiento del público. El público se comporta del mismo modo en culturas diferentes de continentes distintos. Los psicólogos sociales han descubierto diversas leyes que gobiernan los comportamientos de masas, por lo que el *trader* debe entender estas leyes para ver cómo le influencia el público del mercado.

Grupos, no individuos

Mucha gente siente el impulso de unirse al público y «actuar como el resto». Este instinto primitivo niebla el juicio a la hora de realizar una operación. Un *trader* de éxito debe pensar por sí mismo. Tiene que ser suficientemente fuerte para analizar el mercado por sí mismo y tomar sus propias decisiones de inversión.

El público tiene la fuerza suficiente para crear tendencias. Quizá no sea muy inteligente, pero es más fuerte que cualquiera de nosotros. Nunca vaya contra una tendencia. Si una tendencia es ascendente, limítese a comprar o a mantenerse al margen. Nunca venda al descubierto solo porque «los precios son demasiado altos», nunca discuta con el público. No tiene por qué correr con el público, pero tampoco corra en dirección opuesta a él.

Respete la fuerza del público, pero no la tema. El público es poderoso pero primitivo, su comportamiento es simple y repetitivo. El *trader* que piensa por sí mismo puede quitar dinero a los miembros del público.

El origen del dinero

¿Alguna vez se ha parado a pensar de dónde surgirán las ganancias esperadas? El dinero en los mercados, ¿surge de mayores beneficios empresariales? ¿De tipos de interés más bajos? ¿De las buenas cosechas de soja? *La única razón por la que hay dinero en los mercados es porque otros* traders *han puesto su dinero en ellos. El dinero que quiere ganar pertenece a otras personas que no tienen la intención de entregárselo a usted.*

Practicar el *trading* significa intentar quitar dinero a otra gente, a la vez que ésta intenta quitarle su dinero a usted. Ésa es la razón por la que se trata de un negocio difícil. Ganar es especialmente difícil porque los agentes y los brókeres del parqué quitan dinero tanto a vencedores como a perdedores.

Tim Slater ha comparado el *trading* a una batalla medieval. Los hombres iban al campo de batalla con su espada e intentaban matar a sus oponentes, quienes a su vez intentaban matar a los primeros. Los vencedores tomaban las armas de los perdedores, sus bienes y sus esposas, y vendían a sus hijos como esclavos. Hoy en día vamos a las bolsas en vez de a un campo abierto. Quitar dinero a otra persona no es muy diferente de hacerle sangrar. Quizá pierda su casa, sus bienes y su esposa, y sus hijos acaben sufriendo.

Un amigo mío muy optimista dijo una vez, burlándose, que hay muchísima gente mal preparada en el campo de batalla: «Entre el 90 y el 95 % de los brókeres no saben lo más mínimo sobre investigación. No saben lo que están haciendo. Nosotros tenemos los conocimientos, y una pobre gente que no los tiene está simplemente dando su dinero a beneficencia». Esta teoría suena bien, pero mi amigo pronto descubrió que era incorrecta: el dinero fácil no existe en el mercado.

Por supuesto que hay cantidad de corderos bobos esperando a ser esquilados o sacrificados. Los corderos son fáciles, pero si uno quiere su porción de carne, tiene que luchar con algunos competidores muy peligrosos. Hay profesionales con muy mala baba: pistoleros americanos, caballeros ingleses, mercenarios alemanes, samuráis japoneses y demás guerreros, todos a la caza de los mismos corderos desdichados. El *trading* es batallar contra multitudes hostiles, teniendo que pagar por el privilegio de entrar y salir de la batalla, ya se acabe vivo, herido o muerto.

La información privilegiada

Hay al menos un grupo de gente que obtiene información antes que nosotros. Algunos registros muestran que los empleados y directivos de corporaciones con información privilegiada, como grupo, obtienen sistemáticamente beneficios en el mercado de valores. Este dato solo representa las operaciones legales que los *insiders* reportan a la Comisión del Mercado de Valores (SEC) estadounidense. Esto es sólo la punta del iceberg, pues se da mucho *insider trading*, que es el uso indebido de información privilegiada.

La gente que opera con información privilegiada está robándonos el dinero. Los juicios por estas actividades han acabado con algunos de los *insiders* más notables en prisión. Las condenas por uso de información privilegiada siguen a paso firme, especialmente después del colapso de mercados alcistas. Después de la debacle de 2008, un grupo de ejecutivos del fondo de inversión Galleon fund, empezando por su CEO, fueron condenados a largas penas de prisión, mientras que un antiguo miembro del consejo de administración de diversas corporaciones estadounidenses punteras acabó dos años entre rejas. Un gestor de carteras de SAC Capital fue condenado recientemente.

Las personas condenadas en estos juicios por uso de información privilegiada fueron cazadas por ser demasiado codiciosas y no tener cuidado. La punta del iceberg se ha reducido, pero el grueso del problema sigue flotando, dispuesto a hundir a cualquier cuenta que choque con él.

Intentar reducir el problema del *insider trading* es como tratar de eliminar las ratas de una granja. Los venenos las mantienen a raya, pero no las exterminan. Un antiguo director general de una empresa que cotizaba en bolsa me explicó que un hombre inteligente no opera con información privilegiada, sino que se la da a sus amigotes con quien juega al golf en el club de campo. Más adelante, éstos le dan información privilegiada sobre sus empresas y todos sacan provecho sin que nadie lo detecte. La red de información privilegiada está a salvo siempre que sus miembros sigan el mismo código de conducta y no se vuelvan demasiado codiciosos. El uso de información privilegiada es legal en los mercados de futuros, y hasta hace poco era legal para los miembros del congreso y del senado estadounidenses, así como para los miembros de sus equipos.

Los gráficos reflejan todas las operaciones efectuadas por todos los participantes del mercado, incluyendo a los *insiders*. Éstos dejan su huella en las gráficas como el resto, y nuestro deber como analistas técnicos es seguirlos hasta el banco. El análisis técnico puede ayudarle a detectar la actividad de compra y venta con uso de información privilegiada.

13. El panorama actual del *trading*

El ser humano ha comerciado desde los albores de la historia: comerciar con los vecinos era más seguro que asaltarlos. A medida que las sociedades se desarrollaban, el dinero se estableció como medio de cambio. Los mercados de valores y de *commodities* son sellos distintivos de las sociedades avanzadas. Una de las claves del desarrollo económico de Europa del Este después de la caída del comunismo fue el establecimiento de mercados de valores y de *commodities*.

Hoy en día, los mercados de valores, futuros y opciones abarcan todo el planeta. Marco Polo, un mercader italiano de la Edad Media, tardó quince años en ir y volver de Italia a China. Hoy en día, si un *trader* europeo quiere comprar oro en Hong Kong puede ejecutar su orden en segundos. Existen centenares de mercados de valores y futuros por todo el mundo. Todos los mercados deben cumplir con tres criterios, postulados por primera vez en las ágoras de la antigua Grecia y en las ferias medievales de Europa occidental: un emplazamiento establecido, unas normas para calificar la mercancía y términos de contrato definidos.

Los *traders* por cuenta propia

Los *traders* por cuenta propia llegan a los mercados, por lo general, después de tener carreras exitosas en los negocios o en profesiones liberales. El *trader* de futuros por cuenta propia promedio en Estados Unidos es un hombre casado de cincuenta años con estudios universitarios. Los dos grupos profesionales mayores entre los *traders* de futuros son granjeros e ingenieros.

La mayor parte de personas practica el *trading*, en parte, por motivos racionales y, en parte, por motivos irracionales. Los motivos racionales incluyen el deseo de obtener grandes retornos sobre el capital. Los irracionales incluyen el deseo de apostar y la búsqueda de emociones fuertes. La mayoría de *traders* no es consciente de sus motivos irracionales.

Aprender a practicar el *trading* requiere tiempo, dinero y esfuerzo. Pocos particulares suben al nivel profesional, llegando a mantenerse económicamente con el *trading*. Los profesionales son extremadamente serios con lo que hacen. Satisfacen sus objetivos irracionales fuera de los mercados, mientras que los principiantes los representan en el mercado.

El rol económico principal del *trader* es mantener a su agente: ayudarle a pagar sus cuotas de la hipoteca y que sus hijos puedan ir a escuelas privadas. Además, el rol del especulador es ayudar a las empresas a obtener financiación del mercado de futuros y asumir riesgos en los precios en los mercados de materias primas, permitiendo que los productores se centren en la producción. Estos nobles objetivos económicos están muy alejados de lo que el especulador tiene en mente cuando está dando órdenes de compra o de venta.

Los *traders* institucionales

Las instituciones son responsables de un volumen gigante de operaciones; sus grandes recursos financieros les suponen ciertas ventajas. Pagan comisiones bajas, como institución. Pueden permitirse contratar a los mejores investigadores y operadores. Un amigo que lideraba una oficina de inversión en un banco basaba algunas de sus decisiones en un servicio provisto por un grupo de ex agentes de la CIA. Algunas de sus mejores ideas surgieron de estos informes, mientras que los honorarios anuales sustanciales eran poca cosa para su empresa, comparado con su enorme volumen de operaciones. La mayoría de *traders* por cuenta propia no tiene tales oportunidades.

Algunas grandes empresas tienen redes de inteligencia que les permiten actuar antes que el público. Un día que los futuros sobre el petróleo estaban subiendo como la espuma como respuesta a un incendio en una plataforma del mar del Norte, llamé a un amigo de una petrolera. El mercado estaba frenético, pero él estaba muy contento, pues había comprado futuros sobre petróleo media hora antes de que éstos se disparasen. Había recibido un télex de un agente en la zona del incendio antes de que la noticia fuese publicada por las agencias de información. La información en el momento oportuno es impagable, pero sólo las grandes empresas pueden permitirse una red de inteligencia.

Un conocido que operaba exitosamente para un banco de inversión de Wall Street andaba perdido después de dejar su empleo para practicar el *trading* por su cuenta. Descubrió que un sistema de cotizaciones en tiempo real en su apartamento de Park Avenue no le proporcionaba las noticias tan rápido como el altavoz del sistema de intercomunicación en la sala de operaciones de su antigua empresa. Agentes de todo Estados Unidos solían llamarle con sus últimas ideas, ya que deseaban sus órdenes. «Cuando uno opera desde casa nunca es el primero en oír las noticias», dice.

Las empresas que operan tanto en futuros como en los mercados de contado tienen dos ventajas. Tienen información privilegiada real y están exentas de los límites en posiciones especulativas que existen en muchos mercados de futuros. Una vez fui a visitar a un conocido a una empresa petrolera multinacional; después de pasar controles de seguridad más estrictos que los de los aeropuertos, crucé un pasillo acristalado que daba a salas donde grupos de personas se apiñaban alrededor de monitores operando en productos derivados del petróleo. Cuando le pregunté a mi anfitrión si sus *traders* estaban cubriendo riesgos o especulando, me miró fijamente a los ojos y dijo: «Sí». Pregunté de nuevo, y recibí la misma respuesta. Las empresas cruzan la fina línea entre la cobertura de riesgos y la especulación usando información privilegiada continuamente.

Además de la ventaja en la información, los empleados de las firmas de *trading* tienen una ventaja psicológica: pueden relajarse más porque su propio dinero no está expuesto al riesgo. Cuando personas jóvenes me dicen que están interesadas en el *trading*, les digo que consigan un trabajo en una firma de *trading* y que aprendan con el dinero de otros. Las firmas casi nunca contratan *traders* mayores de veinticinco años, aproximadamente.

¿Cómo puede un particular que entra tarde en el juego competir contra las instituciones y ganar?

El talón de Aquiles de casi todas las instituciones es que tienen la obligación de operar, mientras que un *trader* por cuenta propia es libre de operar o de quedarse al margen del mercado cuando quiera. Los bancos tienen que estar activos en el mercado de bonos, y los productores de grano tienen que estar activos en el mercado de grano a casi cualquier precio. El *trader* por cuenta propia es libre de esperar a las mejores oportunidades.

La mayoría de *traders* desperdicia esta fantástica ventaja operando en exceso. El particular que quiera triunfar contra los gigantes deberá desarrolla la paciencia y eliminar la codicia. *Recuerde: su objetivo es operar bien, no operar con frecuencia.*

Los *traders* institucionales de éxito reciben subidas de salarios y primas. Incluso una prima elevada puede parecerle insignificante a alguien que gana millones de dólares para su empresa. Los *traders* institucionales de éxito a menudo hablan de dejar su trabajo y practicar el *trading* por cuenta propia. Muy pocos consiguen realizar esta transición.

La mayoría de *traders* que sale de las instituciones queda atrapada en emociones como el miedo, la codicia, la euforia y el pánico al comenzar a arriesgar su propio dinero. El *trading* con sus propias cuentas les va bien en pocas ocasiones, otra señal de que la psicología es esencial para el éxito o el fracaso en el *trading*. Pocos *traders* institucionales se dan cuenta de hasta qué punto deben su éxito a sus respectivos mánager, que controlan sus niveles de riesgo. Ir por cuenta propia significa ser el mánager de uno mismo; volveremos a esto en un capítulo posterior, cuando nos centremos en cómo organizar nuestro *trading*.

Los espaderos

Al igual que los caballeros medievales buscaban comprar las espadas más afiladas, los *traders* modernos buscan comprar las mejores herramientas de inversión. El acceso creciente al software de calidad y las tarifas de corretaje decrecientes están creando un campo de juego más equilibrado. Los ordenadores permiten acelerar la investigación y seguir más pistas. Ayudan a analizar más mercados y en más profundidad. Volveremos a los ordenadores y al software en el capítulo veintiuno, «Los ordenadores en el *trading*», pero aun así expongo un resumen a continuación.

Existen tres tipos de software de inversiones: las cajas de herramientas, las cajas negras y las cajas grises. Una **caja de herramientas** nos permite mostrar datos, trazar gráficas e indicadores, cambiar los parámetros y testear nuestros sistemas de inversión. Las cajas de herramientas para *traders* de opciones incluyen modelos de valoración de opciones. Ajustar una buena caja de herramientas a sus necesidades puede ser tan fácil como ajustar el asiento de su vehículo.

En el año 1977 compré mi primera caja de herramientas para el análisis técnico por ordenador. Me costó 1.900 dólares, más las cuotas mensuales de datos. Hoy en día existe software barato, incluso gratuito, que pone herramientas potentes al alcance de todo el mundo. He ilustrado la mayoría de conceptos de este libro usando StockCharts.com porque quería que mi nuevo libro fuese útil al mayor número de *traders* posible.

StockCharts.com equilibra el campo de juego para los *traders*. Es claro, intuitivo y rico en funciones. Su versión básica es gratuita, aunque yo he usado la versión barata «para miembros» para obtener mayor calidad en las gráficas. Aún recuerdo cuán difícil era al principio, por lo que quiero mostrarle cuánto poder de análisis puede tener de forma gratuita o a un coste muy reducido.

Lo que ocurre dentro de una **caja negra** es un secreto. Se le insertan datos y ésta dice qué y cuándo comprar y vender. Es como hacer magia: una manera de ganar dinero sin pensar. Las cajas negras generalmente vienen con un historial excelente. Es natural, ya que fueron creadas para encajar con datos antiguos. Los mercados evolucionan continuamente, y las cajas negras siguen disparando tiros por la culata, pero las nuevas generaciones de perdedores siguen comprándolas. Si está en el mercado buscando comprar una caja negra, recuerde que hay un tipo en Brooklyn que tiene un puente a la venta.

Las **cajas grises** se encuentran a caballo entre las cajas de herramientas y las cajas negras. Estos paquetes de software, por lo general, son puestos a la venta por personalidades prominentes en los mercados. Revelan las líneas generales de la lógica de su sistema y permiten ajustar algunos parámetros.

Los asesores

Algunos boletines informativos proporcionan ideas útiles a sus lectores, y les muestran la dirección de algunas oportunidades de inversión. Algunos contienen valor educativo. La mayoría vende la ilusión de ser un *insider*. Los boletines informativos son buenos como entretenimiento. Su suscripción le proporciona un amigo por correspondencia que le envía cartas divertidas e interesantes con frecuencia sin pedirle jamás una respuesta, a excepción del pago de la cuota de renovación. La libertad de prensa en Estados Unidos y en los países democráticos en general permite que incluso un criminal declarado culpable vaya a Internet y comience a enviar cartas de asesoría financiera. Bastantes de ellos lo hacen, de hecho.

Los «historiales» de diversos boletines informativos son, en buena parte, un ejercicio fútil, ya que casi nadie pone en práctica cada operación sugerida por los boletines. Los servicios de calificación de boletines son negocios con ánimo de lucro dirigidos por pequeños empresarios, cuyo bienestar depende del bienestar de la industria asesora. Ocasionalmente, puede que los servicios de calificación critiquen a un asesor, pero dedican la mayor parte de su energía a hacer de *cheerleaders* escandalosas.

Hace décadas escribía un boletín informativo con consejos: trabajaba duro, hablaba sin rodeos y recibía buenas calificaciones. Desde dentro vi un potencial tremendo de amañar los resultados. Éste es un secreto bien guardado de la industria de la asesoría financiera.

Después de ver mis boletines, un asesor importante me dijo que debía invertir menos tiempo en investigación y más en marketing. El primer principio para escribir boletines es: «Si tiene que realizar predicciones, realice muchas». Cuando una predicción se cumpla, doble el volumen de correo promocional.

14. El público en el mercado y usted

Los mercados son un público organizado de manera poco rígida cuyos miembros apuestan a que los precios subirán o bajarán. Como cada precio representa un consenso público en el momento de la transacción, los *traders* están apostando sobre la opinión futura y el estado de ánimo del público. El público oscila continuamente entre la esperanza y el miedo, y entre la indiferencia, el optimismo o el pesimismo. La mayor parte de personas no sigue sus propios planes de inversión porque se deja llevar por las emociones y las acciones colectivas del público.

Como resultado de la batalla entre alcistas y bajistas en el mercado, el valor de sus posiciones abiertas se dispara o se hunde, dependiendo de las acciones de perfectos desconocidos. Usted no puede controlar los mercados. Sólo puede determinar el tamaño de sus posiciones y decidir si entrar o salir de sus operaciones, y cuándo hacerlo si es que así lo decide.

Muchos *traders* se ponen nerviosos al entrar en una operación. Su juicio se nubla al unirse al público. Arrastrados por las emociones del público, muchos *traders* se desvían de sus planes y pierden dinero.

Expertos en las masas

El abogado escocés Charles Mackay escribió en 1841 el clásico *Delirios multitudinarios: la manía de los tulipanes y otras famosas burbujas financieras*. Describió algunas manías colectivas, incluidas la *fiebre de los tulipanes* sufrida en Holanda en 1634 y la *burbuja de los mares del sur* sufrida en Inglaterra en 1720.

La manía por los tulipanes comenzó con un mercado alcista en los bulbos de tulipán. El mercado alcista prolongado convenció a los holandeses prósperos de que los tulipanes seguirían apreciándose. Muchos dejaron sus negocios para cultivar tulipanes, comerciar con ellos o convertirse en intermediarios de tulipanes. Los bancos aceptaban los tulipanes como garantía y los especuladores sacaban beneficios. Por último, la manía llegó al colapso, con sucesivas olas de pánicos de ventas, dejando a gente en la miseria y al país en un estado de *shock*. Mackay suspira y dice «Los hombres se vuelven locos colectivamente, y recuperan el juicio poco a poco y de uno en uno».

En 1895, el filósofo y político francés Gustave Le Bon escribió *Psicología de las masas*. El *trader* que lo lea hoy podrá verse reflejado en un espejo centenario.

Le Bon escribe que, cuando la gente se congrega en un grupo, «quienquiera que sean los individuos que lo componen, independientemente de cuánto se asemejen o difieran sus estilos de vida, sus ocupaciones, sus caracteres o sus inteligencias, el hecho de haber sido transformados en un grupo los pone en posesión de una especie de mente colectiva que les hace sentir, pensar y actuar de manera bastante diferente a la que cada uno sentiría, pensaría y actuaría si estuviese en un estado de aislamiento».

La gente cambia cuando actúa de manera colectiva. Se vuelve más crédula e impulsiva, busca un líder con ansiedad, y recurre a las emociones en vez de usar su intelecto. El individuo que se incorpora a un grupo pierde capacidad de pensar por sí mismo.

Los miembros de grupos quizá atrapen algunas tendencias, pero son eliminados cuando las tendencias se invierten. Los traders *de éxito son pensadores independientes.*

¿Por qué unirse?

Los humanos se han unido a grupos en búsqueda de seguridad desde los albores de la historia. Si un cazador de la Edad de Piedra se encontraba con un tigre con dientes afilados como espadas tenía muy pocas posibilidades de salir con vida; en cambio, si varios cazadores iban en grupo, la mayoría tenía posibilidades de supervivencia. Los humanos solitarios morían y dejaban menos descendencia. Debido a que los miembros de un grupo tenían más probabilidad de sobrevivir, parece que la tendencia a unirse en grupos ha sido seleccionada en nuestros genes.

Nuestra sociedad glorifica el libre albedrío, pero aún acarreamos muchos impulsos primitivos bajo un fino barniz de civilización. Deseamos unirnos a grupos en busca de seguridad y para ser guiados por líderes fuertes. Cuanta más incertidumbre, mayor es nuestro deseo de unirnos y seguir al resto.

Por Wall Street no deambulan tigres con dientes como espadas, pero la supervivencia financiera de uno está en riesgo. El valor de las posiciones de uno sube y baja a causa de la compra y venta por parte de perfectos desconocidos. El miedo aumenta porque no se pueden controlar los precios. Esta incertidumbre hace que la mayoría de *traders* busque un líder que le diga lo que tiene que hacer.

Quizá usted haya decidido racionalmente tomar posiciones largas o cortas, pero en el momento en que entra en una operación, el público comienza a arrastrarle. Empieza a perder su independencia cuando observa los precios como un halcón y se entusiasma cuando van a su favor o se deprime cuando van en su contra. Está en problemas cuando, impulsivamente, incrementa sus posiciones que están en pérdidas, o invierte de posición. Pierde su independencia cuando comienza a confiar en gurús más que en sí mismo y deja de seguir su propio plan de inversión. Cuando vea que está sucediendo esto, intente volver a su sano juicio. Si no puede recuperar la compostura, salga de sus operaciones y déjelo estar.

La mentalidad colectiva

Cuando la gente se une a un grupo, su forma de pensar se vuelve primitiva y es más proclive a actuar impulsivamente. Los colectivos oscilan del miedo al júbilo, del pánico a la euforia. Un científico puede ser frío y racional en su laboratorio, pero llevar a cabo operaciones descabelladas después de ser arrastrado por la histeria colectiva del mercado. Un grupo puede arrastrarlo, ya opere desde una oficina de agentes de bolsa abarrotada o desde una remota cima en una montaña. Cuando permite que los demás influencien sus decisiones de inversión, su probabilidad de éxito se esfuma.

La lealtad al grupo fue esencial para la supervivencia de los cazadores prehistóricos. Unirse a un sindicato puede ayudar incluso a un empleado incompetente a mantener su puesto de trabajo. El mercado es diferente: unirse a un grupo tiende a dañarle.

Muchos *traders* quedan desconcertados cuando los mercados se invierten inmediatamente después de haberse desprendido de sus posiciones en pérdidas. Esto ocurre porque el mismo miedo se apodera de todos los miembros del público: todo el mundo se deshace de tales posiciones al mismo tiempo. Una vez el ataque de ventas ha acabado, el mercado no puede hacer otra cosa que subir. El optimismo vuelve a la plaza, y el público olvida el miedo, se vuelve más codicioso, y comienza de nuevo el despilfarro comprador.

El mercado es más grande y más poderoso que usted. No importa cuán listo sea, no puede discutir con el público. Sólo tiene una opción: unirse al público o actuar por su cuenta.

Los grupos son primitivos; sus estrategias de inversión, de usted, deberían ser simples. No es necesario ser una lumbrera para diseñar un método de inversión ganador. Si una operación se gira en su contra, corte las pérdidas y salga. Nunca discuta con el público, simplemente use su juicio para decidir cuándo unirse a él y cuándo dejarlo.

Su naturaleza humana le lleva a renunciar a su independencia en situaciones de estrés. Cuando entra en una operación, siente el deseo de imitar a los demás, pasando por alto señales objetivas. Ésta es la razón por la que debe dejar por escrito y seguir su sistema de inversión y sus reglas de gestión del capital. Éstos representan sus decisiones racionales individuales, que tomó antes de entrar en la operación.

¿Quién está al mando?

El *trader* inexperto puede que sienta un gozo intenso cuando los precios van a su favor. Puede que sienta rabia, que se deprima y que tenga miedo cuando los precios se giran en su contra, esperando ansiosamente a ver qué le hacen los mercados a continuación. Los *traders* se convierten en miembros del público cuando están estresados o se sienten amenazados. Maltrechos por sus emociones, pierden la independencia y comienzan a imitar a otros miembros del grupo, en especial a su líder.

Cuando los niños tienen miedo, quieren que sus padres y otros adultos les digan lo que tienen que hacer. Transfieren esa actitud a profesores, médicos, pastores y clérigos, jefes y a una serie de expertos. Los *traders* se giran hacia los gurús, a los vendedores de sistemas de inversión, a columnistas de diarios y demás líderes del mercado. Pero como Tony Plummer señalo brillantemente en su libro *Forecasting Financial Markets*, el líder principal de todo mercado es el precio.

El precio es el líder del público del mercado. *Traders* de todo el mundo siguen las subidas y bajadas de cada *tick*. El precio parece estar diciendo a los *traders*: «Sígueme y te mostraré el camino a las riquezas». La mayoría de *traders* se considera a sí mismo independiente. Somos pocos los que nos damos cuenta de cuánta atención ponemos en el comportamiento del líder de nuestro grupo.

Una tendencia que fluye a nuestro favor simboliza un padre fuerte y generoso llamándonos a comer juntos. Una tendencia que va en nuestra contra nos parece un padre furioso que nos castiga. Cuando tales emociones se apoderan de nosotros es fácil pasar por alto las señales objetivas que nos dicen si permanecer en una operación o salir de ella. Puede que se sienta feliz o asustado, quizá regatee o pida perdón, mientras evita el acto racional de aceptar la realidad y salir de una operación en pérdidas.

La independencia

Deberá basar sus operaciones en un plan preparado cuidadosamente, en vez de ir dando saltos como respuesta a los cambios en los precios. Un buen plan tiene que estar por escrito. Deberá saber exactamente bajo qué condiciones entrará y saldrá de cada operación. No tome decisiones en caliente, pues entonces es vulnerable a ser arrastrado por el grupo.

Sólo puede tener éxito como *trader* si piensa y actúa individualmente. El eslabón más débil de todo sistema de inversión es el propio *trader*. Los *traders* fracasan cuando operan sin un plan o se desvían de estos planes. Los planes son diseñados por individuos que razonan. Las operaciones impulsivas son para los miembros sudorosos del grupo.

Deberá observarse a sí mismo y notar los cambios en su estado mental a medida que opere. Anote las razones para entrar en cada operación y las reglas para salir de ella, incluyendo las reglas de gestión del capital. No podrá cambiar de plan mientras tenga una posición abierta.

Las sirenas son criaturas marinas de la mitología griega cuyo hermoso canto hacía que los marineros saltaran por la borda y nadasen hacia ellas para encontrarse con la muerte. Cuando Ulises quiso escuchar los cantos de sirena ordenó a sus hombres que se tapasen los oídos con cera de abeja y que le atasen al mástil. Ulises oyó el canto de las sirenas, pero sobrevivió porque no pudo saltar por la borda. Usted asegurará su propia supervivencia como *trader* cuando, un día despejado, se ate a sí mismo al mástil de su plan de inversión y de las reglas de gestión del capital.

Un grupo positivo

No tiene por qué ser un ermitaño: alejarse de la impulsividad colectiva no significa que tenga que operar en absoluta soledad. Aunque algunos de nosotros prefiramos hacerlo así, puede que existan grupos inteligentes y productivos. Su característica principal debería ser la capacidad de tomar decisiones de manera independiente. Este concepto queda explicado claramente en el libro *Cien mejor que uno*, del periodista financiero James Surowiecki. Reconoce que los miembros de casi todos los colectivos se influencian unos a otros una y otra vez, creando olas de emociones y acciones compartidas. Un grupo inteligente es diferente: cada miembro toma decisiones independientes sin saber lo que hacen los otros. En vez de influir los unos en los otros y crear olas de emociones, los miembros de un grupo inteligente se benefician de la combinación de sus conocimientos y pericia. La función del líder del grupo es mantener la estructura y someter las decisiones individuales a votación.

En el año 2004, un año antes de leer *Cien mejor que uno*, organicé un grupo de *traders* sobre esas líneas. Sigo dirigiéndolo con mi amigo Kerry Lovvorn, y se llama SpikeTrade.

Organizamos una competición de *trading*, con rondas que duran una semana. Tras el cierre del mercado los viernes, la sección de valores escogidos del sitio web deja de ser visible a los miembros hasta las tres de la tarde del domingo. Durante esas horas, todos los miembros del grupo pueden escoger un valor para la semana siguiente, sin saber qué elige el resto de miembros del grupo. La sección de valores escogidos del sitio web abre de nuevo el domingo por la tarde, permitiendo a todos los miembros ver las elecciones de los demás. La carrera comienza el lunes y acaba el viernes, y los ganadores reciben premios.

A lo largo de la semana los miembros intercambian comentarios y responden a preguntas. El sitio está diseñado para alentar la comunicación, excepto los fines de semana, en que cada uno debe trabajar por su cuenta. Los resultados de los miembros que van en cabeza están publicados en el sitio y están resultando espectaculares.

El punto clave es que todas las decisiones de elección de valores y estrategias direccionales deben ser tomadas en solitario, sin conocer lo que los líderes u otros miembros estén haciendo. Se comienza a compartir la información una vez se ha recibido todas las elecciones. Esta combinación de toma de decisiones independiente y compartir información genera *sabiduría colectiva*. Así se explota la sabiduría colectiva del grupo y de sus líderes.

15. La psicología de las tendencias

Todo precio representa un consenso momentáneo sobre el valor entre los participantes del mercado. Cada *tick* refleja el último voto sobre el valor de un activo negociado. Todo *trader* puede dar su opinión lanzando una orden de compra o de venta, o rehusando operar al nivel actual.

Todo precio o barra de gráfico refleja una batalla entre alcistas y bajistas. Cuando los compradores se sienten especialmente alcistas, compran con más entusiasmo y los mercados suben. Cuando los vendedores se sienten especialmente bajistas, venden más activamente y empujan los mercados a la baja.

Los gráficos son una ventana a la psicología de masas. Al analizar un gráfico se está analizando el comportamiento de las masas que practican el *trading*. Los indicadores técnicos ayudan a que este análisis sea más objetivo.

El análisis técnico es una forma de psicología social con ánimo de lucro.

Las emociones fuertes

Pregúntele a un *trader* por qué suben los precios y probablemente reciba la respuesta más común: hay más compradores que vendedores. No es cierto. El número de acciones o de contratos de futuros comprados y vendidos en todo mercado siempre es el mismo.

Si desea comprar cien acciones de Google, alguien tendrá que vendérselas. Si quiere vender doscientas acciones de Amazon, alguien deberá comprárselas. Ésta es la razón por la que el número de acciones compradas y vendidas siempre es el mismo. No sólo eso, sino que el número de posiciones cortas y largas en los mercados de futuros siempre es el mismo. Los precios suben y bajan, no porque exista un número diferente, sino por las variaciones en la intensidad de la avidez y el temor entre compradores y vendedores.

Cuando la tendencia va al alza, los alcistas se sienten optimistas y no les importa pagar de más. Compran caro porque esperan que los precios suban aún más. Los bajistas sienten miedo durante las tendencias al alza y sólo aceptan vender a precios más altos. Cuando alcistas ávidos y optimistas se encuentran con bajistas temerosos y a la defensiva, el mercado repunta. Cuanto más fuertes sean sus emociones, más brusco será el repunte. El repunte acabará sólo cuando los alcistas comiencen a perder entusiasmo.

Cuando los precios van a la baja, los bajistas se sienten optimistas y no les importa vender al descubierto a precios más bajos. Los alcistas están temerosos y solo aceptan comprar a precios reducidos. Mientras que los bajistas se sientan vencedores, seguirán vendiendo a precios más bajos, y la tendencia a la baja continuará. Ésta acabará cuando los bajistas comiencen a sentirse cautos y rehúsen vender a precios más bajos.

Los repuntes y los descensos

Pocos *traders* son seres humanos puramente racionales. Existe un componente emotivo muy grande en los mercados. La mayoría de participantes actúa según el principio de «¿Dónde va Vicente? Donde va la gente». Las olas de miedo y avidez arrastran a alcistas y bajistas.

La intensidad de todo repunte depende de cómo se sientan los *traders*. Si los compradores se sienten sólo un poco más fuertes que los vendedores, el mercado sube lentamente. Cuando se sienten mucho más fuertes que los vendedores, el mercado sube bruscamente. El trabajo de todo analista técnico es descubrir cuándo los compradores se encuentran fuertes y cuándo comienzan a perder ímpetu.

Los vendedores al descubierto se sienten atrapados en los mercados al alza, pues sus ganancias se esfuman y se convierten en pérdidas. Cuando los vendedores al descubierto corren a ponerse a cubierto, un repunte puede acabar siendo parabólico. El temor es una emoción mucho más fuerte que la avidez.* Los repuntes motivados por la cobertura de posiciones cortas son especialmente bruscos, aunque no duran mucho.

Los mercados bajan por el temor entre los alcistas y la avidez entre los bajistas. Normalmente, los bajistas prefieren vender al descubierto durante los repuntes, aunque si esperan ganar mucho dinero con un descenso, tampoco les importa vender al descubierto durante este descenso. Los compradores temerosos sólo aceptan comprar por debajo del mercado. El descenso continuará siempre que los vendedores a corto estén dispuestos a satisfacer dichas demandas, vendiendo al precio ofrecido por los compradores, o precio de puja (*bid*).

Cuando las ganancias de los alcistas se funden y se convierten en pérdidas, éstos entran en pánico y venden a casi cualquier precio. Están tan dispuestos a salir de su posición que aceptan precios de compra por debajo del mercado. Los mercados pueden caer rápido cuando se produce un pánico de ventas.

---

* El temor es tres veces más fuerte que la avidez, de acuerdo con algunas investigaciones mencionadas por el catedrático Daniel Kahneman, economista conductual ganador de un premio Nobel. Volveremos a sus descubrimientos más adelante en este libro.

Los *shocks* en los precios

La lealtad al líder es lo que mantiene la cohesión de los grupos. Los miembros de un grupo esperan que los líderes los inspiren y los premien cuando se comportan bien y los castiguen cuando se comportan mal. Algunos líderes son muy autoritarios, otros son bastante democráticos e informales, pero todo grupo tiene un líder: no puede haber grupos sin líderes. El precio cumple la función de líder del público en los mercados.

Los ganadores se sienten premiados cuando los precios van a su favor, y los perdedores se sienten castigados cuando los precios van en su contra. Los miembros del público son felices en la ignorancia de que su atención hacia el precio crea su propio líder. Los traders que quedan fascinados por los precios están creando sus propios ídolos.

Cuando la tendencia va al alza, los alcistas se sienten premiados por un padre generoso. Cuanto más dura la tendencia al alza, más seguros se sienten. Cuando se premia la conducta de un niño, éste continúa haciendo lo que estaba haciendo. Cuando los alcistas están ganando dinero, siguen añadiendo a sus posiciones largas. Mientras sigan entrando nuevos alcistas al mercado, los bajistas sentirán que están siendo castigados por vender al descubierto. Muchos de ellos cubren sus posiciones cortas, se pasan a posiciones largas y se unen a los alcistas.

La compra por parte de alcistas alegres y la cobertura por parte de bajistas temerosos impulsa aún más las tendencias alcistas. Los compradores se sienten premiados, mientras que los vendedores se sienten castigados. Ambos grupos se involucran emocionalmente, pero pocos *traders* se dan cuenta de que están creando una tendencia alcista y erigiendo su propio líder.

Tarde o temprano se da un *shock* en los precios: una venta importante sacude el mercado, pero no hay suficientes compradores para absorberla. La tendencia alcista cae en picado. Los alcistas se sienten maltratados, como los niños que reciben una bofetada durante la comida, mientras que los bajistas se sienten alentados.

El *shock* en los precios planta la semilla de la inversión de tendencia. Incluso si el mercado se recupera y llega a un nuevo máximo, los alcistas se vuelven más volubles y los bajistas más audaces. Esta falta de cohesión en el grupo dominante, junto al optimismo creciente entre sus oponentes, deja la tendencia al alza lista para revertirse. Diversos indicadores técnicos identifican las cimas trazando un patrón llamado *divergencia bajista* (véase sección cuarta). Se da cuando los precios llegan a un nuevo máximo a la vez que el indicador llega a un máximo inferior al que llegó en el repunte anterior. Las divergencias bajistas marcan el fin de las tendencias alcistas y ofrecen algunas de las mejores oportunidades de vender al descubierto.

Cuando la tendencia va a la baja, los bajistas se sienten como buenos niños que son elogiados y premiados por ser listos. Se sienten cada vez más seguros, añaden a sus posiciones cortas, y la tendencia bajista continúa. Entran nuevos bajistas al mercado. La gente admira a los ganadores, por lo que los medios financieros siguen entrevistando a bajistas mientras los mercados van a la baja.

Los alcistas pierden algo de dinero en las tendencias bajistas, cosa que les hace sentir mal. Comienzan a deshacerse de sus posiciones, y algunos cambian de equipo para unirse a los bajistas. Sus ventas hunden los mercados aún más.

Tras cierto tiempo, los bajistas se crecen y los alcistas se desaniman. De repente, se da un *shock* en los precios. Una serie de órdenes de compra absorbe todas las órdenes de venta disponibles y hace que el mercado suba. En ese momento, los bajistas se sienten como un niño abofeteado por su padre durante la comida.

El *shock* en los precios planta la semilla de la eventual inversión de las tendencias bajistas, ya que los bajistas se vuelven más temerosos y los alcistas más audaces. Cuando un niño comienza a dudar de la existencia de Papá Noel, pocas veces vuelve a creer de nuevo en él. Incluso si los bajistas se recuperan y los precios bajan a un nuevo mínimo, diversos indicadores técnicos nos ayudarán a identificar sus puntos flacos, trazando un patrón llamado *divergencia alcista*. Ésta se da cuando los precios caen a un nuevo mínimo mientras que el indicador traza un valle menos profundo que durante el descenso previo. Las divergencias alcistas identifican algunas de las mejores oportunidades de compra.

La psicología social

El libre albedrío hace que los comportamientos individuales sean difíciles de predecir. Las conductas grupales son más primitivas y más fáciles de rastrear. Cuando se analizan los mercados, se están analizando conductas grupales.

Deberá identificar la dirección en la que los grupos están corriendo, así como sus cambios de ritmo.

Los grupos nos arrastran y nos nublan el juicio. El problema de la mayoría de analistas es que quedan atrapados por la atracción gravitatoria de los grupos que están intentando analizar.

Cuanto más dure el repunte, más analistas se verán atrapados por el optimismo alcista de las masas, ignorarán las señales de peligro y se les pasará por alto la eventual inversión. Cuanto más dure el descenso, más analistas se verán atrapados por el pesimismo bajista e ignorarán las señales alcistas. Ésta es la razón por la que tener un plan por escrito para analizar los mercados es tan útil. Debemos decidir de antemano qué indicadores vigilaremos, cómo los interpretaremos y cómo actuaremos.

Los profesionales utilizan diversas herramientas para hacer un seguimiento de la intensidad de las emociones del público. Observan la capacidad del público de cruzar niveles de soporte y de resistencia recientes. Los *traders* de parqué solían escuchar los cambios de tono e intensidad del fragor en el parqué de las bolsas. Con el *trading* en el parqué a punto de pasar a la historia, necesitará herramientas especiales para analizar la conducta colectiva. Afortunadamente, los gráficos e indicadores reflejan la psicología de masas en acción. *Un analista técnico es un psicólogo de la psicología social aplicada, por lo general con un ordenador.*

16. La gestión frente a la formulación de predicciones

Una vez, durante un seminario, conocí a un cirujano con bastante exceso de peso. Me contó que había perdido un cuarto de millón de dólares en tres años de *trading* con acciones y opciones. Cuando le pregunté cómo tomaba sus decisiones de inversión, señaló su amplia barriga con vergüenza.* Apostaba siguiendo presentimientos y usaba los ingresos de su profesión para mantener este hábito. Existen dos alternativas a las «sensaciones viscerales»: una es el análisis fundamental; la otra, el análisis técnico.

Los analistas de fundamentos estudian las acciones de la Reserva Federal, siguen informes de beneficios, analizan informes sobre las cosechas, etc. Los mercados importantes, ya sean alcistas o bajistas, reflejan los cambios fundamentales en la oferta y en la demanda. Aun así, conociendo estos factores, uno puede llegar a perder dinero en el *trading* si se está desconectado de las tendencias a medio y corto plazo, que dependen de las emociones del público.

Los analistas técnicos creen que los precios reflejan todo lo conocido acerca del mercado, incluyendo los factores fundamentales. Cada precio representa el consenso de valor de todos los participantes del mercado: grandes intereses comerciales y pequeños especuladores, investigadores y técnicos de los fundamentos, *insiders* y jugadores.

El análisis técnico es un estudio de la psicología de masas. Es parte ciencia y parte arte. Los técnicos usan muchos métodos científicos, incluyendo conceptos matemáticos de la teoría de juegos y de la probabilidad, entre otros. Utilizan ordenadores para hacer un seguimiento de los indicadores.

El análisis técnico también es un arte. Las barras –o velas– en nuestras gráficas se funden en patrones y formaciones. El movimiento de los precios y de los indicadores produce una sensación de fluidez y de ritmo, de tensión y de belleza, que nos ayuda a sentir qué está ocurriendo y cómo operar.

Los comportamientos individuales son complejos, diversos y difíciles de predecir. Las conductas grupales son primitivas. Los técnicos estudian los patrones de comportamiento del público en los mercados. Invierten cuando reconocen patrones que han precedido a movimientos pasados del mercado.

Los sondeos

Los políticos desean conocer sus posibilidades de ser elegidos o reelegidos. Hacen promesas a los electores y miden la respuesta del público mediante encuestadores. El análisis técnico se parece a los sondeos, en el sentido que ambos intentan adivinar las intenciones del público.

---

* En inglés, una sensación instintiva se conoce como *gut feeling*, «sensación visceral o instintiva». El cirujano, con su gesto, estaba diciendo que tomaba las decisiones siguiendo su instinto. *(N. del T.)*

Los encuestadores lo hacen para ayudar a sus clientes a ganar elecciones, mientras que los técnicos lo hacen para ganar dinero.

Los encuestadores usan métodos científicos: la estadística y el muestreo, entre otros. También deben tener aptitudes para hacer entrevistas y redactar preguntas; deben estar conectados a las corrientes emocionales subyacentes dentro de los partidos políticos. El sondeo es una combinación de ciencia y arte. Si un encuestador le dice que es un científico, pregúntele por qué todos los encuestadores en política importantes de Estados Unidos están afiliados o bien al partido demócrata o bien al partido republicano. La verdadera ciencia no conoce de partidos.

El técnico de mercado debe elevarse por encima de la afiliación a un partido. No ser ni alcista ni bajista, sino buscar solamente la verdad. Un alcista no imparcial mira un gráfico y dice: «¿Dónde puedo comprar?». Un bajista no imparcial mira al mismo gráfico e intenta encontrar dónde vender al descubierto. Un analista de primera clase está por encima de la parcialidad, alcista o bajista.

Hay un truco que le ayudará a detectar si usted es imparcial o no. Si desea comprar, ponga el gráfico boca abajo y decida si parece que debería vender o no. Si después de ponerlo del revés aún le parece una buena oportunidad de compra, entonces tendrá que trabajar en expulsar la inclinación alcista de su sistema. Si ambos gráficos le parecen una buena oportunidad de venta, entonces deberá trabajar en purgar su inclinación bajista.

La bola de cristal

Muchos *traders* creen que su objetivo es predecir los precios futuros. En la mayoría de campos, los principiantes piden predicciones, mientras que los profesionales simplemente gestionan la información y toman decisiones basándose en la probabilidad. Veamos un ejemplo en el campo de la medicina. Un paciente llega a una sala de emergencias con una herida de arma blanca y los familiares, nerviosos, sólo tienen dos preguntas: «¿Sobrevivirá?» y «¿Cuándo podrá volver a casa?». Le están pidiendo una predicción al doctor.

Pero el doctor no hace predicciones, sino que gestiona los problemas a medida que surgen. Su primera obligación es evitar que el paciente muera del *shock*, por lo que le administra analgésicos e inicia una transfusión intravenosa para reponer la sangre perdida. Después sutura los órganos dañados. A continuación, debe vigilar las infecciones. Monitoriza las constantes vitales del paciente y toma precauciones para evitar complicaciones. El médico está gestionando situaciones, no formulando predicciones. Cuando la familia pide una predicción, éste quizá se la dé, pero su valor práctico será escaso.

No tiene que adivinar el futuro para ganar dinero con el *trading*. Tiene que extraer información del mercado y descubrir quién está al mando: los alcistas o los bajistas. Debe medir la fuerza del grupo dominante en el mercado y decidir cuál es la probabilidad de que la tendencia actual continúe. Debe poner en práctica una gestión del capital conservadora dirigida a la supervivencia a largo plazo y a la acumulación de beneficios. Debe observar cómo funciona su mente y evitar caer en la codicia o en el temor. El *trader* que haga todo esto tendrá más éxito que cualquiera que se dedique a hacer predicciones.

Interpretar el mercado, gestionarse uno mismo

Entre la apertura y el cierre de los mercados fluye un importante volumen de información. Los precios cambiantes reflejan las batallas entre alcistas y bajistas. Su deber es analizar esta información y apostar por cuál es el grupo dominante en el mercado.

Lo primero que pienso cada vez que oigo una predicción espectacular es: «Es un reclamo publicitario». Los asesores las emiten en un intento de llamar la atención, de recaudar fondos o de vender sus servicios. Las predicciones acertadas atraen a clientes dispuestos a pagar, mientras que las erradas caen pronto en el olvido. Mientras escribía el primer borrador de este capítulo sonó el teléfono. Un gurú famoso que estaba en mala racha me dijo que había identificado «una oportunidad de compra irrepetible» en el maíz. ¡Me pidió que recaudase fondos para él y prometió que los multiplicaría por cien en seis meses! No sé a cuántos tontos engañó; lo que sé es que las predicciones espectaculares son un buen método para desplumar al público. La mayoría de gente no cambia. Mientras trabajaba en esta nueva edición, veintiún años más tarde, leí en *The Wall Street Journal* que este mismo «gurú» había sido penalizado recientemente por la Asociación Nacional de Futuros por falta de ética profesional.

Utilice el sentido común en el análisis de mercados. Cuando un nuevo acontecimiento le desconcierte, compárelo con la vida fuera de los mercados. Por ejemplo, puede que los indicadores le estén dando señales de compra en dos mercados. ¿Debe comprar en el que sufrió un descenso pronunciado antes de la señal de compra? ¿O en el que sólo sufrió un pequeño descenso? Compare esto con lo que le ocurre a una persona después de caer. Si cae unos cuantos peldaños, quizá se sacuda el polvo y vuelva a subir corriendo. Pero si cae desde un segundo piso, no va a volver a correr por una temporada, pues necesitará tiempo para recuperarse.

El éxito en el trading *se sustenta sobre tres pilares. Se tiene que analizar el equilibrio de fuerzas entre alcistas y bajistas. Se debe practicar una gestión del capital correcta. Se requiere disciplina personal para seguir el plan de inversión trazado y evitar ser víctima del subidón o de la depresión que generan los mercados.*

TERCERA PARTE

Análisis gráfico clásico

Cuando compré mis primeras acciones, los gráficos clásicos eran la única alternativa. Usaba papel con cuatro renglones y un lápiz con punta para actualizar mis gráficas a mano. Unos años más tarde salieron las calculadoras de bolsillo, con las que añadí medias móviles simples. Más adelante salió una calculadora programable de Texas Instruments que ofrecía la posibilidad de insertar pequeñas bandas magnéticas para realizar cálculos más complejos, como las medias móviles exponenciales y el sistema direccional.

Finalmente irrumpió en escena el ordenador personal de Apple. Se podía usar un *joystick* para mover el cursor y así trazar líneas de tendencia. En comparación, los *traders* hoy en día tienen acceso a un poder de análisis inmenso a un coste muy reducido.

A pesar de que los conceptos clave del análisis gráfico clásico siguen vigentes, muchas de sus herramientas han quedado eclipsadas por métodos computarizados mucho más potentes. La mejor cualidad del análisis técnico por ordenador es su objetividad. Una media móvil, o cualquier otro indicador, o bien está subiendo, o bien está bajando, sin lugar a discusiones sobre su sentido. Quizá se quede perplejo intentando interpretar estas señales, pero las señales en sí mismas están más claras que el agua.

El análisis gráfico clásico, por otro lado, es bastante subjetivo y da lugar a ilusiones vanas y al autoengaño. Una línea de tendencia puede trazarse entre los extremos de un precio, o puede ser trazada entre los bordes de las zonas de congestión, lo que presentará diferencias en el ángulo y en el mensaje. Si uno tiene ganas de comprar, puede trazar una línea de tendencia un poco más inclinada. Si tiene ganas de vender al descubierto, puede entrecerrar los ojos al mirar un gráfico y «reconocerá» una cima con cabeza y hombros. Ninguno de esos patrones son objetivos. A causa de su subjetividad, cada vez soy más escéptico respecto a las afirmaciones de las formaciones clásicas como las banderas, cabeza-y-hombros y demás.

Tras haber visto cientos de miles de gráficas, he llegado a la conclusión de que el mercado no conoce diagonales. Lo que sí recuerda son los niveles de precios, razón por la cual las líneas de soporte y resistencia horizontales sí que tienen sentido, mientras que las líneas de tendencia en diagonal son subjetivas y abren la puerta al autoengaño.

En el *trading* por mi cuenta sólo utilizo un número reducido de patrones gráficos, que son suficientemente objetivos para poder confiar en ellos. Presto atención a las zonas de soporte y de resistencia basándome en niveles de precios horizontales. La relación entre los precios de apertura y de cierre, así como entre máximos y mínimos de una barra o vela de precios, también son objetivos. Reconozco los *fingers*, también llamados *colas de canguro*: barras muy largas que sobresalen de una trama compacta de precios. En esta sección analizaremos estos y otros patrones.

17. El chartismo

Los analistas del chartismo son analistas de gráficos que estudian datos de mercado para identificar patrones en los precios y sacar un beneficio de éstos. La mayoría de analistas gráficos trabaja con gráficas de barras que muestran precios y volúmenes de apertura, máximos, mínimos y de cierre. Los *traders* de futuros también estudian las posiciones abiertas. Los analistas del chartismo de una sola variable sólo hacen seguimiento de precios, ignorando el tiempo, los volúmenes y las posiciones abiertas.

El chartismo clásico sólo requiere papel y lápiz. Atrae a las personas orientadas hacia lo visual. Los que trazan los datos a mano pueden desarrollar una sensibilidad física a los precios. Uno de los costes de pasarse a los gráficos por ordenador es la pérdida de esta sensación.

El mayor problema del chartismo clásico es la posibilidad de hacerse vanas ilusiones. Parece que los *traders* tienden a identificar patrones alcistas o bajistas dependiendo de si tienen ganas de comprar o de vender.

A principios del siglo xx, el psiquiatra suizo Hermann Rorschach diseñó un test para explorar la mente de las personas. Vertía tinta en diez folios de papel y los doblaba por la mitad, creando manchas de tinta simétricas. La mayoría de personas que mira estos folios describe lo que ve: partes de la anatomía, animales, edificios u otras cosas. En realidad ¡sólo son manchas de tinta! Cada persona ve lo que hay en su mente. La mayoría de *traders* usa las gráficas como un test de Rorschach gigante. Proyecta sus esperanzas, sus temores y sus fantasías en los gráficos.

Una historia breve

Los primeros analistas del chartismo surgieron en Estados Unidos a principios del siglo xx. Entre ellos destacan Charles Dow (1851-1902), autor de la famosa teoría de Dow sobre los mercados de valores, y William Hamilton, quien sucedió a Dow como editor de *The Wall Street Journal*. La máxima más famosa de Dow era «Los índices lo reflejan todo», con lo que quería decir que el índice industrial y el del ferrocarril reflejaban todo lo conocido sobre la economía.

Dow nunca escribió ningún libro, sólo los editoriales en su periódico, *The Wall Street Journal*. Tras la muerte de Dow, Hamilton le sucedió y estableció los principios de la teoría de Dow en su libro *The Stock Market Barometer*. Escribió el famoso editorial «El cambio de marea» después del crac de 1929. Robert Rhea, editor de boletines, llevó la teoría a su punto culminante en 1932 en su libro *The Dow Theory*.

La década de 1930 fue la edad de oro del chartismo. Muchos innovadores se encontraron con tiempo entre las manos, después del crac del 29. Schabacker, Rhea, Elliott, Wyckoff, Gann y otros publicaron sus libros durante esa década. Fueron por dos caminos distintos. Algunos, como Wyckoff y Schabacker veían en los gráficos un registro gráfico de la oferta y la demanda. Otros, como Elliott y Gann, buscaban el orden perfecto en los mercados: una empresa fascinante, pero en último término, fútil (*véase* capítulo 5).

En 1948, Edwards –yerno de Schabacker– y Magee publicaron *Análisis técnico de las tendencias de los valores*, en que popularizaron conceptos como los triángulos, rectángulos, «cabeza-y-hombros» y otras formaciones gráficas, así como el soporte, la resistencia y las líneas de tendencia. Otros *chartistas* aplicaron estos conceptos a las *commodities*.

Los mercados han cambiado muchísimo desde los días de Edwards y Magee. En la década de 1940, el volumen de un valor activo en la Bolsa de Nueva York era de sólo unos centenares de acciones, mientras que ahora se mide en millones. El equilibrio de poder en el mercado de valores se ha inclinado del lado de los alcistas. Los primeros *chartistas* dejaron escrito que las cimas de los mercados eran puntiagudas y rápidas, mientras que los valles tardaban mucho en formarse. Eso fue cierto es su época de deflaciones, pero desde la década de 1950 ha imperado lo contrario. Hoy en día, los valles tienden a formarse rápidamente, mientras que las cimas tardan más tiempo.

El significado de los gráficos de barras

Los patrones gráficos reflejan la suma de las compras y las ventas, avidez y temor entre inversores y *traders*. Muchas gráficas en este libro son diarias, por lo que cada barra representa una sesión de negociación, aunque las reglas para entender las gráficas semanales, diarias e intradía presentan una similitud remarcable.

Recuerde este principio clave: *cada precio es un consenso de valor momentáneo entre todos los participantes del mercado expresado en acción*. Basándonos en él, cada barra de precio nos ofrece diversos datos acerca del tira y afloja entre alcistas y bajistas (figura 17.1).

El **precio de apertura** de la barra diaria tiende a reflejar la opinión de los principiantes sobre el valor. Leen los periódicos matinales, descubren qué ocurrió el día anterior, quizá le

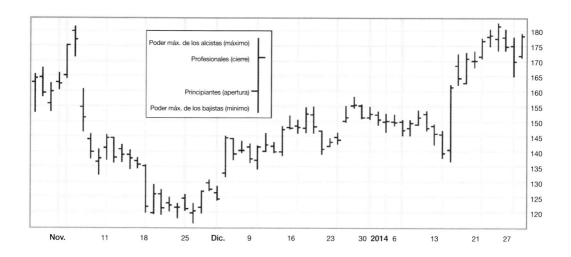

FIGURA 17.1   TSLA diario (*Gráfico de StockCharts.com*).

El significado de los gráficos de barras

Los precios de apertura son fijados por los principiantes, cuyas órdenes se acumulan durante la noche y alcanzan el mercado por la mañana. Los precios de cierre son fijados, en su mayoría, por los profesionales del mercado, que operan durante el día. Se puede observar el reflejo del conflicto entre ambos grupos en la frecuencia con la que los precios de apertura y cierre se dan en los extremos opuestos de las barras de precio.

El máximo de cada barra marca el máximo poder de los alcistas durante esa barra. El mínimo de cada barra marca el máximo poder de los bajistas durante esa barra. El deslizamiento tiende a ser menor cuando se entra o sale de posiciones si las barras son cortas.

pidan permiso a su esposa para comprar o vender, y dan sus órdenes antes de ir al trabajo. Los principiantes son especialmente activos a primera hora del día y a principios de semana.

Algunos *traders* que han investigado sobre la relación entre precios de apertura y de cierre han concluido que los precios de apertura se dan cerca del máximo o del mínimo de la barra diaria con más frecuencia. Las compras y ventas de los principiantes a primeras horas del día crean un extremo emocional desde el cual los precios tienden a recular durante el resto del día.

En los mercados alcistas, los precios suelen marcar su mínimo semanal en lunes o martes, cuando los principiantes retiran beneficios de la semana anterior, para repuntar hasta un nuevo máximo en jueves o viernes. En los mercados a la baja, el máximo semanal suele darse en lunes o martes, con nuevos mínimos hacia final de semana.

El **precio de cierre** de las barras diarias y semanales tiende a reflejar las acciones de los *traders* profesionales. Observan los mercados durante el día, reaccionan ante los cambios y tienden a dominar la última hora de negociación. Muchos retiran beneficios a esa hora para evitar traspasar operaciones de un día al siguiente.

Los profesionales, como grupo, por lo general operan contra los principiantes. Tienden a comprar con aperturas más bajas, vender al descubierto aperturas más altas, y a liquidar sus posiciones a medida que avanza el día. Los *traders* deben prestar atención a la relación entre los precios de apertura y de cierre. *Si los precios cierran por encima de cómo abrieron, es probable que los profesionales del mercado hayan sido más alcistas que los principiantes. Si los precios cierran por debajo de cómo abrieron, es probable que los profesionales del mercado hayan sido más bajistas que los principiantes.* Sale a cuenta operar con los profesionales en contra de los principiantes. Los gráficos de velas se basan, en gran medida, en la relación entre los precios de apertura y de cierre de cada barra. Si el cierre es más alto, la vela es blanca, mientras que, si es inferior, la vela es negra.

El **máximo** de la barra representa el poder máximo de los alcistas durante esa barra. Los alcistas ganan dinero cuando los precios suben. Sus compras impulsan los precios al alza, y cada subida de un *tick* incrementa sus ganancias. Finalmente, los alcistas llegan a un punto en el que no pueden elevar los precios, ni siquiera en un *tick* más.* El máximo de la barra diaria representa el poder máximo de los alcistas durante el día, del mismo modo que el máximo de la barra semanal marca el poder máximo de los alcistas durante la semana.

El punto más alto de la barra representa el poder máximo de los alcistas durante esa barra.

El **mínimo** de la barra representa el poder máximo de los bajistas durante esa barra. Los bajistas ganan dinero cuando los precios bajan. Van vendiendo al descubierto, sus ventas empujan los precios a la baja y cada bajada de un *tick* incrementa sus ganancias. En algún momento se les acaba el capital o el entusiasmo, y los precios dejan de caer. El mínimo de la barra diaria marca el poder máximo de los bajistas durante el día, del mismo modo que el mínimo de la barra semanal identifica el poder máximo de los bajistas durante la semana.

El punto más bajo de la barra muestra el poder máximo de los bajistas durante esa barra.

El **precio de cierre** de la barra revela el resultado de la batalla entre alcistas y bajistas durante esa barra. Si los precios cierran cerca del máximo de la barra diaria significa que los alcistas han ganado la batalla del día. Si los precios cierran cerca del mínimo del día significa que los bajistas han ganado el día. De especial importancia son los precios de cierre en los gráficos diarios de futuros, ya que el capital neto de toda cuenta es «ajustado al valor de mercado» cada noche.

La **distancia entre el máximo y el mínimo** de la barra es un reflejo de la intensidad del conflicto entre alcistas y bajistas. Una barra promedio marca un mercado relativamente sereno. Una barra que solo sea la mitad de larga que el promedio revela que hay poco interés en el mercado. Una barra que sea dos veces más larga que el promedio muestra un mercado en ebullición en que los alcistas y bajistas luchan por todo el campo de batalla.

---

* El *tick* es la variación mínima exigida en el precio de un activo negociado. Puede ser un centavo, o incluso una centésima parte de centavo –depende del valor–, un cuarto de punto para e-minis de S&P, diez céntimos para futuros sobre el oro, etc. En el SIBE depende del precio del valor de que se trate: si la acción vale menos de 50 euros, la cotización variará como mínimo 0,01 euros; si supera los 50, el *tick* será de 0,05 euros. Para *warrants* y derechos de suscripción, el *tick* es de 0,01 euros, con independencia de su precio.

El deslizamiento (*véase* introducción) tiende a ser menor en los mercados tranquilos. Sale a cuenta entrar en operaciones cuando las barras son cortas o normales. Las barras largas son buenas para recoger beneficios. Intentar tomar una posición cuando el mercado va al galope es como saltar a un tren en movimiento: es más seguro esperar al siguiente.

Los candelabros japoneses

Los comerciantes de arroz japoneses comenzaron a usar gráficos de candelabros (o velas) unos dos siglos antes de que el chartismo surgiera por primera vez en América. En vez de barras, sus gráficos mostraban filas de velas con mecha en ambos extremos. El cuerpo de cada vela representa la distancia entre los precios de apertura y de cierre. Si el precio de cierre es mayor que el de apertura, el cuerpo es blanco, mientras que si el precio de cierre es menor, el cuerpo es negro.

La punta de la mecha superior representa el máximo diario, mientras que la punta de la mecha inferior representa el mínimo diario. Los japoneses consideran que máximos y mínimos son relativamente poco importantes, según Steve Nison, autor de *Las velas japonesas*. Los japoneses se centran en la relación entre los precios de apertura y de cierre y en patrones que incluyan varias velas.

La ventaja principal de los gráficos de candelabros es su enfoque en la lucha entre principiantes, que controlan las aperturas, y profesionales, que controlan los cierres. Por desgracia, muchos analistas de candelabros descuidan el uso de herramientas occidentales, como el volumen y los indicadores técnicos.

Los candelabros han ganado bastante popularidad a nivel mundial, por lo que algunos *traders* me preguntan por qué sigo usando gráficos de barras. Estoy familiarizado con los candelabros, pero he aprendido a operar usando gráficos de barras; además, creo que el uso de barras con apertura, máximo, mínimo y cierre, junto con el empleo de indicadores técnicos, me proporciona más información.

La elección que usted tome entre gráficos de barras y candelabros es una cuestión de preferencias personales. Todos los conceptos desarrollados en este libro pueden ser usados tanto con gráficos de candelabros como con gráficos de barras.

Los mercados eficientes, el paseo aleatorio, la teoría del caos y la *ley de la naturaleza*

La **teoría de los mercados eficientes** es la noción académica de que nadie puede superar al mercado, ya que todo precio, en cada momento dado, incorpora toda la información disponible. Warren Buffett, uno de los inversores más exitosos del siglo, ha comentado: «Pienso que es fascinante cómo la ortodoxia imperante puede hacer que mucha gente crea que la Tierra es plana. Invertir en un mercado en que la gente cree en la eficiencia es como jugar al bridge con alguien a quien le han dicho que no sirve de nada mirar las cartas».

El error en la lógica de la teoría de los mercados eficientes es equiparar conocimiento con acción. La gente puede que tenga el conocimiento, pero la fuerza gravitatoria de las emociones del público lleva, a menudo, a operar irracionalmente. El buen analista puede detectar patrones repetitivos del comportamiento colectivo en sus gráficas para explotarlos.

Los teóricos del **paseo aleatorio** afirman que los precios de los mercados varían al azar. Es cierto que hay bastante aleatoriedad o «ruido» en los mercados, de la misma forma que existe aleatoriedad en todos los colectivos. Aun así, el observador inteligente puede identificar patrones de comportamiento repetitivos en un colectivo, y hacer apuestas sensatas sobre su continuidad o cambios de rumbo.

La gente tiene memoria: recuerda los precios pasados, y estos recuerdos influencian sus decisiones de compra o de venta. Los recuerdos ayudan a crear el soporte, bajo el mercado, y la resistencia, por encima. Los paseantes aleatorios niegan que los recuerdos influencien nuestro comportamiento.

Como Milton Friedman señaló, los precios contienen información acerca de la disponibilidad de la oferta y de la intensidad de la demanda. Los participantes en el mercado usan esa información a la hora de decidir si comprar o vender. Por ejemplo, los clientes compran más mercancía cuando está de oferta que cuando los precios son altos. Los *traders* financieros tienen la misma capacidad de comportamiento lógico que las amas de casa. Cuando los precios son bajos, intervienen los cazadores de gangas. La escasez de algún bien puede comportar un pánico de compras, pero, en general, los precios altos ahogan la demanda.

La **teoría del caos** ha adquirido preeminencia en las últimas décadas. Los mercados son caóticos, en gran medida, y el único momento en que se puede tener ventaja es durante los períodos con orden.

Desde mi punto de vista, los mercados son caóticos gran parte del tiempo; pero, dentro de ese caos, existen islas con orden y estructura que van emergiendo y desapareciendo. La esencia del análisis de mercado es reconocer la emergencia de patrones ordenados y tener el suficiente valor y convicción para operar con ellos.

La única persona que se beneficiará si opera durante los períodos caóticos será su agente, que recogerá su comisión, y algún *trader* intradía, que se quedará con su cabellera. El punto clave a recordar es que, de vez en cuando, emergen patrones en medio del caos. Su sistema debería reconocer esta transición, ¡ése es el momento en que tiene que entrar en una operación! Antes hemos hablado de la gran ventaja que tiene el *trader* por cuenta propia sobre el profesional: puede esperar a una buena operación, en vez de tener la obligación de estar activo todos los días. La teoría del caos confirma ese mensaje.

La teoría del caos también nos enseña que las estructuras ordenadas que emergen en medio del caos son fractales. La línea de costa parece igual de accidentada ya se observe desde el espacio o desde un avión, estando de pie o de rodillas o a través de una lupa. Los patrones de los mercados también son fractales. Si le mostrase un conjunto de gráficos del mismo mercado después de borrar las marcas temporales, no podría determinar si se trata de un gráfico mensual, semanal, diario o a cinco minutos. Más adelante en el libro (capítulo 39) volveremos a este tema, y verá por qué es tan importante analizar los mercados desde diferentes horizontes temporales. Tendremos que asegurarnos de que los mensajes de compra o de venta sean confirmados en más de un horizonte temporal, ya que, si no lo hacen, significa que el mercado es demasiado caótico, por lo que deberemos mantenernos al margen.

La **ley de la naturaleza** es el grito de guerra de un puñado de místicos que afirman que existe un orden perfecto en los mercados (que ellos le revelarán si paga la tarifa correspondiente). Dicen que los mercados se mueven como un reloj respondiendo a leyes naturales inmutables. R. N. Elliott ha llegado a titular su último libro *Nature's Law*.

La pandilla del «orden perfecto» está atraída por la astrología, la numerología, las teorías de la conspiración y otras supersticiones. La próxima vez que alguien le hable de orden natural en los mercados, pregúntele sobre astrología. Probablemente no deje escapar la oportunidad de salir del armario y hablar de las estrellas.

Los creyentes en el orden perfecto de los mercados afirman que las cimas y los valles pueden ser predichos con mucha antelación. A los principiantes les encantan las predicciones; el misticismo es un gran ardid publicitario. Ayuda a vender cursos, sistemas de inversión y boletines.

Los místicos, los académicos del paseo aleatorio y los teóricos de los mercados eficientes tienen un rasgo en común. Están igual de lejos de la realidad de los mercados.

18. El soporte y la resistencia

Las pelotas rebotan en el suelo. Lance una hacia arriba y caerá después de tocar el techo. El soporte y la resistencia son como el suelo y el techo, con los precios encajonados en el medio. Entender el soporte y la resistencia es esencial para entender las tendencias de los precios. Evaluar su magnitud le ayudará a decidir la probabilidad de que una tendencia los atraviese o se invierta.

El **soporte** es el nivel de precios en el cual las compras son suficientemente fuertes para interrumpir o revertir una tendencia a la baja. Cuando una tendencia a la baja topa con el soporte, rebota como un saltador de trampolín que llega al fondo y se aleja de éste. El soporte en los gráficos se representa con una línea horizontal que conecta dos o más valles (figura 18.1).

La **resistencia** es el nivel de precios en el cual las ventas son suficientemente fuertes para interrumpir o revertir una tendencia al alza. Cuando una tendencia al alza topa con la resistencia, es como un hombre que se golpea la cabeza con una rama mientras está escalando un árbol: para, y puede que incluso sufra una caída. La resistencia en los gráficos se representa con una línea horizontal que conecta dos o más cimas.

Es mejor trazar las líneas de soporte y de resistencia a través de los bordes de las zonas de congestión, donde ha parado la mayoría de barras, que entre precios extremos. Esas zonas de congestión muestran en qué punto las masas de *traders* han cambiado de idea, mientras que los puntos extremos sólo reflejan el pánico de los *traders* más débiles.

Los soportes o las resistencias locales hacen que las tendencias pausen, mientras que los soportes o las resistencias importantes hacen que éstas se inviertan. Los *traders* compran en los soportes y venden en las resistencias, haciendo que la eficacia del soporte y de la resistencia sea una profecía que se cumple a sí misma.

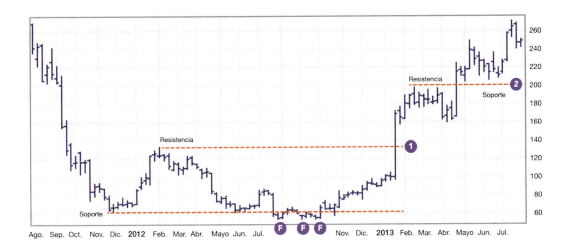

FIGURA 18.1 NFLX semanal (*Gráfico de StockCharts.com*).

El soporte y la resistencia

Trace líneas horizontales entre los bordes superior e inferior de las zonas de congestión. La línea inferior marca el nivel de soporte en el que los compradores superan a los vendedores. La línea superior identifica la resistencia, en la que los vendedores dominan a los compradores. Las áreas de soporte y de resistencia intercambian los papeles con frecuencia. Advierta cómo después de una ruptura al alza decisiva, en el área 1, los precios toparon con la resistencia, pero al atravesar ese nivel, ésta se convirtió en una zona de soporte (2). La fortaleza de estas barreras se incrementa cada vez que los precios se encuentran con ellas y rebotan.

Debe tenerse cuidado con las falsas rupturas del soporte y la resistencia. Están marcadas con la letra F en este gráfico. Los principiantes tienden a seguir las rupturas, mientras que los profesionales suelen fundirlas (operar en su contra). En el margen derecho de la gráfica, NFLX está repuntando más allá del soporte al nivel en el cual el repunte anterior se encontró con la resistencia.

¿Cómo identificamos las tendencias? No lo hacemos a través de **líneas de tendencia.** Mis herramientas favoritas son las medias móviles exponenciales, que revisaremos en la siguiente sección. Las líneas de tendencia son muy subjetivas –están entre las herramientas más engañosas–. La identificación de tendencias es un campo en que el análisis por ordenador está a años luz por delante del análisis gráfico clásico.

La memoria, el dolor y el arrepentimiento

Los recuerdos de los cambios del mercado en el pasado nos inducen a comprar y a vender a determinados niveles. Las compras y las ventas del público crean el soporte y la resistencia. *El soporte y la resistencia existen porque la gente tiene memoria.*

Si los *traders* recuerdan que los precios han dejado de caer recientemente, y han vuelto a subir desde un nivel determinado, es probable que compren cuando los precios se aproximen de nuevo a ese nivel. Si los *traders* recuerdan que una tendencia al alza se ha invertido recientemente, después de haber subido hasta un pico determinado, tenderán a vender y a tomar posiciones cortas cuando los precios se aproximen de nuevo a ese nivel.

Por ejemplo, todas las recuperaciones importantes del mercado de valores desde 1966 a 1982 acababan siempre que el índice industrial Dow Jones llegaba a la zona entre los 950 y los 1.050 puntos. Esa zona de resistencia era tan fuerte que los *traders* la llamaban «un cementerio en el cielo». Una vez los alcistas embistieron el mercado y pasaron ese nivel, se convirtió en una importante zona de soporte. En los últimos años hemos visto algo parecido con el oro, del que mostramos un gráfico aquí (figura 18.2). Topó con el nivel de 1.000 dólares por onza cuatro veces, cayendo a cada intento. Una vez el precio del oro rompió esa barrera, al quinto intento, el nivel de 1.000 dólares por onza se convirtió en un nivel de soporte enorme.

El soporte y la resistencia existen porque las masas de *traders* sienten dolor y arrepentimiento. Los *traders* que mantienen posiciones en pérdidas sienten un dolor intenso. Los perdedores

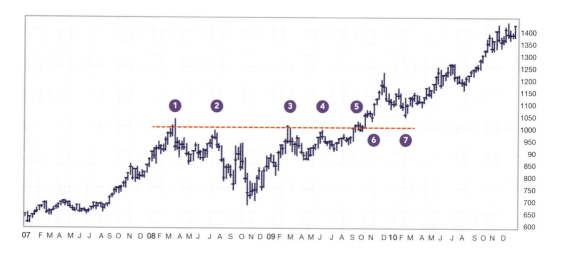

FIGURA 18.2   Oro semanal (*Gráfico de StockCharts.com*).

La resistencia se convierte en soporte

Nótese cómo el oro topa con la resistencia superior al nivel de 1.000 dólares por onza cinco veces. Por lo general, las inversiones de tendencia se dan la primera, segunda o tercera vez que se topa con el soporte o la resistencia. Cuando un mercado topa con el mismo nivel una cuarta vez, está mostrando que realmente quiere ir en esa dirección. El oro superó los 1.000 dólares por onza al quinto intento.

Más tarde, el oro hizo dos intentos de bajar a su antiguo nivel de resistencia, en las áreas marcadas 6 y 7. Su incapacidad para bajar a ese nivel demostró que los bajistas eran débiles, marcando el inicio de un importante mercado alcista del oro.

están determinados a salir tan pronto como el mercado les brinde otra oportunidad. Los *traders* que perdieron una oportunidad de comprar o de vender al descubierto se arrepienten de ello, y también esperan a que el mercado les dé una segunda oportunidad. Los sentimientos de dolor y de arrepentimiento son ligeros en los rangos de cotización en que las oscilaciones son relativamente pequeñas y los perdedores no se lastiman demasiado. Las rupturas en esos rangos generan un dolor y un arrepentimiento mucho más intensos.

Cuando el mercado está plano una temporada, los *traders* se acostumbran a comprar cerca del margen inferior del rango y a vender, incluso al descubierto, cerca del margen superior. Cuando comienza una tendencia al alza, los bajistas que vendían al descubierto sienten un dolor muy intenso. Al mismo tiempo, los alcistas tienen una sensación muy fuerte de arrepentimiento por no haber comprado más. Ambos grupos están determinados a comprar si el mercado baja al punto de ruptura y les da una segunda oportunidad para cubrir posiciones cortas o tomar posiciones largas. El dolor de los bajistas y el arrepentimiento de los alcistas los predispone a comprar, creando un **soporte** durante las reacciones en una tendencia al alza.

Cuando los precios caen por debajo de un rango de cotización, los alcistas que han comprado sufren el dolor: se sienten atrapados y esperan a un repunte para salir recuperándose. Los bajistas, por otro lado, se arrepienten de no haber vendido más al descubierto: esperan a un repunte como una segunda oportunidad para hacerlo. El dolor de los alcistas y el arrepentimiento de los bajistas crea una **resistencia** –un techo por encima del mercado en las tendencias a la baja–. La magnitud del soporte y de la resistencia dependerán de la intensidad de las emociones entre las masas de *traders*.

La fortaleza del soporte y de la resistencia

Cuanto más tiempo estén los precios en una zona de congestión, más fuerte será el compromiso emocional de los alcistas y bajistas con esa área. Una zona de congestión con la que hayan topado varias tendencias es como un campo de batalla con cráteres a causa de las explosiones: los defensores tienen muchos escondites donde ponerse a cubierto y es probable que ralenticen cualquier fuerza atacante. Cuando los precios se acercan a esa zona desde arriba, ésta sirve de soporte. Cuando los precios repuntan desde abajo contra esa misma zona, ésta actúa como resistencia. Una zona de congestión puede invertir esos roles, sirviendo tanto de soporte como de resistencia.

La fortaleza de esas zonas depende de tres factores: su longitud, su altura y el volumen de negociación que se haya dado en ellas. Estos factores pueden visualizarse como la longitud, la amplitud y la profundidad de la zona de congestión.

Cuanto más larga sea la zona de soporte o de resistencia –su duración en el tiempo o el número de veces en que topa con la tendencia–, más fuerte será ésta. El soporte y la resistencia son como el buen vino: mejoran con el tiempo. Un rango de cotización de dos semanas proporciona un soporte o resistencia mínimos; un rango de dos meses permite que la gente se acostumbre a él y crea un soporte o una resistencia intermedios, mientras que un rango de dos años acaba siendo aceptado como el estándar de valor y genera un soporte o una resistencia muy importantes.

A medida que los niveles de soporte y resistencia se perciben como muy antiguos, comienzan a debilitarse gradualmente. Los perdedores siguen saliendo de los mercados y los recién llegados que los sustituyen no tienen el mismo compromiso emocional con niveles de precios tan antiguos. La gente que ha perdido dinero sólo recientemente se acuerda muy bien de lo que les ha ocurrido. Quizá aún estén en el mercado, sintiendo el dolor y arrepintiéndose, intentando desquitarse. La gente que tomó malas decisiones unos años antes tal vez no esté en el mercado, por lo que sus recuerdos son menos importantes.

La magnitud del soporte y la resistencia crece cada vez que una tendencia topa con su zona. Cuando los *traders* ven que los precios se han invertido a un determinado nivel, tienden a apostar por otra inversión la próxima vez que los precios lleguen a ese mismo nivel.

Cuanto más alta sea la zona de soporte y resistencia, más fuerte será esta zona. Una zona de congestión es como una valla alta alrededor de una propiedad. Si la altura de la zona de congestión es igual al 1 % del valor de mercado actual, sólo provee soporte o resistencias menores; si esta altura es del 3 %, provee soporte o resistencia intermedios; si la altura de la zona de congestión es del 7 % o más, podrá triturar tendencias muy fuertes.

Cuanto mayor sea el volumen de negociación en una zona de soporte y resistencia, más fuerte será esta zona. Un alto volumen muestra una implicación activa por parte de los *traders*, señal de que el compromiso emocional es fuerte. Un bajo volumen muestra que los *traders* tienen poco interés en negociar a ese nivel, señal de que el soporte o la resistencia son débiles.

Se puede cuantificar la magnitud del soporte y la resistencia en dólares multiplicando el número de días que un valor ha pasado en su zona de congestión por la media de sus volúmenes y precios diarios. Es obvio que cuando se efectúe este tipo de comparaciones, tendremos que medir zonas de soporte y resistencia para el mismo valor. No se puede comparar peras con manzanas, ni AAPL con otras acciones que valgan diez dólares y en que sólo se negocien un millón de acciones al día cuando todo va bien.

Reglas operativas relativas a soportes y resistencias

1. Cuando esté montando a una tendencia y ésta se aproxime al soporte o a la resistencia, ajuste su *stop* de protección.

    El **stop de protección** es una orden de venta, por debajo del mercado cuando se tienen posiciones largas, o por encima cuando se está vendiendo al descubierto. El *stop* le protege de daños importantes en caso de que se invierta la tendencia.

    Una tendencia revela su estado de salud a través de su reacción al topar con el soporte o la resistencia. Si tiene suficiente fuerza como para penetrar en esa zona, no hará que salte su *stop* ajustado. Si la tendencia rebota y se aleja del soporte o la resistencia, estará revelando su debilidad. En ese caso, su *stop* ajustado salvará una buena parte de sus ganancias.

2. El soporte y la resistencia son más importantes en los gráficos a largo plazo que en los gráficos a corto plazo.

    Un buen *trader* monitoriza su mercado usando diversos horizontes temporales, pero da más peso a aquellos que son más largos. Los gráficos semanales son más importantes que los diarios. Si la tendencia semanal es fuerte, será menos alarmante que la tendencia diaria tope con una resistencia. Si una tendencia semanal se aproxima a un soporte o resistencia muy importante, deberá tender más a salir.

3. Los niveles de soporte y resistencia apuntan a oportunidades de inversión.

La parte inferior de una zona de congestión identifica la línea inferior de soporte. Esté alerta ante las oportunidades de compra cuando los precios bajen hacia ésta. Uno de los mejores patrones del análisis técnico es la **falsa ruptura.** Si los precios bajan por debajo del soporte para después repuntar y volver a la zona de soporte, esto demuestra que los bajistas han perdido su oportunidad. Una barra de precio que cierre dentro de una zona de congestión después de una falsa ruptura a la baja marca una oportunidad de compra: establezca un *stop* de protección en las inmediaciones de la parte inferior de la reciente falsa ruptura a la baja.

De forma similar, una ruptura al alza real no debería ir seguida de una retirada al rango, igual que se supone que un cohete no va a sentarse relajado en su plataforma de lanzamiento. Una falsa ruptura al alza da la señal de vender al descubierto cuando la barra de precio vuelve a la zona de congestión. Cuando venda al descubierto, ponga un *stop* de protección cerca de la parte superior de la falsa ruptura (figura 18.3).

Sobre el establecimiento de *stops* Los *traders* experimentados suelen a evitar ponerlos en números redondos. Si se compra un valor sobre 52 dólares y se quiere proteger la posición en el área de los 51, se deberá poner un *stop* unos céntimos por debajo de los 51 dólares. Si se toma una posición larga en 33,70 dólares en una operación diaria y se quiere proteger la posición en el área de los 33,50, se tendrá que poner un *stop* unos cuantos céntimos por debajo de 33,50. A causa de la tendencia natural de las personas a usar números redondos, muchos *stops* se agrupan sobre ellos. Personalmente, prefiero establecer mis *stops* alejados de estas agrupaciones.

Las falsas rupturas y las rupturas reales

Los mercados pasan más tiempo en rangos de cotización que en tendencias. La mayor parte de las rupturas de los rangos de cotización son falsas rupturas. Arrastran a los seguidores de tendencias justo antes de que los precios vuelvan a sus rangos. Las falsas rupturas provocan daños a los principiantes; en cambio, a los *traders* profesionales les encantan.

Los profesionales esperan que los precios fluctúen la mayor parte del tiempo, sin ir demasiado lejos. Esperan hasta que una ruptura al alza deje de llegar a nuevos máximos, o hasta que una ruptura a la baja deje de marcar nuevos mínimos. Ése es el momento en que se abalanzan sobre su presa: funden la ruptura (operando en contra de ésta) y establecen un *stop* de protección cerca del último punto extremo. Este *stop* es ajustado, por lo que su riesgo monetario es bajo, mientras que el beneficio potencial de que los precios vuelvan a la zona central de la zona de congestión es elevado. Su ratio riesgo/beneficio es tan alto que los profesionales pueden permitirse equivocarse la mitad de las veces, y aun así salir ganando.

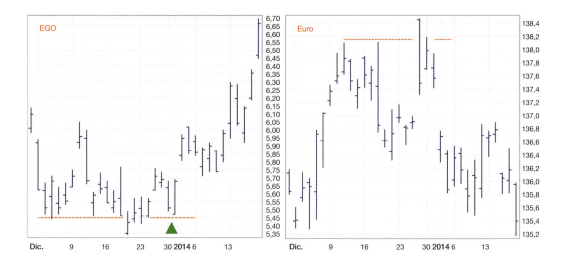

FIGURA 18.3   EGO y euro diarios (*Gráfico de StockCharts.com*).

Falsas rupturas

A la izquierda vemos un gráfico de Eldorado Gold Corp. EGO experimenta una falsa ruptura a la baja durante el intento final por parte de los bajistas en oro de devaluar los valores de éste en diciembre de 2013. Los precios abrieron muy por debajo del soporte, después de abrir una brecha por debajo del precio de cierre del día anterior. A partir de ahí comenzó una recuperación. Nótese una retirada a la línea de soporte la semana siguiente, marcada con una flecha verde. Este tipo de retiradas no siempre se dan, pero cuando lo hacen ofrecen una oportunidad excelente de subirse a una nueva tendencia.

A la derecha vemos un gráfico del euro (representado aquí por $XEU) que muestra cómo una tendencia alcista culmina en una falsa ruptura al alza. Los precios abrieron brecha por encima de la línea de resistencia, haciendo que muchos *stops* saltasen y sacudiendo las posiciones cortas débiles, para dar comienzo a la tendencia bajista. No hubo una segunda oportunidad de retirada en este mercado.

El mejor momento para comprar una ruptura al alza en un gráfico diario es cuando el análisis del gráfico **semanal** sugiere que está surgiendo una nueva tendencia al alza. Las rupturas reales quedan confirmadas por un alto **volumen,** mientras que las falsas rupturas tienden a gozar de volúmenes ligeros. Las rupturas reales quedan confirmadas cuando los **indicadores** técnicos llegan a nuevos extremos en la dirección de la nueva tendencia, mientras que las falsas rupturas a menudo vienen marcadas por divergencias entre precios e indicadores, cosa que discutiremos más adelante en este libro.

19. Las tendencias y los rangos de cotización

Las **tendencias** se dan cuando los precios están subiendo o bajando por un período de tiempo. La **tendencia alcista** perfecta es aquella en que cada repunte llega a un máximo superior que el repunte anterior, mientras que cada descenso se detiene a un nivel superior que el descenso anterior. En la **tendencia bajista** perfecta, cada descenso cae a un mínimo inferior que el descenso anterior, mientras que cada repunte toca techo a un nivel inferior que el repunte anterior. En el rango **de cotización,** la mayoría de repuntes se detienen aproximadamente sobre el mismo nivel máximo, y los descensos se agotan más o menos sobre el mismo nivel mínimo. Los patrones perfectos no son muy comunes en los mercados financieros, por supuesto, y una multitud de desviaciones hace la vida más difícil a analistas y *traders* (figura 19.1).

Basta con echar un vistazo rápido a la mayoría de gráficos para observar que los mercados pasan la mayor parte del tiempo en rangos de cotización. Las tendencias y los rangos de cotización requieren tácticas diferentes. Cuando se toman posiciones largas en una tendencia alcista, o se vende al descubierto en una tendencia a la baja, se tiene que dar el beneficio de la duda a la tendencia en cuestión y utilizar un *stop* más amplio, para no ser sacudido fácilmente. En un rango de cotización, por otro lado, deben usarse *stops* ajustados, ser diestro y cerrar posiciones a la menor señal de inversión.

Otra diferencia entre las tácticas operativas para tendencias y rangos se da en cómo manejar la fuerza y la debilidad. La fuerza se debe acompañar durante las tendencias: comprar en las alcistas y vender al descubierto en las bajistas. Cuando los precios están dentro del rango de cotización, se debe buscar lo contrario: comprar debilidad y vender fuerza.

La psicología de masas

Cuando la tendencia va al alza, los alcistas tienen más entusiasmo que los bajistas y sus compras impulsan los precios hacia arriba. Si los bajistas consiguen empujar los precios a la baja, los alcistas vuelven a la caza de gangas. Detienen el descenso, forzando a que los precios suban de nuevo. Se da una tendencia a la baja cuando los bajistas son más agresivos y sus ventas empujan los mercados a la baja. Cuando una racha de compras hace que los precios suban, los bajistas venden al descubierto a ese repunte, hacen que se detenga y envían los precios a nuevos mínimos.

Cuando alcistas y bajistas tienen las fuerzas equilibradas, los precios permanecen en el rango de cotización. Cuando los alcistas consiguen impulsar los precios al alza, los bajistas venden al descubierto a ese repunte y los precios caen. A medida que descienden, los cazadores de gangas entran en el mercado y compran. Entonces, la cobertura de posiciones cortas de los bajistas ayuda a alimentar el repunte. Este ciclo puede repetirse durante mucho tiempo.

Los rangos de cotización son como una lucha entre dos pandillas callejeras igual de fuertes. Se empujan mutuamente adelante y atrás, pero ninguna puede controlar el barrio. Las tendencias son como una lucha en que una pandilla es más fuerte que la otra y la persigue por las calles. De vez en cuando, la pandilla más débil para y presenta pelea, para después girarse y volver a huir.

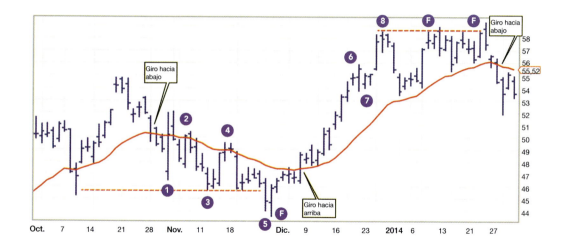

FIGURA 19.1   FB diario, MME de 22 días (*Gráfico de StockCharts.com*).

Tendencia y rango de cotización

Las tendencias alcistas se definen por un patrón de cimas más altas y valles más altos, mientras que un patrón de valles más bajos y cimas más bajas define una tendencia a la baja. En el centro de esta gráfica de Facebook, Inc. (FB) puede observarse una tendencia a la baja definida por tres mínimos cada vez más bajos, marcados como 1, 3 y 5, y dos máximos en decrecimiento, marcados como 2 y 4. Nótese la tendencia a la baja de una media móvil exponencial a 22 días lenta (que estudiaremos en el capítulo 22), que confirma la tendencia a la baja del precio. El repunte señala una inversión al alza, confirmada por los nuevos picos en los precios 6 y 8.

En el capítulo anterior hemos estudiado las falsas rupturas, y aquí se pueden observar de nuevo en acción. Las falsas rupturas se dan cuando los precios cruzan su línea de soporte o resistencia y pasan uno o dos días más allá de esa línea, y después vuelve, marcando un movimiento fallido en la dirección de la ruptura; después, los precios tienden a girarse en la dirección opuesta. En este caso, una falsa ruptura a la baja, seguida del repunte de una media móvil, da una señal de compra fuerte.

Se observa una imagen invertida de este patrón después de la cima 8. Se dan dos falsas rupturas al alza, y después de la segunda, la media móvil se gira hacia abajo, dando señales de venta. En el margen derecho del gráfico los precios se están retirando hacia su media móvil en descenso. Este tipo de patrones tiende a generar buenas oportunidades de vender al descubierto.

El público pasa la mayor parte del tiempo vagando sin dirección, razón por la cual los mercados pasan más tiempo dentro de los rangos de cotización que en las tendencias. El público tiene que agitarse y salir en tropel, para generar una tendencia. No permanece en estado de excitación mucho tiempo, sino que vuelve a su falta de rumbo. Los profesionales suelen darle el beneficio de la duda a los rangos de cotización.

El difícil borde derecho

Las tendencias y los rangos son fáciles de identificar en el centro de un gráfico, pero a medida que uno se acerca al borde derecho, el panorama se vuelve más nebuloso. El pasado es fijo y queda claro, pero el futuro es incierto. En los gráficos antiguos es fácil identificar las tendencias; pero, desafortunadamente, nuestros agentes no nos permiten operar en el pasado: tenemos que tomar nuestras decisiones de inversión en el difícil borde derecho.

Para cuando una tendencia se vuelve del todo clara, una gran parte de ésta ya ha partido. Nadie hará sonar la campana cuando una tendencia se disuelva en un rango de cotización.

Muchos patrones gráficos y señales de indicadores se contradicen mutuamente en el borde derecho de la gráfica. Las decisiones deben basarse en la probabilidad, en una atmósfera de incertidumbre.

La mayoría de gente se siente muy incómoda a la hora de lidiar con la incertidumbre. Si una operación no sale de acuerdo con lo que su análisis sugería, se aferra a posiciones en pérdidas esperando que el mercado se gire y la favorezca. En los mercados, intentar tener la razón es un lujo prohibitivo. Los *traders* profesionales salen rápido de las operaciones en pérdidas. Cuando el mercado se desvía del análisis de uno, se debe cortar pérdidas sin provocar alboroto.

Los métodos y las técnicas

Tenga en mente que no hay un método único mágico para identificar claramente y con fiabilidad todas las tendencias y rangos de cotización. Merece la pena combinar diversas herramientas de análisis. Ninguna de ellas es perfecta, pero cuando se confirman de manera mutua es mucho más probable que se esté dando un mensaje correcto.

Cuando se contradicen, es mejor dejar pasar la operación.

1. Analizar el patrón de máximos y mínimos. Cuando se repite que los repuntes alcanzan niveles más altos y los descensos se detienen a niveles más altos, es que hay una tendencia al alza. El patrón de mínimos más bajos y máximos más bajos identifica una tendencia a la baja, y el patrón irregular de máximos y mínimos señala a que se trata de un rango de cotización (figura 19.1).
2. Trazar una media móvil exponencial de 20 a 30 barras (*véase* capítulo 22). La dirección de su pendiente identifica la tendencia. Si una media móvil no ha alcanzado un nuevo máximo o mínimo en un mes, el mercado probablemente esté en un rango de cotización.
3. Cuando un oscilador, como puede ser el histograma MACD (*véase* capítulo 23) alcanza un nuevo pico, está identificando una tendencia poderosa y sugiere que la última cima del mercado seguramente vuelva ser puesta a prueba o sea superada.
4. Diversos indicadores de mercado, como el sistema direccional (*véase* capítulo 24) ayudan a identificar tendencias. El sistema direccional es de especial ayuda a la hora de detectar las primeras etapas de nuevas tendencias (figura 19.2).

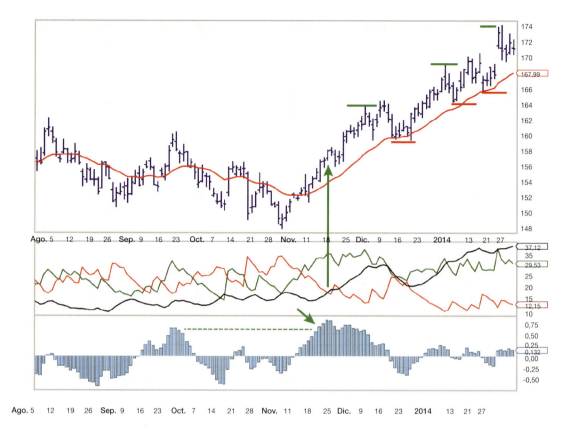

FIGURA 19.2 UNP diario, MME de 22 días, sistema direccional, histograma MACD (*Gráfico de StockCharts.com*).

Identificación de tendencias

El identificador individual más importante de toda tendencia es el patrón de máximos y mínimos. Obsérvese, por ejemplo, este gráfico diario de Union Pacific Corp (UNP). Una vez se da la ruptura de su rango de cotización, sus máximos, indicados con líneas verdes horizontales, logran niveles cada vez más altos. De forma similar, sus mínimos de reacción, indicados con líneas rojas horizontales, logran niveles cada vez más altos. Un intento de trazar la línea de tendencia sería un ejercicio muy subjetivo, ya que los valles de UNP no están alineados en una línea recta. La media móvil exponencial (MME) a 22 días, representada por una línea roja superpuesta a los precios, confirma la tendencia al alza con una subida estable. Nótese las excelentes oportunidades de compra, señaladas por las rápidas caídas de precios a sus medias móviles (*véase* capítulo 22).

El sistema direccional (descrito en el capítulo 24) señala el inicio de una nueva tendencia cuando el Índice Direccional Promedio (ADX) cae por debajo de 20 y después repunta por encima de ese nivel y penetra por encima de la línea direccional (señalada con una flecha verde vertical). El histograma MACD (descrito en el capítulo 23) identifica una tendencia muy poderosa al repuntar a su pico máximo en muchos meses (señalado con una flecha verde diagonal). Cerca del borde derecho del gráfico la tendencia va al alza, mientras que los precios están ligeramente por debajo de su máximo reciente. Una retirada a la MME es probable que genere nuevas oportunidades de compra.

Operar o esperar

Después de identificar una tendencia alcista, deberá decidir si comprar en el momento o esperar a una caída. Si compra rápido, se subirá a la tendencia, pero mirándolo desde el otro lado, es más probable que sus *stops* estén más lejos, incrementando su riesgo.

Si espera a una caída, su riesgo será menor, pero tendrá cuatro grupos de competidores: la gente con posiciones largas que quiere añadir a sus posiciones, la gente con posiciones cortas que quiere recuperarse y salir, la gente que no ha comprado (como usted mismo) y la gente que vendió antes de hora pero tiene ganas de volver a comprar. ¡Las áreas de espera para las retiradas son notorias por estar abarrotadas! Además, una retirada a fondo puede señalar el principio de una inversión, más que una oportunidad de compra. El mismo razonamiento se puede aplicar a las ventas al descubierto durante tendencias a la baja.

Si el mercado está en un rango de cotización y usted está esperando a una ruptura, deberá decidir si comprar anticipándose a la ruptura, durante la ruptura o durante la retirada después de una ruptura válida. Si no está seguro, considere entrar en varios pasos: compre un tercio de la posición planeada anticipadamente, un tercio en la ruptura y el otro tercio en la retirada.

Use el método que use, recuerde aplicar la regla clave de la gestión del riesgo: la distancia de su entrada hasta el *stop* de protección, multiplicado por el tamaño de la posición, no deberá superar jamás el 2% del capital neto de su cuenta (*véase* capítulo 50). No importa cuán atractiva parezca una operación, déjela pasar si va a requerir poner más del 2% de su cuenta en riesgo.

Es extremadamente importante encontrar buenos puntos de entrada en los rangos de cotización. Deberá ser muy preciso y diestro, ya que el potencial de beneficios es limitado. Una tendencia perdona más las entradas chapuceras, siempre que opere en la dirección correcta. Los viejos *traders* se ríen entre dientes cuando dicen: «No confunda los cerebros con un mercado alcista».

Las tácticas específicas de gestión de riesgos son diferentes para las tendencias y los rangos de cotización. Cuando opere en una tendencia, merece la pena tomar posiciones menores con *stops* más amplios. Así será menos probable que ningún movimiento a contracorriente le sacuda, a la vez que aún estará controlando el riesgo. Podrá tomar mayores posiciones en los rangos de cotización, pero con *stops* más ajustados.

Horizontes temporales en conflicto

Los mercados se mueven en diversos horizontes temporales simultáneamente (*véase* capítulo 32). Se mueven al mismo tiempo, y a veces en direcciones opuestas, en gráficos a 10 minutos, horarios, diarios, semanales y mensuales. Puede que el mercado apunte a comprar en un horizonte temporal, pero a vender en otro. ¿Cuál seguirá?

La mayoría de *traders* ignoran el hecho de que los mercados se mueven en diferentes direcciones al mismo tiempo en horizontes temporales distintos. Escogen un horizonte temporal, como puede ser el diario u horario, y buscan operaciones en estos. Entonces es cuando tendencias de otros horizontes temporales llegan sigilosamente y causan estragos en sus planes.

Esos conflictos entre señales de diferentes horizontes temporales del mismo mercado son uno de los grandes rompecabezas del análisis de mercados. Lo que parece una tendencia en un gráfico diario puede aparecer como una pequeña irregularidad en un gráfico semanal plano. Lo que parece un rango de cotización plana en un gráfico diario muestra grandes tendencias al alza y a la baja en un gráfico horario, y así sucesivamente.

La estrategia más prudente es esta: antes de examinar una tendencia en su gráfico favorito, dé un paso atrás para explorar los gráficos en un horizonte temporal un orden de magnitud mayor a su favorito. Esta búsqueda de una mayor perspectiva es uno de los principios clave del sistema de inversión de triple pantalla, que discutiremos en un capítulo posterior.

Cuando los profesionales tienen dudas, buscan la visión global, mientras que los principiantes tienden a enfocarse en los gráficos a corto plazo. Tomar una perspectiva más larga funciona mejor, y es mucho menos angustioso.

■ 20. Las colas de canguro

Justo cuando piensa que una tendencia galopante va a seguir adelante… ¡pop! Aparece un patrón de tres barras en forma de cola de canguro que marca una inversión. Una cola de canguro* consiste en una sola barra muy alta, flanqueada por dos barras regulares, que sobresale de una trama compacta de precios. Las colas de canguro que apuntan hacia arriba están dando señales de vender en las cimas de los mercados, mientras que las colas de canguro que apunta hacia abajo se dan en los valles del mercado (figura 20.1).

A pesar de que en la ilustración se muestra un gráfico diario, pueden encontrarse colas de canguro en gráficos de todos los horizontes temporales. Cuanto más largo sea el horizonte temporal, más significativa será la señal: una cola de canguro en un gráfico semanal es probable que lleve a un movimiento más significante que una cola en un gráfico a cinco minutos.

Las colas de canguro, también llamadas *fingers*, están en mi corta lista de formaciones gráficas de fiar. Dan saltos para llamarle a uno la atención y son fáciles de reconocer. Si duda de la presencia o no de una cola de canguro, asuma que no está presente. Las colas de canguro de verdad son inconfundibles. Se dan en los índices amplios de mercados, así como en valores, futuros y otros vehículos de inversión individuales.

Los mercados fluctúan constantemente, buscando niveles que generen el máximo volumen de negociación. Si un repunte no atrae órdenes, el mercado se invertirá y buscará órdenes a niveles más bajos. Si el volumen se agota durante un descenso, el mercado probablemente repunte, buscando órdenes a niveles más elevados. Las colas de canguro reflejan asaltos fallidos de alcistas o bajistas.

---

* Quiero agradecer a Margarita Volkova, mi traductora en Moscú, esta sugerencia, pues es a ella a quien se le ocurrió este nombre para este patrón.

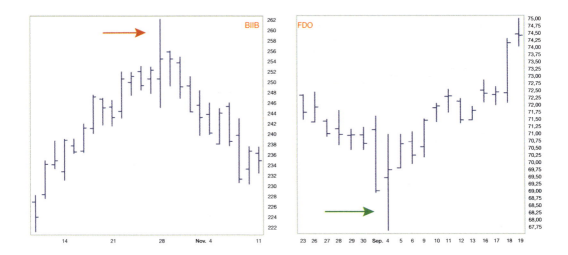

FIGURA 20.1 BIIB y FDO diarios (*Gráfico de StockCharts.com*).

Colas de canguro

Biogen Idec, Inc (BIIB) estaba siguiendo una tendencia al alza regular cuando desarrolló una cola de canguro hacia arriba. Las acciones abrieron ligeramente por debajo del cierre anterior, para después trazar una barra muy alta, el triple de alta que la media. Alcanzó un nuevo máximo estableciendo un récord, pero después cayó para cerrar cerca del precio de apertura. La barra del día siguiente tuvo una altura media, completando el patrón del canguro e invirtiendo la tendencia hacia abajo.

Las acciones de Family Dollar Stores, Inc. (FDO) ya estaban cayendo cuando el descenso se aceleró bruscamente, producienda una barra que apuntaba hacia abajo varias veces mayor en altura que la media de las barras para este valor. Nótese que tanto el precio de apertura como de cierre para esta barra estaba dentro del rango del día anterior. Este pinchazo a la baja marcó el final de la tendencia bajista: la siguiente barra tuvo una altura media, y tras esto la tendencia se invirtió al alza.

Una cola de canguro que apunta hacia arriba refleja un intento fallido de los alcistas para impulsar el mercado al alza. Son como un grupo de soldados que toman una colina al enemigo para descubrir que la fuerza principal no les ha seguido. Entonces escapan y corren colina abajo para salvar la vida. Después de fracasar en el intento de dominar la colina, es probable que el ejército se aleje de ésta.

Una cola de canguro que apunta hacia abajo refleja un asalto fallido por parte de los bajistas. Los bajistas vendieron el mercado agresivamente, empujándolo a la baja, pero los bajos precios no atrajeron volumen, por lo que los bajistas se retiraron al rango de cotización. ¿Qué piensa usted que hará el mercado a continuación con más probabilidad, después de fracasar en la carrera a la baja? Al no encontrar órdenes ahí abajo, es probable que se invierta y repunte.

Cuando los mercados retroceden desde las colas de canguro, ofrecen oportunidades de compra o venta. J. Peter Steidlmayer señaló hace años que una barra que se asemeja a un dedo

FIGURA 20.2 IGT diario (*Gráfico de StockCharts.com*).

Operar con colas de canguro

Las colas de canguro marcan el chapuzón final de los alcistas o los bajistas, dependiendo de su dirección. En este caso, la cola de canguro (señalada con una flecha roja) ayudó a identificar el final de una tendencia al alza en las acciones de International Game Technology (IGT). Nótese que la barra es más del doble de alta de lo usual, y que está encorchetada por barras más cortas. Si decide entrar a vender al descubierto durante la tercera barra, deberá colocar su *stop* aproximadamente a mitad de la cola. Establecer un *stop* en la punta de la cola sería aceptar un riesgo demasiado alto.

Obsérvese una cola apuntando hacia abajo, señalada con una flecha verde. Marcó el fin de la tendencia a la baja, augurando un repunte de una semana.

sobresaliendo de un patrón gráfico compacto proporciona un valioso punto de referencia para los *traders* a corto plazo. Una cola de canguro muestra que un precio determinado ha sido rechazado por el mercado. Generalmente lleva a un viraje en la dirección opuesta. Opere contra una cola de canguro tan pronto como la reconozca (figura 20.2).

Un *trader* experimentado puede reconocer una cola de canguro en su tercera barra, antes de que cierre. Por ejemplo, quizá vea un rango que ha aguantado durante algunos días en un gráfico diario, pero entonces el valor se dispara el lunes en una barra muy alta. Si el martes abre cerca de la base de la barra del lunes, y rechaza repuntar, considere vender al descubierto antes de que el mercado cierre el mismo martes. Si el mercado ha estado en un rango de cotización durante una semana, y entonces traza una barra alta invertida el miércoles, prepárese el jueves: si los precios se negocian en un rango estrecho cerca de la cima de la barra del miércoles, tome posiciones largas antes de que el mercado cierre el jueves.

Recuerde que apostar contra colas es una táctica a corto plazo; en los gráficos diarios, estas señales se esfuman después de unos días. Evalúe las colas de canguro con el trasfondo del mercado actual. Por ejemplo, cuando emprenda una campaña alcista a largo plazo sobre un valor, esté alerta a las colas de canguro. Una cola apuntando hacia arriba podría sugerir perfectamente recoger beneficios en las posiciones existentes, mientras que una cola apuntando hacia abajo identificaría un buen punto desde el cual añadir a las posiciones largas.

El uso de *stops* es esencial para la supervivencia y el éxito en los mercados. Colocar un *stop* en el extremo de una cola significaría que su *stop* es demasiado amplio, arriesgando demasiado capital. Cuando apueste contra una cola, coloque su *stop* de protección aproximadamente sobre la mitad de la cola. Si el mercado empieza a «morderse la cola», es que es hora de salir.

CUARTA PARTE

Análisis técnico por ordenador

Los ordenadores eran una novedad cuando escribí *Trading for a Living*. Mi primer ordenador para el análisis técnico fue un Apple 2E de sobremesa con un módem cuadrado y dos unidades de disco. Cada una usaba un disco de 300 Kb: uno para el programa de análisis (Computrac, el primer programa de análisis técnico) y el otro para los datos de mercado. Cuando salieron las primeras unidades de disco duro, se me presentó la opción de comprar un disco de 2, 5 o 10 Mb (¡*megabytes*, no *gigabytes*!) Parecía que nadie podría llegar nunca a necesitar diez *megabytes*, por lo que fui por la unidad de 5 Mb. ¡Cuánto ha cambiado la tecnología!

Un *trader* sin ordenador es como un hombre que viaja en bicicleta. Se le ponen las piernas fuertes y disfruta de ver el paisaje, pero va lento. Cuando uno va de viaje de negocios y quiere llegar rápido al destino, usa un vehículo.

Hoy en día hay muy poca gente que opere sin ordenador. Las máquinas nos ayudan a hacer un seguimiento y análisis de más mercados y en mayor profundidad. Nos libran de la rutina de actualizar gráficos, liberando tiempo para la reflexión. Los ordenadores nos permiten emplear indicadores más complejos y descubrir más oportunidades. El *trading* es un juego de información. El ordenador le ayuda a procesar más información. En el lado negativo, encontramos que usando ordenadores perdemos la sensación física de tocar los movimientos en los precios que ofrecen los gráficos hechos con papel y lápiz.

21. Los ordenadores en el *trading*

El análisis técnico por ordenador es más objetivo que los gráficos clásicos. Se puede discutir si se da una presencia de soporte o resistencia, pero no hay discusión posible sobre la dirección de un indicador. Por supuesto, aún quedará decidir qué se hace después de identificar el mensaje de un indicador.

Las cajas de herramientas

Cuando se está trabajando con madera o metal, se puede ir a una ferretería y comprar un juego de herramientas que le ayude a trabajar más inteligente y eficientemente. Una caja de herramientas de análisis ofrece un juego de herramientas electrónicas para procesar los datos del mercado.

Cuando se decida a entrar en el análisis técnico por ordenador, comience por hacer una lista de las tareas que quiere que el ordenador realice. Esto requerirá reflexionar mucho, pero es mucho mejor que comprar un paquete de entrada y rascarse la cabeza luego, intentando adivinar lo que éste puede hacer por usted. Decida qué mercados quiere analizar, qué tipos de gráficas quiere ver y qué indicadores desea usar.

Una caja de herramientas traza gráficos semanales, diarios e intradía; divide la pantalla en varias ventanas para dibujar precios e indicadores. Una buena caja de herramientas incluye diversos indicadores populares, como las medias móviles, los canales, MACD, el estocástico, el índice de fuerza relativa y docenas, si no centenares, de otros indicadores. Le permite modificar todos los indicadores, e incluso construir los suyos propios.

Una buena caja de herramientas le permite comparar cualquier par de mercados que usted desee y analizar sus intervalos. Si negocia con acciones, su caja de herramientas deberá incluir un modelo de valoración de opciones. Los paquetes avanzados le permiten testear sistemas de inversión con datos históricos.

Otra característica de una buena caja de herramientas es su capacidad de escanear valores. Por ejemplo, quizá desee encontrar todos los valores en el Nasdaq 100 cuyas medias móviles exponenciales estén subiendo, pero cuyos precios no estén por encima del 1 % de dichas MME. ¿Puede su software escanear y darle estos resultados? ¿Permite añadir parámetros fundamentales a su búsqueda, como beneficios al alza? Piense en lo que quiere encontrar, y después pregunte a los proveedores de software si sus productos cumplen estos requisitos.

Existen buenas cajas de herramientas para todos los precios. Un principiante que esté dando sus primeros pasos puede registrarse en un servicio en línea que ofrezca un juego básico de herramientas de computación a coste cero; podrá actualizarse pagando cierta cantidad más adelante. La mayor parte de las gráficas en este libro han sido trazadas usando un servicio de este tipo, StockCharts.com, ya que quiero que vea cuánto se puede conseguir con un gasto muy reducido. Algunos *traders* encuentran que este servicio les basta, mientras que muchos de nosotros compramos programas que residen en nuestros ordenadores, cosa que permite una mayor personalización. Con los precios del software en descenso constante, no deberá preocuparse demasiado. Compre algo simple y barato, y después podrá mejorarlo. Es una cita, no una boda.

Una vez haya decidido qué paquete usar, quizá quiera contratar a alguien que ya esté usando este paquete para ayudarle a configurarlo en su máquina. Esto puede ahorrar mucho tiempo y energía a los usuarios inexpertos.

Un número creciente de agencias de corredores de bolsa ofrece software de análisis gratuito a sus clientes; el precio es correcto, pero suelen tener dos limitaciones importantes. En primer lugar, y por razones legales, diseñan su software de manera que sea difícil de modificar; en segundo lugar, solo funciona mientras se está conectado a Internet. A menudo un *trader* me pide cómo añadir mis indicadores al software ofrecido por su agencia, y la respuesta más común es: no se puede.

La mayoría de programas de agencias de corredores le permiten dar y cambiar órdenes usando el mismo software de análisis. Esto puede ser muy práctico y útil para *traders* diarios, pero no tanto para *traders* más a largo plazo. Asegúrese de desactivar la función que muestra ganancias y pérdidas de capital en tiempo real. Contemplar cómo los dólares suben y bajan con cada *tick* es estresante y distrae. Como dice en la canción: «[…] nunca cuentes el dinero mientras estás sentado en la mesa, ya habrá tiempo de sobra para contar cuando se hayan cerrado los tratos».* Céntrese en los precios y en los indicadores, en vez de contemplar dólares y pensar qué podría comprar con ellos.

El software de análisis técnico está en constante cambio y evolución, por lo que un libro no es el lugar idóneo para recomendar software. Mi firma Elder.com tiene una breve guía de software que es actualizada periódicamente y se envía por correo electrónico a todos los *traders* que lo deseen, como un servicio público.

Como se ha mencionado antes en este libro, la mayoría de programas de análisis técnico se dividen en tres grupos: las cajas de herramientas, las cajas negras y las cajas grises. Las cajas de herramientas son para los *traders* serios, las cajas negras son para la gente que aún cree en Papá Noel y las cajas grises están en un punto intermedio. Cuando esté considerando comprar un nuevo paquete de software, asegúrese de saber a qué categoría pertenece.

Las cajas negras y las cajas grises

El software de **caja negra** es pura magia: le dice qué y cuándo comprar y vender, sin explicarle el porqué. Sólo tiene que descargarse los datos y pulsar un botón. Parpadean algunas luces, se engranan algunas marchas y aparece un mensaje diciéndole lo que debe hacer. ¡Magia!

Las cajas negras siempre vienen con un historial de operaciones impresionante que demuestra el rendimiento pasado de ganancias. Toda caja negra se autodestruye tarde o temprano, ya que los mercados están en continuo cambio. Incluso los sistemas con optimización

---

* Se refiere a la canción de Kenny Rogers, *The Gambler. (N. del T.)*

integrada no sobreviven, pues no conocemos qué tipo de optimización va a ser necesaria en el futuro. No existe un sustituto para el juicio humano. La única manera de ganar dinero con una caja negra es vendiéndola. La mayoría de cajas negras son vendidas por estafadores a *traders* crédulos o inseguros.

Toda caja negra tiene el fracaso asegurado, incluso si su desarrollador es honesto. Las actividades humanas complejas, como el *trading*, no pueden ser automatizadas. Las máquinas pueden ayudar, pero no sustituir a las personas.

Operar con una caja negra es como usar un pedazo de inteligencia de otro, en un estado anterior del pasado. Los mercados cambian, y los expertos cambian de opinión, mientras que la caja negra sigue produciendo señales de compra y venta como salchichas. Sería divertido si no resultase tan caro para los perdedores.

Una **caja gris** emite señales de oportunidad de inversión basándose en fórmulas patentadas. A diferencia de las cajas negras, revela sus principios generales y le permite ajustar parámetros hasta cierto punto. Cuando más se parezca a una caja de herramientas, mejor será una caja gris.

Los ordenadores

Mientras que los programas en línea pueden funcionar en cualquier ordenador, la mayoría de programas autónomos están programados para el sistema operativo Windows. Algunos *traders* los utilizan en sistemas Apple mediante el uso de software de emulación. Existen programas incluso para tabletas como el iPad.

El software de análisis técnico tiende a no ser muy exigente en cuanto a potencia del procesador, aunque aun así tiene sentido hacerse con la máquina más moderna disponible para que pueda servir durante años.

A muchos *traders* diarios les gusta usar múltiples pantallas para tener una visión multidimensional de los mercados, así como la posibilidad de observar diversos vehículos de inversión al mismo tiempo. Como me gusta viajar, yo llevo conmigo un pequeño monitor externo que me ayuda a monitorizar los mercados y a operar mientras estoy de viaje. Ocupa lo mismo que mi ordenador portátil, pero es mucho más delgado y se conecta a éste mediante un cable USB, sin cable de alimentación.

Los datos de mercado

Los *swing traders* y de posición entran en operaciones de días o semanas, mientras que los *traders* intradía entran y salen en unas horas, si no minutos. Los *traders* de posición tendrán suficiente con los datos de final de sesión, pero los *traders* intradía necesitan datos en tiempo real.

Cuando se descargue los datos diarios para investigar, merece la pena cubrir dos ciclos de mercado alcistas y bajistas, o lo que es lo mismo, unos diez años. Cuando me aproximo a un valor, me gusta mirar doce años atrás en el historial de negociación para ver si es barato o caro en comparación con su horizonte a doce años.

Cuando se aproxime a una operación, deberá conocer la ventaja que tiene, es decir, qué le va a ayudar a ganar dinero. La capacidad de reconocer patrones es parte de mi ventaja, pero si el historial de un valor es demasiado corto, no existen patrones fiables que identificar. Ésta es la razón por la que evito negociar con acciones jóvenes, que tengan menos de un año de historia.

Cuando recoja y analice datos, no persiga demasiados mercados al mismo tiempo. Céntrese en la calidad y profundidad, más que en la cantidad. Comience siguiendo los índices clave del mercado, como puede ser el Dow, el NASDAQ y el S&P. Muchos *traders* profesionales se centran en un número relativamente pequeño de valores. Llegan a conocerlos bien y a familiarizarse con sus patrones de comportamiento.

Podría comenzar centrándose en una docena de valores. Muchos profesionales se imponen un límite de cien valores, que evalúan cada fin de semana, reseñándolos en una nueva columna de su hoja de cálculo. Puede que, de este grupo, escojan menos de diez valores que prometan para la semana entrante, y se enfoquen en ellos. Componga su lista de valores a vigilar gradualmente de entre los valores populares del año; añada unos pocos valores de las industrias más prometedoras, y algunos valores con los que haya operado con anterioridad. Componer una lista de vigilancia es como la jardinería: no se puede conseguir un bello jardín en una sola temporada, pero puede llegar a ese punto en diversas temporadas.

Intente limitarse a los datos en su propia zona horaria. Cuando doy clases en el extranjero, los *traders* me preguntan a menudo si opero en su país. Les recuerdo que cada vez que uno comienza una operación, lo que se está haciendo es intentar quitarle el dinero del bolsillo a otro *trader*, mientras que los demás están intentando quitarle el suyo. Este juego ya cuesta lo suyo mientras uno está despierto, por lo que operar en una zona horaria diferente a la suya es arriesgado, pues se está permitiendo a los nativos que le roben la cartera mientras uno duerme. Ésta es la razón por la que en gran medida me limito a operar en los mercados estadounidenses. Muchos *traders* de otros países se quejan, porque encuentran que sus mercados domésticos son demasiado estrechos, y preguntan si tendría sentido que ellos operasen en el mercado americano, que es enorme y líquido. La respuesta depende de la diferencia horaria que haya entre su zona y la del mercado estadounidense. Por ejemplo, es fácil operar en los mercados de EE. UU. desde Europa, pues éstos abren a las 15:30 y cierran a las 22:00 hora europea. Es mucho más difícil desde Asia o desde Australia, pero puede funcionar si uno adopta una visión más amplia e intenta cazar tendencias a más largo plazo.

Los *traders* principiantes deberían abstenerse de operar intradía. Esto demanda toma de decisiones al momento, y si uno se para a pensar, está acabado. Aprenda a operar en un entorno más lento. Conviértase en un *swing trader*, o de posición competente, antes de considerar operar intradía. Si compara el *swing trading* y el *trading* intradía, es como jugar al mismo videojuego, pero en el primer nivel o en el noveno. Tiene que recorrer los mismos laberintos y esquivar los mismos monstruos, pero el ritmo de juego en el noveno nivel es tan rápido que sus reacciones deben ser automáticas. Aprenda a analizar los mercados en el primer nivel: sea un SWING *trader* antes de intentar operar intradía.

Volveremos a este tema en el capítulo 33, «Los horizontes temporales del *trading*». Un buen punto para empezar es el *swing trading*, esto es, manteniendo posiciones durante algunos días. Seleccione valores populares que tengan buenas oscilaciones cuando el volumen sea bueno. Comience siguiendo unos cuantos. Algunos *swing traders* que mantienen posiciones sólo por algunos días usan datos en tiempo real para calcular entradas y salidas, mientras que a otros les va bastante bien con los datos de fin de sesión.

Tres grandes categorías de indicadores

Los indicadores nos ayudan a identificar tendencias e inversiones. Son más objetivos que los patrones gráficos y dan perspectiva sobre el equilibrio de fuerzas entre alcistas y bajistas.

Encontramos un gran desafío cuando varios indicadores se contradicen entre sí. Algunos funcionan mejor en mercados bajo una tendencia, otros en mercados planos. Algunos son buenos para cazar puntos de inflexión, mientras que otros son mejores para montar tendencias. Ésta es la razón por la que merece la pena seleccionar un número reducido de indicadores de varias categorías y aprender a combinarlos.

Muchos principiantes buscan el «arma infalible»: un indicador único mágico, pero los mercados son demasiado complejos para ser manejados con una sola herramienta. Otros intentan sondear una multitud de indicadores y hacer la media de sus señales. Los resultados de tales «sondeos» quedarán fuertemente sesgados por los indicadores que se escojan.

La mayor parte de indicadores se basan en los mismos cinco datos: apertura, máximo, mínimo, cierre y volumen. Los precios son primarios, mientras que los indicadores son derivados de éstos. Usar diez, veinte o cincuenta indicadores no hará que su análisis sea más profundo, pues todos comparten la misma base.

Podemos dividir los indicadores en tres categorías: los indicadores de seguimiento de tendencia, los osciladores y los indicadores misceláneos. Los indicadores de seguimiento de tendencia funcionan mejor en los mercados en movimiento, aunque la calidad de sus señales se deteriora rápidamente cuando los mercados están planos. Los osciladores cazan los puntos de inflexión en los mercados planos, pero dan señales prematuras y peligrosas cuando una tendencia comienza a dominar los mercados. Los indicadores misceláneos ofrecen perspectivas a la psicología de masas. Antes de usar ningún indicador, asegúrese de entender qué mide y cómo funciona. Sólo entonces podrá confiar en sus señales.

Los **indicadores de seguimiento de tendencia** incluyen las medias móviles, las líneas MACD (Convergencia-Divergencia de Medias Móviles), el sistema direccional, el On-Balance Volume (OBV) y el índice de acumulación/distribución, entre otros. Los indicadores de seguimiento de tendencia son indicadores coincidentes o retardados: giran después de que las tendencias se inviertan.

Los **osciladores** ayudan a identificar puntos de inflexión. Incluyen el histograma MACD, el índice de fuerza, el estocástico, la tasa de cambio, el momento lineal, el índice de fuerza relativa, el Elder-ray y el coeficiente %R de Williams, entre otros. Los osciladores son indicadores adelantados o coincidentes, que, a menudo, giran antes que los precios.

Los **indicadores misceláneos** ofrecen una perspectiva de la intensidad de los campos alcista y bajista. Incluyen el índice nuevos máximos-nuevos mínimos (NH-NL), la ratio *put-call*, el consenso alcista y los informes de compromisos de *traders* (COT), entre otros. Pueden ser indicadores adelantados o coincidentes.

Merece la pena combinar varios indicadores de diferentes categorías para que sus características negativas sean contrarrestadas entre sí, mientras que las positivas permanezcan sin disturbios. Éste es el objetivo del sistema de inversión de triple pantalla (*véase* capítulo 39).

Ahora que comenzamos a estudiar los indicadores, unas palabras de advertencia. A veces, las señales son muy claras, mientras que en otros momentos son bastante vagas. Hace mucho que aprendí a sólo entrar en operaciones cuando las señales de los indicadores «me llevan a rastras». Si me descubro a mí mismo entornando los ojos mientras intento entender las señales de una gráfica, paso la página y sigo con el próximo valor.

Si está mirando a un indicador familiar y no puede entender su mensaje, lo más probable es que el valor que está intentando analizar esté en una fase caótica (*véase* capítulo 17). Si las señales de los indicadores no están claras, no empiece a manipularlas o a poner más indicadores encima, sino que simplemente deje en paz ese valor por el momento y busque otro. Uno de los grandes lujos de los *traders* por cuenta propia es que nadie les empuja a operar: podemos esperar a las mejores y más claras señales.

A medida que lea acerca de las señales de los diferentes indicadores, recuerde que no puede basar sus decisiones de inversión en un único indicador. Debemos seleccionar varios indicadores que entendamos y en que confiemos y combinarlos en un sistema de inversión. En los siguientes capítulos analizaremos indicadores, y posteriormente en este libro veremos cómo crear nuestro propio sistema a partir de ellos.

22. Medias móviles

Los veteranos de Wall Street dicen que las medias móviles llegaron a los mercados financieros después de la segunda guerra mundial. Los artilleros antiaéreos usaron las medias móviles para apuntar sus baterías sobre los aviones enemigos y, después de la guerra, aplicaron este método a los precios en movimiento. Los dos expertos pioneros en las medias móviles fueron Richard Donchian y J. M. Hurst –aparentemente ninguno de los dos fue artillero–. Donchian era un empleado de Merrill Lynch que desarrolló métodos de inversión basados en el cruce de medias móviles. Hurst era un ingeniero que aplicó las medias móviles a las acciones en su clásico, *The Profit Magic of Stock Transaction Timing*.

La media móvil (MM) refleja el valor promedio de los datos en un horizonte temporal. Una MM de cinco días muestra el precio promedio de los últimos cinco días; una MM de veinte días, de los últimos veinte días; y así sucesivamente. Si se conectan los valores para cada día de la MM se obtiene la línea de media móvil.

$$\text{MM simple} = \frac{P_1 + P_2 + \ldots + P_N}{N}$$

donde P = precio a promediar

N = número de días de la media móvil (seleccionado por el *trader*)

El nivel de una media móvil refleja los valores que están siendo promediados y depende del horizonte temporal de ésta. Supongamos que quiere calcular la media móvil simple de tres días de un valor. Si éste cierra a 19, 21 y 20 en tres días consecutivos, entonces la MM simple de tres días de los precios de cierre es 20 (19 + 21 + 20, dividido por 3). Supongamos que, el cuarto día, el valor cierra a 22. Esto hace que su MM de tres días suba a 21 –la media de los últimos tres días, que es (21 + 20 + 22) dividido por 3.

Existen tres tipos principales de medias móviles: la simple, la exponencial y la ponderada. Las MM simples fueron populares porque eran fáciles de calcular en los tiempos anteriores a los ordenadores, y tanto Donchian como Hurst las usaban. Las MM simples, sin embargo, tienen un defecto fatal: cambian dos veces como respuesta a cada precio.

El doble de ladridos

Al principio una MM simple cambia cuando llega un nuevo dato. Eso es positivo, pues queremos que nuestra MM refleje los últimos precios. Lo malo es que la MM cambia de nuevo cuando un precio antiguo sale del horizonte temporal. Cuando sale un precio máximo, la MM simple baja un *tick*. Cuando sale un precio mínimo, la MM simple sube. Estos cambios no tienen nada que ver con la realidad del mercado en ese momento.

Imaginemos que un valor flota entre 80 y 90, y su MM simple de diez días está en 85, pero incluye un día en que el valor alcanzó 105. Cuando ese máximo salga del horizonte de diez días, la MM caerá en picado, como si se estuviese en una tendencia a la baja. Esta caída sin sentido no tendría nada que ver con la tendencia actual en ese momento.

Cuando los datos antiguos salen, la media móvil simple se ve perturbada. Este problema es aún peor con MM cortas, aunque no tan grave con MM largas. Si usa una MM de 10 días, estas salidas pueden sacudirla realmente, pues cada día constituye un 10% del valor total. En cambio, si usa una MM de doscientos días, en que cada día sólo es responsable de un 0,5%, la salida de un día no va a tener una gran influencia.

Aun así, una MM simple es como un perro guardián que ladra dos veces: una vez cuando alguien se acerca a casa y otra vez cuando alguien se aleja de ésta. Después de un tiempo, uno no sabe cuándo creer al perro. Ésta es la razón por la que es mejor que el *trader* moderno informatizado use medias móviles exponenciales, que discutiremos más adelante en este capítulo.

Psicología de mercado

Todo precio es una instantánea del consenso de valor actual entre todos los participantes en el mercado (*véase* capítulo 11). Aun así, un precio individual no nos dice si el público está volviéndose más alcista o bajista, de la misma manera que uno no puede distinguir, viendo una fotografía, si una persona es optimista o pesimista. Si, por el contrario, toma una foto diaria de la persona durante diez días, las lleva a un laboratorio y pide que le hagan una fotografía compuesta, ésta revelará las características típicas de la persona. Puede monitorizar tendencias en el humor de esa persona actualizando esa fotografía compuesta cada día.

Una media móvil es una fotografía compuesta del mercado: combina los precios de varios días. El mercado consiste en un público enorme, y la pendiente de la MM identifica la dirección de la inercia de la masa. **Una media móvil representa el consenso de valor promedio para un determinado horizonte temporal.**

El mensaje más importante de una media móvil es la dirección de su pendiente. Cuando crece, muestra que el público está volviéndose más optimista, es decir, alcista. Cuando baja, muestra que el público está volviéndose más pesimista, es decir, bajista. Cuando los precios suben por encima de la media móvil, el público es más alcista que antes. Cuando los precios caen por debajo de la media móvil, el público es más bajista que antes.

Las medias móviles exponenciales

Una media móvil exponencial (MME) es mejor como herramienta para hacer seguimiento de tendencias porque pondera los datos dando más peso a los más recientes, y porque responde a los cambios más rápidamente que la MM simple. Al mismo tiempo, una MME no se ve perturbada como respuesta a la salida de datos antiguos. Este perro guardián tiene los oídos más finos y sólo ladra cuando alguien se acerca a casa.

$$\text{MME} = P_{\text{hoy}} \cdot K + \text{EMA}_{\text{ayer}} \cdot (1 - K)$$

donde $K = \dfrac{2}{N+1}$

N = número de días de la MME (seleccionado por el *trader*)
P_{hoy} = precio de hoy
MME_{ayer} = MME de ayer

El software de análisis técnico nos permite seleccionar el horizonte temporal de la MME. La MME tiene dos grandes ventajas en relación a la MM simple. En primer lugar, asigna un mayor peso al último día de negociación. El último estado anímico del público es más importante. En una MME de diez días, el último precio de cierre es responsable del 18 % del valor de la MME, mientras que en la MM simple todos los días son iguales. En segundo lugar, la MME no se comporta igual cuando sale un dato antiguo. Los datos antiguos se difuminan paulatinamente, como un estado de humor del pasado que muere poco a poco en una foto compuesta.

Cómo escoger el horizonte temporal de la media móvil

Merece la pena monitorizar la pendiente de su MME, ya que una línea ascendente refleja actitudes alcistas, y una decreciente, actitudes bajistas. Un horizonte relativamente estrecho hace que la MME sea más sensible a los cambios en los precios. Captura nuevas tendencias antes, pero también comporta más vuelcos inesperados. Un vuelco inesperado es un cambio súbito en una señal de oportunidad de inversión. Una MME con un horizonte temporal más amplio produce menos vuelcos inesperados, pero deja pasar por alto más puntos de inflexión por un margen mayor.

Puede usar diversos enfoques para decidir el horizonte temporal de su media móvil o de cualquier otro indicador. Estaría bien vincular el horizonte de la MME al ciclo del precio, si puede encontrarlo. Una media móvil debería tener un horizonte que sea la mitad de largo que el ciclo de mercado dominante. Si encuentra un ciclo de veintidós días, utilice una media móvil de once días. Si el ciclo dura treinta y cuatro días, use una media móvil de diecisiete días. El problema es que los ciclos van cambiando y desapareciendo.

No existe un número concreto mágico para el horizonte de la MME. Los buenos indicadores son robustos, no son demasiado sensibles a las pequeñas variaciones en sus parámetros. Cuando intente captar tendencias más largas, use una media móvil más larga. Para capturar peces más grandes se necesita una caña de pescar también más grande. Una media móvil de doscientos días funciona para inversores a largo plazo que quieran subirse a tendencias de primer orden.

La mayoría de *traders* pueden usar una MME de entre diez y treinta días. Ninguna media móvil debería ser menor a los ocho días, para evitar ir en contra de la misma razón por la que se está usando, es decir, ser una herramienta de seguimiento de tendencias. A mí me gustan dos números: veintidós, ya que aproximadamente hay veintidós días de mercados abiertos cada mes, y veintiséis, la mitad de semanas en un año.

Es práctico crear parámetros individualizados para cada vehículo de inversión siempre y cuando se haga seguimiento de un pequeño puñado de valores o futuros. Una vez esta cifra llega a los dobles dígitos, los parámetros individualizados generan confusión. Es mejor tener un metro de medir que mida un metro, de la misma manera que es preferible usar los mismos parámetros para todas las medias móviles en el mismo horizonte temporal.

No cambie los parámetros de los indicadores cuando esté buscando operaciones. Juguetear con los parámetros para obtener las señales que uno busca anula la característica más valiosa de sus parámetros: la objetividad. Es mejor establecer unos parámetros y vivir con ellos.

Reglas operativas relativas a medias móviles

Los *traders* principiantes intentan predecir el futuro. Los profesionales no hacen predicciones: miden la fuerza relativa de alcistas y bajistas, monitorizan la tendencia y gestionan sus posiciones.

Las medias móviles nos ayudan a operar en la dirección de la tendencia. El mensaje individual más importante de una media móvil viene dado por la dirección de su pendiente (figura 22.1). Ésta refleja la inercia del mercado. Cuando una MME sube, es mejor operar en el mercado desde posiciones largas, y cuando baja, merece la pena operar desde posiciones cortas.

FIGURA 22.1 DIS diario, MME de 22 días (*Gráfico de StockCharts.com*).

Una media móvil exponencial (MME)

La dirección de la pendiente de una media móvil ayuda a identificar tendencias en los activos negociados, como en The Walt Disney Company (DIS).

1. Cuando la MME suba, opere en el mercado desde posiciones largas. Compre cuando los precios bajen sobre la media móvil. Una vez haya tomado posiciones largas, ponga un *stop* de protección por debajo del mínimo local más reciente, y muévalo hasta el punto muerto tan pronto como los precios cierren más altos.
2. Cuando la MME baje, opere en el mercado desde posiciones cortas. Venda al descubierto cuando los precios repunten hacia la MME y ponga un *stop* de protección por encima del máximo local más reciente. Baje su *stop* hasta el punto muerto cuando los precios bajen.
3. Cuando la MME esté plana y fluctúe poco es que está identificado un mercado sin dirección ni tendencia. No opere usando un método de seguimiento de tendencias.

Algunos *traders* veteranos solían seguir los cruces de MM rápidas y lentas. El enfoque favorito de Donchian, uno de los creadores del *trading* con medias móviles, era el empleo de cruces de medias móviles de cuatro, nueve y dieciocho días. Entendía que existía una señal de oportunidad de inversión cuando las tres MM se alineaban en la misma dirección. Su método, al igual que otros métodos de inversión mecánicos, sólo funcionaba durante períodos en que los mercados estaban sometidos a fuertes tendencias.

El intento de filtrar vuelcos inesperados con reglas mecánicas es contraproducente: los filtros reducen tanto las ganancias como las pérdidas. Un ejemplo de filtro sería una regla que requiera que los precios cierren al otro lado de la MM no una vez, sino dos, o que penetren la MM por cierto margen. Los filtros mecánicos reducen las pérdidas, pero también disminuyen la característica más importante de la media móvil: su capacidad de localizar tendencias en sus primeras etapas.

El *trader* debe aceptar que la MME, al igual que el resto de herramientas de inversión, tiene ventajas e inconvenientes. Las medias móviles nos ayudan a identificar y seguir tendencias, pero llevan a vuelcos inesperados en los rangos de cotización. Buscaremos una respuesta a este dilema en el capítulo dedicado al sistema de inversión de triple pantalla.

Más acerca de las medias móviles

Las medias móviles a menudo sirven de **soporte y de resistencia.** Una MM creciente tiende a servir de suelo por debajo de los precios, y una MM decreciente sirve de techo por encima de éstos. Ésa es la razón por la que merece la pena comprar cerca de una MM creciente, y vender al descubierto cerca de una MM decreciente.

Las medias móviles pueden ser aplicadas a **indicadores,** así como a los precios. Por ejemplo, algunos *traders* usan una media móvil de cinco días del volumen. Cuando el volumen cae por debajo de su MM de cinco días, demuestra que hay una reducción en el interés del público en una tendencia menor, e indica que es probable que se dé una inversión. Cuando el volumen sobrepasa su MM, está mostrando un interés fuerte por parte del público y confirma la tendencia en el precio. Usaremos medias móviles de indicadores cuando estudiemos el índice de fuerza (capítulo 30).

La manera correcta de trazar una media móvil simple es **retardarla** respecto a los precios en un factor de la mitad de su longitud. Por ejemplo, una MM simple de diez días funcionaría bien en medio de un período de diez días, y debería ser trazado debajo del quinto o sexto día. Una media móvil exponencial está más ponderada sobre los datos más recientes, por lo que una MME de días debería retardarse dos o tres días. La mayor parte de paquetes de software permiten retardar medias móviles.

Las medias móviles pueden basarse no sólo en los precios de cierre, sino también en la **media entre el máximo y el mínimo,** lo que puede resultar útil a *traders* intradía.

La media móvil exponencial asigna más peso a la última sesión de negociación; por el contrario, la **media móvil ponderada** (MMP) nos permite ponderar como queramos cada día, dependiendo de qué consideremos importante. Las MMP son tan complicadas que es preferible que los *traders* usen la MME.

Las MME duales

Cuando analizo gráficos me gusta usar no una, sino dos medias móviles exponenciales. La MME más larga revela un consenso de valor a más largo plazo. La MME a más corto plazo muestra un consenso de valor a más corto plazo.

Uso una ratio entre ellas de aproximadamente dos a uno. Por ejemplo, puedo usar dos MME, una de veintiséis días y otra de trece, en un gráfico semanal, o dos MME, de veintidós y once días, en un gráfico diario. Ruego que se entienda que ni éstos, ni ningunos otros, son números mágicos. Es libre de experimentar con estos valores, escogiendo un par que sea suyo únicamente. Simplemente recuerde mantener la ratio entre las dos MME sobre 2:1. Quizá sea más simple y más eficiente usar el mismo par de valores –por ejemplo 26/13 o 22/11) en todos los horizontes temporales: semanal, diario e incluso intradía.

Ya que una MME más corta representa un consenso de valor a más corto plazo, y una MME a más largo plazo un consenso a más largo plazo, creo que el valor «vive» entre estas dos líneas. **A este espacio entre dos MME lo llamo la *zona de valor*.**

Las medias móviles y los canales

Un canal consiste en dos líneas trazadas en paralelo a la media móvil. Como curiosidad rara, la distancia entre las líneas superior e inferior del canal a veces son descritas como *altura* y otras veces como *amplitud* del canal, a pesar de que ambos términos se refieran a la misma magnitud.

Un canal bien trazado debería contener aproximadamente el 95 % de todos los precios que se han dado durante las últimas cien barras. Los mercados a más largo plazo tienen canales más amplios, ya que los precios pueden cubrir mayores distancias en cien semanas que en cien días. Los mercados volátiles tienen canales más amplios (o altos) que los mercados tranquilos y adormecidos.

Los canales son muy útiles para operar y para hacer un seguimiento del rendimiento. Los estudiaremos en el capítulo 41 («Los sistemas de *trading* de canales»).

Los precios, los valores y la zona de valor

Uno de los conceptos clave del análisis de mercado, el concepto que todos entendemos intuitivamente pero no podemos describir con palabras, es que los precios son diferentes de los valores. Compramos activos cuando creemos que los precios actuales están por debajo del valor real y esperamos que los precios suban. Vendemos y vendemos al descubierto cuando pensamos que los activos tienen un precio por encima de su valor real, por lo que es probable que bajen.

Compramos activos infravalorados y vendemos acciones sobrevaloradas, pero ¿cómo definir el valor?

Los analistas de fundamentos lo hacen estudiando los estados de cuentas e informes anuales, pero esas fuentes no son tan objetivas como pudieran parecer. Las empresas, a menudo, manipulan sus datos financieros. Los analistas de fundamentos no tienen el monopolio del concepto de valor. Los analistas técnicos pueden definir valores a través del seguimiento de los diferenciales entre MME rápidas y lentas. Una de esas MME refleja el consenso de valor a corto plazo, mientras que la otra lo hace a largo plazo: *El valor vive en la zona comprendida entre dos medias móviles* (figura 22.2).

Muy importante: es imposible practicar el *trading* con éxito con un solo indicador, o incluso con un par de medias móviles. Los mercados son demasiado complejos para ganar dinero en ellos usando una sola herramienta. Tenemos que diseñar un sistema de inversión que utilice diversos indicadores, así como analizar los mercados en más de un horizonte temporal. Recuerde esto a medida que estudiemos diversos indicadores: son componentes básicos de los sistemas de inversión.

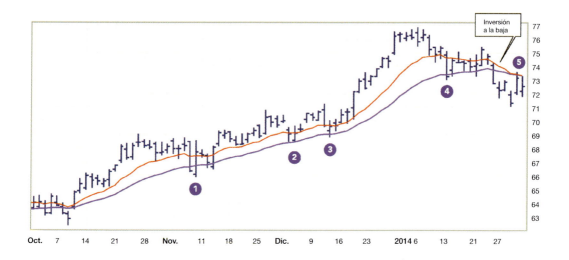

FIGURA 22.2 DIS diario, MME de 26 y 13 días (*Gráfico de StockCharts.com*).

MME y la zona de valor

Una MM a corto plazo identifica un consenso de valor a corto plazo, mientras que una MM a largo plazo refleja un consenso de valor a largo plazo. El valor «vive» en la zona comprendida entre las dos medias móviles. Seleccione los parámetros para este par de manera que la media a largo plazo sea aproximadamente el doble de larga que la MME a corto plazo. Observando un gráfico, se puede saber al momento que MME es más larga y más corta: la rápida abraza los precios más de cerca, mientras que la lenta se mueve más despacio. La MME lenta ayuda a identificar la tendencia, mientras que la MM rápida marca los límites de la zona de valor.

Cuando esté contemplando comprar un activo, merece la pena hacerlo en la zona de valor, en vez de pagar de más y comprar por encima del valor. De manera análoga, cuando venda al descubierto, merece la pena esperar a un repunte dentro de la zona de valor para establecer una posición corta, en vez de vender al descubierto cuando los precios se desplomen.

Durante la tendencia al alza mostrada en esta gráfica, se puede observar retiradas al valor, que ofrecen oportunidades de compra atractivas en las áreas marcadas 1, 2, 3 y 4. La inversión a la baja de la MME lenta marca el fin de la tendencia al alza. En el extremo derecho del gráfico la tendencia va a la baja, mientras que una retirada al valor en el área 5 ofrece una oportunidad de compra.

Mantener esto en mente le ayudará a llegar a ser un *trader* más racional. Una vez sepa cómo definir el valor, podrá proponerse comprar al valor o por debajo de éste, y vender por encima de éste. Volveremos a estudiar las oportunidades de inversión en mercados sobre e infravalorados cuando examinemos los canales o envolventes de precios en el capítulo 41 sobre el sistema de inversión de canales.

23. La convergencia-divergencia de medias móviles (MACD): líneas e histograma MACD

Las medias móviles ayudan a identificar tendencias y sus inversiones. Gerald Appel, analista y gestor de carteras en Nueva York, construyó un indicador más avanzado. La convergencia-divergencia de medias móviles, o MACD para abreviar –por sus siglas en inglés–, no consiste en una, sino en tres medias móviles exponenciales. En los gráficos aparece como dos líneas, que cuando se cruzan están dando la señal de oportunidad de inversión.

Cómo crear la MACD

El indicador MACD original consiste en dos líneas: una línea continua (llamada línea MACD) y otra línea discontinua (llamada línea de señal). La línea MACD está formada por dos medias móviles exponenciales (MME). Responde a los cambios en los precios con relativa rapidez. La línea de señal suaviza la línea MACD con otra MME. Responde más lentamente a los cambios en los precios. En el sistema original de Apple, las señales de compra y de venta se emitían cuando la línea MACD rápida cruzaba por arriba o por debajo de la línea de señal lenta.

El indicador MACD está incluido en la mayoría de programas de análisis técnico. Para generar la MACD a mano:

1. Calcúlese la MME de 12 días de los precios de cierre.
2. Calcúlese la MME de 26 días de los precios de cierre.
3. Substráigase la MME de 26 días a la MME de 12 días y trácese la diferencia en una línea continua. Ésta será la línea MACD rápida.
4. Calcúlese la MME de 9 días de la línea rápida, y trácese el resultado en una línea discontinua. Ésta será la línea de señal lenta.

Psicología de mercado

Cada precio refleja el consenso de valor entre las masas de participantes en el mercado en el momento de la transacción. La media móvil representa el consenso de valor promedio durante un período determinado: es una foto compuesta del consenso de las masas. Una media móvil más larga sigue el consenso a más largo plazo, y una media móvil más corta sigue el consenso a más corto plazo.

Los cruces de las líneas MACD y de señal identifican la alternancia en el equilibrio de fuerzas entre alcistas y bajistas. La línea MACD rápida refleja el consenso de masas durante un período más corto. La línea de señal lenta refleja el consenso de masas durante un período más largo. Cuando la línea MACD rápida sube por encima de la línea de señal lenta, muestra que los alcistas dominan el mercado, y, por tanto, es mejor invertir en posiciones largas. Cuando la línea rápida cae por debajo de la línea lenta, muestra que los bajistas demuestran el mercado, y que merece la pena invertir en posiciones cortas.

Reglas operativas relativas a las líneas MACD

Los cruces de líneas MACD y de señal identifican cambios en las corrientes de los mercados. Operar en la dirección del cruce significa dejarse llevar por la corriente del mercado. Este sistema genera menos operaciones y vuelcos inesperados que los sistemas mecánicos basados en una única media móvil.

1. Cuando la línea MACD rápida cruza por encima de la línea de señal lenta, está dando una señal de compra. Tome posiciones largas, y ponga un *stop* de protección por debajo del mínimo local más reciente.
2. Cuando la línea rápida cruza por debajo de la línea lenta, está dando una señal de venta. Tome posiciones cortas, y ponga un *stop* de protección por encima del máximo local más reciente (figura 23.1).

Los valles A, B y C de ABX podrían ser entendidos como un valle cabeza-y-hombros invertido. Aun así, nuestros indicadores técnicos ofrecen mensajes mucho más objetivos que los patrones gráficos clásicos.

Más acerca de las líneas MACD

Los *traders* sofisticados tienden a personalizar sus líneas MACD a través del uso de medias móviles diferentes a las MME estándar de 12, 26 y 9 barras. Cuidado con optimizar la MACD con demasiada frecuencia. Si toquetea demasiado la MACD, puede que haga que ésta le dé la señal que está esperando.

Una manera **«rápida y sucia»** de trazar la MACD para *traders* cuyo software no incluya este indicador es cruzando dos MME: algunos paquetes sólo permiten trazar dos MME; en ese caso, puede usarse el cruce de dos MME, por ejemplo, de 12 y 26 días, como aproximación a las líneas MACD y de señal.

El histograma MACD

El histograma MACD ofrece una perspectiva más profunda del equilibrio de fuerzas entre alcistas y bajistas que las líneas MACD originales. Muestran no sólo si los alcistas o bajistas están al mando, sino también si están ganando o perdiendo fuerza. Es una de las mejores herramientas disponibles para los técnicos del mercado.

Histograma MACD = línea MACD − línea de señal

El histograma MACD mide la diferencia entre la línea MACD y la línea de señal. Traza la diferencia como un histograma: una serie de barras verticales. Puede que esa distancia parezca poca cosa, pero el ordenador la amplía a escala hasta llenar la pantalla (figura 23.2).

Si la línea rápida está por encima de la línea lenta, el histograma MACD es positivo y se traza por encima de la línea de eje. Si la línea rápida está por encima de la línea lenta, el histo-

FIGURA 23.1 ABX semanal, MME de 26 y 13 semanas, líneas MACD 12-26-9 (*Gráfico de StockCharts.com*).

Líneas MACD

Barrick Gold Corporation (ABX), con la mayor capitalización bursátil entre las empresas mineras de oro de EE. UU. cotizadas, fue arrastrada en 2012 y 2013 por el mercado bajista del oro. Nótese la señal de venta, marcada con una flecha roja vertical, cuando la línea rápida cruzó por debajo de la línea lenta. Esa señal se invirtió más de un año después, cuando la línea rápida cruzó por encima de la línea lenta, marcado con una flecha verde vertical.

Nótense diversos patrones adicionales en este gráfico. Cuando ABX cayó a un mínimo histórico, marcado con una B, las líneas MACD rehusaron dar la confirmación: no cayeron a un nuevo mínimo, sino que trazaron un doble fondo. Ese nuevo mínimo B resultó ser una falsa ruptura a la baja, una señal alcista. El último intento de los bajistas de arrastrar ABX más abajo, al área C, no fue confirmado por las líneas MACD, que mantuvieron una tendencia al alza firme. En el extremo derecho del gráfico, las líneas MACD han alcanzado un nuevo máximo en el movimiento al alza, una demostración de fuerza. Ambas MME van al alza, confirmando la tendencia alcista.

grama MACD es negativo y se traza por debajo de la línea de eje. Cuando las dos se tocan, el histograma MACD es igual a cero.

Cuando el diferencial entre las líneas MACD y de señal se incrementa, el histograma MACD es más alto o más profundo, dependiendo del sentido. Cuando dos líneas se acercan, el histograma MACD es más corto.

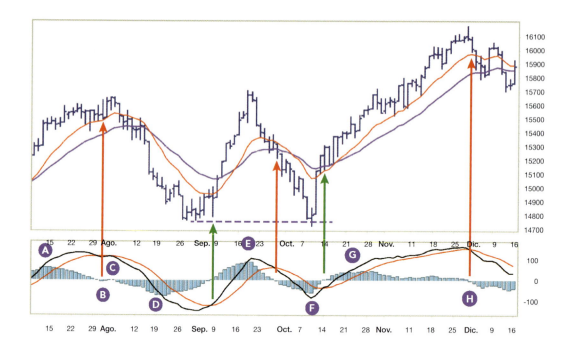

FIGURA 23.2   DJIA diario, MME de 26 y 13 días, líneas MACD 12-26-9 (*Gráfico de StockCharts.com*).

Histograma MACD

Cuando las líneas MACD se cruzan, el histograma MACD, que deriva de éstas, cruza por encima o por debajo de su línea de eje. Pueden observarse señales de compra y de venta en las líneas MACD, marcadas con flechas verdes y rojas. Estas señales, a menudo, van con retardo, pero el histograma MACD da sus propias señales correctas. Volveremos a ello más adelante en este capítulo, pero ahora fijémonos en una sola cosa.

Compare los valles Dow D y F. El segundo fue ligeramente más bajo (resultó ser una falsa ruptura a la baja), pero el valle correspondiente en el histograma MACD fue menos profundo que el primero, avisando de que los bajistas eran más débiles que antes y de que era probable que se diese una inversión al alza.

La pendiente del histograma MACD viene definida por la relación entre cualquier par de barras vecinas. Si la última barra es más alta (como la altura de las letras m-M), la pendiente del histograma MACD es positiva. Si la última barra es más baja (como la profundidad de las letras P-p), entonces la pendiente del histograma MACD es negativa.

Psicología de mercado

El histograma MACD revela la diferencia entre los consensos de valor a largo y a corto plazo. La línea MACD rápida refleja el consenso de mercado durante un período más corto. La línea de señal lenta refleja el consenso de mercado durante un período más largo. El histograma MACD hace un seguimiento de la diferencia entre ambas.

La pendiente del histograma MACD identifica el grupo dominante en el mercado. Un histograma MACD creciente muestra que los alcistas se están fortaleciendo. Un histograma MACD decreciente muestra que los bajistas son cada vez más fuertes.

Cuando la línea MACD rápida repunta por delante de la línea de señal lenta, el histograma MACD crece. Muestra que los alcistas están más fuertes que antes: es un buen momento para operar desde posiciones largas. Cuando la línea MACD rápida cae más rápido que la línea lenta, el histograma MACD cae. Muestra que los bajistas están fortaleciéndose: es un buen momento para operar desde posiciones cortas.

Cuando la pendiente del histograma MACD va en el mismo sentido que la dirección de los precios, la tendencia es segura. Cuando la pendiente del histograma MACD va en el sentido opuesto a la dirección de los precios, la salud de la tendencia está siendo cuestionada.

La pendiente del histograma MACD es más importante que su posición, por arriba o por debajo de la línea de eje. Es mejor operar en el sentido de la pendiente del histograma MACD, ya que ésta muestra quién domina el mercado, alcistas o bajistas. Las mejores señales de compra se dan cuando el histograma MACD está por debajo del eje, pero la pendiente es positiva, demostrando que los bajistas han llegado al agotamiento. Las mejores señales de venta aparecen cuando el histograma MACD está por encima del eje, pero su pendiente es negativa, mostrando que los alcistas han llegado al agotamiento.

Reglas operativas relativas al histograma MACD

El histograma MACD emite dos tipos de señales de oportunidad de inversión. Una es común, y ocurre en casi cada barra de precio. La otra es rara pero extremadamente potente. Puede que sólo se dé algunas veces al año en el gráfico diario de un valor. Es incluso más rara en los gráficos semanales, pero más frecuente en los gráficos intradía.

La señal común viene dada por la pendiente del histograma MACD. Cuando la barra actual es más alta que la anterior, la pendiente es positiva. Muestra que los alcistas están al mando y es el momento de comprar. Cuando la barra actual es más baja que la anterior, la pendiente es negativa. Muestra que los bajistas están al mando y es el momento de tomar posiciones cortas. Cuando los precios van en un sentido, pero el histograma MACD va en el contrario, muestra que el grupo dominante está perdiendo entusiasmo y la tendencia es más débil de lo que parece.

1. Compre cuando el histograma MACD deje de caer y suba un *tick*. Ponga un *stop* de protección por debajo del mínimo local más reciente.
2. Venda al descubierto cuando el histograma MACD deje de subir y baje un *tick*. Ponga un *stop* de protección por encima del máximo local más reciente.

El histograma MACD sube y baja un *tick* tan a menudo en los gráficos diarios que no es práctico comprar y vender con cada cambio. Los cambios en la pendiente del histograma MACD son mucho más significativos en los gráficos semanales, razón por la que esto se incluye en el sistema de inversión de triple pantalla (*véase* capítulo 39). La combinación de una media móvil exponencial y el histograma MACD ayuda a generar el sistema de impulso, descrito en el capítulo 40.

Cuándo esperar una nueva cima o un nuevo valle

Una cima récord en los últimos tres meses en un histograma MACD diario muestra que los alcistas están muy fuertes y que los precios probablemente suban aún más. Un nuevo mínimo récord en el histograma MACD de los últimos tres meses muestra que los bajistas están muy fuertes y que se esperan precios más bajos con bastante probabilidad.

Cuando el histograma MACD alcanza un nuevo máximo durante un repunte, la tendencia al alza goza de buena salud, por lo que puede esperar que el próximo repunte pruebe de nuevo, o exceda, el pico anterior. Si el histograma MACD cae a un nuevo mínimo durante una tendencia a la baja, muestra que los bajistas están fuertes y los precios probablemente vayan a probar de nuevo o a exceder el mínimo más reciente.

El histograma MACD es el equivalente a los faros de un vehículo: nos permite atisbar en la carretera que tenemos delante. No hasta su domicilio, cuidado, pero sí lo suficiente como para conducir sin peligros a una velocidad razonable.

Más acerca del histograma MACD

El histograma MACD funciona en todos los horizontes temporales: semanal, diario e intradía. Las señales en los horizontes más largos conducen a mayores variaciones en los precios. Por ejemplo, las señales del histograma MACD semanal conducen a mayores variaciones en los precios que el MACD diario o intradía. Este principio también se aplica al resto de indicadores técnicos.

Cuando use líneas MACD e histogramas MACD en gráficas semanales, no tiene por qué esperar hasta el viernes para descubrir señales. Una tendencia puede surgir en medio de la semana: el mercado no mira al calendario. Tiene sentido realizar estudios semanales cada día. Yo tengo configurado mi software para que trace gráficos semanales al estilo tradicional, de lunes a viernes, pero con una vuelta de tuerca: la última barra semana refleja la negociación de la semana actual, comenzando en lunes. Después del cierre del mercado el lunes, mi última barra semanal es idéntica a la barra diaria del lunes. La barra semanal del martes refleja dos días de negociación, y así sucesivamente. Por esta causa, me tomo la nueva barra semanal del lunes con pinzas, pero a partir del jueves comienzo a confiar en ella muchísimo más.

Las divergencias

Las divergencias están entre las señales más potentes del análisis técnico. En esta sección nos centraremos en el histograma MACD, pero el mismo concepto se aplica a la mayoría de indicadores.

Las divergencias entre el histograma MACD y los precios son poco frecuentes, pero ofrecen algunas de las señales más potentes. A menudo marcan puntos de inflexión cruciales. No se dan en cada cima o valle importante, pero cuando se distingue una, se sabe que una inversión importante probablemente esté próxima.

Las **divergencias alcistas** se dan hacia el final de las tendencias a la baja: identifican los valles del mercado. Una divergencia alcista clásica se da cuando los precios y el oscilador caen a un nuevo mínimo, repuntan, con el oscilador superando su eje de coordenadas, para después volver a caer. Esta vez los precios caen a un nuevo mínimo, pero un oscilador traza un valle más alto que durante el descenso previo. Tales divergencias alcistas con frecuencia preceden a repuntes bruscos (figura 23.3).

Muestro este gráfico semanal del DJIA (Índice Industrial Dow Jones) y su histograma MACD (abreviado MACD-H) como ejemplo perfecto de divergencia. Merece ser colgado en una pared cerca de su área de trabajo. No siempre podrá obtener la fotografía perfecta, pero cuando más se acerque, más fiable será.

Nótese que la **ruptura del eje** entre los valles de dos indicadores es una condición imprescindible para que se dé una divergencia real. El histograma MACD tiene que cruzar por encima de esa línea antes de patinar hasta el segundo valle. Si no existe cruce, no hay divergencia.

Otro punto clave: el MACD-H da la **señal de compra cuando sube un *tick* desde el segundo valle.** No tiene por qué cruzar por encima del eje una segunda vez. La señal de compra se da cuando el MACD-H, aún por debajo de cero, simplemente deja de descender y traza una barra que es menos negativa que la barra anterior.

Esta divergencia en el histograma MACD de la figura 23.3 fue reforzado cuando las líneas MACD trazaron un patrón alcista entre los valles A y C, siendo el segundo valle menos profundo que el primero. Tales patrones en las líneas MACD son bastante raros. Indican que la tendencia al alza que está de camino probablemente sea bastante fuerte, aunque no podamos llamarlos divergencias en cuanto este indicador no tiene línea de eje. El repunte que empezó en 2009 duró casi un año antes de sufrir su primera corrección significativa.

También es conveniente señalar que no podemos clasificar como divergencia el patrón de cimas del indicador más bajas que se observan después del valle C. Las cimas más bajas reflejan un debilitamiento gradual de la tendencia alcista con el paso del tiempo. Para que fuese contada como una divergencia, el histograma MACD tiene que cruzar su eje dos veces.

Las **divergencias bajistas** se dan en las tendencias al alza e identifican cimas del mercado. La divergencia bajista clásica se da cuando los precios llegan a un nuevo máximo para después retirarse, con el oscilador cayendo por debajo del eje. Los precios se estabilizan y repuntan hasta un máximo más alto, pero un oscilador alcanza un pico aún más bajo del que logró en el repunte anterior. Tales divergencias bajistas suelen conducir a desplomes bruscos.

Una divergencia a la baja muestra que los alcistas están perdiendo ímpetu, los precios siguen creciendo debido a la inercia y los bajistas están listos para tomar el mando. Las divergencias válidas son claramente visibles: parece que quieran salirse de los gráficos. Si necesita usar una regla para decidir si existe una divergencia, asuma que no la hay (figura 23.4).

FIGURA 23.3 DJIA semanal, MME de 26 y 13 días, líneas MACD 12-26-9 e histograma MACD (*Gráfico de TC2000 en el libro* Two Roads Diverged: Trading Divergences).

Una divergencia alcista

Aquí se puede observar una divergencia que señaló el valle del mercado bajista de 2007-2009, dando una fuerte señal de compra justo al lado de los mínimos. En el área A, el índice Dow parecía estar en caída libre, con la quiebra de Lehman Brothers y la onda expansiva de ventas golpeando el mercado. El récord mínimo A del MACD-H indicaba que los bajistas estaban extremadamente fuertes y que el precio valle A quizá volvería a ser probado o excedido.

En el área B, el MACD-H repuntó por encima de su eje, «doblegando la voluntad del oso» (bajista). Nótese que el breve repunte alcanzó la zona de valor entre las dos medias móviles. Éste es un objetivo bastante común de los repuntes en mercados bajistas. En el área C, el índice Dow se deslizó hasta un nuevo mínimo del mercado a la baja, pero el MACD-H trazó un mínimo mucho menos profundo. Un *tick* al alza completó la divergencia alcista, dando una fuerte señal de compra.

El gráfico anterior mostraba una divergencia alcista llamativa en el valle del mercado en 2009. Ahora, para dar una ilustración similarmente llamativa de divergencia bajista masiva, retrasemos el reloj para examinar la cima del mercado alcista de 2007.

Nótese que la **ruptura de la línea de eje** entre dos cimas del indicador es una condición imprescindible para hablar de divergencia real. El histograma MACD debe caer por debajo de su línea de eje antes de alcanzar la segunda cima.

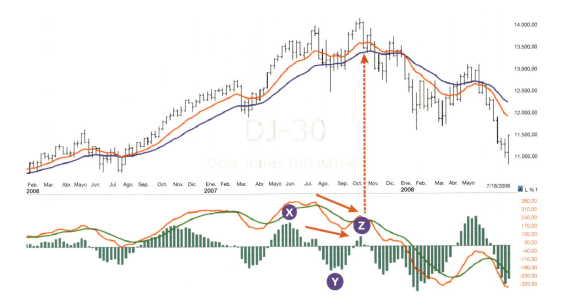

FIGURA 23.4 DJIA semanal, MME de 26 y 13 días, líneas MACD 12-26-9 e histograma MACD (*Gráfico de TC2000 en el libro* Two Roads Diverged: Trading Divergences).

Una divergencia bajista

En el área X, el índice Dow repuntó a un nuevo máximo del mercado alcista y el histograma MACD lo hizo con él, subiendo por encima de su pico anterior y mostrando que los alcistas estaban extremadamente fuertes. Esto indicaba que el precio en el pico X iba a ser probado de nuevo, o excedido, con bastante probabilidad. Nótese que la cima X del MACD-H, a pesar de su forma compleja, no fue una divergencia, ya que el valle en medio no llegó a hundirse por debajo de cero.

En el área Y, el MACD-H cayó por debajo de su eje, «doblegando la voluntad del toro» (alcista). Nótese cómo los precios golpearon por debajo de la zona de valor entre las dos medias móviles. Éste es un objetivo bastante común de los desplomes en mercados alcistas. Nótese también una cola de canguro en el valle Y. En el área Z, el índice Dow repuntó hasta un nuevo máximo del mercado alcista, pero el repunte del MACD-H fue débil, reflejando la debilidad de los alcistas. El *tick* hacia abajo desde el pico Z completó una divergencia bajista, dando una señal de venta fuerte y augurando el mercado a la baja más serio en una generación.

Otro punto clave: el MACD-H da una **señal de venta cuando baja un *tick* desde la segunda cima.** No hace falta esperar a que cruce de nuevo por debajo del eje. La señal de venta se da cuando el MACD-H, que aún está en positivo, simplemente deja de subir y traza una barra más corta que la barra anterior.

El mensaje de una divergencia a la baja en la figura 23.4 fue reforzado por las líneas MACD, que trazaron un patrón bajista entre las cimas X y Z. La segunda cima de líneas MACD fue menos alta que la primera, confirmando la divergencia bajista del MACD-H. Tales patrones en las líneas MACD nos dicen que la tendencia a la baja que viene es probable que sea especialmente severa.

Las divergencias a las que «les falta el hombro derecho», en que el segundo pico no llega a cruzar el eje, son bastante raras, pero emiten señales de oportunidad de inversión muy fuertes. Un *trader* experimentado puede buscarlas, pero, de hecho, no son para principiantes. Son descritas e ilustradas en el libro electrónico *Two Roads Diverged: Trading Divergences*.

Kerry Lovvorn realizó una extensa investigación y acabó encontrando que las divergencias que ofrecen mayores oportunidades de inversión se dan cuando la distancia entre los dos picos o los dos valles del MACD-H está entre veinte y cuarenta barras, aunque mejor cuanto más cerca esté de veinte. Dicho de otra manera, las dos cimas o los dos valles no pueden estar demasiado lejos. Veinte barras se traducen en veinte semanas en un gráfico semanal, en veinte días en un gráfico diario, y así sucesivamente. Kerry también descubrió que las mejores señales provienen de divergencias en que la segunda cima, o el segundo valle, no es más del doble de alto, o profundo, que la primera o primero.

Las **divergencias alcistas o bajistas triples** consisten en tres precios valle y tres valles en el oscilador, o en tres precios cima y tres cimas en el oscilador. Son aún más potentes que las divergencias regulares. Para que se dé una divergencia triple, antes debe darse una divergencia alcista o bajista regular abortada. ¡Ésta es otra razón para practicar una gestión del capital rigurosa! Si sólo pierde un poco en un vuelco inesperado, conservará tanto el dinero como la fuerza psicológica para entrar de nuevo en una operación. La tercera cima o el tercer valle tiene que ser menos profundo que el primero, pero no necesariamente que el segundo.

El sabueso de los Baskerville

Esta señal se da cuando un patrón gráfico o indicador fiables no conducen a la acción esperada y los precios se mueven en la dirección opuesta. Una divergencia puede que indique que ha finalizado una tendencia al alza; pero si los precios siguen subiendo, están dando la señal del sabueso de los Baskerville.

Esta señal se llama así en honor del libro de sir Arthur Conan Doyle. En la historia, Sherlock Holmes es requerido para investigar un asesinato en una finca de campo. Encuentra la pista esencial al darse cuenta de que el perro de la familia no comenzó a ladrar mientras el asesinato se llevaba a cabo. Esto significa que el perro conocía al criminal, por lo que en el asesinato está implicado alguien de dentro. *La señal surge de la ausencia de una acción esperada*: ¡de la ausencia de ladridos!

Cuando el mercado rehúsa ladrar en respuesta a una señal correcta, está dándonos la señal del sabueso de los Baskerville. Esto significa que algo está cambiando fundamentalmente debajo de la superficie. Entonces es el momento de sincronizarse con la nueva tendencia, que, de hecho, es poderosa.

No me entusiasman las órdenes de «parar e invertir posiciones», pero hago una excepción con el sabueso de los Baskerville. En esas raras ocasiones, cuando una divergencia bajista se ve abortada, puedo tomar posiciones largas. En las extrañas ocasiones en que una divergencia alcista se ve abortada, intento tomar posiciones cortas.

24. El sistema direccional

El sistema direccional es un método de seguimiento de tendencias desarrollado por J. Welles Wilder, Jr. a mitad de la década de 1970, y que ha sido modificado por diversos analistas. Identifica tendencias y muestra cuándo una tendencia lleva suficiente velocidad como para que valga la pena seguirla. Ayuda a los *traders* a sacar tajada de las tendencias importantes antes de que éstas acaben.

Cómo construir el sistema direccional

El *Movimiento Direccional* (DM – Directional Movement) se define como la porción del rango del día que queda fuera del rango del día anterior. El sistema direccional comprueba si el rango del día se desborda por arriba o por abajo del rango del día anterior, y hace el promedio de estos datos para un período de tiempo. Es mejor realizar estos cálculos complejos en un ordenador. El sistema direccional está incluido en la mayoría de programas de análisis técnico.

1. Identificar el **Movimiento Direccional** (DM) comparando el rango máximo-mínimo del día con el rango máximo-mínimo del día anterior. El Movimiento Direccional es igual al componente que resulte mayor del rango diario que exceda el rango del día anterior. Existen cuatro tipos de DM (figura 24.1). El MD siempre es un número positivo (+DM y -DM simplemente se refieren a si el movimiento es por arriba o por debajo del rango del día anterior).
2. Identificar el **Rango Real** (TR) del mercado que está analizando. El TR siempre es un número positivo, el mayor de los tres siguientes:
    a. La distancia del máximo del día al mínimo del día.
    b. La distancia del máximo del día al cierre del día anterior.
    c. La distancia del mínimo del día al cierre del día anterior.
3. Calcular los **Indicadores Direccionales** diarios (+DI y -DI). Éstos nos permiten comparar diferentes mercados mediante la expresión de sus movimientos direccionales como porcentaje del rango real de cada uno de los mercados. Todo DI es un número positivo: +DI es igual a cero en los días en que no se dé movimiento direccional hacia arriba; -DI es igual a cero en los días en que no aparezca movimiento direccional hacia abajo.

$$+DI = \frac{+DM}{TR} \qquad -DI = \frac{-DM}{TR}$$

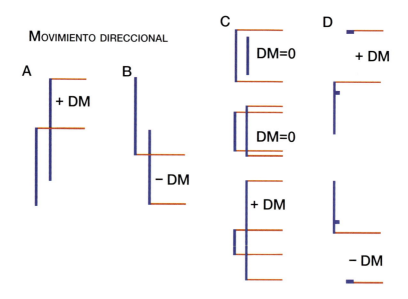

FIGURA 24.1 Movimiento direccional.

El movimiento direccional es igual al componente que resulte mayor del rango diario que excede el rango del día anterior.

- A. Si el rango diario desborda el del día anterior por arriba, el movimiento direccional es positivo (+DM).
- B. Si el rango diario desborda el del día anterior por abajo, el movimiento direccional es negativo (-DM).
- C. Si el rango diario queda comprendido en el del día anterior, o lo desborda por arriba y por abajo por el mismo margen, el movimiento direccional es nulo (DM = 0). Si el rango diario desborda el rango del día anterior tanto por arriba como por abajo, el DM será positivo o negativo dependiendo de cuál de los dos «rangos externos» sea mayor.
- D. En un día en que se cotice por encima del anterior, el +DM será igual a la distancia entre el cierre del día y el máximo del día anterior. En un día en que se cotice por debajo del anterior, el -DM será igual a la distancia entre el cierre del día y el mínimo del día anterior.

4. Calcular las **líneas direccionales suavizadas** (+DI_{13} y -DI_{13}). Las +DI y -DI suavizadas se crean mediante medias móviles. La mayor parte de paquetes de software permiten escoger el período de suavización, como puede ser la media móvil de 13 días. Se obtienen dos líneas de indicador: las líneas direccionales positiva y negativa suavizadas, +DI_{13} y -DI_{13}. Ambos números son positivos. Generalmente se trazan en colores diferentes.

La relación entre las líneas positiva y negativa identifica tendencias. Cuando +DI_{13} está por encima, muestra que la tendencia va al alza, y cuando -DI_{13} está por encima, señala que la tendencia va a la baja. Los cruces de +DI$_{13}$ y -DI$_{13}$ emiten señales de compra y venta.

5. Calcular el **Índice Direccional Promedio** (ADX). Este componente único del sistema direccional muestra cuándo merece la pena seguir una tendencia. El ADX mide el intervalo entre las líneas direccionales +DI$_{13}$ y -DI$_{13}$. Se calcula en dos pasos:

   a. Calcular el **índice direccional** diario DX:

$$DX = \frac{+DI_{13} - -DI_{13}}{+DI_{13} + -DI_{13}} \cdot 100$$

Por ejemplo, si +DI$_{13}$ = 34 y -DI$_{13}$ = 18, entonces,

$$DX = \frac{34 - 18}{34 + 18} \cdot 100 = 30,77 \quad \text{(que se redondea a 31)}$$

   b. Calcular el índice direccional promedio ADX suavizando DX con una media móvil, como puede ser una MME de 13 días.

Durante una tendencia persistente, el diferencial entre dos líneas direccionales suavizadas se incrementa, y el ADX crece. El ADX decrece cuando una tendencia se invierte o cuando un mercado entra en un rango de cotización. Sólo merece la pena usar métodos de seguimiento de tendencias cuando el ADX es creciente.

El comportamiento del público

El sistema direccional sigue los cambios en las actitudes alcistas y bajistas de las masas midiendo la capacidad de los alcistas y los bajistas de mover los precios fuera del rango del día anterior. Si el máximo del día está por encima del máximo del día anterior, muestra que el público del mercado es más proclive a ser bajista.

Las posiciones relativas de las líneas direccionales identifican tendencias. Cuando una línea direccional positiva está por encima de la línea direccional negativa, muestra que los *traders* alcistas dominan el mercado. Cuando la línea direccional negativa sube por encima de la línea direccional positiva, muestra que los *traders* bajistas están más fuertes. Merece la pena operar con la línea direccional que esté por encima.

El Índice Direccional Promedio (ADX) sube cuando el diferencial entre líneas direccionales crece. Esto muestra que los líderes del mercado, por ejemplo, los alcistas en un mercado al alza, están fortaleciéndose, los perdedores se están debilitando, y, por tanto, es probable que la tendencia continúe.

El ADX decrece cuando el diferencial entre líneas direccionales se estrecha. Esto muestra que el grupo dominante en el mercado está perdiendo fuerza, mientras que los no favoritos la están ganando. Esto sugiere que el mercado está agitado, y por tanto es mejor no usar métodos de seguimiento de tendencias.

Reglas operativas relativas al sistema direccional

1. Opere sólo desde posiciones largas cuando la línea direccional positiva esté por encima de la negativa. Opere sólo desde posiciones cortas cuando la línea direccional negativa esté por encima de la positiva. El mejor momento para operar es cuando el ADX va al alza, lo que muestra que el grupo dominante está fortaleciéndose.
2. Cuando el ADX disminuye, muestra que el mercado está volviéndose menos discrecional. Es probable que se den unos cuantos vuelcos inesperados. Cuando el ADX apunte hacia abajo, es preferible no usar métodos de seguimiento de tendencias.
3. Cuando el ADX cae por debajo de ambas líneas direccionales, esto identifica un mercado plano y adormecido. No use un sistema de seguimiento de tendencias, pero prepárese para operar, ya que las tendencias importantes emergen de tales períodos de calma.
4. La mejor señal individual del sistema direccional se da después de que el ADX caiga por debajo de ambas líneas direccionales. Cuanto más tiempo permanezca ahí, más fuerte será la base del siguiente movimiento. Cuando el ADX repunta desde debajo de ambas líneas direccionales, muestra que el mercado se está despertando de un período de calma. Cuando el ADX crece cuatro o más pasos (por ejemplo, de 9 a 13) desde su punto más bajo debajo de ambas líneas direccionales, está «tocando el timbre» sobre una nueva tendencia (figura 24.2). Muestra que está naciendo un nuevo mercado alcista o bajista, dependiendo de qué línea direccional esté por encima.
5. Cuando el ADX repunta por encima de ambas líneas direccionales, está identificando un mercado sobrecalentado. Cuando el ADX cruza hacia abajo ambas líneas direccionales, muestra que ha entrado una tendencia importante. Es un buen momento para recoger beneficios en una operación direccional. Si opera desde posiciones largas, definitivamente querrá recoger ganancias parciales.

Los indicadores de mercado dan señales fuertes y señales débiles. Por ejemplo, cuando una media móvil cambia de dirección, se trata de una señal fuerte. Una inflexión hacia abajo del ADX es una señal débil. Una vez vea que el ADX se ha girado hacia abajo, deberá ir con muchísimo cuidado añadiendo a posiciones abiertas. Debería ir comenzando a recoger beneficios, reducir posiciones e intentar salir.

El Rango Real Promedio: una ayuda contra la volatilidad

El Rango Real Promedio (ATR) es un indicador que promedia rangos reales (descritos anteriormente en «Cómo construir el sistema direccional») sobre un período de tiempo dado, como pueden ser trece días. Dado que la volatilidad es un factor clave en el *trading*, puede hacerle un seguimiento trazando un conjunto de líneas ATR por encima y por debajo de una

FIGURA 24.2 ANV diario, MME de 22 días, sistema direccional (13) (*Gráfico de StockCharts.com*).

El sistema direccional

Las oscilaciones entre fuerza y debilidad son una característica típica del mercado. Los grupos fuertes en el mercado pierden fuerza mientras que los débiles se hacen fuertes, intercambiando papeles una y otra vez. Los valores del oro y la plata eran dos de los grupos de valores industriales más débiles en 2013, pero comenzaron a tocar suelo en diciembre. Allied Nevada Gold Corp. (ANV) era uno de varios valores que comencé a comprar en aquel momento.

El mínimo A estuvo en los 3,07 dólares, en el punto B el valor bajó a 3,01 dólares y retrocedió, dejando una falsa ruptura a la baja, y en el punto C volvió a probar el soporte deslizándose hasta los 3,08 dólares –y a partir de ahí comenzó a moverse mucho más rápido y su MME se giró al alza–. El sistema direccional dio su señal de compra durante la barra marcada con una flecha verde vertical: la línea direccional alcista verde estaba por encima de la línea bajista roja, mientras el ADX atravesaba y se ponía por encima de la línea roja.

Puede que encuentre una señal de venta al descubierto similar en el área con las letras, pero un *trader* discrecional no opera con todas las señales que observa: vender al descubierto un valor cerca de los 3 dólares que ya ha declinado desde los 45 dólares sería perseguir una tendencia muy antigua. Cerca del borde derecho se observa una retirada al valor, ofreciendo una buena oportunidad de añadir a la posición larga.

FIGURA 24.3 LULU diario, MME de 21 días, volumen con MME de 8 días, canales ATR (*Gráfico de TradeStation*).

Canales ATR

Este diario de una operación, Lululemon Athletica Inc. (LULU), fue publicado por Kerry en SpikeTrade.com, donde publicamos diarios de nuestras operaciones. Muestra el uso de canales ATR para retirar ganancias.

LULU bajó mucho el 18 de septiembre, abriendo una brecha por debajo del rango del día anterior después de un anuncio de resultados. No hubo continuidad negativa y, al repuntar las acciones, Kerry dibujó una línea horizontal en el punto medio de la alta barra A, que tiende a servir de soporte a corto plazo.

Los rangos diarios de LULU se hicieron más estrechos con la retirada, y el volumen se secó en el área B. Kerry compró LULU a 72,02 dólares el lunes 30 de septiembre, en la barra C, mientras se recuperaba de una falta de ruptura a la baja. Retiró beneficios de un tercio de su posición a 73,70 dólares más tarde el mismo día, cuando LULU se acercó a sólo unos céntimos de ATR más 1. El jueves, durante la barra D, LULU alcanzó ATR más 2, a 76,63 dólares, y Kerry salió de otro tercio de su posición. El tercio restante lo liquidó cerca del rango medio de la barra D.

media móvil. Le ayudarán a visualizar la volatilidad del momento, y podrá usarlas para la toma de decisiones.

A Kerry Lovvorn le gusta trazar tres conjuntos de líneas alrededor de las medias móviles: a una, dos y tres ATR por encima y por debajo de las MME. Éstas pueden ser usadas para establecer puntos de entrada y *stops*, así como objetivos de beneficio (figura 24.3).

Entradas En el capítulo sobre medias móviles, vimos que era buena idea comprar por debajo del valor: por debajo de la MME. Pero, ¿cuán por debajo? Las retiradas normales tienden a tocar suelo cerca del ATR menos uno.

Stops Querrá que su *stop* esté, al menos, a un ATR de distancia de su entrada. Cualquier otra diferencia menor pondría su *stop* dentro de la zona de ruido normal del mercado, provocando que, con bastante probabilidad, fuese golpeado por un movimiento a corto plazo aleatorio. Establecer su *stop* más lejos incrementa la probabilidad de que sólo una inversión real haga saltar su *stop*.

Objetivos Después de comprar acciones, dependiendo de cuán alcista le parezca, puede disponer una orden para recoger beneficios en +1, +2 o incluso +3 ATR. A Kerry le gusta salir de posiciones ganadoras en varios pasos, poniendo órdenes de recogida de beneficios por un tercio a 1 ATR, otro tercio a 2 ATR y el resto a 3 ATR.

Es muy inusual que en un mercado se negocie más allá de tres ATR –tres veces el rango real medio– por mucho tiempo. Eso se da en casos extremos. Cuando vea que un mercado negocia fuera más allá de sus tres ATR, ya sea por arriba o por debajo, es razonable esperar una retirada.

Los canales ATR no sólo funcionan con precios. También pueden usarse para encorchetar indicadores técnicos, para así identificar niveles extremos donde es probable que se inviertan las tendencias.

Personalmente, yo uso canales ATR en los gráficos semanales del índice de fuerza.

25. Los osciladores

Mientras que los indicadores de seguimiento de tendencias, como las líneas MACD o el sistema direccional, ayudan a identificar tendencias, los osciladores ayudan a capturar puntos de inflexión. Cuando las masas de *traders* se quedan paralizadas por la codicia o el miedo, los osciladores suben como una marea, pero después de un tiempo su intensidad se disipa. Los osciladores miden la velocidad de estas mareas y muestran cuándo comienzan a perder momento lineal.

Los osciladores identifican extremos en las emociones del público de los mercados. Nos permiten niveles insostenibles de optimismo o pesimismo. Los profesionales tienden a fundir estos extremos. Apuestan contra las desviaciones, por la vuelta a la normalidad. Cuando el mercado sube y el público se levanta y clama de codicia, los profesionales se preparan para vender al descubierto. Se preparan para comprar cuando el mercado cae y el público da alaridos de miedo. Los osciladores nos ayudan a escoger el mejor momento para nuestras operaciones.

Sobrecompra y sobreventa

La sobrecompra se da cuando un mercado está demasiado alto y está listo para invertirse y bajar. Un oscilador está en zona de **sobrecompra** cuando alcanza un nivel alto respecto a las cimas en el pasado. La sobreventa se da cuando un mercado está demasiado bajo y listo para invertirse y repuntar. Un oscilador está en zona de **sobreventa** cuando alcanza un nivel bajo respecto a los valles en el pasado.

Recuerde que no estamos hablando de niveles absolutos. Un oscilador puede permanecer en la zona de sobrecompra durante semanas, al inicio de una potente tendencia al alza nueva, dando señales de venta prematuras. Puede permanecer en la zona de sobreventa durante semanas, en una tendencia a la baja pronunciada, dando señales prematuras de compra. Determinar cuándo usar los osciladores y cuándo confiar en los indicadores de seguimiento de tendencias es el sello distintivo del analista maduro (*véase* capítulo 39).

Podemos marcar los niveles de los osciladores de sobrecompra y sobreventa con líneas de referencia horizontales. Ponga esas líneas de manera que sólo crucen los picos más altos y los valles más bajos del oscilador en cuestión durante los seis meses anteriores. La manera correcta de trazar esas líneas es ponerlas de modo que cada oscilador sólo pase más o menos el 5% del tiempo más allá de cada línea. Reajuste esas líneas cada tres meses.

Cuando un oscilador sube o baja más allá de su línea de referencia nos ayuda a identificar un extremo insostenible, que es probable que preceda a un máximo o a un mínimo. Los osciladores funcionan espectacularmente bien en los rangos de cotización, pero dan señales prematuras y peligrosas cuando una nueva tendencia irrumpe de un rango.

Ya hemos repasado un oscilador importante: el histograma MACD. Lo hemos estudiado «antes de hora» porque deriva de un indicador de seguimiento de tendencias, las líneas MACD. Ahora exploraremos osciladores muy populares: el estocástico y el Índice de Fuerza Relativa (RSI).

■ 26. El estocástico

El estocástico es un oscilador popularizado por el ya finado George Lane. Hoy en día viene incluido en muchos programas de software y es ampliamente usado por los *traders* que utilizan ordenadores. El estocástico hace un seguimiento de la relación entre cada precio de cierre y el rango máximo-mínimo reciente. Consiste en dos líneas: una línea rápida llamada %K y una línea lenta llamada %D.

1. El primer paso para calcular el estocástico es obtener el *estocástico bruto*, %K:

$$\%K = \frac{C_{hoy} - L_n}{H_n - L_n} \cdot 100$$

donde C_{hoy} = cierre de hoy
L_n = mínimo en el horizonte escogido
H_n = máximo en el horizonte escogido
n = número de días (horizonte) del estocástico, escogido por el *trader*

El horizonte temporal estándar del estocástico es de cinco días, aunque algunos *traders* usan valores mayores. Un horizonte corto ayuda a capturar más puntos de inflexión, mientras que un horizonte más largo ayuda a identificar puntos de inflexión más importantes.
2. El segundo paso es obtener %D. Esto se consigue suavizando %K, generalmente alrededor de un período de tres días. Puede hacerse de diversas maneras, como, por ejemplo:

$$\%D = \frac{\text{Suma de tres días de } (C_{\text{hoy}} - L_n)}{\text{Suma de tres días de } (H_n - L_n)} \cdot 100$$

Existen dos formas de trazar el estocástico: rápido y lento. El **estocástico rápido** consiste en dos líneas –%K y %D– trazadas en el mismo gráfico. Es muy sensible, pero conduce a muchos vuelcos inesperados. Muchos *traders* prefieren usar el **estocástico lento,** que añade una capa extra de suavización. El %D del estocástico rápido pasa a ser el %K en el estocástico lento, y es suavizado repitiendo el segundo paso, con el que se obtiene el %D del estocástico lento. El estocástico lento es más efectivo filtrando el ruido del mercado y lleva a menos vuelcos inesperados (figura 26.1).

El estocástico está diseñado para fluctuar entre 0 y 100. Las líneas de referencia se trazan, usualmente, a los niveles del 20 y del 80 % para señalar las zonas de sobrecompra y de sobreventa.

Psicología de mercado

Cada precio refleja el consenso de valor entre las masas de participantes en el mercado en el momento de la transacción. Los precios de cierre diarios son importantes, ya que la liquidación de las cuentas de *trading* depende de éstos. El máximo de un período cualquiera indica el poder máximo de los alcistas durante ese período. El mínimo de ese mismo período muestra el poder máximo de los bajistas durante dicho período.

El estocástico mide la capacidad de los alcistas o bajistas de cerrar el mercado cerca del extremo superior o inferior del rango reciente. Cuando los precios repuntan, los mercados tienden a cerrar cerca del máximo. Si los alcistas pueden elevar los precios durante la sesión, pero no pueden cerrarlos cerca de la cima, el estocástico se gira hacia abajo. Demuestra que los alcistas son más débiles de lo que parece y da una señal de venta.

Los cierres diarios tienden a darse cerca de los mínimos, en las tendencias a la baja. Cuando una barra cierra cerca de su máximo, está mostrando que los bajistas solo pueden hundir los precios durante la sesión, pero no pueden mantenerlos bajos. El giro hacia arriba del estocástico muestra que los bajistas son más débiles de lo que parece, y emite una señal de compra.

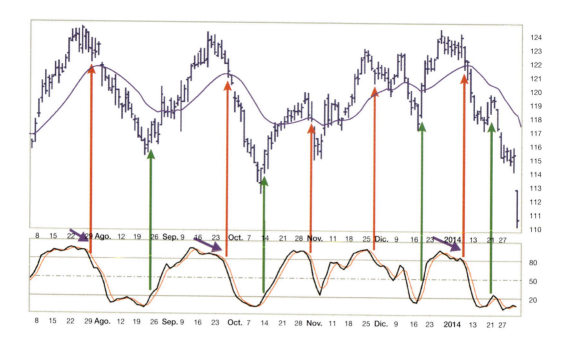

FIGURA 26.1   CVX diario, MME de 26 días. Estocástico lento de 5 días (*Gráfico de StockCharts.com*).

El estocástico

Esta gráfica de Chevron Corporation (CVX) ilustra tanto los aspectos útiles como los peligrosos del estocástico. Mientras las acciones están en un rango de cotización horizontal, que es el caso durante la mayor parte del tiempo cubierto por este gráfico, el estocástico clava una y otra vez los picos y valles a corto plazo. El estocástico da señales de compra, marcadas aquí con flechas verdes verticales, cuando sube por encima de su línea de referencia inferior. Da señales de venta, marcadas con flechas rojas verticales, cuando se hunde por debajo de su línea de referencia superior. Esas señales quedan reforzadas por amplias cimas en el estocástico, que se inclinan hacia abajo, marcadas con flechas lilas diagonales.

El lector atento encontrará varios casos de falsa ruptura en la figura 26.1 que refuerzan las señales del estocástico. El uso de las señales del estocástico en un rango de cotización es como ir al cajero automático. El cajero deja de funcionar y se traga su tarjeta cuando una tendencia irrumpe desde un rango de cotización. Una tendencia a la baja pronunciada cerca del borde derecho invalida la señal de compra del estocástico.

Los *traders* pueden confiar en el estocástico dentro de los rangos de cotización, pero deberán usar *stops* de protección, ya que la última operación en un rango siempre genera pérdidas al comienzo de una tendencia. Nos centraremos en el establecimiento de *stops* en el capítulo 54.

Reglas operativas relativas al estocástico

El estocástico muestra cuándo se fortalecen o debilitan los alcistas y bajistas. Esta información ayuda a decidir quién es más probable que gane la batalla actual, alcistas o bajistas. Merece la pena operar con los vencedores y contra los perdedores.

El estocástico emite tres tipos de señal de oportunidad de inversión, que se mencionan a continuación por orden de importancia: las divergencias, los niveles de las líneas del estocástico y su sentido.

Las divergencias

Las señales de compra y venta más potentes del estocástico vienen dadas por las divergencias entre este indicador y los precios.

1. Se da una divergencia alcista cuando los precios caen a un nuevo mínimo pero el estocástico traza un valle más alto que durante el descenso previo. Muestra que los bajistas están perdiendo fuerza y que los precios están cayendo a causa de la inercia. Tan pronto como el estocástico se gira hacia arriba desde su segundo valle, está dando una señal de compra fuerte: tome posiciones largas y ponga un *stop* de protección por debajo del mínimo más reciente en el mercado. Las mejores señales de compra se dan cuando el primer mínimo está por debajo de la línea de referencia inferior y el segundo por encima de ésta.
2. Se da una divergencia bajista cuando los precios repuntan hasta un nuevo máximo, pero el estocástico traza un pico más bajo que durante el repunte previo. Muestra que los alcistas están debilitándose y que los precios están subiendo a causa de la inercia. Tan pronto como el estocástico se gira hacia abajo desde la segunda cima, está dando una señal de venta: tome posiciones cortas y ponga un *stop* de protección por encima del precio máximo más reciente. Las mejores señales de venta se dan cuando el primer pico está por encima de la línea de referencia superior y el segundo por debajo de ésta.

Sobrecompra y sobreventa

Cuando el estocástico repunta por encima de su línea de referencia superior muestra que el mercado está en zona de sobrecompra. Esto significa que un valor, o incluso el mercado a nivel global, está inusualmente alto y listo para girarse a la baja. Cuando el estocástico cae por debajo de su línea de referencia inferior muestra que un valor, o incluso el mercado globalmente, está en zona de sobreventa: demasiado bajo y listo para girarse al alza.

Estas señales funcionan bien en los rangos de cotización, pero no cuando un mercado desarrolla una tendencia. En las tendencias al alza, el estocástico parece estar en zona de sobrecompra con rapidez y da continuas señales de venta mientras el mercado repunta. En las tendencias a la baja, parece estar en zona de sobreventa rápidamente y da señales prematuras de compra una y otra vez. Vale la pena combinar el estocástico con un indicador de seguimiento de tendencias a largo plazo (*véase* capítulo 39). El sistema de inversión de triple pantalla permite que los *traders* sólo acepten señales de compra del estocástico diario cuando la tendencia semanal va al alza. Cuando la tendencia semanal va a la baja, sólo permite que los *traders* acepten señales de venta del estocástico diario.

1. Cuando identifique una tendencia al alza en un gráfico semanal, espere a que las líneas diarias del estocástico desciendan por debajo de su línea de referencia inferior. Entonces, sin esperar a que se crucen o se dé un giro al alza, dé una orden de compra por encima del máximo de la barra de precio más reciente. Una vez haya tomado posiciones largas, ponga un *stop* de protección por debajo del valor más bajo entre el mínimo de la sesión del día y el del día anterior.

    La forma del valle del estocástico indica, a menudo, la probabilidad de que un repunte sea fuerte o débil. Si el valle es estrecho y poco profundo, muestra que los bajistas son débiles y que el repunte probablemente sea fuerte. Si el valle es ancho y profundo, indica que los bajistas son fuertes y que el repunte probablemente sea débil. Es preferible sólo aceptar señales de compra fuertes.

2. Cuando identifique una tendencia a la baja en un gráfico semanal, espere a que las líneas diarias del estocástico repunten por encima de su línea de referencia superior. Entonces, sin esperar a que se crucen o se dé un giro a la baja, dé una orden de venta al descubierto por debajo del mínimo de la barra de precios más reciente. Una vez haya tomado posiciones cortas, ponga un *stop* de protección por encima del valor más alto entre el máximo de la sesión del día y el del día anterior.

    La forma de la cima del estocástico indica, a menudo, la probabilidad de que un descenso sea pronunciado o lento. Si la cima es estrecha, muestra que los alcistas son débiles y que el descenso probablemente sea severo. Si la cima es alta y ancha, indica que los alcistas están fuertes: es más seguro dejar pasar tal señal de venta.

3. No compre cuando el estocástico esté en la zona de sobrecompra, ni venda al descubierto cuando esté en la zona de sobreventa. Esta regla filtra la mayoría de malas operaciones.

Sentido de las líneas

Cuando ambas líneas del estocástico van en el mismo sentido, están confirmando una tendencia a corto plazo. Cuando tanto los precios como ambas líneas del estocástico están creciendo, es probable que la tendencia al alza continúe. Cuando los precios desciendan y ambas líneas del estocástico caigan, es probable que la tendencia a la baja a corto plazo continúe.

Más acerca del estocástico

El estocástico puede utilizarse en todos los horizontes temporales, incluyendo el semanal, el diario y el intradía. El estocástico semanal generalmente cambia de dirección una semana antes que el histograma MACD semanal. Si el estocástico semanal da un giro, está avisándonos de que es probable que ese histograma MACD dé un giro la semana siguiente: es el momento de ajustar los *stops* en las posiciones existentes o de comenzar a recoger beneficios.

La elección de la longitud del horizonte del estocástico es importante. Los osciladores a corto plazo son más sensibles. Aquellos a más largo plazo sólo dan giros con los picos y los valles importantes. Si usa el estocástico como oscilador por sí solo, es preferible que emplee un estocástico a más largo plazo. Si usa el estocástico como parte de un sistema de inversión, combinado con indicadores de seguimiento de tendencias, entonces es preferible que utilice un estocástico a más corto plazo.

27. El Índice de Fuerza Relativa

El Índice de Fuerza Relativa (RSI) es un oscilador desarrollado por J. Welles Wilder, Jr. Mide la fuerza de cualquier vehículo de inversión monitorizando los cambios en sus precios de cierre. Es un indicador adelantado o coincidente, nunca retardado.

$$RSI = 100 - \frac{100}{1+RS}$$

$$RS = \frac{\text{Promedio de los cambios netos POSITIVOS al cierre en el horizonte temporal escogido}}{\text{Promedio de los cambios netos NEGATIVOS al cierre en el mismo horizonte temporal}}$$

El RSI fluctúa entre 0 y 100. Cuando alcanza un pico y se vuelve hacia abajo, está identificando una cima. Cuando cae y se vuelve hacia arriba, está identificando un valle. El patrón de los picos y valles del RSI no cambia como reacción ante la longitud de su horizonte temporal. Las señales de oportunidad de inversión son más visibles con RSI más cortos, como por ejemplo siete o nueve días (figura 27.1).

Los niveles de RSI en zona de sobrecompra o de sobreventa varían entre mercados, e incluso entre años en el mismo mercado. No existen niveles mágicos para todas las cimas y valles. Las señales de sobrecompra y sobreventa son como leer la temperatura en un termómetro de ventana. Los mismos niveles de temperaturas tienen diferente significado en invierno y en verano.

Las líneas de referencia horizontales deben cruzar los picos más altos y los valles más profundos del RSI. Con frecuencia son trazados al 30 y al 70 %. Algunos *traders* usan niveles del 40 y 80 % en mercados alcistas, o del 20 y 60 % en mercados bajistas. Utilice la regla del 5 %: trace cada línea a un nivel más allá del cual el RSI haya pasado menos del 5 % del tiempo entre los últimos cuatro y seis meses. Ajuste las líneas de referencia una vez cada tres meses.

Psicología de masas

Cada precio representa el consenso sobre el valor entre los participantes del mercado en el momento de la transacción. El precio de cierre refleja el consenso más importante del día, ya que la liquidación de las cuentas de los *traders* depende de él. Cuando el mercado cierra al alza, los alcistas ganan dinero y los bajistas pierden. Cuando el mercado cierra a la baja, los bajistas ganan dinero y los alcistas pierden.

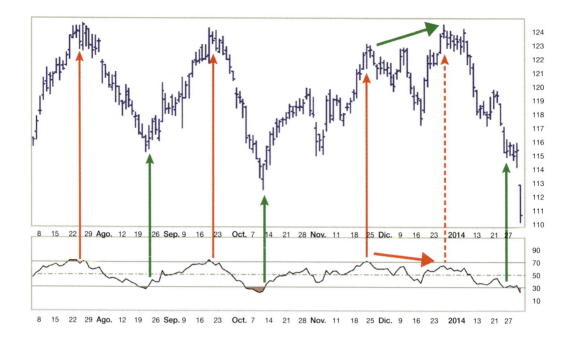

FIGURA 27.1 CVX diario, RSI de 13 días (*Gráfico de StockCharts.com*).

El Índice de Fuerza Relativa (RSI)

Aquí aplicamos un RSI de 13 días al gráfico de Chevron Corporation (CVX) que ya examinamos en la figura 27.1 en el capítulo sobre el estocástico. Tanto el RSI como el estocástico funcionan bien en rangos de cotización, pero dan señales prematuras y peligrosas cuando comienza una tendencia en los precios.

El RSI se basa exclusivamente en los precios de cierre y contiene menos ruido que el estocástico. Avisa de repuntes cuando sube por encima de su línea de referencia inferior, marcados aquí con flechas verdes verticales. Señala descensos cuando se hunde por debajo de su línea de referencia superior, marcados aquí con flechas rojas verticales. Cuando se comparan ambos gráficos, se observa que las señales del RSI emergen antes.

Se da una señal de venta muy potente con las divergencias bajistas en el RSI, marcada aquí con una flecha diagonal continua y una flecha roja discontinua. Las acciones repuntaron a un nuevo máximo, mientras que el RSI no llegó a alcanzar su línea de referencia superior, apuntando a la debilidad oculta del repunte.

La caída brusca cerca del borde derecho empuja los precios hacia abajo a pesar de la señal de compra del RSI. Para evitar daños, se deben usar *stops* de protección, ya que la última operación en un rango puede generar pérdidas fácilmente al inicio de una nueva tendencia.

Los *traders* prestan más atención a los precios de cierre que al resto de precios de la sesión. En los mercados de futuros, se transfieren fondos de las cuentas de los perdedores a las de los ganadores al final de cada sesión de negociación. El RSI muestra si los alcistas o los bajistas están más fuertes al cierre, que es el momento crucial para contar dinero en el mercado.

Reglas operativas relativas al Índice de Fuerza Relativa

El RSI ofrece tres tipos de señales de oportunidad de inversión. Éstas son, por orden de importancia, las divergencias, los patrones gráficos y el nivel del RSI.

Las divergencias alcistas y bajistas

Las divergencias entre el RSI y los precios tienden a darse en cimas y valles importantes. Muestran cuándo la tendencia es débil y está lista para invertirse.

1. Las divergencias alcistas dan señales de compra. Se dan cuando los precios caen a un nuevo mínimo pero el RSI alcanza un valle más alto que en el descenso anterior. Compre tan pronto como el RSI se vuelva hacia arriba desde su segundo valle, y ponga un *stop* de protección por debajo del mínimo local más reciente. Las señales de compra son especialmente fuertes si el primer valle en el RSI queda por debajo de su línea de referencia inferior y el segundo valle queda por encima de dicha línea.
2. Las divergencias alcistas dan señales de venta. Se dan cuando los precios repuntan a un nuevo máximo pero el RSI alcanza una cima más alta que en el repunte anterior. Venda al descubierto tan pronto como el RSI se vuelva hacia abajo desde su segunda cima, y ponga un *stop* de protección por encima del máximo local más reciente. Las señales de venta son especialmente fuertes si la primera cima en el RSI queda por encima de su línea de referencia superior y la segunda queda por debajo de dicha línea.

Patrones gráficos

El RSI atraviesa el soporte o la resistencia unos días antes que los precios, con frecuencia, dando pistas de posibles cambios de tendencia. Las líneas de tendencia del RSI por lo general son atravesadas uno o dos días antes de los cambios de tendencia en los precios.

1. Cuando el RSI atraviese por encima de su línea de tendencia a la baja, dé una orden de compra por encima del pico en los precios más reciente, para capturar una ruptura al alza.
2. Cuando el RSI atraviese por debajo de su línea de tendencia al alza, dé una orden de venta al descubierto por debajo del precio mínimo más reciente, para capturar una ruptura a la baja.

Los niveles del RSI

Cuando el RSI se eleva por encima de su línea de referencia superior muestra que los alcistas están fuertes pero el mercado está en zona de sobrecompra, entrando en una zona de venta.

Cuando el RSI desciende por debajo de su línea de referencia inferior muestra que los bajistas están fuertes pero el mercado está en zona de sobreventa, entrando en una zona de compra.

Sólo vale la pena comprar usando las señales de compra del RSI diario cuando la tendencia semanal va al alza. Sólo vale la pena vender al descubierto usando las señales de venta del RSI diario cuando la tendencia semanal va a la baja (*véase* capítulo 39).

1. Compre cuando el RSI descienda por debajo de su línea de referencia inferior y después repunte por encima de ella.
2. Venda al descubierto cuando el RSI se eleve por encima de su línea de referencia superior y después la cruce hacia abajo.

Cuando analizamos los mercados, estamos tratando con unos pocos números: los precios de apertura, máximo, mínimo y cierre de cada barra, además del volumen y de las posiciones abiertas en el caso del mercado de derivados, como los futuros y las opciones. Un error típico de principiante es «ir de compras de indicadores». Un *trader* puede sentir que el mercado de valores irá al alza, pero observar que las medias móviles del índice Dow y S&P aún están en declive. Este mensaje bajista no le sienta bien, y comienza a buscar por los menús de su software, encontrando varios osciladores, como el estocástico o el RSI. Y sí, parece que indiquen que se está en una zona de sobreventa, cosa normal en una tendencia a la baja. El principiante impaciente toma estas lecturas de sobreventa como una señal de compra. La tendencia a la baja continúa, pierde dinero y se queja de que el análisis técnico no ha funcionado.

Es mucho mejor usar sólo un pequeño número de indicadores con una jerarquía estricta para su análisis, incluyendo los múltiples horizontes temporales. Volveremos a este asunto esencial en el capítulo sobre el sistema de inversión de triple pantalla.

QUINTA PARTE

Volumen y tiempo

Muchos *traders* se centran exclusivamente en las cotizaciones; aunque éstas son de extrema importancia, existen otros factores en el mercado, además del precio. El volumen de transacciones nos ofrece una valiosa dimensión adicional. A Joseph Granville, pionero del estudio del volumen, le encantaba decir que «el volumen es el vapor que hace que el tren funcione».

Otro factor de enorme importancia en el análisis del mercado es el tiempo. Los mercados viven y se mueven en diversos horizontes temporales al mismo tiempo. No importa cuán atentamente se analice un gráfico diario, ya que su tendencia puede ser barrida por un movimiento que surja de otro horizonte temporal.

En esta sección nos centraremos en el volumen y en los indicadores basados en él. También estudiaremos cómo ligar las decisiones en el mercado a su horizonte temporal.

28. El volumen

El volumen refleja la actividad de *traders* e inversores. Cada unidad de volumen representa las acciones de dos individuos: uno vendiendo una acción o contrato y otro comprando esa acción o contrato. El volumen diario es el número de acciones o contratos negociados en una sesión (figura 28.1).

Los *traders* generalmente trazan el volumen como un histograma: barras verticales cuya altura refleja el volumen de cada día. Generalmente se traza debajo de los precios. Los cambios en el volumen muestran la reacción de alcistas y bajistas ante las oscilaciones en los precios, dando pistas sobre la probabilidad de que las tendencias continúen o se inviertan.

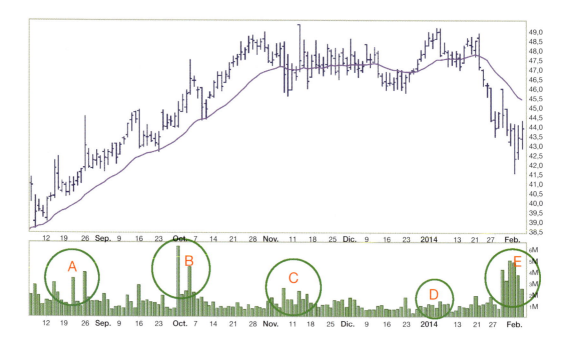

FIGURA 28.1 BID diario, MME de 22 días, volumen (*Gráfico de StockCharts.com*).

El volumen

Sotheby's Holdings Inc. (BID) es la casa de subastas cotizada en bolsa más grande del mundo. Ofrece una ventana al consumo ostentoso de las grandes fortunas mundiales. El negocio de esta empresa en 2013 fue muy elevado gracias a la afluencia de capitales asiáticos, pero las acciones tocaron techo durante el último trimestre de ese mismo año.

En las áreas A y B, el volumen se incrementó durante el repunte, confirmando la tendencia al alza y anunciando precios más altos en un futuro. En las áreas C y D, el volumen dio señales de alarma a los alcistas: se redujo en cada intento de repunte. Observe las falsas rupturas al alza en esas áreas, así como una forma atípica de cola de canguro en el área C. El volumen creciente cerca del borde derecho confirma la fuerza de los bajistas.

Algunos *traders* pasan por alto el volumen. Piensan que los precios ya reflejan toda la información conocida del mercado. Dicen «se cobra según el precio, no según el volumen». Los profesionales, por otro lado, saben que analizar el volumen puede ser de ayuda para entender los mercados en más profundidad y operar mejor.

El volumen depende del tamaño del público dispuesto a operar y de los niveles de actividad de compradores y vendedores. Si se comparan volúmenes en dos mercados, se puede comprobar cuál es más activo o líquido. Es probable que reciba mejores contrapartidas y sufra menor deslizamiento en los mercados líquidos que en mercados estrechos con bajo volumen.

Existen tres maneras de medir el volumen:

1. Número de acciones o contratos negociados. Por ejemplo, la Bolsa de Nueva York (NYSE) informa del volumen de este modo. Es la manera más objetiva de medir el volumen.
2. Número de transacciones realizadas. Algunos mercados de valores internacionales informan del volumen de este modo. Este método es menos objetivo, pues no hace distinción entre una operación de cien acciones y otra operación de cinco mil acciones.
3. Volumen de *ticks*. Es el número de variaciones en los precios durante un período determinado, como pueden ser diez minutos o una hora. Se le llama *volumen de ticks* porque la mayoría de variaciones son iguales a un *tick*. Algunos mercados de valores no informan del volumen intradía, forzando a los *traders* diarios a usar el volumen de *ticks* para aproximar el volumen real.

Una nota para los *traders* en *forex*: dado que ese mercado está descentralizado y no informa sobre el volumen, pueden usar el volumen de futuros de divisas como aproximación. Los futuros de todas las divisas importantes, medidas en contraposición al dólar estadounidense, son negociados en Chicago y en los mercados electrónicos. Podemos asumir que las tendencias en sus volúmenes son razonablemente similares a los de los mercados *forex*, ya que ambos responden a las mismas fuerzas de mercado.

Psicología de mercado

El volumen refleja el grado de involucración financiera y emocional, así como el dolor, entre los participantes en el mercado. Una transacción empieza con una obligación financiera adquirida entre dos personas. La decisión de comprar o vender puede ser racional, pero la acción de comprar o vender crea un compromiso emocional en la mayoría de personas. Los compradores y vendedores ansían tener la razón. Gritan al mercado, hacen oraciones o usan talismanes de la suerte. El nivel del volumen refleja el grado de involucración emocional entre *traders*.

Cada *tick* quita dinero a los perdedores y se lo entrega a los ganadores. Cuando los precios suben, los que tienen posiciones largas ganan y los que tienen posiciones cortas pierden. Los ganadores están felices y eufóricos, mientras que los perdedores se deprimen y se enojan. Cuando los precios varían, aproximadamente la mitad de *traders* sufre. Cuando los precios suben, los bajistas se sienten dolidos, y cuando bajan, los alcistas sufren. Cuanto mayor es el volumen, más dolor hay en el mercado.

La reacción de los *traders* ante las pérdidas es como la de las ranas frente al agua caliente. Si se echa una rana a un cubo con agua caliente, saltará en respuesta al dolor repentino, pero si se pone una rana en agua fresca y se calienta lentamente, puede hervirse viva. Si un cambio súbito de precios golpea a los *traders*, éstos saltarán de dolor y liquidarán las posiciones en pérdidas. Por otro lado, los perdedores pueden ser muy pacientes si las pérdidas se acumulan gradualmente.

Se puede perder una gran cantidad de dinero en unas acciones o futuro tranquilos, como el maíz, en que una variación de un céntimo sólo cuesta cincuenta dólares por contrato. Si el maíz va en su contra sólo unos céntimos al día, el dolor es fácilmente tolerable. Si aguanta, esos peniques pueden acabar representando miles de dólares en pérdidas. Las variaciones bruscas, en cambio, hacen que los *traders* que están perdiendo entren en pánico y reduzcan pérdidas. Una vez las manos temblorosas han sido barridas del mercado, dejando atrás una punta de volumen, el mercado está listo para invertirse. Las tendencias pueden persistir durante un largo tiempo con volúmenes moderados, pero extinguirse después de un estallido en el volumen.

¿Quién le compra a un *trader* que está vendiendo su posición larga en pérdidas? Puede que sea un vendedor al descubierto que quiera cubrirse y recoger beneficios. Tal vez sea un cazador de gangas que entra en el mercado porque los precios son «demasiado bajos». Los que escogen comprar a mínimos toman la posición de un perdedor que ha sido eliminado: o bien capturan el valle, o se convierten en el siguiente perdedor.

¿Quién le vende a un *trader* que compra para cubrir su posición corta en pérdidas? Puede que sea un inversor astuto que esté recogiendo beneficios en una posición larga. También puede ser alguien que escoja comprar a máximos y vender al descubierto porque piensa que los precios están «demasiado altos». Éste asume la posición del perdedor que cubría sus posiciones cortas, y sólo el futuro sabe si tiene razón o no.

Cuando los vendedores al descubierto se dan por vencidos durante un repunte, compran para cubrirse, empujando al mercado aún más hacia arriba. Los precios suben, hacen salir aún a más vendedores a corto, y el repunte se retroalimenta. Cuando los tomadores de posiciones largas se rinden durante un descenso, venden, empujando al mercado aún más abajo. Los precios en caída hacen salir aún a más tomadores de posiciones largas, y el descenso se retroalimenta. Los perdedores que abandonan sus posiciones impulsan las tendencias. La tendencia que se mueve sobre un volumen regular es probable que persista. Muestra que nuevos perdedores están reemplazando a aquellos que han sido eliminados del mercado.

Cuando el volumen cae, indica que las reservas de perdedores se están agotando, y que la tendencia está a punto de invertirse. Esto ocurre cuando una masa crítica de perdedores entiende cuán equivocada está. Los antiguos perdedores siguen saliendo previo pago, pero siguen entrando nuevos, aunque menos. El volumen decreciente es una señal de que una tendencia está lista para invertirse.

Un estallido de volumen extremadamente alto también da señales de que una tendencia está a punto de llegar a su fin. Muestra que las masas de perdedores están saliendo de sus posiciones. Tal vez usted pueda recordar aguantar una operación en pérdidas más tiempo del que debería haber aguantado. Una vez el dolor se volvió insufrible y salió, la tendencia se invirtió y el mercado fue en la dirección que usted esperaba, pero sin usted. Esto ocurre una vez tras otra, ya que la mayoría de humanos reaccionan al estrés de forma similar y salen más o menos al mismo tiempo. Los profesionales no aguantan cuando los mercados los golpean. Cierran operaciones en pérdidas rápidamente e invierten sus posiciones, o esperan al margen, dispuestos a entrar de nuevo.

Los picos de volumen señalan inversiones inminentes de tendencias a la baja con mayor probabilidad que con las tendencias al alza. Los picos de volumen en las tendencias bajistas reflejan explosiones de miedo. El miedo es una emoción potente, aunque sea a corto plazo: la gente corre, se deshace de acciones, y entonces la tendencia es probable que se invierta. Los picos de volumen en las tendencias al alza son motivados por la codicia, que es una emoción lenta y de felicidad. Puede que se dé una pequeña pausa en una tendencia al alza, después de un pico de volumen, pero es bastante probable que dicha tendencia se reanude.

El volumen, generalmente, se mantiene en niveles más o menos bajos cuando se está en rangos de cotización, ya que el nivel de dolor también es relativo. La gente se siente cómoda con pequeñas variaciones de precios, y los mercados planos pueden alargarse mucho tiempo. Las rupturas, a menudo, vienen marcadas por aumentos dramáticos de volumen, ya que los perdedores corren en busca de salidas. Cuando una ruptura se da con bajos volúmenes, muestra que la involucración emocional con la nueva tendencia es pequeña. Indica que los precios probablemente vuelvan al rango de cotización.

Un volumen creciente durante un repunte muestra que están entrando más compradores y más vendedores al descubierto. Los compradores están impacientes por comprar incluso teniendo que pagar caro, y los vendedores tienen ganas de venderles. Este volumen creciente muestra que los perdedores salientes están siendo reemplazados por una nueva ola de perdedores.

Cuando el volumen se contrae durante un repunte, muestra que los alcistas están perdiendo entusiasmo, mientras que los bajistas han dejado de correr para ponerse a cubierto. Los bajistas inteligentes se fueron hace mucho tiempo, seguidos de los bajistas débiles que no pudieron aguantar el dolor. El volumen decreciente muestra que la tendencia al alza está perdiendo fuelle y está lista para invertirse.

Cuando el volumen se seca durante un descenso, muestra que los bajistas tienen menos ganas de vender al descubierto, mientras que los alcistas ya no corren en busca de salidas. Los alcistas inteligentes vendieron hace mucho tiempo, y los alcistas débiles fueron echados. El volumen decreciente muestra que los alcistas restantes tienen mayor resistencia al dolor. Quizá tengan más recursos económicos, o tal vez comprasen más tarde durante el descenso, o ambas cosas. El volumen decreciente identifica un área en que la tendencia es probable que se invierta.

Esta forma de razonar es aplicable a todos los horizontes temporales. Como regla general, si el volumen de hoy es mayor que el de ayer, entonces la tendencia de hoy es probable que continúe.

Sugerencias relativas al volumen para la práctica del *trading*

Los términos *volumen alto* y *volumen bajo* son relativos. Lo que resulta bajo para Amazon puede ser muy alto para unas acciones menos populares, mientras que lo que es bajo para el oro es alto para el platino, y así encontraríamos muchos otros ejemplos. Comparamos volúmenes de diferentes acciones, futuros u opciones sólo cuando escogemos activos negociados en altos volúmenes. La mayor parte del tiempo comparamos el volumen de negociación actual de un valor con su volumen promedio. Como norma general, «volumen alto» en cualquier mercado significa, al menos, estar un 25 % por encima de su media de las dos últimas semanas, mientras que «volumen bajo» significa estar, al menos, un 25 % por debajo de esa media.

1. Un volumen alto confirma tendencias. Si los precios alcanzan un nuevo pico y el volumen consigue un nuevo máximo, es probable que los precios vuelvan a probar, o que excedan, ese pico.
2. Si el mercado cae a un nuevo mínimo y el volumen alcanza un nuevo máximo, es probable que ese suelo vuelva a ser probado, o que sea excedido. Un «suelo culminante» con muy alto volumen casi siempre vuelve a ser probado con bajos volúmenes, ofreciendo una excelente oportunidad de compra.
3. Si el volumen se encoge en medio de una tendencia, ésta está madura para sufrir una inversión. Cuando un mercado sube hasta un nuevo pico con un volumen más bajo que el pico anterior, intente recoger beneficios en posiciones largas y/o por oportunidades de vender al descubierto. Esta técnica no funciona bien en tendencias a la baja, ya que los descensos pueden persistir con volúmenes bajos. Existe un dicho en Wall Street: «Es necesario que se compre para que los precios suban, pero éstos pueden caer impulsados por su propio peso».
4. Obsérvese el volumen durante las reacciones contra una tendencia. Cuando una tendencia al alza es interrumpida por un descenso, el volumen, a menudo, se reanuda con un aluvión de recogida de beneficios. Cuando esta caída continúa, pero el volumen se encoge, muestra que los alcistas ya no están huyendo o que la presión por vender se ha agotado. Cuando el volumen se seca, muestra que la reacción se está acercando a su fin y la tendencia al alza está lista para reanudarse. Esto identifica una buena oportunidad de compra. Las tendencias a la baja importantes, a menudo, son interrumpidas por repuntes que comienzan con grandes volúmenes. Una vez los bajistas débiles han sido eliminados, el volumen se encoge y da la señal de vender al descubierto.

■ 29. Indicadores basados en el volumen

Diversos indicadores nos ayudan a clarificar las señales de oportunidad de inversión ofrecidas por el volumen. Por ejemplo, una MME de cinco días puede identificar tendencias en el volumen. Una MME del volumen creciente afirma la tendencia de precios actual, mientras que una decreciente apunta a la debilidad de dicha tendencia.

La MME y otros indicadores basados en el volumen proporcionan señales más precisas sobre los tiempos que las barras de volumen. Entre éstos se incluyen el Volumen On-Balance y el índice de acumulación/distribución, descritos a continuación. El índice de fuerza combina datos sobre precios y volúmenes para ayudar a identificar áreas donde los precios probablemente se inviertan.

El Volumen On-Balance

El Volumen On-Balance (OBV) es un indicador diseñado por Joseph Granville y descrito en su libro *New Strategy of Daily Stock Market Timing*. Granville utilizó el OBV como uno de los indicadores adelantados del mercado bursátil, aunque otros analistas lo aplicaron a futuros.

El OBV muestra el volumen total acumulado. El volumen de cada día es añadido o sustraído, dependiendo de si los precios cierran más altos o más bajos que en el día anterior. Cuando un valor cierra más alto, esto muestra que los alcistas han ganado la batalla del día; ese volumen es añadido al OBV. Cuando ese valor cierra más bajo, muestra que los bajistas han ganado ese día, y el volumen de ese día se sustrae del OBV. Si los precios cierran sin variaciones, el OBV permanece inalterado. El Volumen On-Balance a menudo sube o baja antes que los precios, y se comporta como un indicador adelantado.

Psicología de mercado

Los precios representan el consenso de valor, mientras que el volumen las emociones de los participantes en el mercado. Refleja la intensidad del compromiso financiero y emocional de los *traders*, así como el dolor que existe entre los perdedores, que es lo que el OBV ayuda a seguir.

Un nuevo máximo del OBV muestra que los alcistas están fuertes, los bajistas doliéndose y que los precios probablemente suban. Un nuevo mínimo del OBV muestra que los bajistas están fuertes, los alcistas doliéndose y que los precios probablemente caigan. Cuando el patrón del OBV se desvía del patrón de los precios, muestra que las emociones colectivas no están en sintonía con el consenso del público. El público es más dado a seguir sus instintos que su razón, y ésa es la razón por la que los cambios en el volumen, a menudo, preceden a los cambios en los precios.

Señales de oportunidad de inversión

Los patrones de techos y suelos del OBV son mucho más importantes que los niveles absolutos, que dependen del día en que se inicien los cálculos. Es más seguro operar en la dirección de una tendencia que esté confirmada por el OBV (figura 29.1).

1. Cuando el OBV alcanza un nuevo máximo, confirma la fuerza de los alcistas, indicando que es probable que los precios continúen escalando, y dando señales de compra. Cuando el OBV cae por debajo de un mínimo anterior, confirma la fuerza de los bajistas, anunciando precios futuros más bajos, y dando señales de venta.
2. El OBV emite sus señales de compra o venta más potentes cuando diverge de los precios. Si los precios repuntan, son vendidos, y vuelven a subir a un nuevo máximo, pero el OBV repunta hasta un mínimo más bajo, crea una divergencia bajista y da la señal de venta. Si los precios descienden, rebotan, y vuelven a caer hasta un nuevo mínimo, pero el OBV cae a un suelo menos profundo, indica una divergencia alcista y da la señal de compra. Las divergencias a largo plazo son más importantes que las de corto plazo. Las divergencias que

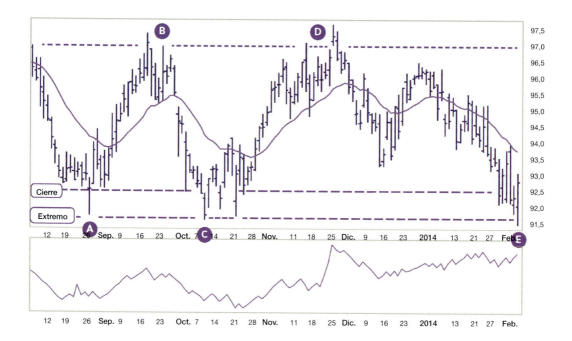

FIGURA 29.1 MCD diario, MME de 22 días, Volumen On-Balance (OBV) (*Gráfico de StockCharts.com*).

El Volumen On-Balance

McDonald's Corp. (MCD) es un valor estable con pocas variaciones. Puede observarse un rango de cotización bastante compacta, marcada con líneas discontinuas (dos líneas por debajo, una ajustada y otra amplia). Nótese la tendencia de MCD a las falsas rupturas (suelos A y C, techos B y D). Nótese una cola de canguro en el área A.

En el borde derecho del gráfico, el mercado está en caída libre, pero, mientras se negocia MCD cerca de sus precios mínimos recientes, su indicador OBV muestra que se negocia cerca de sus máximos (por volumen). Esto apunta a que es fuerte y sugiere comprar, no vender.

se desarrollan en el curso de varias semanas dan señales más potentes que aquéllas creadas en unos pocos días.
3. Cuando los precios están en el rango de cotización y el OBV sufre una ruptura hasta un nuevo máximo, están dando una señal de compra. Cuando los precios están en el rango de cotización y el OBV sufre una ruptura a la baja y cae hasta un nuevo mínimo, está dando una señal de venta.

Más acerca del OBV

Una de las razones del éxito de Granville en la elección de los tiempos en el mercado bursátil fue que combinó el OBV con otros dos indicadores: el **Net Field Trend** y el **indicador clímax.** Granville calculaba el OBV de cada acción en el índice industrial Dow Jones y clasificaba el patrón de su OBV como creciente, decreciente o neutral. A esto lo llamaba Net Field Trend (*tendencia neta de campo*) de un valor: podía ser +1, -1 o 0. El indicador clímax era la suma de los Net Field Trends de los treinta valores del índice Dow.

Cuando la bolsa se recuperó y el indicador clímax alcanzó un nuevo máximo, confirmó la fuerza y dio una señal de compra. Si la bolsa se hubiese recuperado pero el indicador clímax hubiese llegado a un techo más bajo, habría estado dando una señal de venta.

El índice industrial Dow Jones puede verse como un equipo de treinta caballos arrastrando el carruaje del mercado. El indicador clímax muestra cuántos caballos están tirando cuesta arriba, cuesta abajo y cuántos están quietos. Si veinticuatro de treinta están tirando cuesta arriba, uno cuesta abajo, y cinco están descansando, probablemente el carruaje del mercado suba. Si nueve tiran cuesta arriba, siete cuesta abajo, y catorce están descansando, es probable que el carruaje pronto comience a rodar cuesta abajo.

Es remarcable que Granville realizase sus cálculos a mano.* Hoy en día, por supuesto, el OBV, el Net Field Trend y el indicador clímax pueden ser programados fácilmente. Valdría la pena aplicarlos a una base de datos que incluyese todos los valores del índice S&P 500. Este método puede generar buenas señales para negociar en futuros y opciones del S&P 500.

La acumulación/distribución (A/D)

Este indicador fue desarrollado por Larry Williams, y fue descrito en su libro, *How I Made One Million Dollars*, en 1973. Fue diseñado para que fuera un indicador adelantado para acciones, pero diversos analistas lo aplicaron a futuros. La característica única del índice de acumulación/distribución (A/D) es que hace un seguimiento de la relación entre los precios de apertura y de cierre, además del volumen. El concepto es similar al de los candelabros japoneses, desconocidos para los *traders* occidentales por aquel entonces, cuando Williams escribió su libro.

La acumulación/distribución está calibrada con más precisión que el OBV porque sólo da crédito a alcistas y bajistas por una fracción del volumen de cada día, en proporción al nivel de sus ganancias de ese día.

$$A/D = \frac{Cierre - Apertura}{Máximo - Mínimo} \cdot Volumen$$

---

* En 2005 visité a Granville en Kansas City. No sólo realizaba todos sus cálculos a mano, sino que evitaba usar Internet, pues temía que alguien pudiese supervisar su navegación, años antes de las revelaciones sobre la supervisión de comunicaciones por parte del gobierno estadounidense. Tenía su ordenador desconectado de Internet, menos para enviar su boletín. Granville monitorizaba los precios intradía mediante el canal de televisión CNBC, con el sonido apagado y una toalla tapando la parte superior de la pantalla, de manera que sólo se viese la banda inferior mostrando las cotizaciones.

Si los precios cierran más altos de lo que abrieron, los alcistas han ganado el día, y el A/D es positivo. Si los precios cierran más bajos de lo que cerraron, los bajistas han ganado, y el A/D es negativo. Si los precios cierran igual que abrieron, no ha ganado nadie, y el A/D es nulo. El total acumulado diario de A/D genera el indicador A/D acumulado.

Por ejemplo, si la brecha mínimo-máximo del día ha sido de cinco puntos, pero la distancia desde la apertura hasta el cierre ha sido de dos puntos, sólo se le da crédito al campo vencedor por una proporción de 2/5 del volumen. Como con el OBV, el patrón de máximos y mínimos del A/D es importante, mientras que los niveles absolutos dependen simplemente de la fecha de inicio.

Cuando el mercado sube, la mayor parte de gente se centra en los nuevos máximos, pero si los precios abren más altos y cierran más bajos, entonces el A/D, que sigue la trayectoria de su relación, se vuelve negativo. Está avisando de que la tendencia al alza es más débil de lo que parece. Si, por otro lado, el A/D sube ni que sea un *tick* mientras los precios bajan, muestra que los alcistas están ganando fuerza.

Conducta colectiva

Los precios de apertura reflejan las tensiones acumuladas durante el cierre del mercado. Las aperturas tienden a ser dominadas por principiantes que leen las noticias por la noche y operan por la mañana.

Los *traders* profesionales están activos durante el día. A menudo operan contra los principiantes. A medida que avanza el día, oleadas de compras y de ventas por parte de los principiantes, así como de instituciones que se mueven lentamente, decrecen gradualmente. Los profesionales tienden a dominar los mercados a la hora del cierre. Los precios de cierre son bastante importantes, ya que la liquidación de cuentas depende de éstos.

El A/D hace un seguimiento de los resultados de las batallas diarias entre principiantes y profesionales. Cierra por encima cuando los precios cierran más altos de lo que abrieron –cuando los profesionales son más alcistas que los principiantes– y cierra por debajo cuando los precios cierran más bajos de lo que abrieron –cuando los profesionales son más bajistas que los principiantes–. Merece la pena apostar con los profesionales y contra los principiantes.

Reglas operativas relativas al A/D

Cuando el mercado abre bajo y cierra alto, se mueve de la debilidad a la fuerza. Entonces sube el A/D y señala que los profesionales del mercado son más alcistas que los principiantes, y que es probable que el movimiento al alza continúe. Cuando el A/D cae, muestra que los profesionales del mercado son más bajistas que los principiantes. Cuando el mercado se debilita durante la sesión, es probable que alcance un mínimo más bajo en los siguientes días.

Las mejores señales de oportunidad de inversión vienen dadas por las divergencias entre el A/D y los precios.

FIGURA 29.2   GOOG diario, índice de acumulación/distribución (*Gráfico de StockCharts.com*).

Acumulación/distribución

Un antiguo proverbio dice: «Los acontecimientos venideros proyectan sus sombras hacia delante», y es muy relevante para el análisis técnico. Google Inc. (GOOG) tuvo una tendencia negativa durante meses, pero la tendencia al alza del índice de acumulación/distribución (A/D) muestra que grandes fortunas están comprando. Las acciones han caído más abajo en el punto B que en el A, pero el índice A/D traza un suelo mucho más alto. Igual de importante que eso, sufre una ruptura hasta un nuevo máximo (marcada con una flecha vertical verde) antes de que los precios suban mucho, generando una brecha positiva, después de un anuncio de resultados sorprendentemente positivo. Alguien sabía lo que se avecinaba, y las compras masivas fueron detectadas por el patrón de acumulación del A/D y su ruptura al alza. El análisis técnico es de ayuda para igualar el desequilibrio en la información entre *outsiders* e *insiders*.

1. Si los precios repuntan hasta un nuevo máximo, pero el A/D alcanza un pico más bajo, la señal es de vender al descubierto. Esta divergencia bajista muestra que los profesionales del mercado están vendiendo al repunte.
2. Se da una divergencia alcista cuando los precios caen a un nuevo mínimo pero el A/D baja a un mínimo más alto que el del anterior descenso. Muestra que los profesionales del mercado están usando el descenso para comprar, y que hay un repunte en camino (figura 29.2).

Más acerca de la acumulación/distribución

Cuando se toman posiciones largas o cortas, después de una divergencia entre el A/D y los precios, debe recordarse que incluso los profesionales del mercado pueden equivocarse. Deben usarse *stops* y protegerse uno mismo siguiendo la **regla del sabueso de los Baskerville** (*véase* capítulo 23).

Se dan paralelismos importantes entre el A/D y los gráficos de candelabros japoneses, ya que ambos se enfocan en las diferencias entre los precios de apertura y de cierre. El A/D va más allá de los candelabros, pues tiene en cuenta el volumen.

■ 30. Índice de fuerza

El índice de fuerza es un oscilador desarrollado por este autor. Combina el volumen con los precios para descubrir la fuerza de los alcistas o los bajistas detrás de cada repunte o descenso. El índice de fuerza puede aplicarse a cualquier barra de precio para la cual tengamos datos de volumen: semanales, diarios o intradía. Reúne la información esencial de tres factores: el sentido del cambio en los precios, su magnitud y el volumen durante esos cambios. Ofrece una manera práctica de usar el volumen para la toma de decisiones operativas.*

El índice de fuerza puede ser empleado en su forma bruta, aunque sus señales son mucho más claras si lo suavizamos con una media móvil. El uso de una MME corta del índice de fuerza ayuda a localizar puntos de entrada y de salida. El uso de una MME más larga ayuda a confirmar tendencias y a detectar inversiones de tendencia importantes.

Cómo construir el índice de fuerza

La fuerza de cada movimiento viene definida por tres factores: la dirección, la distancia y el volumen.

1. Si los precios cierran más altos que el cierre de la barra anterior, la fuerza es positiva. Si los precios cierran más bajos que el cierre de la barra anterior, la fuerza es negativa.
2. Cuanto más grande sea el cambio en el precio, mayor será la fuerza.
3. Cuanto más volumen se dé, mayor será la fuerza.

$$\text{Índice de fuerza} = \text{Volumen}_{hoy} \cdot (\text{Cierre}_{hoy} - \text{Cierre}_{ayer})$$

---

* Recuérdese que aquí se está tratando la fuerza del público en los mercados, no la fórmula empleada en física.

El índice de fuerza bruto puede ser trazado como un histograma, con un eje horizontal en el nivel cero. Si el mercado cierra más alto, el índice de fuerza es positivo y sube por encima del eje. Si el mercado cierra más bajo, el índice de fuerza es negativo y se extiende por debajo del eje. Si el mercado cierra inalterado, el índice de fuerza es cero.

El histograma de todo índice de fuerza es muy dentellado. Este indicador genera señales de oportunidad de inversión de mucha más calidad si se suaviza con una media móvil (*véase* capítulo 22).

Una MME del índice de fuerza de dos días ofrece un nivel mínimo de suavización. Es útil para encontrar puntos de entrada en los mercados. Vale la pena comprar cuando la MME de dos días es negativa, y vender cuando es positiva, siempre que opere en el sentido de la tendencia.

Una MME del índice de fuerza de trece días sigue los cambios, más a largo plazo, de la fuerza de alcistas y bajistas. Cuando una MME de trece días cruza por encima del eje, muestra que los alcistas están al mando, sugiriendo que se opere desde posiciones largas. Cuando una MME de trece días resulta negativa, muestra que los bajistas están al mando, sugiriendo que se opere desde posiciones cortas. Las divergencias entre las MME del índice de fuerza de trece días y los precios identifican puntos de inflexión importantes.

Psicología a la hora de operar

Cuando el mercado cierra más alto, muestra que los alcistas han ganado la batalla del día, y cuando cierra más bajo, que los bajistas se han llevado el día. La distancia entre los precios de cierre de ayer y de hoy refleja el margen de la victoria de los alcistas o bajistas. Cuanta mayor distancia, mayor habrá sido la victoria alcanzada.

El volumen refleja el grado de compromiso emocional por parte de los participantes en el mercado (*véase* capítulo 28). Los repuntes y descensos con altos volúmenes tienen más inercia, por lo que es más probable que continúen. Los precios que se mueven con altos volúmenes son como una avalancha que gana velocidad a medida que avanza. Un volumen bajo, en cambio, muestra que la cantidad de perdedores es poca, y que la tendencia probablemente se esté acercando a su fin.

Los precios reflejan el pensamiento de los participantes en el mercado, mientras que el volumen refleja la fuerza de sus emociones. El índice de fuerza combina precios y volumen: muestra si la cabeza y el corazón del mercado están en sintonía.

Cuando el índice de fuerza repunta hasta un nuevo máximo, muestra que la fuerza de los alcistas es importante y que la tendencia al alza probablemente continúe. Cuando el índice de fuerza cae a un nuevo mínimo, muestra que la fuerza de los bajistas es intensa y que la tendencia a la baja probablemente persista. Si el cambio en los precios no se ve confirmado por el volumen, el índice de fuerza se pone plano, avisando de la inminencia de una inversión de tendencia. También se allana, avisando de una inversión en ciernes, cuando un alto volumen sólo genera pequeñas alteraciones en los precios.

Reglas operativas relativas al índice de fuerza
Índice de fuerza a corto plazo

Una MME del índice de fuerza de 2 días es un indicador altamente sensible a la fuerza a corto plazo de alcistas y bajistas. Cuando se mueve por encima de su eje, muestra que los alcistas tienen más fuerza, y cuando cae por debajo del eje, que los bajistas tienen más fuerza.

Debido a que la MME del índice de fuerza de 2 días es una herramienta sensible, podemos usarla para afinar las señales de otros indicadores. Cuando un indicador de seguimiento de tendencia identifica una tendencia al alza, los descensos en la MME del índice de fuerza de 2 días determinan los mejores puntos para comprar: comprar en las retiradas durante los repuntes a largo plazo (figura 30.1). Cuando una herramienta de seguimiento de tendencia identifica una tendencia a la baja, los repuntes en la MME del índice de fuerza de 2 días marcan las mejores áreas para tomar posiciones cortas.

1. Compre cuando la MME del índice de fuerza de 2 días se vuelva negativa en medio de tendencias al alza.

    Incluso las tendencias al alza rápidas e impetuosas sufren retiradas ocasionales. Si retrasa la compra hasta que la MME del índice de fuerza de 2 días entre en negativo, estará comprando más cerca de un mínimo a corto plazo. La mayoría de gente persigue los repuntes y es golpeada por descensos, cosa que les cuesta aceptar. El índice de fuerza nos ayuda a encontrar oportunidad de compra con menores riesgos.

    Cuando una MME del índice de fuerza a 2 días entre en negativo en medio de una tendencia alcista, ponga una orden de compra por encima del precio máximo de ese día. Si la tendencia al alza se reanuda y los precios repuntan, su orden se ejecutará y estará en una posición larga. Si los precios continúan su descenso, su orden no se ejecutará. Vaya bajando su orden de compra cerca del máximo de la barra más reciente. Una vez se ejecute su orden de compra condicionada, establezca un *stop* de protección por debajo del mínimo local más reciente. Este *stop* ajustado raramente salta cuando la tendencia al alza es potente, pero le permitirá salir rápido si la tendencia es débil.

2. Venda al descubierto cuando la MME del índice de fuerza de 2 días entre en valores positivos en medio de una tendencia a la baja.

    Cuando los indicadores de seguimiento de tendencia identifican una tendencia a la baja, espere hasta que la MME del índice de fuerza de 2 días entre en positivo. Esto refleja un breve zambullido de los alcistas, lo que representa una oportunidad de vender al descubierto. Establezca una orden de venta condicionada por debajo del mínimo de barra de precio más reciente.

    Si la MME del índice de fuerza de 2 días continúa repuntando después de haber colocado su orden de venta, vaya subiendo esa orden cada día cerca del mínimo en la barra anterior. Una vez los precios desciendan y entre en una operación de venta al descubierto, ponga un *stop* de protección por encima del pico local más reciente. Mueva dicho *stop* hacia abajo hasta el nivel de equilibrio tan pronto como sea posible.

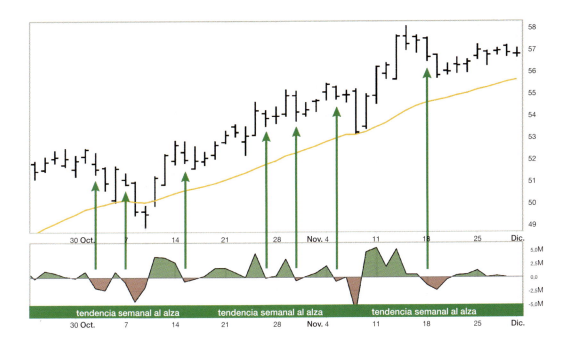

FIGURA 30.1   ADBE diario, MME de 26 días, índice de fuerza de 2 días (*Gráfico de StockCharts.com*).

El índice de fuerza a corto plazo

Más adelante en este libro volveremos al tema de suma importancia del uso de múltiples horizontes temporales en la toma de decisiones de inversión. Por ejemplo, es posible tomar decisiones estratégicas –jugar al alza o a la baja– basándose en un gráfico semanal, pero tomar decisiones tácticas sobre dónde comprar y vender basándose en un gráfico diario.

En el caso de Adobe Systems, Inc. (ADBE), hay una tendencia al alza firme en el gráfico semanal, confirmado por una MME creciente (no se muestra). Cuando la tendencia semanal va al alza, el índice de fuerza de 2 días en el gráfico diario ofrece una serie de señales continuas que señalan puntos de compra. En vez de perseguir la fuerza y comprar caro, es mejor comprar durante las retiradas a corto plazo, cuando una ola se vuelve contra la corriente. Estas olas vienen marcadas por un índice de fuerza de 2 días que cae por debajo de cero. Una vez el índice de fuerza de 2 días entra en números negativos, tiene sentido comenzar a colocar órdenes de compra condicionadas por encima del máximo en las barras más reciente. Esto asegura que se ejecutará, y tomará una posición larga automáticamente, tan pronto como la ola de retorno pierda su fuerza.

Además, una MME del índice de fuerza a dos días es de ayuda a la hora de decidir cuándo tomar posiciones en pirámide. Pueden incrementarse posiciones largas durante tendencias al alza cada vez que el índice de fuerza entra en valores negativos; pueden incrementarse posiciones cortas en tendencias a la baja cuando el índice de fuerza entre en valores positivos.

El índice de fuerza incluso nos permite vislumbrar fugazmente el futuro. Cuando una MME del índice de fuerza de 2 días baja a su mínimo absoluto en un mes, muestra que los bajistas están fuertes y que los precios quizá caigan aún más. Cuando una MME del índice de fuerza de 2 días repunta a su máximo nivel en un mes, muestra que los alcistas están fuertes y que los precios tal vez alcancen cotas más altas.

Una MME del índice de fuerza de 2 días ayuda a decidir cuándo cerrar una posición. Lo hace mediante la identificación de zambullidos a corto plazo por parte de alcistas o bajistas. Un *trader* cortoplacista que haya comprado cuando el indicador era negativo podrá vender cuando éste entre en valores positivos. Un *trader* cortoplacista que haya comenzado una venta al descubierto cuando el indicador era positivo podrá cubrirse cuando éste entre en valores negativos. Un *trader* a más largo plazo debería salir de su posición sólo si la tendencia cambia (según lo indique la pendiente de una MME del precio de 13 días) o si se da una divergencia entre la MME del índice de fuerza de 2 días y la tendencia.

3. Las divergencias alcistas entre la MME del índice de fuerza de 2 días y el precio emiten señales de compra fuertes. Una divergencia alcista se da cuando los precios caen a un nuevo mínimo a la vez que el índice de fuerza traza un mínimo menos profundo.
4. Las divergencias bajistas entre la MME del índice de fuerza de 2 días y el precio emiten señales de venta fuertes. Una divergencia bajista se da cuando los precios repuntan hasta un nuevo máximo a la vez que el índice de fuerza traza un segundo techo más bajo.
5. Cuando la MME del índice de fuerza de 2 días caiga en picado hasta cinco o más veces su profundidad habitual, y después retroceda de ese mínimo, espera que los precios se recuperen en los siguientes días.

Los mercados fluctúan entre las zonas de sobrecompra y de sobreventa, y cuando retroceden de una caída en picado, es de esperar que experimenten una recuperación. Nótese que esta señal no funciona bien en las tendencias al alza: los mercados retroceden de caídas en picado, pero no de repuntes en picado. Los picos invertidos hacia abajo reflejan un temor intenso, que no persiste mucho tiempo. Los picos que apuntan hacia arriba reflejan un exceso de entusiasmo y de codicia, que pueden persistir durante bastante tiempo.

Una MME del índice de fuerza de 2 días se adapta bien al sistema de inversión de triple pantalla (*véase* capítulo 39). Su capacidad de encontrar puntos para comprar y vender a corto plazo es especialmente útil cuando se combina con un indicador de seguimiento de tendencia a más largo plazo.

Índice de fuerza a medio plazo

Una MME del índice de fuerza de trece días identifica cambios a más largo plazo en el equilibrio de fuerzas entre alcistas y bajistas. Cuando sube por encima de cero, los alcistas tienen más fuerza, y cuando cae por debajo de cero, los bajistas están al mando. Sus divergencias respecto a los precios identifican puntos de inflexión intermedios o importantes (figura 30.2). Sus picos, especialmente cerca de los suelos, marcan inversiones de tendencia que están de camino.

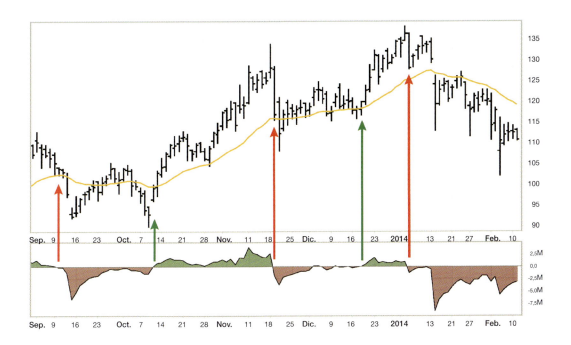

FIGURA 30.2   SSYS diario, MME de 26 días, índice de fuerza de 13 días (*Gráfico de StockCharts.com*).

El índice de fuerza a medio plazo

Stratasys, Inc. (SSYS) es una de las dos empresas líderes en el mercado emergente de manufactura de aditivos. Desde que hace dos años escribí el primer libro electrónico que se haya hecho popular sobre inversiones en esta tecnología, las acciones en este mercado han entrado en el grupo de las preferidas de los inversores. Ha emergido un patrón técnico, con repuntes conducidos por principiantes que acumulan y descensos pronunciados cuando los mismos principiantes entran en pánico y salen del mercado. El índice de fuerza de 13 días funciona bien para captar estas oleadas.

Cuando el índice de fuerza de 13 días cruza por encima de su eje (marcado con una flecha vertical verde), muestra que está entrando un volumen de compra. En ese punto es donde un *trader* a más largo plazo compra y se mantiene. Cuando el índice de fuerza de 13 días baja por debajo de su eje y permanece ahí, muestra que predominan los bajistas.

Cerca del borde derecho de la pantalla, se observa un mínimo récord del índice de fuerza, pero entonces los bajistas comienzan a flojear, al mismo tiempo que el índice de fuerza comienza a moverse hacia cero. No desperdicie su pólvora y espere a que emerja a un patrón de acumulación, y a que sea confirmado por el índice de fuerza cuando cruce su eje. Este movimiento de sube y baja, en que las acciones pasan de las manos fuertes a las débiles cerca de los techos, y de vuelta cerca de los suelos, nunca acaba. El índice de fuerza puede ayudarle a posicionarse con el grupo correcto.

El índice de fuerza bruto identifica al equipo vencedor en la batalla entre alcistas y bajistas en todas las barras de precio, ya sean semanales, diarias o intradía. Se obtienen señales mucho más claras suavizando el índice de fuerza bruto con una media móvil.

1. Cuando una MME del índice de fuerza de 13 días está por encima del eje, los alcistas tienen el control del mercado. Cuando está por debajo del eje, los bajistas están al mando.

    Al inicio de una recuperación, los precios a menudo dan saltos, con altos volúmenes. Cuando una MME del índice de fuerza de 13 días alcanza un nuevo máximo, está confirmando una tendencia al alza. A medida que una tendencia alcista es más antigua, los precios tienden a subir más despacio y el volumen es menor. Entonces, la MME del índice de fuerza de 13 días comienza a trazar techos cada vez más bajos. Cuando cae por debajo del eje, señala que se ha doblegado la voluntad del toro (de los alcistas).

2. Un nuevo pico de la MME del índice de fuerza de 13 días muestra que los alcistas están muy fuertes y que es probable que el repunte continúe. Una divergencia bajista entre la MME del índice de fuerza de 13 días y los precios emite una señal fuerte de vender al descubierto. Si los precios alcanzan un nuevo máximo, pero este indicador traza un pico más bajo, está avisando de que los alcistas están perdiendo fuerza y los bajistas están a punto de tomar el mando.

    Nótese que, para que la divergencia sea legítima, este indicador debe alcanzar un nuevo pico, para después caer por debajo de su eje, y volver a cruzar esa línea de nuevo, pero esta vez trazando un pico más bajo, lo que crea una divergencia. Si no se da este cruce no se da una divergencia legítima.

3. Un nuevo mínimo en la MME del índice de fuerza de 13 días muestra que es probable que continúe la tendencia a la baja. Si los precios caen a un nuevo mínimo, pero este indicador repunta por encima de cero, para después volver a caer de nuevo, pero esta vez a un mínimo menos profundo, entonces se ha completado una divergencia alcista. Revela que los bajistas están perdiendo fuerza, dando una señal de compra.

    Cuando empieza una tendencia a la baja, los precios por lo general caen, en altos volúmenes. Cuando una MME del índice de fuerza de 13 días cae a un nuevo mínimo, está confirmando el descenso. A medida que la tendencia a la baja es más antigua, los precios caen más lentamente o el volumen se seca: ése es el momento en que la inversión de tendencia es más que probable.

    La adición de una envolvente al gráfico del índice de fuerza puede ayudarnos a detectar sus desviaciones de la norma más extremas, lo que tiende a conducir a inversiones de tendencia en los precios. Este método de captura de desviaciones e inversiones potenciales funciona bien con gráficos semanales, pero no con gráficos diarios e intradía. Esta herramienta es, en realidad, a más largo plazo.

31. Las posiciones abiertas

Las **posiciones abiertas** son el número total de contratos en manos de compradores, o debidos por vendedores al descubierto, en todo mercado de derivados, como los futuros o las opciones. Si no está familiarizado con los futuros o las opciones, pase este capítulo y vuelva a él después de haber leído el capítulo 44 sobre opciones y el 46 sobre futuros.

Las acciones del mercado bursátil son negociadas mientras la empresa cotizada siga con su negocio como unidad independiente. La mayoría de acciones está en posiciones largas, y sólo un pequeño porcentaje está al descubierto. En los futuros y las opciones, por el contrario, el número total de posiciones largas y cortas siempre es idéntico, debido a que son contratos de intercambio en el futuro. Cada vez que alguien desea comprar un contrato, debe haber otra persona que se lo venda, por ejemplo, vender al descubierto. Si se desea comprar una opción de compra (*call*) sobre cien acciones de Google, otro *trader* debe vendernos esa opción; para tomar una posición larga, otra persona debe tomar una posición corta, es decir, vender al descubierto. **Las posiciones abiertas son iguales al número total de posiciones largas o cortas.**

Los contratos de futuros y opciones están diseñados para que duren un período determinado de tiempo. El comprador de futuros u opciones que quiera aceptar el intercambio, y el vendedor que quiera realizarlo, deben esperar hasta el primer día de ejecución de éste. Este tiempo de espera asegura que el número de contratos de compra y de venta siempre es el mismo. En todo caso, muy pocos *traders* de opciones y futuros planean realizar el intercambio. La mayor parte de *traders* sale de sus posiciones antes de tiempo, saldando cuentas mucho antes de la fecha de vencimiento. Volveremos al tema de los futuros y las opciones en la octava parte de este libro, sobre vehículos de inversión.

Las posiciones abiertas crecen cuando se crean nuevas posiciones, y caen cuando éstas se cierran. Por ejemplo, si las posiciones abiertas en los futuros sobre oro COMEX de abril es de veinte mil contratos, esto significa que los alcistas tienen posiciones largas, y los bajistas, cortas, por valor de veinte mil contratos. Si las posiciones abiertas suben a veinte mil doscientas, significa que se han creado doscientos contratos netos nuevos: comprados y vendidos al descubierto al mismo tiempo.

Las posiciones abiertas decrecen cuando un alcista con posiciones largas vende a un bajista que está vendiendo al descubierto, pero quiere cubrir su posición corta. En el momento en que ambos salen, las posiciones abiertas caen por el valor de la transacción entre éstos, ya que uno o más contratos han desaparecido del mercado.

Si un nuevo alcista compra de un antiguo alcista que sale de su posición larga, las posiciones abiertas permanecen inalteradas. Las posiciones abiertas tampoco cambian cuando un nuevo bajista vende a un antiguo bajista que quiere comprar para cubrir su posición. En resumen, las posiciones abiertas crecen cuando entra «savia nueva» al mercado, y bajan cuando los alcistas y bajistas del momento abandonan el mercado, como se ilustra en la tabla siguiente:

Comprador	Vendedor	Posiciones abiertas
Nuevo comprador	Nuevo vendedor	Crecen
Nuevo comprador	Antiguo vendedor vendiendo	Sin cambios
Antiguo vendedor compra para cubrirse	Nuevo vendedor	Sin cambios
Antiguo vendedor compra para cubrirse	Antiguo vendedor vendiendo	Decrecen

Los técnicos generalmente trazan las posiciones abiertas como una línea por debajo de las barras de precios (figura 31.1). Las posiciones abiertas en todo mercado varían entre temporadas, a causa de la cobertura masiva por parte de usuarios industriales y productores durante las distintas etapas del ciclo de producción anual. Las posiciones abiertas dan mensajes importantes cuando se desvían de lo normal en cada temporada.

Psicología colectiva

Se requiere un alcista y un bajista para establecer un contrato de futuros o de opciones. Un alcista que crea que los precios van a subir compra un contrato. Un bajista que piense que los precios van a caer vende al descubierto un contrato a futuros. Con la transacción entre un nuevo alcista y un nuevo bajista, las posiciones abiertas crecen por valor del número de contratos en la transacción. Una única transacción probablemente no mueva el mercado, pero cuando miles de *traders* hacen transacciones similares, empujan o invierten las tendencias del mercado.

Las posiciones abiertas reflejan la intensidad del conflicto entre alcistas y bajistas. Depende de su voluntad de mantener posiciones largas y cortas. Cuando los alcistas y bajistas no esperan que el mercado se mueva a su favor, cierran sus posiciones, reduciendo así las posiciones abiertas.

En cada transacción hay dos personas una frente a la otra, y una de las dos sufrirá cuando los precios cambien. Si se da un repunte, los bajistas sufrirán, y si se da un descenso, los alcistas sufrirán. Mientras los perdedores aguanten, aferrándose a sus posiciones, las posiciones abiertas no variarán.

Un aumento de posiciones abiertas muestra que un colectivo de alcistas confiados se está enfrentando a un colectivo de bajistas con la misma confianza en sí mismo. Señala a que hay una falta de acuerdo creciente entre los dos campos. Seguro que uno de los grupos acabará perdiendo, pero la tendencia continuará mientras sigan entrando perdedores potenciales. Estas ideas han sido claramente expuestas en el clásico *Charting Commodity Market Price Behavior*, de L. Dee Belveal.

Se requiere convicción tanto por parte de alcistas como bajistas para mantener una tendencia. Cuando las posiciones abiertas crecen, esto muestra que ambos campos siguen incrementando sus posiciones. Si tienen un desacuerdo importante sobre el curso futuro de los precios, entonces el número de perdedores crece, y la tendencia actual probablemente persista. Un aumento de las posiciones abiertas da luz verde a la tendencia existente.

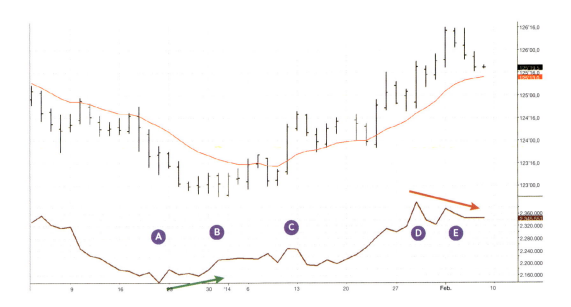

FIGURA 31.1   TYH14 diario, MME de 13 días, posiciones abiertas (*Gráfico de TradeStation*).

Las posiciones abiertas

Las posiciones abiertas reflejan el número de posiciones largas o cortas en cualquier mercado de futuros u opciones. Dado que ambos son iguales en los mercados de derivados, OI refleja el grado de convicción entre alcistas y bajistas.

Unas posiciones abiertas crecientes muestran que el conflicto entre alcistas y bajistas se está intensificando, lo que confirma la tendencia existente. Unas posiciones abiertas decrecientes, en cambio, muestran que los perdedores están saliendo del mercado y los ganadores están recogiendo beneficios, señalando que la tendencia está llegando a su fin.

Cerca del borde izquierdo del gráfico de futuros sobre Notas del Tesoro (EE.UU.) de marzo de 2014 (TYH14), la tendencia va a la baja, pero unas posiciones abiertas decrecientes avisan a los bajistas de que no abusen de la tendencia a la baja. Las posiciones abiertas tocan fondo en el área A, las notas del tesoro en el área B, y en el área C, ambas están en claras tendencias al alza, con unas posiciones abiertas crecientes anunciando precios más altos en el futuro. Las posiciones abiertas tocan techo en el área D y, mientras que los precios siguen subiendo en el área E, la nueva tendencia a la baja de las posiciones abiertas sirve de aviso a los alcistas, cerca del borde derecho del gráfico.

No todos los gráficos de posiciones abiertas son tan claros y fluidos como éste. Los *traders* serios no esperan encontrar una varita mágica con un único indicador: usan diversos indicadores y actúan sólo cuando los mensajes de cada uno se confirman entre sí.

Si las posiciones abiertas crecen en medio de una tendencia al alza, muestra que los compradores en posiciones largas están comprando, mientras los bajistas están vendiendo al descubierto porque creen que el mercado está sobrevalorado. Probablemente corran a cubrirse cuando la tendencia al alza aún les exprima más, y sus ventas aún impulsarán los precios más hacia arriba.

Si las posiciones abiertas crecen en medio de una tendencia a la baja, muestra que los vendedores al descubierto están vendiendo de manera agresiva, mientras que los compradores que buscan comprar a precios de suelo están comprando. Es probable que estos cazadores de gangas salgan en apuros cuando los precios en caída les dañen, y sus ventas impulsarán los precios aún más abajo.

Cuando un alcista está convencido de que los precios van a subir y decide comprar, pero un bajista tiene miedo de vender al descubierto, el alcista en cuestión sólo puede comprarle a otro alcista que haya comprado antes y ahora quiera salir y hacer caja. Esta transacción no genera un nuevo contrato, por lo que las posiciones abiertas permanecen inalteradas. Cuando las posiciones abiertas permanecen planas durante una recuperación, están indicando que el número de perdedores ha dejado de crecer.

Cuando un bajista está convencido de que los precios van a bajar y desea vender al descubierto, pero un alcista tiene miedo de comprarle, el bajista en cuestión sólo puede venderle a otro bajista que haya vendido antes y ahora quiera cubrirse, recoger beneficios y salir. Esta transacción no genera un nuevo contrato, por lo que las posiciones abiertas permanecen inalteradas. Cuando las posiciones abiertas permanecen planas durante un descenso, están indicando que el número de compradores que buscan precios de suelo no está creciendo. Cuando las posiciones abiertas decrecen, es como un semáforo que se pone en amarillo: un aviso de que la tendencia se está quedando antigua y que las mayores ganancias probablemente se hayan quedado atrás.

Cuando un alcista decide salir de una posición larga, un bajista decide cubrir su posición corta, y ambos realizan una transacción, desaparece un contrato y las posiciones abiertas se contraen. Las posiciones abiertas en caída muestran que los perdedores están saliendo con pérdidas, mientras que los ganadores están recogiendo beneficios. Cuando el desacuerdo entre alcistas y bajistas disminuye, la tendencia está lista para invertirse. Las posiciones abiertas en caída muestran que los ganadores están pasando por caja y que los perdedores están perdiendo la esperanza. Señalan que la tendencia está llegando a su fin.

Reglas operativas relativas a las posiciones abiertas

1. Cuando las posiciones abiertas aumentan durante un repunte, confirman la tendencia al alza, dando luz verde a que las posiciones largas se incrementen. Esto muestra que están entrando más vendedores al descubierto al mercado. Cuando salen con pérdidas, es probable que la cobertura de sus posiciones cortas impulse el repunte aún más arriba.

    Cuando las posiciones abiertas crecen con precios en caída, muestran que los compradores que buscan precios de suelo están activos en el mercado. Esto da luz verde a vender al descubierto, ya que es probable que estos cazadores de gangas empujen los precios aún más hacia abajo cuando tiren la toalla.

Si las posiciones abiertas suben mientras los precios están en el rango de cotización, se da una señal bajista. Las empresas comerciales que practican operaciones de cobertura practican la venta al descubierto más que los especuladores. Un aumento brusco en las posiciones abiertas con precios planos indica que, probablemente, dichas empresas practicando coberturas muy sofisticadas estén vendiendo al descubierto en el mercado. Es deseable evitar operar en contra de aquellos que es probable que posean mejor información.

2. Si las posiciones abiertas suben mientras los precios están en el rango de cotización, esto identifica que importantes intereses comerciales están cubriendo sus posiciones cortas, dando una señal de compra. Cuando las empresas comerciales comienzan a cubrir posiciones cortas, están diciendo que esperan que el mercado suba.

Cuando las posiciones abiertas caen durante un repunte, muestra que tanto los ganadores como los perdedores se están volviendo más prudentes. Aquellos en posiciones largas están recogiendo beneficios, y aquellos en cortas están cubriéndose. Los mercados descuentan el futuro, por lo que una tendencia aceptada por la mayoría está lista para invertirse. Si las posiciones abiertas caen durante un repunte, considere la opción de vender y salir.

Cuando las posiciones abiertas caen durante un declive, muestra que aquellos en posiciones cortas se están cubriendo y que los compradores están aceptando pérdidas y saliendo. Si las posiciones abiertas caen al mismo tiempo que los precios bajan, recoja beneficios en posiciones cortas.

3. Cuando las posiciones abiertas están planas durante un repunte, muestra que la tendencia al alza está quedándose antigua y la mayor parte de ganancias potencial ya se han liquidado. Esto da la señal de ajustar los *stops* en posiciones largas, y de evitar nuevas compras. Cuando las posiciones abiertas están planas durante un descenso, avisa que la tendencia a la baja ha madurado, por lo que es mejor ajustar *stops* en posiciones cortas. Las posiciones abiertas planas en un rango de cotización no aportan nueva información.

Más acerca de las posiciones abiertas

Cuanto más alto sea el número de posiciones abiertas, más activo está el mercado, y menos exposición al deslizamiento al entrar y salir de posiciones. Los *traders* cortoplacistas deberían centrarse en los contratos con mayores posiciones abiertas. En los mercados de futuros, las posiciones abiertas más importantes tienden a darse en los meses de vencimiento. Si se acerca el primer día del anuncio de vencimiento y las posiciones abiertas del mes de vencimiento comienzan a caer, mientras que las posiciones abiertas en el siguiente mes comienzan a crecer, es una señal de que debería transferir su posición al mes siguiente.

32. El tiempo

La mayoría de gente gestiona su vida como si nunca fuese a morir: repitiendo los mismos errores sin aprender del pasado y apenas planificando el futuro. Freud nos enseñó que el subconsciente no tiene noción del tiempo. Nuestros deseos más profundos permanecen básicamente inalterados a lo largo de nuestras vidas.

Cuando la gente se une a una multitud, su comportamiento se vuelve aún más primitivo e impulsivo. Los individuos pueden obedecer al calendario y al reloj, pero las multitudes no prestan atención al tiempo. Actúan siguiendo emociones, como si tuviesen todo el tiempo del mundo.

La mayor parte de *traders* sólo se enfoca en los precios cambiantes, pero presta poca atención al tiempo. Ésta es otra señal de que se está atrapado en la mentalidad colectiva de masas.

La consciencia sobre el tiempo es una señal de civilización. Las personas pensantes son conscientes del tiempo, mientras que las que actúan impulsivamente no lo son. El analista del mercado que presta atención al tiempo es consciente de una dimensión que permanece oculta al público de los mercados.

Los ciclos

Los ciclos de los precios a largo plazo son un hecho establecido de la economía. Por ejemplo, el mercado de valores estadounidense suele funcionar en ciclos aproximados de cuatro años. Esto es así porque el partido en el poder estimula la economía cuando se acercan las elecciones presidenciales cada cuatro años. El partido vencedor en las elecciones deshincha la economía cuando los votantes no pueden vengarse en las urnas. Inyectar liquidez en la economía hace que los mercados de valores suban, mientras que restarle liquidez los hunde.*

Los ciclos importantes en los productos agrícolas se deben al clima y a factores básicos de la producción, unido a la psicología colectiva de los productores. Por ejemplo, cuando los precios del ganado suben, los ganaderos crían más animales. Cuando estos animales llegan al mercado, los precios caen y los productores reducen la producción. Cuando la oferta es absorbida, la escasez empuja los precios hacia arriba, los criadores vuelven a la carga y el ciclo de alcistas y bajistas se repite. Este ciclo es más corto para los cerdos que para el ganado bovino, ya que el ciclo de cría de los cerdos es más corto que el de las vacas.

Los ciclos a largo plazo pueden ser de ayuda para que los *traders* identifiquen las corrientes del mercado. En su lugar, muchos *traders* se meten en problemas cuando intenta usar ciclos a corto plazo para predecir puntos de inflexión menores.

---

* Este ciclo fue distorsionado flagrantemente por la Reserva Federal de EE. UU. con su política de «expansión cuantitativa» después de la debacle de 2008, pero es probable que vuelva una vez salgamos de la gran recesión.

A menudo, los picos y valles en los precios parece que fluyan de manera ordenada. Los *traders* miden las distancias entre los picos vecinos y los proyectan hacia el futuro para pronosticar la próxima cima. También miden las distancias entre suelos y las proyectan hacia el futuro para pronosticar el próximo mínimo. Los ciclos dan de comer a los analistas que venden previsiones. Pocos se dan cuenta de que lo que parecen ciclos en los gráficos son, a menudo, un producto de la imaginación. Si se analizan datos de precios usando un programa matemáticamente riguroso, como el MESA (Análisis espectroscópico de máxima entropía, Maximum Entropy Spectral Analysis) de John Ehlers, se hace patente que aproximadamente el 80 % de lo que parecen ciclos es, simplemente, ruido en el mercado. La mente humana busca orden, por lo que incluso una apariencia de orden es suficiente para mucha gente.

Si se observa un río desde el aire, parece que contenga ciclos, oscilando a izquierda y derecha. Todos los ríos serpentean por su valle porque el agua fluye más rápido por el centro que por sus márgenes, generando turbulencias que fuerzan el río a girar. Buscar ciclos de mercado a corto plazo con lápiz y regla es como buscar agua con una varilla de zahorí. Las ganancias de los éxitos ocasionales son suprimidas por las muchas pérdidas resultado de métodos poco científicos.

Las estaciones de los indicadores

El granjero siembra en primavera, siega avanzado el verano y en otoño se abastece para el invierno. Hay un tiempo para la siembra y un tiempo para la siega, un tiempo para apostar por una tendencia candente y un tiempo para prepararse para la helada. El concepto de estaciones puede aplicarse a los mercados financieros. Tomando el enfoque del granjero, el *trader* debería intentar comprar en primavera, vender en verano, vender al descubierto en otoño y cubrirse en invierno.

Martin Pring desarrolló un modelo estacional de los precios, pero este concepto funciona aún mejor con los indicadores técnicos. Sus estaciones nos ayudan a identificar la fase actual del ciclo de mercado. Este modelo, simple, pero efectivo, es de ayuda para comprar cuando los precios son bajos y a vender al descubierto cuando son altos, lo que nos permite diferenciarnos del público en los mercados.

Podemos definir las estaciones de diversos indicadores de acuerdo con dos factores: su pendiente y su posición por encima o por debajo del eje. Por ejemplo, apliquemos el concepto de estaciones del indicador al histograma MACD (*véase* capítulo 23). La pendiente del histograma MACD se define como la relación entre dos barras contiguas. Cuando el histograma MACD crece estando por debajo del eje, es primavera; cuando crece estando por encima del eje, es verano; cuando cae estando por encima del eje, es otoño; y cuando cae estando por debajo del eje, es invierno. La primavera es la mejor estación para comprar, y el otoño es la mejor estación para vender al descubierto (figura 32.1).

Cuando el histograma MACD está por debajo del eje, pero la pendiente es positiva, es primavera en el mercado. Se está fresco, pero comienza a hacer calor. La mayor parte de *traders* esperan que vuelva el invierno, por lo que tienen miedo de comprar. Emocionalmente, es difícil comprar porque los recuerdos de una tendencia a la baja aún están frescos en la memoria. De hecho, la primavera es el mejor momento para comprar, con las mayores ganancias potenciales, mientras que los riesgos son relativamente escasos, ya que podemos poner un *stop* de protección un poco por debajo del mercado.

Pendiente indicador	Posición respecto al eje	Estación	Acción preferida
Positiva	Por debajo	Primavera	Comprar
Positiva	Por encima	Verano	Comenzar a vender
Negativa	Por encima	Otoño	Vender al descubierto
Negativa	Por debajo	Invierno	Comenzar a cubrirse

Cuando el histograma MACD cruza su eje, es verano en el mercado, y a estas alturas la mayoría de *traders* ha identificado la tendencia al alza. Es fácil comprar en verano, emocionalmente, ya que los alcistas están muy acompañados. De hecho, las ganancias potenciales en verano son menores que en primavera, mientras que los riesgos son más altos, ya que los *stops* deben ponerse más lejos del mercado, a causa de una mayor volatilidad.

Cuando el histograma MACD está por encima del eje, pero la pendiente se vuelve negativa, es otoño en el mercado. Pocos *traders* identifican este cambio, y siguen comprando, esperando que vuelva el verano. A nivel emocional es difícil vender al descubierto en otoño, pues requiere que uno se aparte de la mayoría. De hecho, el otoño es el mejor momento para vender al descubierto.

Cuando el histograma MACD cae por debajo de su eje, es invierno en el mercado. A esas alturas, la mayoría de *traders* ha reconocido la tendencia a la baja. Es emocionalmente fácil vender al descubierto, en invierno, junto a muchos bajistas que lo expresan de manera abierta. De hecho, la ratio riesgo/beneficio está cambiando con rapidez en contra de los bajistas, ya que los beneficios potenciales son cada vez menores y los riesgos mayores, dado que los *stops* tienen que ser colocados más o menos lejos de los precios.

Al igual que los granjeros deben prestar atención a los caprichos del tiempo, los *traders* deben estar alerta. En la granja, el otoño puede verse interrumpido por un veranillo de san Martín,* y en el mercado puede darse una fuerte recuperación, en otoño. Puede darse una helada en primavera, en el campo, y en el mercado puede aparecer una pronta caída en pleno movimiento al alza. El *trader* debe usar diversos indicadores y técnicas para evitar los efectos de los vuelcos inesperados.

El concepto de las estaciones de los indicadores se centra en la atención que los *traders* prestan al paso del tiempo. Nos ayuda a planificar la temporada con tiempo, en vez de seguir a los demás sin pensar.

---

* Veranillo de san Martín o de san Miguel, o veranito de san Juan, según la zona. *(N. del T.)*

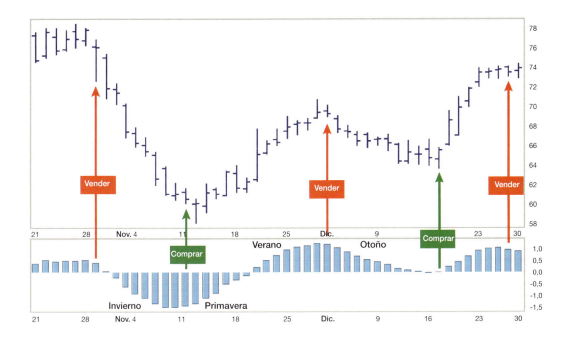

FIGURA 32.1   VRTX diario, histograma MACD 12-26-9 (*Gráfico de StockCharts.com*).

Las estaciones en los indicadores

Podemos aplicar el concepto de estaciones a la mayor parte de indicadores y horizontes temporales, incluido el intradía. Se puede hacer con multitud de vehículos de inversión, aunque en este ejemplo nos centremos en un histograma MACD diario de Vertex Pharmaceuticals, Inc. (VRTX), un valor del Nasdaq 100.

Otoño: el indicador está por encima del eje, pero cayendo. Ésta es la mejor estación para establecer ventas al descubierto.

Invierno: el indicador cae por debajo del eje. Utilice la debilidad para recoger beneficios sobre posiciones cortas.

Primavera: el indicador se gira hacia arriba por debajo del eje. Es la mejor estación para comprar posiciones largas.

Verano: el indicador cruza por encima de su eje. Con el calor en aumento, emplee la fuerza para recoger beneficios sobre posiciones largas.

El histograma MACD parece muy fluido en este ejemplo, pero esté preparado contra las fluctuaciones breves, tanto por encima como por debajo del eje. La primavera puede ser interrumpida por una helada, pueden darse rachas de calor en invierno, etc.

El tiempo en el mercado

Medimos el tiempo mediante calendarios y relojes, pero pocas veces nos paramos a pensar en que nuestras propias percepciones del tiempo no son ni mucho menos universales. Seguimos el paso del tiempo desde una perspectiva humana, mientras que enormes partes de la realidad se mueven en horizontes temporales extremadamente diferentes.

Por ejemplo, pensamos que el suelo bajo nuestros pies es estable, cuando, de hecho, los continentes están en continuo movimiento. Sólo se mueven unos pocos centímetros al año, pero eso basta para cambiar la faz de la Tierra al cabo de millones de años. En horizontes temporales más cortos, los patrones climatológicos cambian al cabo de algunos siglos. Los períodos glaciales y los períodos templados o cálidos se alternan constantemente.

En la otra punta, algunas partículas físicas sólo existen durante una diminuta fracción de segundo. Hay insectos que nacen, maduran, se reproducen y mueren en un solo día.

Cuando se trata del *trading*, debemos tener en mente que el tiempo fluye a diferente velocidad en el mercado de lo que lo hace para nosotros como individuos. El mercado, compuesto de una gran masa de seres humanos, se mueve a velocidades mucho más lentas. Los patrones que uno reconoce en sus gráficos pueden tener valor de predicción, pero los cambios esperados probablemente se den mucho después de lo que uno espera.

La lentitud relativa de los colectivos puede causar muchos problemas incluso a los *traders* experimentados. Una y otra vez, nos encontramos con que entramos en operaciones antes de hora. Los principiantes por lo general suelen llegar tarde. Para cuando han reconocido una tendencia o una inversión, ese movimiento ya ha estado en marcha tanto tiempo que se lo han perdido en parte, si no todo. Los novatos tienden a perseguir tendencias antiguas, mientras que los analistas y *traders* más experimentados suelen tener el problema opuesto. Reconocemos las inversiones que se aproximan y las nuevas tendencias emergentes desde lejos, y nos precipitamos. A menudo compramos antes de que el mercado acabe de trazar un suelo o vendemos al descubierto mucho antes de que llegue a una cima. Entrando precipitadamente podemos acabar perdiendo dinero en tendencias que son demasiado lentas en cambiar.

¿Qué hacer con esto? Antes de nada, uno debe concienciarse de que el tiempo en el mercado transcurre mucho más lento que para uno mismo. En segundo lugar, uno debe considerar no iniciar una operación cuando ve señales tempranas de inversión. Puede que emerja una señal más clara más adelante, especialmente en las cimas, que tardan más en formarse que los valles.

Merece la pena no ser codicioso y operar a menor escala. Es más fácil mantener posiciones más pequeñas cuando la inversión de tendencia se está demorando. Asegúrese de que utiliza múltiples horizontes temporales para analizar el mercado: esto es la esencia de la triple pantalla, sistema que estudiaremos en un capítulo futuro.

El factor de cinco

La mayor parte de principiantes escoge un horizonte temporal que le parece bien, sin darle importancia, ya sea un gráfico diario o de diez minutos, o cualquier otro, e ignora el resto. Pocos son conscientes del hecho de que el mercado existe en múltiples horizontes temporales. Se mueve, simultáneamente, a nivel mensual, semanal, diario e intradía, y a menudo en sentidos opuestos.

La tendencia puede ser al alza en los gráficos diarios, pero a la baja en los semanales, y viceversa. ¿Cuál seguir? Y, ¿qué hacer con los gráficos intradía, que pueden muy bien contradecir los semanales o diarios? La mayoría de *traders* no tiene en cuenta más que su propio horizonte temporal, hasta que un movimiento brusco proveniente de otro horizonte temporal perjudica sus cuentas.

Téngase en cuenta que los horizontes temporales contiguos están relacionados por un factor de cinco, aproximadamente. Si se comienza con un gráfico mensual y se pasa al semanal, es que hay unas cuatro semanas y media en un mes. Pasando del gráfico semanal al diario, sabemos que hay cinco sesiones diarias de negociación por semana. Cuando entramos en el análisis intradía, puede que se observe un gráfico horario, en que hay más o menos cinco o seis horas por sesión de negociación. Los *traders* intradía pueden ir aún más allá y estudiar gráficos de diez minutos, y después de dos minutos. Cada uno está relacionado con el horizonte temporal contiguo por un factor de cinco, aproximadamente.

La manera correcta de analizar todo mercado es revisar, al menos, dos horizontes temporales contiguos. Siempre se debe empezar con el horizonte temporal a más largo plazo, para obtener una visión estratégica, y después pasar al horizonte temporal a más corto plazo, para ajustar los tiempos de manera táctica. Si uno prefiere usar gráficos diarios, deberá examinar primero los gráficos semanales, y si uno quiere operar intradía usando gráficos de diez minutos, primero deberá analizar los gráficos horarios. Éste es uno de los principios clave del sistema de inversión de triple pantalla (*véase* capítulo 39).

■ 33. Los horizontes temporales del *trading*

¿Durante cuánto tiempo tiene pensado mantenerse en su próxima operación? ¿Un año, una semana o una hora? El *trader* serio planea la duración esperada de cada operación. Los diversos horizontes temporales ofrecen oportunidades diferentes y conllevan riesgos distintos. En términos generales, todas las operaciones pueden dividirse en tres grupos:

1. ***Trading* o inversiones a largo plazo.** La duración esperada de las posiciones se mide en meses, e incluso años.
   Ventajas: requiere poca atención en el día a día, y puede conducir a ganancias espectaculares. Desventajas: las bajadas pueden resultar severamente intolerables.
2. ***Swing trading.*** La duración esperada de las operaciones se mide en días, a veces semanas.
   Ventajas: multitud de oportunidades para operar, control del riesgo bastante ajustado. Desventajas: no se aprovechan las grandes tendencias.
3. ***Trading* intradía.** La duración esperada de las operaciones se mide en minutos, y raramente en horas.

Ventajas: muchísimas oportunidades, sin riesgo durante la noche. Desventajas: requiere reflejos instantáneos, los costes de transacción son un factor importante.

Si decide operar en más de un horizonte temporal, considere realizar las operaciones correspondientes en cuentas separadas. Esto le permitirá evaluar su rendimiento en cada horizonte temporal, sin mezclar peras con manzanas.

Las inversiones

La decisión de invertir o practicar el *trading* a largo plazo casi siempre se basa en ideas fundamentales. Quizá identifique una nueva tendencia tecnológica o un producto prometedor que puede incrementar mucho el valor de una empresa. Invertir requiere una convicción firme y grandes cantidades de paciencia si se va a mantener en una posición durante las retiradas y períodos de precios planos. Estos duros desafíos hacen que sea extremadamente difícil tener éxito en las inversiones.

Las grandes tendencias que son fáciles de observar en gráficos a largo plazo parecen inciertas y confusas en tiempo real, especialmente cuando un valor entra en caída. Cuando la inversión de uno cae en un 50 % o más, acabando con la mayor parte de ganancias de capital –algo normal en posiciones a largo plazo–, pocos de nosotros tenemos la suficiente convicción o entereza para seguir aguantando. Permítaseme ilustrar esto usando el ejemplo de Apple Inc. (AAPL), un favorito en varios mercados alcistas (figura 33.1).

AAPL sobrevivió a una experiencia cercana a la muerte en 2003, cuando se rumoreaba que sus acciones, maltrechas, eran candidatas a ser adquiridas por otra empresa, y desde ahí subieron hasta convertirse en la empresa cotizada de mayor capitalización bursátil en el mundo, antes de caer desde esa cima en 2012. Su tendencia al alza parece grandiosa en retrospectiva, pero pregúntese a sí mismo, honestamente, si hubiera sido capaz de aguantar múltiples caídas, algunas excediendo el 50 %. Recuerde que tales caídas, a menudo, marcan el fin de tendencias al alza.

Una manera prudente de lidiar con el desafío de invertir es implementar su idea fundamental con la ayuda de herramientas de técnicas de *trading*. Cuando decida comprar, compruebe las señales técnicas para asegurarse de que está comprando una ganga, en términos relativos, no pagando el precio entero. Si su inversión se dispara en valor, utilice las herramientas técnicas para identificar zonas sobrevaloradas; retire beneficios en éstas, y esté a punto para volver a comprar durante las inevitables retiradas. Este plan requiere un alto nivel de atención, enfoque y perseverancia. La figura 33.2 es un ejemplo tomado de mi diario de operaciones.

El análisis fundamental puede ser de ayuda para encontrar acciones que valga la pena comprar. Use el análisis técnico para encontrar el mejor momento para entrar y para salir. Esté preparado para comprar y vender más de una vez durante las tendencias al alza más importantes.

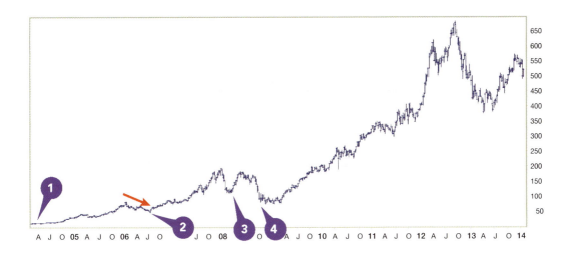

FIGURA 33.1   AAPL semanal (*Gráfico de StockCharts.com*).

Invertir

En este gráfico de diez años pueden observarse los tremendos desafíos de aguantar una inversión, incluso en el caso de un líder del mercado como Apple, Inc. (AAPL):

1. 2003 – AAPL cae por debajo de 10 dólares. La supervivencia de la empresa es cuestionada. ¿Compraría usted?
2. 2006 – AAPL se recupera hasta los 86 dólares, para hundirse hasta 51 dólares. Si tuviese mil acciones, ¿aguantaría? ¿Vendería cuando volviese a subir por encima de 80 dólares y pareciese que se estancase?
3. 2008 – AAPL sube hasta los 202 dólares, y cae hasta los 115 dólares. Si tuviese mil acciones, con un resultado negativo de 87.000 dólares, ¿aguantaría o vendería?
4. 2009 – AAPL se recupera, hasta los 192 dólares, para hundirse hasta 78 dólares, por debajo del mínimo anterior. Sus pérdidas están por encima del 50 %. ¿Se mantiene o pasa por caja?

Swing trading

Mientras que las tendencias importantes y los rangos de cotización pueden durar años, todos están salpicados de alzas y bajas a corto plazo. Estos movimientos generan múltiples oportunidades de inversión, que podemos aprovechar. Muchos de los ejemplos gráficos de este libro presentan operaciones *swing*.

Recomiendo el *swing trading*, en especial a *traders* principiantes e intermedios. Cuantas más operaciones se hacen, más se aprende, siempre que se gestione el riesgo y se lleven bien las cuentas. El *swing trading* permite aprender más rápido que la inversión a largo plazo,

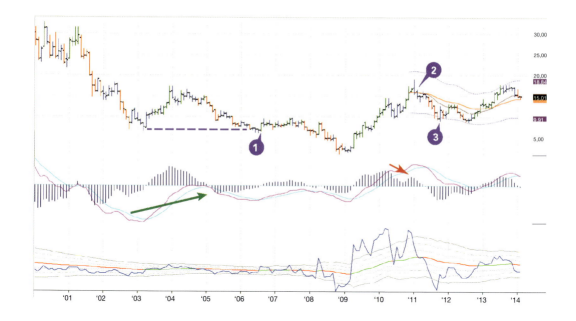

FIGURA 33.2 F mensual, MME de 26 y 13 meses con sistema impulso, autoenvolvente, líneas e histograma MACD (12-26-9), e índice de fuerza MME de 13 meses con canales ATR (*Gráfico de TradeStation*).

Análisis técnico con análisis fundamental

En este gráfico de diez años pueden observarse los tremendos desafíos de aguantar una inversión, incluso en el caso de un líder del mercado como Apple, Inc. (AAPL):

1. 2007 – Ford estaba contra las cuerdas con la llegada de un nuevo CEO, el hombre que anteriormente había sido la punta de lanza de la salvación de Boeing. En la atmósfera embriagadora de un mercado alcista, parecía que Ford tenía la oportunidad de recuperar su máximo de 30 dólares. Observé una falsa ruptura a la baja junto con una divergencia alcista, y compré. Después aguanté con resolución el mercado bajista.
2. 2011 – Ford despuntó por encima de su canal mensual, que era más estrecho en ese momento, trazando una cola de canguro, mientras que el MACD mensual perdía fuerza. Recogí beneficios.
3. 2011 – a medida que los precios mensuales se estabilizaban en su zona de valor, compré de nuevo mi posición.

cuyas lecciones deben aprenderse durante años. El *swing trading* ofrece tiempo para pensar, a diferencia del *trading* intradía, que requiere reacciones instantáneas. El *trading* intradía es demasiado rápido para los principiantes.

Las oscilaciones (*swings*) a corto plazo pueden ser suficientemente sustanciales para generar beneficios significativos, sin las caídas devastadoras de las operaciones en posiciones. No requieren observar la pantalla todo el día. En SpikeTrade.com, donde cientos de *traders* com-

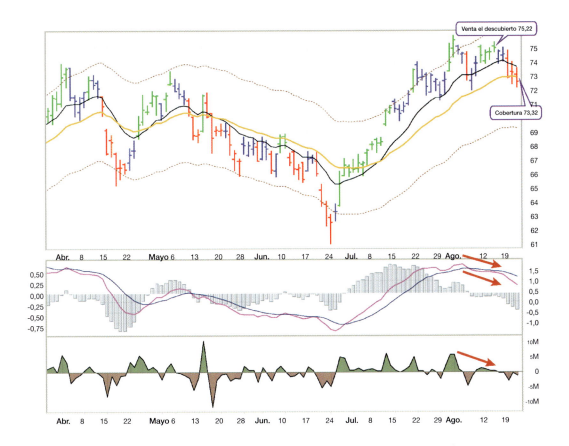

FIGURA 33.3 HES diario, MME de 26 y 13 días con envolvente del 4%, líneas e histograma (12-26-9), sistema impulso, e índice de fuerza de 2 días (*Gráfico de StockCharts.com*).

Una operación *swing*

Los *traders* profesionales se sienten tan cómodos vendiendo al descubierto como comprando. Las señales son similares, pero la acción es más rápida: las acciones caen el doble de rápido que suben.

Esta gráfica muestra dónde vendí al descubierto las acciones de Hess Corporation (HES) cuando ésta trazaba una doble cima a corto plazo, con divergencias bajistas en todos los indicadores. Me cubrí y recogí beneficios cuando los precios parecían estancarse justo por debajo de la zona de valor entre dos MME, mientras los indicadores marcaban que se había entrado en una zona de sobreventa.

piten, la mayoría de operaciones dura unos días. Algunos miembros mantienen operaciones durante semanas e incluso meses, mientras que otros entran y salen en cuestión de horas, pero el período de las operaciones de la mayor parte de miembros se mide en días. El *swing trading* está en la mejor localización entre los horizontes temporales.

Casi cada semana me subo a una o más de las elecciones del grupo de SpikeTrade. El gráfico de HES en la figura 33.3 sale de una entrada en mi diario de una de esas operaciones.

FIGURA 33.4 TRQ diario, MME de 22 y 12 días con envolvente del 11 %, líneas e histograma MACD (12-26-9), y RSI de 20 días (*Gráfico de StockCharts.com*).

Una operación *swing* cerca del fondo

Esta operación fue presentada por Peter D., un viejo miembro de SpikeTrade.com de los Países Bajos. Su publicación se titulaba «Pescando cerca de los mínimos».

«Condiciones semanales: los indicadores no muestran mucho movimiento. El MACD es muy poco profundo pero positivo, y el RSI mejora lentamente. Diarias: el MACD está a punto de confirmar una divergencia positiva, así como el RSI. Los precios cayeron la semana pasada, pero pararon cerca del soporte».

«Establecí la entrada inicial en 3,02 dólares, en línea con los mínimos recientes. Se disparó el lunes por la mañana, y estaba un céntimo por encima del mínimo del día y de la semana. El precio cerró cerca del máximo del día y continuó incrementándose el martes y el miércoles. Mi objetivo fue alcanzado el miércoles de subida. Durante el resto del día hubo ciertas retiradas, pero el precio siguió en el rango para cerrar la semana en cierto sentido por todo lo alto».

Mis ganancias en la operación sobre HES fue de 1,92 dólares por acción. Puede calibrarse la cantidad de riesgo que uno acepta, y el tamaño de las ganancias potenciales, decidiendo con cuántas acciones negociar. Trataremos esta cuestión esencial en el capítulo 50, en la sección acerca del triángulo de hierro del control del riesgo.

Una de las mejores técnicas de aprendizaje implica volver a operaciones ya cerradas dos meses después para trazar de nuevo los gráficos. Las señales de oportunidad de inversión que parecían confusas al verlas en el borde derecho de la pantalla se vuelven claras cuando se ven en el centro del gráfico. Ahora, con el paso del tiempo, es fácil observar qué funcionó y qué errores se cometieron. La creación de estos gráficos de seguimiento nos enseña qué repetir y qué evitar en el futuro. Actualizar los gráficos de operaciones cerradas hace que uno sea su propio instructor.

El gráfico y el texto de la figura 33.4 proceden de SpikeTrade.com. Cada semana, el Spiker que ha ganado la competición semanal publica el diario de su operación. Gente diversa usa indicadores y parámetros diferentes.

La operación de Peter tuvo unas ganancias de casi el 11 % en tres días. Está claro que no podemos permitirnos embriagarnos con tales números. Los principiantes los ven, los multiplican por el número de semanas de un año y se vuelven locos echando dinero a los mercados. Estos beneficios espectaculares, inevitablemente, se ven salpicados de pérdidas. Un *trader* profesional gestiona su dinero con cuidado, corta las operaciones con pérdidas con rapidez y protege su capital para que su patrimonio crezca.

Si invertir es como la caza mayor, el *swing trading* es como cazar conejos. Si su sustento depende de la caza, disparar a conejos es una manera mucho más segura de llevar comida a la mesa. Entrar y salir cuidadosamente de las operaciones *swing*, a la vez que se gestiona el dinero con cautela, es una manera realista de sobrevivir y de prosperar en los mercados.

El *trading* intradía

El *trading* intradía se refiere a entrar y salir de operaciones dentro de la misma sesión del mercado. Comprar y vender rápido enfrente de una pantalla que va mostrando información requiere los más altos niveles de concentración y de disciplina. Aunque parezca una paradoja, atrae a la gente más impulsiva y más inclinada a las apuestas.

El *trading* intradía parece engañosamente fácil. Las agencias de corredores ocultan las estadísticas de los clientes del público, pero en el año 2000, reguladores estatales de Massachusetts reclamaron historiales de agencias de corredores, y se mostró que después de seis meses sólo el 16 % de los *traders* intradía ganaban dinero.

Cualesquiera que sean las lagunas de conocimiento o disciplina que tenga, el *trading* intradía las encontrará rápido y lo golpeará en sus puntos débiles. En el *swing trading*, uno tiene el lujo de poder parar y pensar, a diferencia del *trading* intradía.

Para las personas que estén aprendiendo a practicar el *trading*, los gráficos de fin de sesión son mucho mejores. Quizá quiera explorar el *trading* intradía después de conseguir ser un *swing trader* que obtiene beneficios de manera consistente. Podrá utilizar sus habilidades ya desarrolladas y sólo tendrá que adaptarse a jugar más rápido. Los recién llegados al mercado que caen en el *trading* intradía son un regalo para los profesionales.

Asegúrese de dejar por escrito su plan de acción para el *trading* intradía: qué le llevará a entrar o a salir, aguantar o cortar. Esté preparado para dedicarle mucho tiempo: el *trading* intradía consume muchas horas que se pasan delante de múltiples pantallas.

Otra dificultad del *trading* intradía es que se dispara a dianas mucho más pequeñas. Esto se refleja en la altura de los canales de precios. En el resto del libro leerá que una buena medida del rendimiento de un *trader* es el porcentaje del canal o de la envolvente que captura en cada operación. Tomar el 30 % o más de la altura de un canal le otorga un sobresaliente, mientras que capturar el 10 % del canal merece un aprobado (*véase* capítulo 55). Apliquemos este sistema de graduación a diversas acciones populares entre los *traders* intradía. Las cifras exactas habrán cambiado, para cuando lea este libro, pero a día de hoy se obtienen las siguientes cifras para las alturas de canal de los gráficos diarios de cinco minutos:

	Canal diario	*Trader* «de sobresaliente»	*Trader* «de aprobado»	Canal de 5 min.	*Trader* «de sobresaliente»	*Trader* «de aprobado»
AAPL	55	16,5	5,5	2,5	0,75	0,25
AMZN	27	8,1	2,7	2,2	0,66	0,22
MON	7	2,1	0,7	0,6	0,18	0,06

Los *swing traders* que utilizan gráficos diarios pueden ganar mucho en estos valores, que son activos. En realidad pueden barrer con todo si son *traders* de sobresaliente, aunque incluso los *traders* de aprobado, capturando solamente el 10 % de un canal, pueden ir por delante en el juego cómodamente mientras aprenden a practicar el *trading*. En cambio, la persona que decida operar intradía en estos mismos valores debe ser un *trader* de puros sobresalientes para sobrevivir. Cualquier rendimiento por debajo del sobresaliente garantizará que su cuenta se vea liquidada por el deslizamiento, las comisiones y otros gastos.

Si después de conseguir un historial de éxito como *swing trader*, decide hacer *trading* intradía, podrá usar la mayoría de herramientas y técnicas que ya ha aprendido. Encontrará un ejemplo de cómo usar la triple pantalla en el *trading* intradía en el capítulo 39.

Una vez, un amigo que es entrenador olímpico de remo me enseñó a remar, centrándose en que consiguiese una palada correcta. Un remero competente siempre mueve los remos al mismo tiempo exactamente, ya sea en una salida de fin de semana por placer o en el último tramo de una carrera. Lo que cambia es la potencia y la frecuencia. Lo mismo ocurre en el *trading* intradía: la técnica es la misma, pero la frecuencia es diferente. Si se aprende a practicar *swing trading*, se puede aplicar la técnica aprendida al *trading* intradía. Después se puede ir hacia atrás, y aplicar las técnicas del *trading* intradía a las entradas y salidas de las operaciones *swing*.

El *trading* intradía puede ser una empresa provechosa, pero tenga en mente que es un juego profesional de alta exigencia y, desde luego, no es una actividad casual para principiantes.

SEXTA PARTE

Indicadores generales del mercado

Es posible usar los indicadores técnicos estudiados en los capítulos anteriores para analizar cualquier vehículo de inversión: acciones, futuros, índices, etc. Herramientas como las medias móviles, la MACD, el índice de fuerza y demás pueden ofrecer señales para cualquier *ticker* en cualquier horizonte temporal. Ahora nos centramos en un grupo diferente de herramientas: los indicadores generales del mercado, que analizan el mercado en global, en vez de analizar valores específicos. Vale la pena seguirlos, ya que las tendencias del mercado en general son responsables de hasta la mitad del movimiento en los valores individuales.

Aunque hay docenas de indicadores generales del mercado, aquí no se ofrece un análisis enciclopédico de éstos: sencillamente compartiré las herramientas que me ayudan a operar. Usted puede usar las mismas herramientas u otras diferentes: escoja los que le llamen más la atención y testéelos con sus datos de mercado. Sólo podemos confiar en aquellos indicadores que hemos examinado con éxito.

■ 34. El índice nuevos máximos-nuevos mínimos (NH-NL)

Los valores que alcanzan su nivel más alto en un año en un día concreto son los líderes en fuerza. Los valores que caen a su punto más bajo del año el mismo día son los líderes en debilidad.

El índice nuevos máximos-nuevos mínimos (NH-NL) sigue el comportamiento de los líderes del mercado restándole el número de nuevos mínimos al número de nuevos máximos. En mi propia experiencia, el NH-NL es el mejor indicador adelantado en los mercados de valores.*

Cómo construir el NH-NL

El índice nuevos máximos-nuevos mínimos es fácil de calcular usando la información que aparece en muchas fuentes en línea y en periódicos importantes.

$$NH\text{-}NL = \text{nuevos máximos-nuevos mínimos}$$

La mayor parte de servicios de datos en Estados Unidos informa diariamente sobre la cifra del índice NH-NL, pero es chocante cuán a la ligera define sus datos. Algunos se limitan demasiado y sólo siguen los valores de la Bolsa de Nueva York, pasando por alto otros mercados. Otros son demasiado inclusivos y hacen seguimiento de todo, incluyendo tipos de interés de fondos cotizados (ETF). Mi fuente favorita de datos fiables es www.barchart.com. Yo tomo los datos de dicha página, resto los nuevos mínimos a los nuevos máximos y trazo el resultado por debajo del gráfico diario de S&P 500.

La tarea de construir el NH-NL es más difícil para los *traders* fuera de Estados Unidos, en países en que no se informa de estos datos. Ahí uno debe programar un poco. Primero, escanee diariamente la base de datos de todos los valores de su país para encontrar aquellos que han alcanzado su mayor máximo y su menor mínimo del año en ese día. Una vez tenga esa lista, emplee la fórmula anterior y aplíquela a los números que ha encontrado.

Los días en que se dan más nuevos máximos que nuevos mínimos, el NH-NL es positivo y se traza por encima del eje. Los días en que se dan más nuevos mínimos que nuevos máximos, el NH-NL es negativo y se traza por debajo del eje. Si el número de nuevos máximos y nuevos mínimos es el mismo, el NH-NL es cero. Generalmente trazamos el índice nuevos máximos-nuevos mínimos como una línea, con una línea de referencia horizontal en el nivel cero.

Cuando trace el NH-NL por debajo del S&P 500, tenga en cuenta que tiene un alcance mucho más amplio que el S&P: el NH-NL incluye información sobre el NYSE, AMEX y NASDAQ, excluyendo solamente los fondos cotizados (ETF), los fondos de inversión unitarios (UIT), los fondos cerrados, los *warrants* y las acciones preferentes. El gráfico de S&P 500 sólo se usa para poder comparar.

Psicología colectiva

Los valores aparecen en la lista de nuevos máximos cuando llegan a su máxima fuerza en un año. Esto significa que unos cuantos alcistas entusiastas están corriendo tras las acciones. Los

---

* En 2012 escribí un libro electrónico con Kerry Lovvorn acerca del índice nuevos máximos-nuevos mínimos. Cada noche publicamos actualizaciones de sus señales en SpikeTrade.com.

valores aparecen en la lista de nuevos mínimos cuando llegan a su punto más débil en un año, mostrando que una multitud de bajistas está vendiendo estas acciones.

El índice de nuevos máximos-nuevos mínimos compara el número de valores más fuertes y de valores más débiles en el mercado. Muestra el equilibrio de fuerzas entre los líderes en fuerza y los líderes en debilidad.

Se puede entender el conjunto de valores en la Bolsa de Nueva York, el NASDAQ o cualquier otro mercado como soldados en un regimiento. Los nuevos máximos y nuevos mínimos son sus oficiales. Los nuevos máximos son los oficiales en vanguardia atacando cuesta arriba. Los nuevos mínimos son oficiales desertores huyendo cuesta abajo.

La calidad del liderazgo es el factor clave de cualquier conflicto. Cuando estaba en la escuela de instrucción de oficiales, siempre nos decían que no existen soldados malos, sino oficiales malos. El índice nuevos máximos-nuevos mínimos muestra si hay más oficiales en vanguardia liderando el ataque cuesta arriba o más desertores huyendo cuesta abajo. Los soldados van adonde les guían sus oficiales. Los índices amplios, como el S&P 500, tienden a seguir la tendencia del NH-NL (figura 34.1).

Cuando el NH-NL sube por encima del eje, muestra que el liderazgo alcista es dominante. Cuando el NH-NL cae por debajo del eje, muestra que el liderazgo bajista está al mando. Si el mercado repunta hasta un nuevo máximo y el NH-NL escala hasta un nuevo pico, muestra que el liderazgo alcista está creciendo, por lo que es probable que continúe la tendencia al alza. Si el mercado repunta, pero el NH-NL se encoge, muestra que el liderazgo está perdiendo fuerza y la tendencia al alza está en peligro. Un regimiento cuyos oficiales comienzan a desertar probablemente se repliegue.

Un nuevo mínimo en el NH-NL muestra que la tendencia a la baja está bien liderada, por lo que es probable que persista. Si los oficiales corren más deprisa que sus hombres, es posible que el regimiento sea aplastado. Si las acciones caen, pero el NH-NL se vuelve hacia arriba, muestra que los oficiales han dejado de correr. Cuando los oficiales recobren la moral, es probable que el regimiento entero se recupere.

Reglas operativas relativas al NH-NL

Los *traders* deben prestar atención a tres aspectos del NH-NL: el nivel del NH-NL, por encima o por debajo de su eje; la tendencia del NH-NL; y las divergencias entre los patrones del NH-NL y de los precios.

El nivel cero del NH-NL

La posición del NH-NL en relación con su línea de eje muestra si los alcistas o los bajistas están al mando. Cuando el NH-NL está por encima del eje, muestra que más líderes del mercado son alcistas, no bajistas, y es mejor operar desde posiciones largas. Cuando el NH-NL está por debajo del eje, muestra que el liderazgo bajista es más fuerte, y que es preferible operar desde posiciones cortas. El NH-NL puede mantenerse por encima del eje durante meses seguidos en mercados alcistas, y por debajo del eje durante meses en mercados bajistas.

FIGURA 34.1   S&P 500 diario, MME de 26 y 13 días, Autoenvolvente, NH-NL diario (*Gráfico de TradeStation*).

NH-NL – Gráfico diario, análisis del pasado anual

Esta gráfica traza el NH-NL diario durante un año mayoritariamente alcista en el mercado de valores. Aun así, todas las tendencias alcistas son interrumpidas por retiradas. Los patrones de deterioro bajista del NH-NL, marcados aquí con flechas rojas en diagonal, nos avisan de los descensos que acaecerán. Estas señales emergen porque los oficiales comienzan a retirarse a la retaguardia antes de que los soldados se retiren.

Los descensos finalizan y las recuperaciones empiezan cuando el NH-NL repunta desde territorio negativo hacia el positivo, marcado aquí con círculos violeta. Esas señales funcionan especialmente bien cuando el S&P está en zona de sobreventa, por ejemplo, cerca de la línea de su canal inferior. Como de costumbre, los mensajes de oportunidad de inversión son especialmente fuertes cuando diferentes señales independientes se confirman entre sí.

Si el NH-NL permanece en negativo durante varios meses, para después repuntar por encima del eje, está dando la señal de que es probable que empiece un movimiento alcista. Es el momento de buscar oportunidades de compra, usando los osciladores para medir los tiempos con precisión. Si el NH-NL permanece en números positivos durante varios meses y entonces cae por debajo del eje, muestra que es probable que comience un movimiento bajista. Es el momento de buscar oportunidades de venta al descubierto, usando los osciladores para medir los tiempos con precisión.

Tendencias del NH-NL

Cuando el mercado se recupera y el NH-NL crece, se confirma la tendencia al alza. Cuando el NH-NL desciende junto con el mercado, confirma la tendencia a la baja.

1. Una subida del NH-NL muestra que es seguro aguantar en posiciones largas y añadir a éstas. Si el NH-NL desciende mientras el mercado en general está plano o se recupera, es el momento de recoger beneficios en las operaciones de posiciones largas. Cuando el NH-NL cae por debajo de cero, muestra que el liderazgo bajista es fuerte, y que es seguro aguantar en posiciones cortas, incluso añadir a éstas. Si el mercado sigue cayendo, pero el NH-NL sube, muestra que la tendencia a la baja no está bien liderada: es el momento de cubrir posiciones cortas.
2. Si el NH-NL sube en un día plano, está emitiendo un mensaje alcista, dando una señal de compra. Muestra que los oficiales están superando la cima enemiga mientras los soldados aún están agazapados en las trincheras. Cuando el NH-NL cae en un día plano, da la señal de vender al descubierto. Muestra que los oficiales están desertando mientras las tropas aún mantienen la formación. Los soldados no son tontos: si sus oficiales comienzan a huir, no van a quedarse y luchar.

Divergencias en el NH-NL

Si el último pico del mercado se ve confirmado por un nuevo máximo en el NH-NL, es probable que el repunte continúe, aunque se vea salpicado por algún descenso. Cuando un nuevo mínimo en el mercado está acompañado por un nuevo mínimo en el NH-NL, muestra que los bajistas están bien liderados y que es probable que la tendencia a la baja persista. En cambio, las divergencias entre los patrones del NH-NL y los índices generales del mercado muestran que los líderes están desertando y que es probable que las tendencias se inviertan.

1. Si el NH-NL traza un pico más bajo mientras el mercado repunta hasta un nuevo máximo, se da una divergencia bajista. Muestra que el liderazgo bajista está perdiendo fuerza, incluso cuando el mercado en general ha subido. Las divergencias bajistas, a menudo, marcan el final de las tendencias al alza, pero debe prestarse atención a la altura del segundo pico. Si sólo está ligeramente por encima de cero, en pocos centenares, probablemente haya una inversión importante al acecho, por lo que es tiempo de tomar posiciones cortas. Si, por otro lado, el último pico está en muchos centenares, muestra que el liderazgo alcista tiene la suficiente fuerza para impedir que el mercado caiga.
2. Si el mercado desciende a un nuevo mínimo, pero el NH-NL traza un suelo menos profundo que en el anterior descenso, se da una divergencia alcista. Muestra que el liderazgo bajista se está encogiendo. Si el último mínimo del NH-NL es superficial, en pocos centenares, muestra que el liderazgo bajista está agotado, y que se acerca una inversión al alza importante. Si el último mínimo se hunde mucho, entonces los bajistas aún tienen algo de fuerza, y

puede que la tendencia a la baja no se invierta, sino que haga una pausa. Tenga en mente que las divergencias alcistas en los suelos del mercado tienden a desarrollarse más rápido que las divergencias bajistas en las cimas del mercado: compre rápido y venda poco a poco.

El NH-NL en múltiples horizontes temporales y los períodos de análisis del pasado

Los mercados se mueven simultáneamente en diferentes horizontes temporales. Mi trabajo original sobre el NH-NL se centraba en los gráficos diarios analizando el pasado en períodos de un año: contar los valores que alcanzaron un nuevo máximo o un nuevo mínimo en el período de las últimas cincuenta y dos semanas. Desde entonces he añadido diversas dimensiones para llegar a un conocimiento más profundo de este indicador clave.

El NH-NL semanal

El NH-NL semanal nos ayuda a confirmar las tendencias importantes del mercado de valores, así como a identificar inversiones de tendencia importantes. Lo construyo a partir de los datos diarios de barchart.com, sitio mencionado antes, usando el total de movimientos para cinco días. Trazo el resultado debajo del gráfico semanal de S&P 500.

El NH-NL semanal emite sus señales más importantes cuando alcanza niveles extremos, y también con las divergencias. Para entender su lógica, recuerde cómo se construye el NH-NL. Por ejemplo, si el NH-NL semanal sube hasta un nivel de +1.500, esto significa que en cada uno de los últimos cinco días de negociación ha habido, de media, trescientos nuevos máximos más que nuevos mínimos. Se requiere un período al alza o a la baja sostenido para empujar el NH-NL hasta el extremo.

Éstas son las señales más importantes del NH-NL semanal:

- Cuando cae por debajo de cuatro mil puntos negativos, para después recuperarse por encima de ese nivel, está emitiendo una señal de compra importante.
- Cuando el NH-NL semanal sube por encima de dos mil quinientos puntos positivos, confirma los mercados alcistas.
- Cuando los techos o los suelos del NH-NL semanal divergen de los patrones de precios, están señalando hacia inversiones de tendencia importantes.

Una caída por debajo de -4.000 refleja un pánico insostenible en el mercado. Para caer tan bajo, el mercado debe generar una media de 800 nuevos mínimos diarios más que nuevos máximos durante cinco días seguidos. Un pánico así de masivo no va a durar. Cuando el NH-NL sube por encima de estos -4.000, está dando una señal de compra que yo llamo «aumento brusco» (*spike*). Es tan potente y efectiva, tanto en mercados alcistas como bajistas, que de ahí sale el nombre de nuestro grupo SpikeTrade. Esta señal solamente ha fallado una vez en varias décadas, como se podrá ver en el gráfico de la figura 34.2.

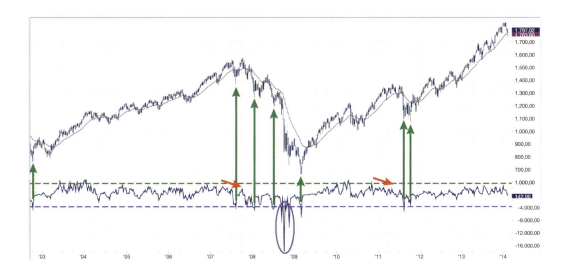

FIGURA 34.2   S&P 500 semanal, MME de 26 semanas, NH-NL semanal. Línea verde en +2.500, línea violeta en –4.000 (*Gráfico de TradeStation*).

NH-NL – Gráfico semanal

Cuando el NH-NL semanal cae por debajo de -4.000 y después sube por encima de dicho nivel, clava suelos importantes, marcados aquí con flechas verdes verticales. Este gráfico abarca once años, pues la señal funciona con mercados alcistas y bajistas. Sólo ha habido una excepción, en octubre y noviembre de 2008, durante el peor mercado bajista del siglo (marcado con un óvalo violeta). Que esto sea un recordatorio de que ninguna señal en el mercado funciona el cien por cien de las veces, lo que hace de la gestión de riesgos algo esencial para la supervivencia y el éxito.

Las flechas rojas en diagonal marcan divergencias alcistas importantes. El NH-NL semanal tocando el nivel de +2.500 confirma mercados alcistas, y anuncia precios futuros más altos, aunque se vean interrumpidos por alguna corrección.

Cuando el NH-NL semanal sube hasta el nivel +2.500, se confirma un mercado alcista. Este indicador nunca sube tan alto durante los repuntes en mercados bajistas. Cuando se observa por encima de ese nivel, se sabe que se está en un mercado alcista, con probables precios futuros más elevados.

El NH-NL de 65 y de 20 días

Una de las grandes innovaciones en el análisis con nuevos máximos-nuevos mínimos en los últimos años fue la adición de dos nuevas ventanas de análisis del pasado: de 20 y de 65 días. Mientras que el NH-NL diario normal compara los máximos y mínimos de cada día con el rango de máximos y mínimos del año anterior, el NH-NL de 20 días sólo los compara con el mes anterior, y el NH-NL de 65 días con el trimestre anterior. Estas visiones a más corto plazo del NH-NL son útiles para medir los tiempos a corto plazo.

Estas dos nuevas ventanas temporales ofrecen señales más sensibles que el NH-NL estándar de un año. La lógica es simple: antes de que un valor alcance un nuevo máximo anual, debe alcanzar un nuevo máximo mensual o trimestral. Si un valor ha estado en una tendencia a la baja, le puede llevar mucho tiempo recuperarse y alcanzar un nuevo máximo anual, aunque puede alcanzar máximos mensuales y trimestrales mucho antes.

Además de las señales habituales, como las tendencias y las divergencias, se da una señal de compra a corto plazo muy intensa cuando el NH-NL de 20 días cae por debajo de quinientos puntos negativos para después recuperarse por encima de ese nivel. Muestra que el mercado ha tocado y rechazado un extremo bajista a corto plazo; normalmente, después lanza un repunte a corto plazo. A esta señal la llamamos «rebote *spike*» o «rebote en un aumento brusco» (*véase* capítulo 54).

Hacer un seguimiento de los líderes del mercado con la ayuda del NH-NL nos ayuda a medir los tiempos mejor. Hay dos maneras de usar las señales de nuevos máximos-nuevos mínimos. En primer lugar, dado que los valores individuales dependen en gran medida de las tendencias generales del mercado, podemos usar las señales del NH-NL para decidir cuándo comprar o vender valores. Además, podemos usar las señales del NH-NL para negociar con vehículos que siguen el mercado general, como los futuros S&P e-mini.

35. Acciones por encima de la media móvil de cincuenta días

Este indicador general del mercado se basa en conceptos clave sobre los precios y las medias móviles (figura 35.1). Cada precio representa un consenso momentáneo de valor entre los participantes en el mercado, mientras que la media móvil representa un consenso promedio de valor durante su horizonte temporal. Esto significa que cuando unas acciones se negocian por encima de su MM, el consenso de valor actual está por encima de la media: es alcista. Cuando unas acciones se negocian por debajo de su MM, el consenso de valor actual está por debajo de la media: es bajista.

Cuando el mercado lleva una tendencia al alza, el porcentaje de acciones por encima de sus respectivas medias móviles crece y crece. En una tendencia a la baja generalizada, el número de acciones por encima de sus MM respectivas decrece continuamente.

Este indicador hace un seguimiento de todas las acciones negociadas en la Bolsa de Nueva York, el AMEX y el NASDAQ, calculando cuántos de éstos se están negociando por encima de sus medias móviles. Traza ese porcentaje como una línea que fluctúa entre el 0 y el 100 %. Podemos usar el patrón de esta línea para confirmar tendencias de mercado y anticiparnos a inversiones de tendencia.

El indicador para hacer seguimiento de los valores por encima de sus MM de 50 días está incluido en muchos paquetes de software. Me gusta observarlo en un gráfico semanal, donde

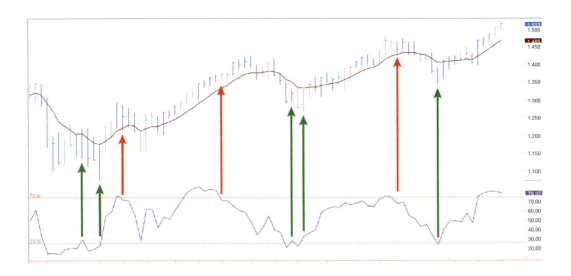

FIGURA 35.1 S&P 500 semanal y MM de 26 semanas; valores por encima de MM 50 con líneas de referencia al 75 y al 25% (*Gráfico de TradeStation*).

Valores por encima de la MM de 50 días

Cuando el indicador «valores por encima de la MM de 50 días» alcanza un extremo –por encima del 75 o por debajo del 25%– para después alejarse de ese nivel, muestra que la tendencia a medio plazo ha alcanzado, probablemente, un punto de inflexión. Una inversión de este indicador emite una señal para el mercado en general: comprar cuando se vuelve creciente y vender cuando se vuelve decreciente. En la última parte de 2013, mientras el mercado comenzó a subir sin casi ninguna retirada, comenzaron a darse señales de compra desde inversiones hacia arriba en niveles superiores al 25%. Estas señales no marcan cada inversión –ningún indicador lo hace– pero, cuando emiten la señal, es mejor prestarle atención.

es de ayuda para capturar inversiones de tendencia intermedias: giros en el mercado que auguran tendencias que pueden durar desde varias semanas a varios meses. No es necesario mirar este indicador a diario, pero puede ser una parte importante de las tareas para el fin de semana.

En teoría, la lectura más alta posible de este indicador es del 100%, si todos los valores repuntasen por encima de sus respectivas MM. La lectura más baja posible, del 0%, se daría si todos los valores cayesen por debajo de sus respectivas MM. En la práctica, sólo algunos movimientos excepcionales en el mercado lo hacen oscilar cerca de los extremos del 90 o del 10%. Generalmente, este indicador tiende a tocar techo cerca del 75%, y fondo cerca del 25%. Yo trazo dos líneas de referencia en el gráfico al 75 y al 25%, y comienzo a buscar el cambio en el mercado cuando este indicador se aproxima a dichos niveles.

El porcentaje de valores por encima de su MM de 50 días da señales de oportunidad de inversión, no cuando llega a ciertos niveles, sino cuando se invierte cerca de dichos niveles. Esto señala que se ha llegado a una cima escalando hasta, o pasada, la línea superior de referencia, y después hundiéndose bajo esa misma línea. Señala que se ha formado un fondo cuando cae por debajo o cerca de la línea de referencia inferior para después dar un giro y subir.

Nótese que las cimas de este indicador tienden a ser amplias, mientras que sus suelos son más puntiagudos. Las cimas se forman a causa de la codicia, que es una emoción feliz que dura más. Los suelos se forman a causa del miedo, que es una emoción más intensa pero también más breve.

Mientras que algunas de las señales de este indicador son puntuales a la hora de capturar inversiones de tendencia, otras sólo marcan pausas temporales en tendencias importantes. Sea esto un recordatorio de que nunca se debe confiar exclusivamente en un único indicador para tomar decisiones de inversión. Utilice herramientas múltiples: cuando las respectivas señales se confirman entre sí, están reforzándose.

36. Otros indicadores del mercado de valores

Sólo un reducido número de indicadores del mercado ha soportado el duro examen del tiempo. Muchos que fueron populares en décadas pasadas han sido barridos por la ola de nuevos vehículos de inversión. El índice nuevos máximos-nuevos mínimos y el indicador de valores por encima de su MM de 50 días, estudiados anteriormente, siguen funcionando gracias a su lógica clara. En adelante se detallan algunos indicadores más. Cualesquiera que sean las herramientas que escoja, asegúrese de entender cómo funcionan y qué miden exactamente. Seleccione unos pocos y sígalos con regularidad, hasta llegar a confiar en sus señales.

Avance/retroceso

La Línea Avance/Retroceso (LAR) hace un seguimiento del nivel de participación masiva en las recuperaciones y en los descensos. Cada día suma el número de valores que han cerrado al alza y resta el número de valores que han cerrado a la baja.

Mientras que el índice industrial Dow Jones sigue el comportamiento de los generales, y el índice nuevos máximos-nuevos mínimos se centra en los oficiales, la LAR muestra si los soldados están siguiendo a sus líderes. Es más probable que un repunte persista si la LAR sube hasta un nuevo máximo, mientras que es más posible que un descenso se profundice si la LAR cae a un nuevo mínimo en sintonía con el Dow.

La LAR se basa en los precios de cierre del día de cada valor en cualquier mercado: se toma el número de valores al alza, se le resta el número de valores a la baja, y se ignoran los valores que no han variado. El resultado será positivo o negativo, dependiendo de si ha habido más valores al alza o a la baja durante la sesión. Por ejemplo, si se han negociado 4.000 valores, han subido 2.600, han bajado 900 y 500 han permanecido inalterados, entonces el Avance/Retro-

FIGURA 36.1   S&P 500 diario y Línea Avance/Retroceso (*Gráfico de StockCharts.com*).

La Línea Avance/Retroceso

Los cambios en este indicador generalmente coinciden con los cambios en los precios, aunque en algunas ocasiones los preceden. Esta capacidad de dar señales de alerta temprana hace que valga la pena seguir la LAR. En el área A, los precios están cerca del fondo y forman un nuevo mínimo, mientras que la tendencia al alza de la LAR anuncia una recuperación. En el área B se da el caso contrario: los precios empujan hacia arriba, mientras que un giro en negativo de la LAR anuncia una caída. En el área C, los precios siguen declinando, mientras que la LAR se vuelve hacia arriba anunciando una recuperación. Estas alertas no se dan en cada punto de inflexión.

ceso es igual a +1.700 (2.600-900). Se añade el valor Avance/Retroceso de cada día al total del día anterior para crear una LAR acumulada (figura 36.1).

Los *traders* deberían estar atentos a nuevos picos y valles en la LAR, no a sus niveles absolutos, que dependen de la fecha de inicio. Si un nuevo máximo en el mercado de valores va acompañado de un nuevo máximo en la LAR, muestra que el repunte tiene un amplio soporte y que es probable que continúe. Los repuntes y los descensos con bases amplias tienen más poder de permanencia. Si el mercado de valores alcanza un nuevo pico, pero la LAR consigue un pico inferior al que alcanzó en el repunte anterior, muestra que menos acciones están participando, y que puede que el repunte esté llegando a su fin. Cuando el mercado cae a un nuevo mínimo, pero la LAR traza un fondo menos profundo que durante el descenso anterior, indica que el descenso se está reduciendo y que el movimiento bajista está llegando a su fin. Estas señales suelen preceder las inversiones de tendencia en semanas, e incluso en meses.

El indicador **Most Active Stocks** (MAS, valores más activos) es una Línea Avance/Retroceso de los quince valores más activos en la Bolsa de Nueva York. En el pasado solía mencionarse en muchos periódicos. Los valores aparecían cuando llamaban la atención del público. El MAS era un indicador de las grandes fortunas: mostraba si las grandes fortunas iban al alza o a la baja. Cuando la tendencia del MAS divergía de las tendencias de los precios, era más que probable que el mercado experimentase una inversión de tendencia.

Casi nadie, a día de hoy, usa el indicador conocido como **TRIN,** que era suficientemente importante para tener su propio capítulo en *Vivir del trading* original. Muy poca gente sigue otro indicador que fue popular en el pasado, llamado **TICK.** Los libros antiguos sobre la bolsa están llenos de indicadores fascinantes, pero uno debe ir con mucho cuidado al emplearlos hoy en día. Los cambios en el mercado durante años han acabado con muchos indicadores.

Los indicadores basados en el volumen de **valores de precios bajos** perdieron su utilidad cuando el volumen promedio del mercado de valores estadounidense se disparó y el Dow se multiplicó por diez. El **Member Short Sale Ratio** y el **Specialist Short Sale Ratio** dejaron de funcionar después de la popularización de las opciones. Las ventas al descubierto por agentes bursátiles y por especialistas están, a día de hoy, ligadas al arbitraje intermercados. Las estadísticas de **lotes incompletos** perdieron su valor cuando los pequeños accionistas conservadores compraron fondos de inversión mobiliaria. La **ratio de ventas al descubierto de lotes incompletos** dejó de funcionar cuando los especuladores descubrieron las opciones de venta *put*.

■ 37. Indicadores de consenso y de compromiso

La mayoría de *traders* por cuenta propia se callan sus opiniones para sí mismos, pero los periodistas financieros, escritores de boletines y blogueros las vierten cual bocas de incendio. Algunos escritores pueden ser muy brillantes, pero la prensa financiera en conjunto tiene un pobre historial a la hora de medir los tiempos de los mercados.

Los periodistas financieros y los escritores de boletines suelen permanecer demasiado tiempo en las tendencias y se les escapan los puntos de inflexión. Merece la pena operar en su contra cuando estos grupos se vuelven especialmente alcistas o bajistas.

En el negocio editorial, rige la regla del «¿dónde va Vicente? Donde va la gente». El puesto de trabajo de periodistas y asesores puede verse amenazado en caso de que exprese una opinión que difiera demasiado de la de su grupo. Quedarse solo da miedo, la mayoría de nosotros prefiere permanecer en compañía. Cuando los periodistas financieros y escritores de boletines alcanzan un nivel alto de consenso alcista o bajista, es señal de que la tendencia ha durado tanto que el punto de inflexión está cerca.

Los indicadores de consenso, también conocidos como indicadores de opinión contraria, no sirven para medir los tiempos con precisión, pero sí que llaman la atención sobre el hecho de que una tendencia esté cerca de su nivel de agotamiento. Cuando vea este mensaje, pase a los indicadores técnicos para medir los tiempos de la inversión de tendencia con mayor precisión.

Una tendencia puede continuar tanto tiempo como alcistas y bajistas permanezcan en conflicto. Las inversiones de tendencia vienen precedidas de un alto nivel de consenso. Cuando el público se vuelva muy alcista, prepárese para vender, y cuando se vuelva muy bajista, esté listo para comprar. Ésta es la teoría de la opinión contraria, cuyos fundamentos fueron establecidos por el abogado escocés Charles Mackay. Su libro clásico, *Delirios multitudinarios: la manía de los tulipanes y otras famosas burbujas financieras* (1841), describe la infame fiebre holandesa por los tulipanes y la burbuja de los mares del sur, en Inglaterra. Humphrey B. Neill, en Estados Unidos, aplicó la teoría de la opinión contraria a las acciones y en otros mercados financieros. En su libro, *The Art of Contrary Thinking*, dejó claro por qué la mayoría debe estar equivocada en los puntos de inflexión del mercado: los precios quedan establecidos por el público, y en el momento en que la mayoría ya se ha vuelto alcista, no quedan suficientes nuevos compradores para mantener el mercado alcista.

Abraham W. Cohen es un antiguo abogado de Nueva York a quien conocí a principios de la década de 1980. Se le ocurrió la idea de hacer encuestas entre los asesores de mercado y usar sus respuestas como aproximación a todos los *traders* en conjunto. Cohen era un escéptico que pasó muchos años en Wall Street y vio cómo los asesores, como grupo, no conseguían un mejor rendimiento que el público del mercado en general. En 1963 estableció un servicio llamado Investors Intelligence para hacer seguimiento de los escritores de boletines. Cuando la mayoría era bajista, Cohen identificaba una oportunidad de compra. Las oportunidades de venta venían marcadas por un fuerte alcismo entre los escritores de boletines. Otro escritor, James H. Sibbet, aplicó esta teoría a las materias primas, estableciendo un servicio de asesoría llamado Market Vane.

Hacer seguimiento de las opiniones de la industria asesora

Los escritores de boletines siguen tendencias por miedo a perder suscriptores si se pierden movimientos importantes. Además, el alcismo ayuda a conseguir suscripciones, mientras que los comentarios bajistas matan el deseo de los suscriptores. Incluso en los mercados bajistas, pocas veces vemos más bajistas que alcistas entre los asesores durante más de unas pocas semanas.

Cuanto más dura una tendencia, más alto la anuncian los escritores de boletines. Están en la cima del alcismo cuando se está en la cima del mercado, y en la cima del bajismo cuando se está en el fondo del mercado. Cuando la mayoría de escritores de boletines se vuelve muy alcista o bajista, es buena idea buscar operaciones en el sentido contrario.

Algunos asesores son muy buenos con las ambigüedades. La persona que habla en dos direcciones a la vez puede reivindicar que estaba en lo cierto, independientemente de cómo haya ido el mercado, aunque los editores de los servicios de seguimiento tienen una larga experiencia identificando a este tipo de lagartos.

Cuando salió *Vivir del trading* original sólo había dos servicios de seguimiento de opiniones de asesoría: Investors Intelligence y Market Vane. En los últimos años se ha producido un gran interés por la economía conductual, por lo que hoy muchos servicios hacen seguimiento de los asesores. Mi recurso favorito es SentimenTrader.com, cuyo eslogan es «Análisis por encima de las emociones». Jason Goepfert, su editor, hace un gran trabajo de seguimiento del sentimiento colectivo en el mercado.

Las señales de la prensa

Para entender a todo grupo de personas, primero debe conocerse qué desean y qué temen sus miembros. Los periodistas financieros quieren parecer serios, inteligentes e informados; tienen miedo de aparentar ser ignorantes o raros. Ésa es la razón por la que es normal que naden entre dos aguas y presenten diversas facetas de cada tema. Los periodistas están a salvo mientras escriban cosas como: «La política monetaria está a punto de empujar los mercados al alza, a menos que factores no previstos lo presionen a la baja».

La contradicción interna es el pan de cada día en el periodismo financiero.* La mayoría de editores financieros son incluso más cobardes que sus escritores. Publican artículos que se contradicen, y a esto lo llaman «presentar una visión equilibrada».

Por ejemplo, una edición de una revista de negocios muy importante contenía un artículo titulado «Los vientos de la inflación soplan algo más fuerte» en la página 19. Otro artículo, en la página 32 del mismo número, llevaba por título «Por qué el miedo a la inflación es sólo eso, miedo». Es necesario que se dé una tendencia potente y duradera para hacer que los periodistas y editores salgan de sus escondites. Esto sólo se da cuando una ola de optimismo o de pesimismo barre el mercado, ya cerca del final de una tendencia importante. Cuando los periodistas comienzan a expresar opiniones muy alcistas o bajistas, la tendencia está a punto para revertirse.

Éste es el motivo por el cual las portadas de las revistas de negocios importantes sirven como indicadores a la contra. Cuando una revista de negocios líder saca a un alcista en su portada, normalmente es un buen momento para recoger beneficios en las posiciones largas, y cuando un bajista adorna la portada, el fondo no puede quedar muy lejos.

---

* Y no solamente en el periodismo: en 2013 tres académicos compartieron el premio Nobel de economía. El trabajo de uno de ellos mostraba que el mercado es eficiente y no se le pueden medir los tiempos; el trabajo de otro mostraba que el mercado es irracional y se le pueden medir los tiempos. Escoja su opción y espere al premio del año que viene.

Las señales de los anunciantes

Un grupo de tres o más anuncios promocionando la misma «oportunidad» en un periódico o revista importante es un aviso de una cima inminente. Esto se debe a que sólo una tendencia al alza bien establecida puede atravesar la inercia de varias agencias de bolsa. Para cuando todas ellas han reconocido una tendencia, han hecho sus recomendaciones de inversión, producido los anuncios y los han puesto en un periódico, la tendencia ya es realmente antigua.

Los anuncios en la página de materias primas de *The Wall Street Journal* excitan los apetitos alcistas de los *traders* menos informados. Esos anuncios casi nunca recomiendan vender: es difícil hacer que los principiantes se emocionen vendiendo al descubierto. Nunca se encuentran anuncios para una inversión con precios bajos. Cuando, el mismo día, tres o más anuncios ofrecen oro o plata, es el momento de mirar a los indicadores técnicos en busca de señales de venta.

En la última década ha aparecido una nueva estirpe de promotores más maligna: gracias a Internet, los operadores *pump and dump** han migrado a la red. Estos timadores que pregonan los valores de menos de un dólar saben que tienen que esperar a tendencias al alza para engañar a sus víctimas. Siempre que mi correo basura recibe una cantidad más grande de lo normal de anuncios promocionales significa que la cima no puede estar muy lejos (figura 37.1).

Los compromisos de los *traders* de futuros

Las agencias gubernamentales y los mercados de valores compilan estadísticas sobre compras y ventas por parte de varios grupos de *traders*, y publican informes resumiendo sus posiciones respectivas. Merece la pena operar en el mismo sentido que los grupos que tienen un historial de éxito, y en contra de los que tienen historiales de fracasos continuos.

Por ejemplo, la Comisión del Comercio en Futuros sobre Mercancía (CFTC) informa de posiciones cortas y largas por parte de los operadores coberturistas y de los grandes especuladores. Los coberturistas –productores comerciales y consumidores de materias primas– son los participantes en el mercado con mayor éxito. La Comisión del Mercado de Valores (SEC) informa de las compras y ventas por parte de *insiders* corporativos. Los directivos de empresas cotizadas saben cuándo comprar o vender sus acciones.

Las posiciones de los grandes operadores de futuros, incluyendo la de los fondos de cobertura (más conocidos por su forma inglesa, *hedge funds*), se deben reportar a la CFTC cuando su tamaño alcanza los conocidos como **niveles de reporte.** En el momento en que se escriben estas líneas, la CFTC clasifica como *gran especulador* a cualquiera que tenga posiciones largas o cortas por 250 contratos de maíz o 200 contratos de oro. Los agentes informan de tales posiciones a la CFTC, que compila los datos y publica informes cada viernes.

---

* *Pump and dump* se refiere al ardid en que algunos especuladores inician rumores falsos para que el precio de un valor suba y así poder venderlo en beneficio propio. La estratagema inversa es conocida como *poop and scoop*. (N. del T.)

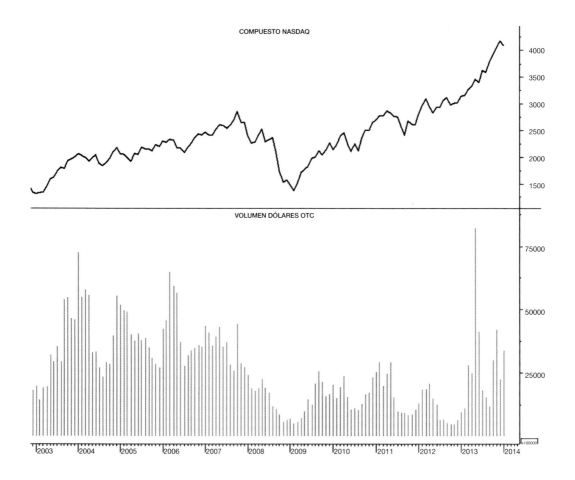

FIGURA 37.1 Valor total mensual en dólares de acciones OTC (*Cortesía de SentimenTrader.com*).

El dinero fluye hacia las acciones de menos de un dólar cuando el mercado va al alza, pero se agota cuando va a la baja. Esto se ve reflejado en los informes mensuales de volumen de acciones de menos de un dólar en el NASDAQ. Después de que los mercados alcancen nuevos máximos y las noticias sean buenas, el volumen a menudo sube bruscamente para estos valores «boleto de lotería». Cuando el mercado de valores cae en picado, el volumen se agota.

La CFTC también establece el número máximo de contratos que se permite poseer en un mercado determinado por especulador, conocido como **límite de posiciones.** Estos límites se establecen para evitar que grandes especuladores acumulen posiciones tan grandes que puedan coaccionar a los mercados.

La CFTC divide a todos los participantes en el mercado en tres grupos: comerciales, grandes especuladores y pequeños especuladores. Los operadores **comerciales,** también conocidos como **coberturistas,** son empresas o individuos que tratan con las materias primas en el curso normal de sus negocios. En teoría, operan en futuros para cubrir riesgos empresariales. Por ejemplo, los bancos operan en futuros sobre los tipos de interés para cubrir su cartera de préstamos, mientras que las empresas agroalimentarias operan en futuros sobre el trigo para compensar los riesgos de comprar grano. Los coberturistas anuncian márgenes más pequeños y están exentos de los límites de posiciones especulativas.

Los **grandes especuladores** son aquellos cuyas posiciones han alcanzado los niveles de reporte. La CFTC informa de las compras y ventas por parte de comerciales y grandes especuladores. Para conocer las posiciones de los **pequeños *traders*,** uno debe tomar las posiciones abiertas y restar las posiciones de los primeros dos grupos.

La división entre coberturistas, grandes especuladores y pequeños especuladores es algo artificial. Los pequeños *traders* inteligentes acaban siendo *traders* grandes, los grandes *traders* tontos acaban siendo *traders* pequeños, y muchos coberturistas especulan. Algunos participantes en los mercados hacen trampas para distorsionar los informes de la CFTC. Por ejemplo, un conocido que es propietario de una agencia de corredores a veces registra a sus clientes ricos, especuladores, como coberturistas, alegando que operan en el índice bursátil y en futuros sobre bonos para cubrir sus carteras de valores y bonos.

Los comerciales pueden especular legalmente en el mercado de futuros usando información confidencial. Algunos son suficientemente grandes para usar el mercado de futuros contra el mercado de contado y a la inversa. Por ejemplo, una petrolera puede comprar futuros sobre petróleo sin refinar, desviar varios buques cisterna y mantenerlos lejos de la costa para ahogar la oferta y empujar los precios de los futuros hacia arriba. Puede recoger beneficios sobre posiciones largas, vender al descubierto y entonces hacer que lleguen diversos buques cisterna a la vez a las refinerías para empujar los futuros sobre el crudo un poco hacia abajo y cubrir posiciones cortas. Estas manipulaciones son ilegales; la mayoría de empresas niega con vehemencia que esto tenga lugar.

Como grupo, los comerciales tienen el mejor historial en los mercados de futuros. Poseen información confidencial y están bien financiados. Vale la pena seguirlos, ya que acaban ganando a largo plazo. Los grandes especuladores solían ser individuos exitosos muy ricos que tomaban riesgos calculados con su propio capital. Esto ha cambiado, y hoy en día la mayoría de grandes especuladores son fondos de inversión en materias primas. Estos gigantes seguidores de tendencias rinden poco, considerados como grupo. Las masas de pequeños *traders* son los proverbiales *Wrong Way Corrigan** de los mercados.

No basta con saber si un grupo en concreto está en posiciones largas o cortas. Los comerciales a menudo venden futuros al descubierto porque muchos poseen las materias primas físicamente. Los pequeños *traders*, generalmente, toman posiciones cortas, reflejando su optimismo

---

* Douglas Corrigan, de apodo *Wrong Way* («dirección equivocada») fue un aviador estadounidense que en 1938 hizo un vuelo desde Nueva York a Irlanda, en vez de volar a California como estaba planeado, alegando que fue un error de navegación. *(N. del T.)*

perenne. Para sacar conclusiones válidas de los informes de la CFTC, uno debe comparar las posiciones presentes con los valores históricos.

Insider trading legal

Los directivos y accionistas en Estados Unidos que tienen más de un 5 % de las acciones de una empresa que cotiza en bolsa debe informar de sus compras y ventas a la Comisión de Valores y Mercados estadounidense. La SEC tabula las compras y ventas por parte de *insiders*, y da a conocer estos datos al público.

Los *insiders* corporativos tienen un largo historial de comprar acciones cuando están baratas y de venderlas caras. La compra por *insiders* aparece después de varias caídas del mercado, y las ventas por *insiders* se aceleran cuando el mercado repunta y entra en precios excesivos.

La compra o venta por parte de un único *insider* no tiene importancia: un ejecutivo puede vender acciones para pagar gastos personales importantes, o comprarlas para ejercer sus derechos sobre opciones (más conocidos como *stock options*). Analistas que han investigado el *insider trading* legal han concluido que la compra y venta por parte de *insiders* sólo es significativa cuando más de tres ejecutivos o grandes accionistas han comprado o vendido en el mismo mes. Estas acciones revelan que algo muy positivo o muy negativo está a punto de ocurrir. Es probable que unas acciones suban cuando tres *insiders* compran en un mismo mes, y que caigan cuando tres *insiders* vendan en un mismo mes.

Los grupos de compras por parte de *insiders* suelen tener mayor valor predictivo que los grupos de ventas. La razón de esto es que los *insiders* están dispuestos a vender acciones por muchas razones (diversificación, para comprar una segunda residencia, para pagar los estudios de un hijo o hija) pero están dispuestos a comprar, básicamente, por una razón: porque esperan que las acciones de su empresa suban.

Posiciones de venta al descubierto abiertas

Mientras que el número de contratos de futuros y de opciones que se tienen en posiciones cortas y largas es igual por definición, en el mercado de acciones siempre existe una disparidad enorme entre los dos campos. La mayoría de personas, incluidos los gestores de fondos profesionales, compran acciones, pero muy pocas las venden al descubierto.

Entre los datos sobre los que los mercados de valores informan está el número de acciones que están siendo vendidas al descubierto para todas las acciones. Dado que los números absolutos varían muchísimo, merece la pena ponerlos en perspectiva, comparando el número de acciones que se están vendiendo al descubierto con el número de acciones de su capital flotante (el número total de acciones cotizadas objeto de libre negociación). Este número, el **porcentaje de flotación al descubierto,** tiende a estar sobre el 1 o el 2 %. Otra manera útil de ver las posiciones cortas abiertas es compararlas con el volumen diario promedio. Haciendo esto estamos planteando una pregunta hipotética: si todos los operadores con posiciones cortas decidiesen cubrirse, mientras el resto de compradores se mantuviesen a un lado y el volumen diario permaneciese inalterado, ¿cuántos días tardarían en cubrirse y en que las posiciones

Apple Incorporated AAPL	$ 534,97 -1,00	Green Mountain Coffee Roasters GMCR	$ 119,74 0,34
Volumen diario de ventas al descubierto	ver	Volumen diario de ventas al descubierto	ver
Posiciones de venta al descubierto abiertas (acciones en corto)	16.538.900	Posiciones de venta al descubierto abiertas (acciones en corto)	32.931.300
Días para cubrirse (ratio de posiciones al descubierto abiertas)	0,9	Días para cubrirse (ratio de posiciones al descubierto abiertas)	15,1
Porcentaje de flotación al descubierto	1,86 %	Porcentaje de flotación al descubierto	25,76 %

FIGURA 37.2   Datos de ventas al descubierto de AAPL y GMCR (*Fuente: Shortsqueeze.com*).

Las posiciones al descubierto abiertas y los «días para cubrirse»

Compárese los datos de posiciones al descubierto abiertas para dos acciones populares mientras escribía este capítulo. El porcentaje de flotación al descubierto es del 1,86 % para Apple, Inc. (AAPL), pero de cerca del 26 % para Green Mountain Coffee Roasters, Inc. (GMCR). El «días para cubrirse» es de 0,9 días para AAPL, pero de cerca de 15 para GMCR. Estos números reflejan unas ventas al descubierto mucho más agresivas en el caso de GMCR. No debe olvidarse que todos y cada uno de los tomadores de esas posiciones cortas en algún momento tendrán que comprar para cubrir dichas posiciones cortas.

Quizá los tomadores de posiciones cortas astutos sepan algo muy malo sobre GMCR, pero, ¿qué pasaría si sus acciones repuntasen, ni que fuese un poco? Muchos bajistas correrían para cubrirse y, en medio de la confusión para cubrir sus posiciones cortas, las acciones podrían dispararse. Cualesquiera que sean sus perspectivas a largo plazo, podrían dispararse a corto plazo.

cortas abiertas bajasen hasta cero? Este número de «**días para cubrirse**» oscila, normalmente, entre uno y dos.

Cuando se está planeando comprar o vender unas acciones, merece la pena comprobar su porcentaje de flotación al descubierto y los días para cubrirse. Si estos parámetros son elevados, muestran que el lado bajista está sobrepoblado.

Un repunte puede asustar a los bajistas y hacer que busquen cubrirse en medio del pánico, y hacer que las acciones suban bruscamente. Eso sería bueno para los alcistas, pero malo para los bajistas.

El miedo es una emoción más fuerte que la codicia. Los alcistas pueden buscar gangas, pero intentando no pagar de más, mientras que los bajistas asfixiados, delante de pérdidas ilimitadas, pagarán cualquier precio para cubrirse. Ésta es la razón por la que los repuntes para cubrir ventas al descubierto tienden a ser especialmente bruscos.

Cuando esté buscando acciones para comprar, compruebe su porcentaje de flotación al descubierto y los «días para cubrirse». Las lecturas habituales, normales, no dan una información extraordinaria, pero las desviaciones de la norma, a menudo, ofrecen revelaciones útiles (figura 37.2).

Un número elevado de ventas al descubierto marca cualquier valor como peligroso, a la hora de venderlo al descubierto. Por extensión, si sus indicadores le sugieren que compre un valor, unas posiciones al descubierto abiertas elevadas se convierten en un factor positivo adicional: hay más combustible para un repunte. Tiene sentido, para los *swing traders*, incluir los datos sobre posiciones al descubierto cuando están escogiendo qué acciones, de entre unas cuantas, comprar o vender al descubierto.

Yo siempre reviso estos números cuando trabajo en una operación potencial.

SÉPTIMA PARTE

Sistemas de inversión

Un sistema es un conjunto de reglas para encontrar, entrar y salir de operaciones. Todo *trader* serio tiene uno o más sistemas. Puede compararse a un cirujano que tiene sistemas para realizar sus operaciones. No pierde tiempo ni energía decidiendo si pedir una anestesia, dónde cortar, o cómo encontrar el órgano enfermo. Sigue una rutina bien establecida, que le permite tener la libertad de pensar en cuestiones estratégicas, afinar su técnica o lidiar con otras complicaciones.

Algunas personas utilizan sistemas estrictamente definidos que dejan poco lugar al juicio personal: los conocemos como *traders* mecánicos. Otros utilizan sistemas que dejan mucho lugar a las decisiones personales: los llamamos *traders* discrecionales. Existe una discusión muy amplia sobre ajustar la propia personalidad a los diversos estilos de *trading* en el libro de Richard Weissman *Mechanical Trading Systems*. Sea cual sea el enfoque que escoja, la ventaja clave de cualquier sistema es que uno lo diseña con los mercados cerrados y en calma. Todo sistema se convierte en un ancla de conducta racional en medio de las turbulencias del mercado.

No hace falta decir que un buen sistema es un sistema por escrito. Esto es necesario, ya que es fácil olvidar algunos de los pasos esenciales cuando se está estresado por los mercados en directo. El doctor Atul Gawande, en su remarcable libro *El efecto Checklist*, presenta un caso convincente de la necesidad de usar listas de comprobación (*checklists*) para aumentar los niveles de rendimiento en un gran número de actividades exigentes, desde la cirugía al *trading*, pasando por la construcción.

El **trader** **mecánico** desarrolla un conjunto de reglas, las comprueba con datos históricos y después pone su sistema en piloto automático. Al ir hacia adelante, su software comienza a emitir órdenes de entrada, objetivos y *stops*; un *trader* mecánico se supone que debe llevar todo a cabo exactamente como se le muestra. Otra cosa es que siga este plan original o que intente retocar o hacer caso omiso de dichas señales, pero el sistema se supone que debe funcionar así.

Los principiantes se sienten aliviados por un sistema mecánico, ya sea suyo o comprado a un desarrollador, ya que le liberan del estrés de tomar decisiones. Por desgracia, las condiciones del mercado cambian continuamente, y los sistemas mecánicos, tarde o temprano, pierden la sincronización con el mercado y comienzan a generar pérdidas. El mercado no es un ente mecánico que siga las leyes de la física. Es un colectivo enorme de personas que actúa de acuerdo con las leyes imperfectas de la psicología de masas. Los métodos mecánicos pueden ser de ayuda, pero las decisiones de inversión deben tener en cuenta la psicología.

Los *traders* profesionales con sistemas mecánicos siguen monitorizando su rendimiento con ojos de halcón. Conocen la diferencia entre una bajada normal y un período en que el sistema pierde la sincronía y tiene que ser aparcado. ¡Los *traders* profesionales pueden permitirse usar un sistema mecánico precisamente porque son capaces de practicar el *trading* de manera discrecional! Un sistema mecánico es un plan de acción, pero siempre se requiere cierto nivel de juicio, incluso con los planes más fiables y mejores.

El **trader discrecional** se toma cada sesión en los mercados como si volviese a empezar. Suele examinar más factores que un *trader* mecánico, ponderándolos de manera diferente en momentos distintos, y estar más en sintonía con los cambios en el comportamiento actual de los mercados. Un buen sistema discrecional, aunque ofrezca un amplio nivel de libertad, debe incluir algunas reglas inviolables, especialmente referentes a la gestión del riesgo.

Ambos enfoques comportan ventajas y desventajas. En el lado de las ventajas, el *trading* mecánico puede ser emocionalmente menos tenso. Se diseña el sistema, se enciende y se sigue el curso normal de la vida sin estar pendiente de cada *tick*. Entre las desventajas se cuenta que estos mercados, como los seres vivos, cambian furtivamente de ritmo y de comportamiento respecto a cuando se diseñó el sistema.

La ventaja principal del *trading* discrecional es que se está abierto a nuevas oportunidades. Su mayor desventaja en el juicio de las personas tiende al error, bajo presión, cuando la codicia las altera o cuando sienten temor a causa de movimientos bruscos.

En mi experiencia personal, los *traders* mecánicos tienden a lograr resultados más regulares, pero los *traders* con más éxito usan métodos discrecionales. Su elección puede que dependa de su temperamento. Así es como tomamos algunas de las decisiones más importantes de nuestras vidas: dónde vivir, qué carrera profesional seguir, con quién casarnos. Nuestras elecciones clave surgen del centro más íntimo de nuestras personalidades, no del pensamiento racional. En el *trading*, la gente más tranquila y obsesiva tiende a gravitar en torno al *trading* mecánico, mientras que los tipos más aventureros se vuelven hacia el *trading* discrecional.

Paradójicamente, en los niveles más altos de rendimiento, ambos enfoques comienzan a converger. Los *traders* avanzados combinan los métodos mecánicos y discrecionales. Por ejemplo, un amigo que es un *trader* mecánico recalcitrante usa tres sistemas en su fondo de cobertura, pero va reequilibrando el capital asignado a cada uno de ellos. Mueve millones de dólares del sistema A al sistema B o C, y de vuelta otra vez. Dicho de otra forma, sus decisiones discrecionales amplifican su *trading* sistemático. Yo soy un *trader* discrecional, pero sigo diversas reglas estrictas que me prohíben comprar por encima de la línea del canal superior, vender por debajo de la línea del canal inferior, o comenzar operaciones en contra del sistema impulso (descrito más adelante). Estas reglas mecánicas reducen el número de malas operaciones discrecionales.

Gran parte de este libro trata del *trading* discrecional, pero puede usar las reglas descritas en él para el *trading* mecánico. He escrito este libro para ayudar a ambos tipos de *trader*.

38. Testeo de sistemas, simulación de inversiones y los tres requisitos clave de toda operación

Antes de operar con dinero real usando un sistema, deberá comprobarlo, tanto si lo ha desarrollado usted como si lo ha comprado de un desarrollador. Esto puede hacerse de dos maneras. Una es trabajando con datos históricos: aplicando las reglas del sistema a un tramo de datos históricos, generalmente de varios meses. La otra es testearlo hacia delante: operar en posiciones reducidas con dinero real. Los *traders* serios comienzan con el **testeo con datos históricos,** y si los resultados son prometedores, pasan al **testeo hacia delante;** si éste funciona, incrementan el tamaño de las posiciones gradualmente.

Estudiar listados de resultados históricos siempre es un buen comienzo, pero no permita que unas cifras bonitas le hagan sentir una falsa sensación de seguridad. La ratio de rentabilidad (ganancias/pérdidas), las rachas más largas de ganancias y pérdidas, la caída máxima y otros parámetros podrían parecer objetivos, pero los resultados pasados no garantizan que el sistema se sostenga en el mundo real del *trading*.

Puede que vea un listado muy atractivo, pero ¿qué pasa si, una vez ha comenzado a operar con dinero real, el sistema devuelve cinco pérdidas seguidas? No hay nada en las simulaciones sobre el papel que le haya preparado para eso, pero ocurre muy a menudo. Aprieta los dientes e inicia otra operación. Otra pérdida. Su caída se está haciendo más profunda, y entonces el sistema emite una nueva señal. ¿Iniciará la siguiente operación? De repente, un listado impresionante parece una caña muy delgada, para que de éste dependa el futuro de su cuenta.

Existe una industria artesanal de programadores que se gana la vida testeando sistemas con datos históricos. Algunos *traders*, demasiado desconfiados para relevar sus «métodos infalibles», precisan meses para aprender a usar software de testeo. Al final, sólo hay un tipo de testeo con datos históricos que nos prepara para operar: el testeo a mano. Es lento, requiere tiempo y no puede ser automatizado, pero es el único método que se aproxima a modelar la toma de decisiones real. Consiste en repasar datos históricos día a día, anotando escrupulosamente las señales de oportunidad de inversión para el día siguiente, y entonces pasar una barra adelante y registrar nuevas señales y operaciones para el día siguiente.

Comience descargándose los datos sobre precios diarios y volumen para su vehículo de inversión por un mínimo de dos años (para futuros pueden usarse contratos continuos). Abra un gráfico y, sin mirar, vaya de inmediato al principio del todo. Abra su hoja de cálculo, anote las reglas de su sistema al inicio de la página, y cree columnas para datos, precios y señales. Abra dos ventanas de su software de análisis: uno para su gráfico semanal y sus indicadores, y el otro para el gráfico diario. Las dos teclas más importantes en su teclado para testear son <Alt> y <Tab>, ya que le permiten cambiar de ventana y de programa.

A medida que vaya hacia adelante, día a día, las tendencias y los rangos de cotización comenzarán a desplegarse y a desafiarle. En este punto estará haciendo mucho más que testear un conjunto de reglas. Ir adelante de día en día pondrá a prueba y mejorará sus habilidades en la toma de decisiones. Este testeo *de-barra-en-barra* es muy superior a lo que se consigue con el software de testeo con datos históricos.

¿Cómo lidiará con las aperturas con huecos, cuando el mercado salta por encima de su nivel de orden de compra o cae por debajo de su *stop* con la campana de apertura? ¿Qué hay de los movimientos límite en los futuros? Ir día a día, anotando las señales y las decisiones tomadas le aproximará tanto como sea posible al *trading* real sin exponer su dinero a ningún riesgo. Le mantendrá centrado en el crudo borde derecho del mercado. Nunca obtendrá esto de un listado de un sistema de testeo. El testeo manual mejorará su capacidad no sólo de entender los mercados, sino también de tomar decisiones.

Si el testeo de-barra-en-barra muestra resultados positivos, comience a operar con dinero real en posiciones pequeñas. Hoy en día, con comisiones de corretaje tan bajas como de un dólar para comprar o vender cien acciones, pueden testearse indicadores y sistema arriesgando pequeñas cantidades. Asegúrese de llevar un buen registro, y si sus resultados con dinero real continúan siendo positivos, comience a incrementar el tamaño de sus operaciones. Hágalo paso a paso, hasta llegar al tamaño normal para sus operaciones.

Trading sobre papel

El *trading* simulado consiste en registrar sus decisiones de compra y venta, y hacer el seguimiento de éstas, como si fuesen operaciones reales, pero sin arriesgar dinero. Los principiantes puede que comiencen operando sobre papel, pero la mayoría de gente lo hace después de recibir unos cuantos palos de los mercados. Algunos incluso alternan entre las operaciones reales y las operaciones en papel, y no llegan a comprender por qué parece que pueden ganar dinero en las simulaciones, pero pierden cada vez que ejecutan una operación real. Existen tres razones.

Primero, la gente es menos emocional con las simulaciones, por lo que es más fácil tomar buenas decisiones cuando no se arriesga dinero. Segundo, en las simulaciones siempre se consigue una contrapartida perfecta, a diferencia de lo que sucede en el *trading* real. Tercero (lo más importante), las buenas operaciones muchas veces parecen oscuras cuando se están considerando. Las que parecen fáciles es más probable que lleven a problemas. Un principiante nervioso se lanza a las operaciones que parecen obvias y pierde dinero, pero en cambio se atreve con las operaciones en papel que presentan un mayor desafío. No hace falta decir que pasar de operaciones reales a operaciones en papel es una estupidez absoluta. O se hace una cosa o se hace la otra.

La psicología juega un papel importantísimo en el resultado final de sus operaciones; aquí es donde fallan las simulaciones en papel. La pretensión de estar practicando el *trading* sin arriesgar dinero es como navegar en un estanque: es de poca ayuda para preparar a uno para la navegación real en un mar tempestuoso.

Sólo existe una buena razón para hacer simulaciones en papel: para poner a prueba la disciplina, así como para testear sistemas.

Si puede descargarse sus datos al final de cada sesión, hacer sus deberes, anotar sus órdenes para el siguiente día, observar la apertura y registrar sus entradas, y después hacer un seguimiento de su mercado, cada día, ajustando sus objetivos de beneficios y sus *stops*, si puede hacer todo esto algunos meses seguidos, registrando sus acciones, sin saltarse un solo día, entonces tiene la disciplina para operar con dinero real. La persona impulsiva que hace *trading* para entretenerse no será capaz de operar en papel así, pues esto requiere un esfuerzo real.

Puede abrir una cuenta en diversos sitios diferentes para simular la práctica del *trading*. Dé sus órdenes, compruebe si se han disparado, y anote las contrapartidas. Anote todas las operaciones simuladas en su hoja de cálculo y en su diario de operaciones. Si tiene la fuerza de voluntad para repetir este proceso diariamente durante varios meses, entonces es que tiene la disciplina para lograr practicar el *trading* real como debe hacerse.

Aun así, no existe un sustituto para operar con dinero real, pues incluso las pequeñas sumas monetarias alteran las emociones más que cualquier operación en papel. Aprenderá mucho más de un pequeño número de operaciones reales que de meses de operar en papel.

En los últimos años he podido estar en primera fila, viendo a *traders* progresar del *trading* en papel al *trading* con dinero real sacando beneficios. En SpikeTrade.com ofrecemos descuentos en la cuota a los miembros que contribuyen con elecciones, para generar incentivos para que se realicen los deberes. La disciplina de presentar un plan de inversiones semanal, con entradas, objetivos y *stops*, hace que la gente cree el hábito de ser organizada y estar centrada. A medida que sus elecciones mejoran, comienzan a ganar bonificaciones por rendimiento en nuestras competiciones semanales. En ese punto, a veces recibo un correo electrónico que dice que, a pesar de ir bien en la competición, su *trading* por cuenta propia no va tan bien. Les digo que están en el camino correcto y que continúen así. Y tengo comprobado que algunos meses más tarde estas nuevas capacidades migran al *trading* real. Entonces quizá me escriban diciendo que su *trading* por cuenta propia va mejor que el rendimiento en la competición. «Claro –respondo–: ¡esto se debe a que prestan más atención a las operaciones con dinero real!».

Hablando de la configuración de operaciones, es esencial anotar todos los números relevantes antes de entrar en una operación. Se es más objetivo antes de exponer dinero alguno al riesgo; una vez dentro de una operación, se da la tentación de dar «más cuerda». Así es como los perdedores convierten pequeñas pérdidas en desastres. Una vez asesoré a un hombre que rechazó aceptar una pérdida de 200 dólares hasta que llegó a ser una debacle de 98.000 dólares.

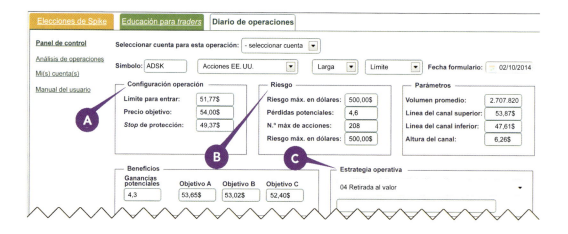

FIGURA 38.1   Tres requisitos clave para toda operación planeada (*Fuente: SpikeTrade.com*).

Ésta es una captura de pantalla de un plan operativo que diseñé unos días antes de escribir este capítulo (puede verse cómo lo implementé en el capítulo 55). Nótese que deben darse diversas características esenciales en toda operación:

A. Configuración de la operación. Anote los tres valores clave de toda operación: entrada, objetivo y stop. Antes de entrar en el mercado deberá decidir cuánto pagará, cuánto arriesgará y cuánto espera ganar. La ratio de beneficios potenciales-riesgo normalmente debería ser mayor de dos a uno. La única ocasión en que podemos desviarnos de esta regla es cuando las señales técnicas son especialmente fuertes. Nunca amañe su objetivo para que una operación que está en el borde pase a ser una operación aceptable. Su objetivo debe ser realista.
B. Gestión del riesgo. Decida por adelantado cuántos dólares está dispuesto a arriesgar en esta operación. Divida esa cifra por su riesgo por acción: la diferencia entre su entrada y su stop. Esto le dará el número de acciones con las que puede negociar.
C. Por último, pero no por ello menos importante, cada operación debe basarse en un sistema o estrategia específicos. ¡«Tiene buena pinta» no es un sistema! Es fácil emocionarse después de oír un rumor sobre unas acciones, o de ver una tendencia desbocada, pero los días de perseguir acciones como los perros jóvenes persiguen automóviles han pasado. Si quiere vivir del *trading*, deberá definir estos planes de inversión, estrategias o sistemas –llámelos como prefiera– y solamente entre en aquellas operaciones que cumplan con los criterios respectivos.

Nos centraremos en la gestión del riesgo y en la gestión del capital en un capítulo posterior, cuando discuta el concepto del *triángulo de hierro del control del riesgo*. Ahora sólo quiero dejar claro que la gestión del riesgo es la parte esencial de un *trading* serio. Olvide los días en que miraba al techo y decía: «Voy a operar con quinientas acciones», «Voy a negociar mil acciones», o cualquier otro número arbitrario. Más adelante en el libro aprenderá una fórmula simple para dimensionar sus operaciones, basada en su cuenta y en su tolerancia al riesgo.

En el momento de escribir esto, yo sigo tres estrategias para operar. Mi estrategia favorita es la falsa ruptura con divergencia. Mi segunda opción es la retirada al valor durante una tendencia potente, que es la estrategia mostrada en la operación de la pantalla (figura 38.1). Por último, de vez en cuando, busco el «fundido en el extremo»: apuesto por una inversión de tendencia cuando ésta ya no da más de sí. Cada una de estas estrategias tiene sus propias reglas, pero el factor principal es éste: sólo inicio operaciones que encajen en una de ellas. ¡Este perro viejo no persigue el primer automóvil que ve!

Los tres requisitos clave para cada operación

Existen tres ángulos esenciales desde los que se debe considerar cada operación que se planee. Los examinaremos brevemente aquí y después los desarrollaremos en los capítulos acerca de sistemas de inversión específicos y control del riesgo. La disciplina de estos tres requisitos es esencial para cualquiera que se tome el *trading* en serio.

39. El sistema de *trading* de triple pantalla*

Desarrollé este sistema y lo presenté por primera vez al público en abril de 1986, en un artículo para la revista *Futures*. Lo he estado usando desde 1985, y ha resistido el paso del tiempo. Sigo mejorándolo, añadiendo o cambiando características menores, pero su principio básico permanece inalterado: tomar decisiones de inversión usando una secuencia de horizontes temporales e indicadores.

La triple pantalla somete toda operación a tres test o filtros. Muchas operaciones que parecen atractivas de entrada son rechazadas después por alguno de los filtros. Las operaciones que pasan el test de la triple pantalla tienen muchas más probabilidades de éxito.

La triple pantalla combina indicadores de seguimiento de tendencias sobre gráficos a largo plazo con osciladores de contratendencia en gráficos a medio plazo. Utiliza técnicas especiales de entrada para comprar o para vender al descubierto, así como reglas estrictas de gestión del capital. La triple pantalla es más que un sistema de inversión: es un método, un estilo de *trading*.

Indicadores y osciladores de seguimiento de tendencias

Los principiantes, a menudo, buscan la bala mágica: un único indicador para ganar dinero. Si tienen suerte durante un tiempo, sienten que han descubierto la carretera real a la riqueza. Cuando

---

* Este sistema es conocido en castellano como *triple pantalla*, pero la traducción correcta sería *triple filtro*. Mantendremos el nombre para evitar confusiones, ya que su uso está muy extendido, pero el lector debe tener claro que se trata de tres filtros para filtrar las operaciones potenciales. *(N. del T.)*

la magia se acaba, los amateurs devuelven sus ganancias con intereses y buscan otra herramienta mágica. Los mercados son demasiado complejos para ser analizados con un único indicador.

Diferentes indicadores pueden dar señales contradictorias en el mismo mercado. Los indicadores de seguimiento de tendencias suben durante las tendencias al alza y dan señales de compra, mientras que los osciladores entran en zona de sobrecompra y dan señales de venta. Los indicadores de seguimiento de tendencia bajan durante las tendencias a la baja y dan señales de venta al descubierto, mientras que los osciladores entran en zona de sobreventa y dan señales de compra.

Los indicadores de seguimiento de tendencia son rentables mientras los mercados se mueven, pero llevan a vuelcos inesperados en los rangos de cotización. Los osciladores son rentables en los rangos de cotización, pero dan señales prematuras y peligrosas cuando los mercados comienzan a emprender una tendencia. Los *traders* dicen: «La tendencia es tu amiga» y «Dejemos que los beneficios sigan». También: «Compra barato, vende caro». Pero, ¿por qué vender si la tendencia va al alza? Y, ¿cuán caro es caro?

Algunos *traders* intentan hacer un promedio de las señales de los indicadores de seguimiento de tendencia y osciladores, pero esos votos son fáciles de amañar. Al igual que los republicanos y los demócratas en Estados Unidos redibujan continuamente los distritos electorales para crear butacas «seguras», los *traders* escogen una y otra vez los indicadores que ponen los votos donde ellos desean verlos. Si se usan más herramientas de seguimiento de tendencia, el voto irá en un sentido, y si se emplean más osciladores, en el otro sentido. El *trader* siempre podrá encontrar un grupo de osciladores que le digan lo que quiera oír.

El sistema de inversión de triple pantalla está diseñado para filtrar las desventajas de los indicadores de seguimiento de tendencia y osciladores, a la vez que se preservan sus ventajas.

Escoger horizontes temporales: el factor de cinco

Otro dilema importantísimo es el hecho de que la tendencia de todo vehículo de inversión puede ir tanto al alza como a la baja al mismo tiempo, dependiendo de los gráficos en que se usen. Un gráfico diario puede mostrar una tendencia al alza, mientras que un gráfico semanas muestra una tendencia a la baja, y viceversa. Necesitamos un sistema para manejar las señales contradictorias en los diferentes horizontes temporales.

Charles Dow, el autor de la venerable teoría de Dow, declaró que, a principios del siglo XX, el mercado bursátil tenía tres tendencias. Las tendencias a largo plazo duraban varios años, las tendencias a medio plazo, varios meses, y las tendencias más cortas eran tendencias menores. Robert Rhea, el gran técnico de mercado de la década de 1930, comparó estas tendencias a las corrientes, a las olas y a las ondulaciones del agua. Recomendaba operar en el sentido de la corriente, aprovecharse de las olas, e ignorar las ondulaciones.

Los tiempos han cambiado, y los mercados ahora son más volátiles. Los ordenadores son baratos, incluso gratis; los datos en tiempo real han creado mejores oportunidades para sacar provecho de movimientos más rápidos. Necesitamos una definición más flexible de los horizontes temporales. El sistema de inversión de triple pantalla se basa en la observación de que cada horizonte temporal está relacionado con el horizonte temporal anterior y posterior por un factor de aproximadamente cinco (*véase* capítulo 32).

Comience por preguntarse a sí mismo cuál es su horizonte temporal favorito. ¿Prefiere trabajar con gráficos diarios, de 10 minutos u otros? Cualquiera que sea su horizonte temporal favorito, la triple pantalla llama a este horizonte temporal **intermedio.** El horizonte temporal **a largo plazo** es un orden de magnitud mayor. El horizonte temporal **a corto plazo** es un orden de magnitud menor. Una vez escoja su horizonte temporal intermedio, no podrá mirarlo hasta que examine el horizonte temporal a mayor plazo y tome sus decisiones estratégicas desde este último.

Por ejemplo, si quiere llevar a cabo una operación de varios días o semanas, entonces su horizonte temporal intermedio probablemente esté definido por gráficos diarios. Los gráficos semanales son un orden de magnitud mayor y determinarán su horizonte temporal a largo plazo. Los gráficos horarios son un orden de magnitud menor y determinarán su horizonte temporal a corto plazo.

Los *traders* intradía que mantienen posiciones durante menos de una hora pueden usar el mismo principio. Para ellos, el gráfico de 5 minutos puede definir su horizonte temporal intermedio, el gráfico de 25 minutos el horizonte temporal a largo plazo y el gráfico de 2 minutos el horizonte temporal a corto plazo.

La triple pantalla requiere que se examine primero el gráfico a largo plazo. Permite operar sólo en el sentido de la corriente: la tendencia en el gráfico a largo plazo. Utiliza las olas que van a contracorriente para la entrada en posiciones. Por ejemplo, cuando la tendencia semanal es al alza, los descensos diarios crean oportunidades de compra. Cuando la tendencia semanal es a la baja, los repuntes diarios ofrecen oportunidades para vender al descubierto.

Primer filtro: la corriente del mercado

La triple pantalla comienza analizando el gráfico a largo plazo, que es un orden de magnitud mayor al marco en que planea operar. La mayor parte de *traders* sólo presta atención a los gráficos diarios, y todo el mundo observa los mismos meses de datos. Si comienza analizando los gráficos semanales, su perspectiva será cinco veces mayor que la de sus competidores.

Comience escogiendo su horizonte temporal favorito y llámelo intermedio. Ni siquiera le eche una ojeada a su gráfico intermedio, pues hará que tenga prejuicios. Vaya directamente al horizonte temporal un orden de magnitud mayor: su gráfico a largo plazo. Ahí es donde tomará sus decisiones estratégicas, ser alcistas o bajista. Después de esto, vuelva al horizonte temporal intermedio y comience a tomar decisiones tácticas, como dónde entrar y dónde poner un *stop*.

Si comete el error de mirar primero al gráfico diario, tendrá prejuicios surgidos de los patrones de éste. Primero tome una decisión imparcial desde el gráfico semanal a largo plazo, antes de incluso ojear al diario.

La versión original de la triple pantalla usaba la pendiente del histograma MACD semanal como indicador de seguimiento de tendencia (figura 39.1). Era muy sensible y daba muchas señales de compra y de venta. Más adelante pasé a usar la pendiente de una media móvil ex-

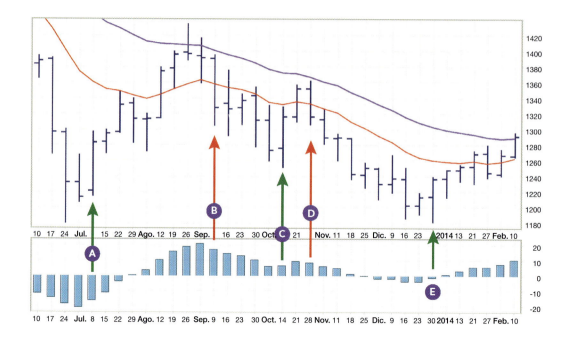

FIGURA 39.1   Oro semanal, con MME de 26 y 13 e histograma MACD (12-26-9) (*Gráfico de StockCharts.com*).

Uso del histograma MACD como primer filtro de la triple pantalla

La triple pantalla nos exige examinar los gráficos semanales antes de ni siquiera estudiar los diarios. La pendiente del histograma MACD viene definido por la relación entre sus dos últimas barras.

Este indicador emite una señal de compra cuando su pendiente se vuelve positiva, y una señal de venta cuando su pendiente se vuelve negativa. Las mejores señales de compra se dan cuando el histograma MACD se vuelve positivo desde debajo de su eje. Las mejores señales de venta se dan cuando su pendiente se vuelve negativa desde arriba de su eje (*véanse* los indicadores estacionales en el capítulo 32).

Cuando la pendiente del histograma MACD se vuelve positiva (flechas A, C y E), nos está permitido operar desde posiciones largas o mantenernos a un lado. Cuando la pendiente se vuelve negativa (flechas B y D), nos está permitido operar sólo desde posiciones cortas, o mantenernos a un lado.

Nótese que las señales de compra en A y E son de mejor calidad que la que se da en C, ya que la señal C se da por encima del eje. Es mejor comprar en primavera que en verano. En el borde derecho del gráfico la tendencia al alza es muy fuerte porque la señal E venía de una divergencia alcista: un doble suelo en los precios (A y E) estaba acompañado de un segundo suelo del indicador mucho menos profundo.

ponencial semanal como mi herramienta principal de seguimiento de tendencias en gráficos a largo plazo. Después de inventar el sistema impulso (descrito en el siguiente capítulo) comencé a usarlo como primer filtro de la triple pantalla. El sistema impulso combina las mejores características de los dos métodos anteriores. No reacciona exageradamente, como el histograma MACD, pero es más rápido de reacciones que la pendiente de una MME.

Como podrá leer en el siguiente capítulo, el sistema impulso colorea de verde cada barra cuando es alcista, de rojo cuando es bajista, y de azul cuando es neutral. El sistema impulso no le dice qué hacer. Es un sistema de censura que indica qué está prohibido hacer. Cuando el sistema impulso está en rojo, le está prohibiendo comprar. Cuando está en verde, le está prohibiendo vender al descubierto. Cuando esté mirando a un gráfico semanal y quiera comprar, deberá esperar hasta que deje de estar en rojo. Cuando esté mirando a un gráfico semanal y quiera vender al descubierto, tendrá que asegurarse de que está en verde. Un sistema impulso en azul le permite operar en cualquiera de los dos sentidos.

Algunos *traders* utilizan otros indicadores para identificar tendencias importantes. Steve Notis escribió un artículo para la revista *Futures* mostrando cómo usaba el sistema direccional como primer filtro de las tres pantallas. El principio es el mismo. Puede usar la mayoría de indicadores de seguimiento de tendencias, siempre que analice la tendencia primero en los gráficos mensuales y después busque operaciones en los gráficos diarios sólo en esa dirección.

Resumen del primer filtro: identifique la tendencia semanal usando un indicador de seguimiento de tendencias y opere sólo en el sentido obtenido.

Todo *trader* tiene tres opciones: comprar, vender o mantenerse a un lado. El primer filtro del sistema de inversión de tres pantallas quita una de esas opciones. Actúa como censor, sólo permitiendo comprar o mantenerse a un lado durante tendencias al alza importantes. O sólo permitiendo vender al descubierto o mantenerse a un lado durante las tendencias a la baja importantes. Uno debe nadar a favor de la corriente o quedarse fuera del agua.

Segundo filtro: la ola del mercado

El segundo filtro de la triple pantalla identifica la ola que va a contracorriente. Cuando la tendencia semanal va al alza, los descensos diarios apuntan a oportunidades de compra. Cuando la tendencia semanal va a la baja, los repuntes diarios apuntan a oportunidades de venta.

El segundo filtro aplica osciladores, descritos en una sección anterior, a los gráficos diarios, para identificar desviaciones de la tendencia semanal. Los osciladores dan señales de compra cuando los mercados descienden, y señales de venta cuando suben. El segundo filtro de la triple pantalla sólo le permite aceptar señales de los gráficos diarios que estén en sintonía con la tendencia semanal.

Segundo filtro: aplicar un oscilador a un gráfico diario. Utilizar los descensos diarios durante tendencias al alza semanales para encontrar oportunidades de compra y repuntes diarios durante tendencias a la baja semanales para encontrar oportunidades de venta. A mí me gusta usar el

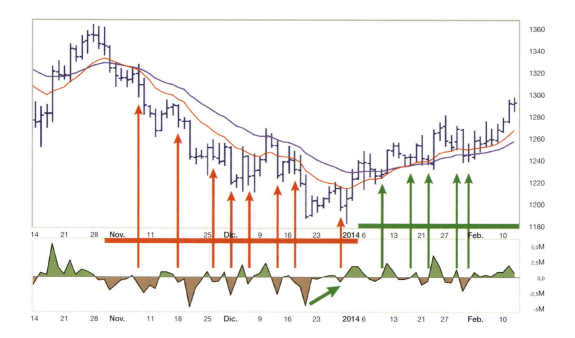

FIGURA 39.2 Oro diario, con MME de 26 y 13 e índice de fuerza de 2 días (*Gráfico de StockCharts.com*).

Índice de fuerza diario, el segundo filtro de la triple pantalla

La MME de días del índice de fuerza es uno entre varios osciladores que puede funcionar como segundo filtro del sistema de inversión de triple pantalla. El índice de fuerza identifica oportunidades de compra cuando cae por debajo de su eje. Identifica oportunidades de venta cuando sube por encima de su eje. Cuando la tendencia semanal sea al alza (marcada aquí con una barra horizontal verde), acepte sólo señales de compra del oscilador diario, para entrar en posiciones largas. Cuando la tendencia semanal sea a la baja (marcada aquí con una barra horizontal roja), acepte sólo señales de venta para entrar en posiciones cortas.

Nótese una divergencia alcista, acompañada de una falsa ruptura a la baja antes del inicio de la tendencia al alza (marcado con una flecha diagonal verde). En el borde derecho de la pantalla, el oro está volando, junto con la mayor parte de valores relacionados con él. Yo los estoy comprando activamente, aunque no los ETF sobre éste. Un graduado del entrenamiento de *traders* de Australia escribió el otro día: «Compré ETF sobre XAU, pero se está quedando muy por detrás de NCM, nuestra mayor industria minera del oro. ¿Esto es lo normal, para ETF?». ¡Sí, señor!

índice de fuerza, descrito en el capítulo 30, como segundo filtro, pero otros osciladores también van bien, como pueden ser el RSI, el Elder-ray o el estocástico.

Cuando la tendencia semanal va al alza, la triple pantalla sólo toma señales de compra de osciladores diarios, pero no vende al descubierto sus señales de venta. La MME de 2 días del índice de fuerza da señales de compra cuando cae por debajo de su eje, siempre que no caiga a un nuevo mínimo de varias semanas. Cuando la tendencia semanal va a la baja, el índice de fuerza da señales de venta al descubierto cuando repunta por encima de su eje, siempre que no suba a un nuevo máximo de varias semanas (figura 39.2).

Otros osciladores, como el estocástico y el RSI (*véanse* capítulos 26 y 27) dan señales de oportunidad de inversión cuando entran es sus zonas de compra o de venta. Por ejemplo, cuando el histograma MACD semanal sube, pero el estocástico diario cae por debajo de 30, se está identificando un área de sobreventa, una oportunidad de compra. Cuando el histograma MACD semanal desciende, pero el estocástico sube por encima de 70, se está identificando un área de sobrecompra, una oportunidad de vender al descubierto.

Tercer filtro: técnica de entrada

El tercer filtro es su técnica de entrada, y aquí se le da bastante libertad. Puede ir a un horizonte temporal más corto, especialmente si tiene datos en tiempo real, o puede usar el mismo horizonte temporal intermedio.

En el libro *Vivir del trading* original recomendaba buscar una ondulación en el sentido de la corriente del mercado: comprar cuando se da una ruptura por encima del máximo del día anterior para entrar en posiciones largas, o entrar en una venta al descubierto cuando se da una caída por debajo del mínimo del día anterior.

El lado negativo de este enfoque era que los *stops* eran bastante amplios. Comprar en una ruptura por encima del máximo del día anterior, poniendo un *stop* por debajo del mínimo de ese día, podía implicar un *stop* amplio, después de una sesión con un amplio rango, con lo que o se exponía mucho dinero al riesgo, o se reducía el tamaño de la posición. Otras veces, cuando el día anterior a la ruptura era muy estrecho, establecer el *stop* justo por debajo de su mínimo exponía la operación al riesgo de ser cancelada por el ruido del mercado.

La técnica de la ruptura aún es válida, pero raramente la uso. Con la gran disponibilidad de datos intradía hoy en día, me gusta cambiar a gráficos de 25 o de 5 minutos y usar técnicas de *trading* intradía para entrar en operaciones *swing*. Si no tiene acceso a datos en tiempo real y tiene que dar una orden por la mañana, antes de salir a sus quehaceres diarios, recomiendo el enfoque alternativo que llamo *penetración MME promedio*.

Casi todos los repuntes son penetrados por retiradas ocasionales, por lo que quiere medir cuán profundamente esas retiradas caen por debajo de su MME rápida. Mire al gráfico diario de las últimas cuatro a seis semanas y, si se trata de una tendencia al alza, compruebe cuán profundamente penetran los precios por debajo de su MME durante las retiradas normales (figura 39.3).

- Calcule la penetración promedio.
- Sustraiga el nivel de la MME de ayer del de hoy, y añada este número a la MME de hoy: esto le dirá dónde es más probable que su MME esté mañana.
- Sustraiga su penetración promedio de su nivel de MME estimado para mañana, y establezca su orden de compra en ese punto. Estará pescando, para comprar a nivel de ganga, durante una retirada, en vez de pagar una prima por comprar una ruptura.

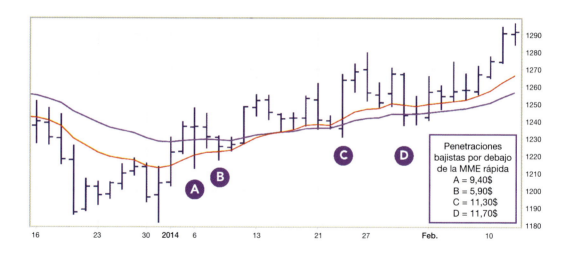

FIGURA 39.3 Oro diario, con MME de 26 y 13 días (*Gráfico de StockCharts.com*).

La penetración bajista promedio, el tercer filtro de la triple pantalla

Aquí ampliamos el zoom en el gráfico de la figura 39.2. Podemos afilar las señales de compra de la triple pantalla no esperando a que el índice de fuerza de 2 días repunte de nuevo por encima de cero. Podemos usar sus descensos por debajo de cero como alertas, y entonces establecer nuestras órdenes de compra por debajo de valor, usando una penetración bajista promedio.

En el ejemplo de la figura 39.3 los precios cayeron por debajo de su MME rápida (trazada en rojo) en cuatro ocasiones. La penetración bajista promedio fue de 9,60 dólares. En el borde derecho de la pantalla, la MME de 13 días está a 1.266 dólares. Si se deduce la penetración bajista promedio reciente de este último número, se desprende que, si hoy se diera un caso de pánico de ventas, deberíamos establecer nuestra orden de compra aproximadamente 9 dólares por debajo del último nivel de la MME. Podemos realizar este cálculo diariamente, hasta que finalmente tengamos la oportunidad de comprar barato. Este enfoque es mucho más tranquilo que perseguir precios desbocados.

Estas reglas son para comprar durante una tendencia al alza. Inviértalas para vender al descubierto durante tendencias a la baja. Recuerde, sin embargo, que las tendencias a la baja tienden a moverse el doble de rápido que las tendencias al alza.

Resumen de la triple pantalla

Cuando la tendencia semanal vaya al alza y el oscilador diario descienda, establezca una orden de compra por debajo de la MME del gráfico diario, al nivel de la penetración bajista promedio. También puede establecer una orden de compra un *tick* por encima del máximo del día anterior. Si los precios repuntan, el *stop* se ejecutará y estará en una posición larga automáticamente cuando el repunte supere el máximo del día anterior. Si los precios continúan descendiendo, su orden

Tendencia semanal	Tendencia diaria	Acción	Orden
Al alza	Al alza	Mantenerse al margen	Ninguna
Al alza	A la baja	Tomar posiciones largas	Penetración MME o ruptura al alza
A la baja	A la baja	Mantenerse al margen	Ninguna
A la baja	Al alza	Tomar posiciones cortas	Penetración MME o ruptura a la baja

buy-stop no se ejecutará. Baje su orden de compra al día siguiente a un nivel un *tick* por encima de la última barra de precio. Siga bajando su *buy-stop* cada día hasta que se ejecute y entre en la posición, o hasta que el indicador semanal se invierta y cancele la señal de compra.

Cuando la tendencia semanal vaya a la baja, espere a un repunte del oscilador diario y establezca una orden de venta al descubierto por encima de la MME rápida del gráfico diario, al nivel de la penetración alcista promedio. Alternativamente, establezca la orden de vender al descubierto un *tick* por debajo del mínimo de la última barra. Tan pronto como el mercado caiga, el *stop* se ejecutará y estará en una posición corta. Si el repunte continúa, siga alzando su orden de venta diariamente. El objetivo de la técnica de rastreo con un *sell-stop* es capturar una ruptura a la baja intradía en una tendencia al alza diaria en el mismo sentido que una tendencia a la baja semanal.

La triple pantalla en el *trading* intradía

Si practica el *trading* intradía, puede seleccionar el gráfico de 5 minutos como su horizonte temporal intermedio. De nuevo, no le eche ninguna ojeada; vaya primero a un gráfico de 25 o 30 minutos, que será su gráfico a largo plazo. Tome la decisión estratégica de ser alcista o bajista en el gráfico a largo plazo, y entonces vuelva a su gráfico intermedio para buscar una entrada y un *stop* (figura 39.4).

Una buena combinación de horizontes temporales para operar intradía con acciones es la que forman los gráficos de 8 y de 39 minutos. El mercado bursátil de EE. UU. abre de 9:30 a 16:00, es decir, seis horas y media, o 390 minutos. El uso de un gráfico de 39 minutos como filtro a largo plazo divide perfectamente cada día en 10 barras. Tome sus decisiones estratégicas aquí, y entonces baje a un gráfico 5 veces más rápido –el gráfico de 8 minutos– para las decisiones tácticas sobre entradas y salidas.

No mezcle demasiados horizontes temporales. Si está practicando el *swing trading*, puede usar brevemente un gráfico intradía para medir el tiempo de su entrada, pero vuelva a los gráficos diarios. Si sigue observando gráficos intradía, lo más probable es que le hagan salir de la operación de manera prematura. Si practica el *trading* intradía, entonces el gráfico semanal no es relevante, pero puede echar un vistazo rápido al gráfico diario. La regla es la siguiente: escoja su gráfico (intermedio) favorito, junto con un gráfico a más largo plazo que sea cinco veces más largo, y póngase a trabajar.

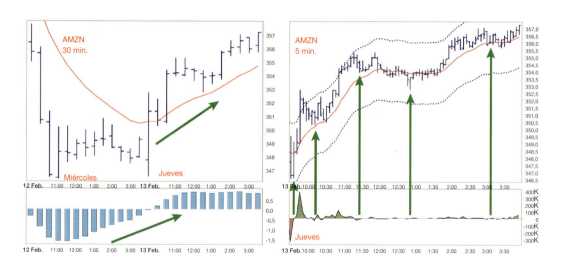

FIGURA 39.4 Izquierda: gráfico AMZN de 30 minutos con MME de 13 barras e histograma MACD 12-26-9. Derecha: gráfico AMZN de 5 minutos con MME de 13 barras, canal del 0,6 % e índice de fuerza de 2 barras (*Gráficos de StockCharts.com*).

La triple pantalla en el *trading* intradía

Las acciones de Amazon.com, Inc. (AMZN) son un activo negociado popular, gracias a su volatilidad y liquidez. Los principios de la triple pantalla son los mismos aquí que en gráficos a más largo plazo. Aquí, el gráfico a más largo plazo cuyas barras representan 30 minutos de negociación define la tendencia a largo plazo. Con este al alza, nos volvemos al gráfico a corto plazo, cuyas barras representan 5 minutos de negociación. Cuando su índice de fuerza de 2 barras cae por debajo de cero, marca una ola que va a contracorriente: una oportunidad de comprar a un precio más bajo. Un canal que contiene aproximadamente el 95 % de todos los precios es de ayuda para establecer los objetivos de beneficios.

Los *stops* y los objetivos de beneficio

El *trading* exitoso tiene el requisito esencial de la gestión del capital correcta. El *trader* disciplinado recoge beneficios en sus objetivos, corta por lo sano con las pérdidas y rinde más que aquellos que van pasando entre operaciones malas o se aferran a ellas. Antes de entrar en una operación, anote tres números: la entrada, el objetivo y el *stop*. Establecer una operación sin definir estos tres números es jugar a las apuestas.

La triple pantalla requiere que se establezcan objetivos de beneficio usando gráficos a largo plazo y *stops* en los gráficos de su horizonte temporal intermedio. Si utiliza gráficos semanales y diarios, establezca objetivos de beneficios sobre los semanales y *stops* sobre los diarios. Cuando esté comprando una bajada en un gráfico diario, la zona de valor de un gráfico semanal presenta un buen objetivo. Cuando esté haciendo *trading* intradía, usando un par de 25 y 5 minutos, establezca el objetivo de beneficios en un gráfico de 25 minutos y el *stop* en un gráfico de 5 minutos. Esto ayuda a apuntar a mejores resultados, mientras que se mantiene el riesgo bajo control.

El sistema de inversión de triple pantalla requiere que se establezcan *stops* bastante ajustados. Dado que se opera en el sentido de la corriente del mercado, no da mucho lugar a operaciones con pérdidas. Vaya con la corriente, o salga. Volveremos a este tema en el capítulo 54, «Cómo establecer *stops*».

40. El sistema impulso

La idea del sistema impulso me vino a la mente a mediados de la década de 1990. Me desperté en medio de la noche en un hotel lejano y me senté, erguido en la cama, con la idea de que podría describir cualquier movimiento de mercado en cualquier horizonte temporal usando solo dos criterios: la inercia y la potencia. Si los combinaba, podría encontrar acciones y futuros que tuviesen tanto inercia como potencia alcista y operar con ellos en posiciones largas. También podría encontrar acciones y futuros con inercia y potencia bajista a la vez y venderlos al descubierto.

Una buena medida de la **inercia** de cualquier activo negociado es la pendiente de su MME rápida. Una MME creciente es reflejo de inercia alcista, mientras que una MME decreciente es reflejo de inercia bajista. La **potencia** de toda tendencia se ve reflejada en la pendiente del histograma MACD. Si su última barra es más alta que la barra anterior (como la altura de las letras m-M) o menos profunda que la barra anterior (como la profundidad de las letras y-v), entonces la pendiente del histograma MACD es creciente, y la potencia se está incrementando. Si la última barra del histograma MACD es más baja que la anterior (como la profundidad de las letras v-y o la altura de las letras M-m), entonces la pendiente es decreciente y la potencia está bajando. Cuando usamos el histograma MACD para definir la potencia, no importa si está por encima o por debajo de cero: lo que importa es la relación entre las dos últimas barras del histograma MACD.

Es relativamente simple programar la mayoría de paquetes de software para que coloreen las barras de precios o velas usando el sistema impulso. Si ambos indicadores son crecientes, la barra es verde, alcista. Si son decrecientes, la barra es roja, bajista. Cuando los dos indicadores tienen sentidos contrarios, la barra es azul, o neutral (figura 40.1).

Al principio quería hacer este sistema automático: comprar en verde, vender al descubierto en rojo y cobrar los cheques para todos los colores. El test del sistema impulso con datos históricos echó un jarro de agua fría sobre esa idea. El sistema automático capturaba cada una de las tendencias, pero sufría vuelcos inesperados en los rangos de cotización, en que cambiaba continuamente de verde a rojo y al revés.

Dejé el sistema impulso de lado, aunque seguí pensando en él. Unos años más tarde caí en la cuenta: no era un sistema de *trading* automático: ¡era un sistema de censura! No me decía

El sistema impulso						
EMA		MACD-H		Impulso	Sí	No
(subiendo)	+	(subiendo)	=	verde	Comprar, mantenerse al margen	Posición corta
(bajando)	+	(bajando)	=	rojo	Vender al descubierto, mantenerse al margen	Posición larga
(subiendo)	+	(bajando)	=	azul	Posición larga o corta	
(bajando)	+	(subiendo)	=	azul	Posición larga o corta	

FIGURA 40.1   Los colores del sistema impulso.

- MME creciente e histograma MACD creciente (especialmente por debajo de cero) = impulso es verde, alcista. Prohibido vender al descubierto, permitido comprar o mantenerse al margen.
- MME decreciente e histograma MACD decreciente (especialmente por encima de cero) = impulso es rojo, bajista. Prohibido comprar, permitido vender al descubierto o mantenerse al margen.
- MME creciente e histograma MACD decreciente = impulso es azul, neutral. Nada prohibido.
- MME decreciente e histograma MACD creciente = impulso es azul, neutral. Nada prohibido.

qué hacer, sino que me decía qué no hacer. Si la barra semanal o diaria era roja, no estaba permitido comprar. Si la barra semanal o diaria era verde, no estaba permitido vender al descubierto.

He estado usando el sistema impulso desde que realicé este descubrimiento en todas mis operaciones. Lo presenté al público el año 2000 en mi libro *Come into My Trading Room*, considerado uno de los libros del año por Barron's. El sistema impulso está popularizándose más y más a nivel mundial, y su terminología ha entrado en el argot del *trading*.

Y así es como he estado usando el sistema impulso desde entonces (figura 40.2). Me mantiene alejado de los problemas. Puede que desarrolle mis planes de inversión basándome en cualquier conjunto de ideas, señales o indicadores, pero el sistema impulso me fuerza a esperar hasta que no prohíbe la entrada en el sentido planeado. Además, el sistema impulso me ayuda a identificar cuándo una tendencia comienza a debilitarse, lo que sugiere una salida.

Entradas

Las barras verdes y rojas del sistema impulso muestran cuándo tanto la inercia como la potencia están apuntando en el mismo sentido. En una barra verde, los alcistas están al mando y la tendencia al alza se está acelerando. En una barra roja, los bajistas son dominantes y la tendencia a la baja está en plena marcha. Una MME rápida y un histograma MACD pueden permanecer

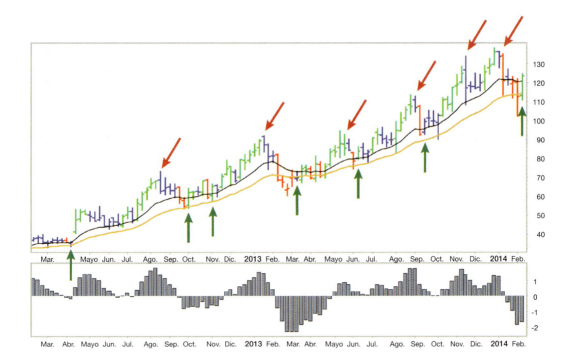

FIGURA 40.2 SSYS semanal con MME de 13 y 26 semanas, histograma MACD 12-26-9 y sistema impulso (*Gráfico de StockCharts.com*).

El sistema impulso

El sistema impulso puede afinar cualquier método para encontrar operaciones, ya sea técnico o de fundamentos. Revisemos un ejemplo usando las acciones de Stratasys, Inc. (SSYS), uno de los dos valores líderes en la industria de la fabricación por adición. En 2012 publiqué el primer libro electrónico popular en el mundo sobre fabricación por adición, en el que anuncié un boom de sus valores.

Las flechas verdes verticales marcan barras que están seguidas inmediatamente por barras rojas. El rojo le prohíbe comprar. El mejor momento para comprar es justo después de que desaparezca el rojo. Puede observarse cómo las flechas verdes capturan uno tras otro los suelos intermedios, incluyendo la señal de compra en el borde derecho del gráfico. Tener un método objetivo le da la confianza para comprar tan pronto como un descenso se detiene en seco con un chirrido.

El sistema impulso también sugiere buenas áreas para recoger beneficios. Las flechas rojas inclinadas apuntan a barras azules que se dan después de una serie de barras verdes lejos del valor. Indican que los alcistas se están asfixiando: es un buen momento para pasar por caja y esperar a la próxima oportunidad de compra.

sincronizados solo durante unas pocas barras, pero entonces es cuando el mercado se mueve rápido: ¡el impulso está en marcha!

Antes de comenzar a aplicar el sistema impulso a su mercado favorito, recuerde la insistencia de la triple pantalla en analizar los mercados desde más de un horizonte temporal. Escoja su horizonte temporal preferido y llámelo *intermedio*. Multiplíquelo por cinco para definir su horizonte temporal a largo plazo. Si su gráfico favorito es el diario, analice el gráfico semanal primero y tome la decisión estratégica de ser alcista o bajista. Use el sistema impulso para decidir cuándo le está permitido entrar en posiciones largas o cortas.

- Si es un *trader* a corto plazo que evalúa el momento lineal para seguir tendencias, puede comprar tan pronto como ambos horizontes temporales se pongan en verde y recoger beneficios tan pronto como uno de ellos se vuelva azul.
- Cuando esté intentando cazar vuelcos del mercado, las mejores señales de oportunidad de inversión son las que surgen no del verde o del rojo, sino de la pérdida de estos colores.

Si unas acciones están cayendo, pero su análisis indica que se está cerca de un suelo, monitorice el sistema impulso en gráficos semanales y diarios. Solo que uno de ellos muestre rojo significa que la tendencia a la baja aún está en vigor y que no está permitido comprar. Cuando ambos horizontes temporales dejen de estar en rojo, le estarán permitiendo comprar.

Si cree que un valor está formando una cima y está a punto de girarse hacia abajo, examine el sistema impulso en gráficos tanto semanales como diarios. Solo que uno de ellos muestre verde significa que la tendencia al alza aún está viva y que no está permitido vender al descubierto. Podrá comenzar a vender al descubierto cuando el verde desaparezca de ambos horizontes temporales.

Cuanto más corto es un horizonte temporal, más sensibles son sus señales: en un gráfico diario, el impulso casi siempre cambia de color antes que en uno semanal. En el *trading* intradía, el gráfico de 5 minutos cambia de color antes que el gráfico de 25 minutos. Si mis estudios muestran que el mercado está tocando suelo y preparándose para invertirse hacia arriba, espero hasta que el gráfico diario deja de estar rojo y se vuelve azul o incluso verde; entonces comienzo a observar el gráfico semanal, que aún está en rojo. Tan pronto como pasa del rojo al azul, me permite comprar. Esta técnica me evita comprar demasiado pronto, mientras el mercado aún está en declive.

Uso el mismo enfoque para vender al descubierto. Cuando pienso que se está formando una cima y el impulso diario deja de estar verde y pasa a azul o incluso a rojo, monitorizo de cerca el gráfico semanal. Tan pronto como éste pierde el color verde, me permite vender al descubierto. Esperar a que ambos horizontes temporales pierdan el color que va en contra de mi plan ayuda a asegurar que opero en sintonía con el mercado, no contra él.

Recuerde, el sistema impulso es un sistema de censura. No le dice qué hacer, sino que le dice claramente lo que no le está permitido hacer. Se supone que no debería ir contra el censor.

Muchos programas para el análisis técnico incluyen una característica llamada *formato condicional*. Éste le permite colorear barras de precios o vela dependiendo de la pendiente de la MME y del histograma MACD. Un brillante programador de Chicago llamado John Bruns usó está funcionalidad cuando incluyó el sistema impulso en un kit de herramientas que llamamos elder-disks.*

Puede usar el sistema impulso si usa una plataforma que no permita el formateo condicional. Simplemente observe las pendientes de la MME y del histograma MACD: su combinación le dirá cuál debería ser el color de la última barra.

Puede añadir más funcionalidades al sistema impulso si sabe programar. Puede testear diferentes longitudes para la MME o configuraciones de la MACD, buscando los parámetros que funcionen mejor en su mercado. Los *traders* intradía pueden programar alarmas sonoras para monitorizar los cambios de color en diversos mercados sin tener que estar pegados a la pantalla.

Salidas

Si es un *trader* a corto plazo que evalúa el momento lineal para seguir tendencias, cierre sus operaciones tan pronto como el color del sistema impulso deje de apoyar el sentido de su operación, incluso si es sólo en uno de los dos horizontes temporales. Por lo general, el histograma MACD diario cambia antes que el semanal. Cuando baja un *tick* durante una tendencia alcista, muestra que está perdiendo momento al alza. Cuando la señal de compra desaparezca, recoja beneficios sin esperar a la señal de venta.

Invierta este procedimiento en las tendencias bajistas. Cubra las posiciones cortas tan pronto como el sistema impulso deje de estar en rojo, incluso si es sólo en uno de los dos horizontes temporales. La parte más dinámica del descenso se ha acabado, por lo que su operación aprovechando el momento lineal ha cumplido su objetivo.

El sistema impulso anima a entrar con cuidado, pero a salir rápido. Éste es el enfoque profesional del *trading*. Los principiantes tienden a hacer lo contrario: precipitarse a las operaciones y tardar mucho en salir, esperando a que el mercado se vuelva a su favor.

Los *swing traders* podrían aguantar en una operación, incluso si uno de los horizontes temporales se pone azul. Lo que nunca debería hacer es operar en contra del color. Si está en posiciones largas, y uno de los horizontes temporales se pone rojo, es hora de vender y volver a los márgenes. Si está en posiciones cortas, y el sistema impulso se pone en verde, le está señalando que cubra sus posiciones cortas.

El sistema impulso ayuda a identificar islas de orden en el océano del caos del mercado, mostrando cuándo el público, por lo general sin objetivos y desorganizado, entra en un estado emocional y comienza a correr. Usted quiere entrar cuando emerja un patrón de tendencia y salir cuando comience a hundirse de nuevo en el caos.

---

* Éstos están disponibles para diversos programas de *trading*, mencionados en elder.com.

41. Los sistemas de *trading* de canales

Los precios de mercado tienden a fluir en canales, como los ríos por sus cuencas. Cuando un río toca el margen derecho de su curso, gira a la izquierda. Cuando toca el borde izquierdo, gira a la derecha. Cuando los precios repuntan, a menudo parecen parar en un techo invisible. Sus descensos parecen detenerse en suelos invisibles. Los canales son de ayuda para anticipar dónde es más probable que se encuentren esos niveles de soporte y de resistencia.

El soporte es donde los compradores compran con mayor intensidad que los vendedores venden. La resistencia es donde los vendedores venden con mayor intensidad que los compradores compran (*véase* capítulo 18). Los canales muestran dónde esperar el soporte y la resistencia en el futuro.

Los canales ayudan a identificar oportunidades de compra y de venta y a evitar operaciones malas. La investigación original sobre canales en el *trading* fue llevada a cabo por J. M. Hurst y descrita en 1970 en su libro *The Profit Magic of Stock Transaction Timing* («Las ganancias mágicas de medir los tiempos en las transacciones con acciones»).

El gran matemático, ya finado, Benoit Mandelbrot fue contratado por el gobierno egipcio para que crease un modelo matemático para los precios del algodón, que era la mayor exportación agrícola de ese país. Después de un extenso estudio, el científico realizó este hallazgo: «Los precios oscilan por encima y por debajo del valor». Puede que parezca simple, pero, de hecho, es profundo. Si aceptamos este hallazgo matemático, y si tenemos los medios para definir el valor y medir la oscilación media, tendremos un sistema de *trading*. Tendremos que comprar por debajo del valor y recoger beneficios en el valor, o vender al descubierto por encima del valor y cubrirnos en el valor.

Ya hemos acordado que el valor está en la zona entre las medias móviles corta y larga. Podemos usar canales para encontrar oscilaciones normales y anormales.

Dos maneras de construir un canal

Podemos construir un canal trazando dos líneas paralelas a una media móvil: una por encima y otra por debajo. También podemos variar la distancia entre las líneas de canal en función de la volatilidad del mercado (canales en función de la desviación estándar).

Un canal simétrico, centrado en una media móvil, es útil para negociar en acciones y futuros. Un canal en función de la desviación estándar (a veces llamadas bandas de Bollinger) va bien para aquellos que negocian en opciones.

Los canales marcan los límites entre las acciones normales y anormales de los precios. Es normal que los precios estén dentro de un canal bien trazado, y sólo los acontecimientos fuera de lo común los empujan fuera de éste. El mercado está infravalorado cuando está por debajo de la línea de canal inferior, y sobrevalorado cuando está por encima de la línea de canal superior.

Canales simétricos

Antes hemos discutido sobre el uso de un par de medias móviles en el *trading* (*véase* capítulo 22). Con ese par, se usa la lenta como la columna de su canal. Por ejemplo, si se usan MME de 13 y 26 días, se trazan las líneas de canal paralelas a la MME de 26 días.

La amplitud del canal depende del coeficiente escogido por el *trader*. Este coeficiente generalmente se expresa como porcentaje del nivel de la MME.

$$\text{Línea superior del canal} = \text{MME} + \text{Coeficiente del canal} \cdot \text{MME}$$
$$\text{Línea inferior del canal} = \text{MME} - \text{Coeficiente del canal} \cdot \text{MME}$$

Cuando se establece un canal para cualquier mercado debe empezarse con el 3 o 5 % de la MME y continuar ajustando esos valores hasta que el canal contenga aproximadamente el 95 % de los datos sobre precios de las cien barras pasadas, cerca de cinco meses para gráficos diarios. Esto es parecido a probarse una camisa: se busca una que no vaya ni muy holgada ni muy ajustada, de la que sólo salgan el cuello y las muñecas. Sólo los precios extremos saldrán fuera de un canal bien trazado.

Los mercados volátiles requieren canales más amplios, mientras que los mercados tranquilos requieren canales más estrechos. Los valores baratos suelen tener coeficientes más altos que los valores caros. Los gráficos a largo plazo requieren canales más amplios. Como regla general, los coeficientes de los canales semanales son el doble de grandes que los diarios.

Yo solía trazar los canales a mano hasta que mi programador escribió un complemento llamado autoenvolvente para diversos paquetes de software. Traza canales correctos automáticamente para cualquier activo negociado en cualquier horizonte temporal (figura 41.1). Viene incluido con elder-disks para diversos programas populares.

Psicología de masas

Una media móvil exponencial refleja el consenso promedio de valor en su ventana temporal. Cuando los precios están cerca de su media móvil, el mercado está valorado correctamente. Cuando descienden hasta cerca de la línea inferior del canal, el mercado está infravalorado. Cuando los precios suben hasta la línea superior del canal, el mercado está sobrevalorado. Los canales nos ayudan a encontrar oportunidades de compra cuando el mercado está barato, y oportunidades de venta al descubierto cuando el mercado está caro.

Cuando los precios caen por debajo de la media móvil, los cazadores de gangas entran en juego. Sus compras, junto con la cobertura de posiciones cortas por parte de los bajistas, detienen el descenso y hacen subir los precios. Cuando los precios suben por encima de valor, los vendedores ven una oportunidad de recoger beneficios sobre posiciones largas o de vender al descubierto. Sus ventas limitan la subida.

Cuando el mercado se hunde en el fondo de una depresión, su estado anímico está a punto de mejorar. Una vez alcanza el máximo de una manía, está a punto para comenzar a calmarse. Los canales marcan los límites normales del optimismo y del pesimismo de las masas. La línea

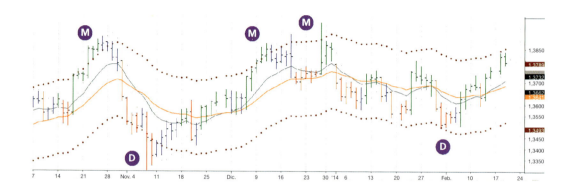

FIGURA 41.1 Futuros sobre el euro diarios, con MME de 26 y 13 días, sistema impulso, y autoenvolvente (*Gráfico de TradeStation*).

Canales: el autoenvolvente

Este gráfico muestra diversos meses recientes de negociación en futuros de la divisa euro en marzo de 2014 (ESH14). Los futuros son mucho más transparentes y verdaderos que los negocios turbios en el *forex*. Siempre que opero con divisas, uso futuros sobre éstas.

Warren Buffett se refiere al mercado de valores como un tipo maníaco-depresivo, y esta descripción es aplicable a los mercados de interés fijo. Aquí puede observarse cómo el euro oscila por encima y por debajo de valor. Cuando sube por encima de la línea superior del canal, muestra que el mercado está maníaco (marcado con la letra M), y cuando cae por debajo de la línea inferior del canal, está depresivo (marcado con la letra D).

Buffett observa que el problema de la mayoría de la gente es que se contagia del estado anímico del Sr. Mercado: quiere comprar cuando está maníaco y vender cuando está deprimido. Trazar un canal nos ayuda a diagnosticar las manías y depresiones del mercado y a evitar ser contagiado por éstas. Una de mis reglas estrictas es no comprar nunca por encima de la línea superior del canal ni vender al descubierto por debajo de la línea inferior del canal. Quizá me pierda una tendencia desbocada a causa de esta restricción, pero mi seguridad aumenta muchísimo. En el borde derecho de la pantalla, el euro está subiendo hasta muy cerca de su línea superior del canal: parece que está a punto de darse un episodio maníaco.

superior del canal muestra dónde los alcistas se quedan sin combustible, mientras que la inferior muestra dónde se agotan los bajistas.

En la línea superior del canal, los alcistas están entre la espada y la pared, luchando con los bajistas. En la línea inferior del canal, los bajistas están entre la espada y la pared, luchando con los alcistas. Todos luchamos más ferozmente cuando estamos entre la espada y la pared, y ése es el motivo por el cual los canales tienden a aguantar.

Si un repunte se dispara pasado un canal y los precios cierran por encima, esto indica que la tendencia al alza es excepcionalmente fuerte. Cuando un repunte fracasa en el intento de alcanzar la línea superior del canal, es una señal de bajismo, que muestra que los alcistas están perdiendo fuerza. El razonamiento inverso es aplicable a las tendencias a la baja.

Mi amigo Kerry Lovvorn pulió esta idea trazando no uno, sino tres pares de canales alrededor de la media móvil. La amplitud de sus canales depende de los rangos reales promedio (*véase* capítulo 24). Sus tres canales están configurados a uno, dos y tres ATR de distancia de la media móvil. Los movimientos normales tienden a permanecer dentro del canal ATR-1, mientras que sólo los movimientos extremos se salen del ATR-3, lo que indica que se acerca una inversión de tendencia (figura 41.2).

Los canales son de ayuda para ser objetivos, mientras que otros *traders* son llevados por el alcismo o bajismo de las masas. Cuando los precios repuntan hasta la línea superior del canal, se ve que el alcismo de las masas es exagerado, y es hora de pensar en vender. Cuando los precios caen cerca de la línea inferior del canal y todo el mundo es bajista, se sabe que es el momento de pensar en comprar, no en vender.

Reglas operativas relativas a los sistemas de *trading* de canales

A los principiantes les gusta jugar con apuestas arriesgadas, tienden a comprar rupturas al alza y vender al descubierto –si es que alguna vez venden al descubierto– las rupturas a la baja. Cuando un principiante ve una ruptura, espera tesoros de una nueva tendencia importante.

Los profesionales, por otro lado, tienden a invertir en contra de las desviaciones, por el retorno a la normalidad. Los pros saben que la mayoría de rupturas son movimientos de agotamiento que pronto se verán abortados. Por eso les gusta operar para fundir rupturas: operar en contra de ellas, vendiendo al descubierto tan pronto como una ruptura al alza se encalla, y comprando cuando una ruptura a la baja comienza a volver al rango de cotización.

Las rupturas pueden generar ganancias espectaculares cuando una nueva tendencia importante se dispara fuera de un canal, pero a largo plazo merece la pena operar con los pros. La mayoría de rupturas fracasan y vienen seguidas por inversiones de tendencia, que es el motivo por el cual las líneas de canal identifican zonas atractivas para entrar en operaciones en contra de rupturas, con objetivos de beneficios en la zona de valor.

Pueden usarse canales de media móvil como método de *trading* independiente o combinarlos con otras técnicas. Gerald Appel, destacado investigador de mercados y gestor de capitales de Nueva York, recomienda estas reglas para invertir con canales:

1. Trazar una media móvil y construir un canal a su alrededor. Cuando un canal es relativamente llano, el mercado casi siempre presenta buenas compras cerca del suelo del canal de *trading* y buenas ventas cerca del techo.
2. Cuando la tendencia se inclina hacia arriba y el canal sube abruptamente, una penetración al alza de la línea superior de canal muestra que el momento lineal alcista es muy fuerte. Indica que probablemente se tendrá otra oportunidad de vender en el área de los máximos que se están formando. Es normal que el mercado vuelva a su media móvil después de una

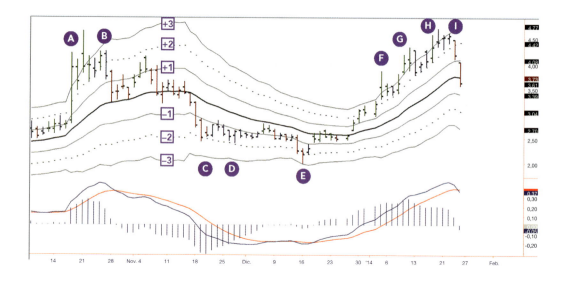

FIGURA 41.2 RSOL diario con MME de 21 días y canales ATR-1, -2 y -3, histograma MACD 12-26-9, y sistema impulso (*Gráfico de TradeStation*).

Canales ATR múltiples

Este gráfico de Real Goods Solar, Inc. (RSOL) refleja diversos meses de acción:

Área A – Alerta. Los precios muerden fuera del ATR +3: la tendencia alcista ha alcanzado un extremo.

Área B – Vender. Los precios no podían mantenerse por encima de ATR +2: recoger beneficios sobre posiciones largas.

Área C – Alerta. El descenso paró en ATR −2: una señal de estar tocando fondo.

Área D – Alerta confirmada. Los precios se mantienen por encima de ATR −2: se está formando un suelo.

Área E – Comprar. Falsa ruptura a la baja alcanza ATR −3 y rechaza ese mínimo.

Área F – Alerta. Los precios muerden por fuera de ATR +3: vigilar si ATR +2 aguantará.

Área G – Alerta. Los precios muerden por fuera de ATR +3: vigilar si ATR +2 aguantará.

Área H – Otra alerta. Los precios muerden por fuera de ATR +3: vigilar si ATR +2 aguantará.

Área I – Vender. Los precios no pudieron aguantar por encima de ATR +2: recoger beneficios sobre posiciones largas.

penetración al alza, ofreciendo una excelente oportunidad de compra. Venda sus posiciones largas cuando el mercado vuelva a la parte superior del canal.

Esto también funciona de manera inversa durante las tendencias a la baja abruptas. Una ruptura por debajo de la línea inferior del canal indica que es probable que se dé una retirada hacia la media móvil, ofreciendo otra oportunidad de vender al descubierto. Cuando los precios vuelvan a la línea inferior del canal, es hora de cubrir posiciones cortas.

Las mejores señales de oportunidad de inversión vienen dadas por la combinación de canales y otros indicadores técnicos (figura 41.3). Los indicadores emiten algunas de las señales más potentes cuando divergen de los precios. El ahora finado Manning Stoller me describió un método para combinar canales y divergencias.

1. Se da una señal de venta cuando los precios alcanzan la línea superior del canal mientras que un indicador, como el histograma MACD, traza una divergencia bajista. Muestra que los alcistas están perdiendo fuerza cuando los precios están sobrevalorados.
2. Se da una señal de compra cuando los precios alcanzan la línea inferior del canal mientras que un indicador traza una divergencia alcista. Muestra que los bajistas están perdiendo fuerza cuando los precios ya están bajos. Debemos analizar los mercados en múltiples horizontes temporales. Buscar compras en los gráficos diarios cuando los precios están subiendo en los semanales. Buscar oportunidades de venta al descubierto en los diarios cuando los precios se están hundiendo en los gráficos semanales.
3. Tome posiciones largas cerca de la media móvil cuando el canal vaya al alza, y recoja beneficios sobre la línea superior del canal. Tome posiciones cortas cerca de la MM cuando el canal vaya a la baja, y recoja beneficios sobre la línea inferior del canal. Cuando un canal va al alza, merece la pena operar sólo desde posiciones largas, comprando en la zona de valor que se encuentra entre las medias móviles rápida y lenta, para después vender sobre la línea superior del canal. Cuando un canal desciende, merece la pena operar en posiciones cortas en la zona de valor y cubrirse sobre la línea inferior del canal.

Canales en función de la desviación estándar (bandas de Bollinger)

La característica única de estos canales es que su amplitud cambia en función de la volatilidad del mercado. Sus reglas operativas difieren de las de los canales regulares.

1. Calcular la MME de 21 días.
2. Sustraer la MME de 21 días de todos los precios de cierre para obtener todas las desviaciones de la media.
3. Elevar al cuadrado las desviaciones y hacer el sumatorio de éstas para obtener el total de los cuadrados de las desviaciones.
4. Dividir el sumatorio de desviaciones al cuadrado obtenido por la longitud de la MME para obtener la media de los cuadrados de las desviaciones.
5. Obtener la raíz cuadrada de esta media de los cuadrados de las desviaciones para conseguir la desviación estándar.

Estos pasos, detallados por Bollinger, están incluidos en muchos paquetes de software. Las bandas se hacen más amplias cuando la volatilidad aumenta y se estrechan cuando disminuye.

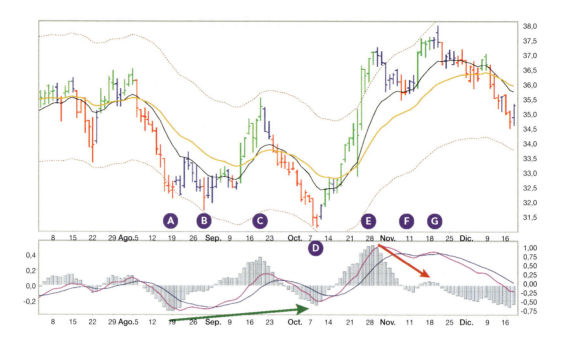

FIGURA 41.3   SIX diario con MME de 26 y 13 días, canal del 6 %, histograma MACD 12-26-9, y sistema impulso (*Gráfico de StockCharts.com*).

Combinar canales con señales del MACD

Este gráfico refleja varios meses de acción en Six Flags Entertainment Corporation (SIX).

Área A – mientras que los precios han alcanzado la línea inferior del canal, un nuevo mínimo récord en el histograma MACD sugiere que este mínimo volverá a ser puesto a prueba o excedido.

Área B – la línea del canal ha sido rechazada, es probable que se dé un repunte.

Área C – los precios han alcanzado la línea superior del canal y han retrocedido: es probable que se dé una inversión de tendencia.

Área D – comprar. Los precios han alcanzado la línea inferior del canal, mientras que el histograma MACD ha trazado una divergencia alcista entre los valles A y D, con una ruptura en C.

Área E – mientras los precios han alcanzado la línea superior del canal, un nuevo máximo récord del histograma MACD sugiere que es probable que este máximo vuelva a ser puesto a prueba o que sea excedido.

Área F – retirada al valor completada; el histograma MACD rompe por debajo del eje, creando las condiciones para una posible divergencia bajista. Aún se puede comprar para montar de vuelta al anterior máximo.

Área G – vender y vender al descubierto. Los precios han alcanzado la línea superior del canal, mientras que el histograma MACD ha trazado una divergencia bajista entre las cimas E y G, con una ruptura en F.

Una banda estrecha identifica un mercado adormecido, tranquilo. Los movimientos de mercado importantes suelen emerger de bases planas. Las bandas de Bollinger nos ayudan a identificar las transiciones de los mercados tranquilos a los activos.

Estas bandas son útiles para los *traders* de opciones, ya que los precios de las opciones varían en gran medida en función de las oscilaciones de la volatilidad. Las bandas estrechas de Bollinger nos ayudan cuando la volatilidad es baja y las opciones son relativamente baratas. Las bandas amplias nos ayudan a decidir si vender opciones cuando la volatilidad es alta y las opciones están caras.

Cuando volvamos a las opciones en los siguientes capítulos, leerá que comprar opciones es un juego de perdedores. Los *traders* profesionales venden opciones. Unas bandas de Bollinger amplias pueden señalar cuándo ser más activos en la venta de opciones. Si negocia con acciones o futuros en vez de opciones, es mejor usar canales regulares como objetivos de beneficios: el *trading* ya es suficientemente difícil sin intentar disparar a una diana en movimiento, como son las bandas de Bollinger.

ii

OCTAVA PARTE

Vehículos de inversión

Los vehículos de inversión están divididos en diversas categorías. Sus gráficos puede que parezcan similares en la pantalla del ordenador, pero no deje que las apariencias lo engañen. Cada grupo tiene sus ventajas y desventajas. Ofrecen diferentes oportunidades para sacar beneficios y comportan distintos riesgos. Escoger con cuáles operar se halla entre las decisiones de mercado más importantes que uno debe tomar.

Estudiaremos los siguientes grandes grupos para ayudarle a tomar una decisión en conciencia sobre en cuál centrarse:

- Las acciones.
- Los fondos de inversión cotizados (ETF).
- Las opciones.
- Los contratos por diferencias (CFD).
- Los futuros.
- El *forex*.

Cualquiera que sea el grupo que escoja, asegúrese de que su activo negociado cumple con dos criterios esenciales: liquidez y volatilidad.

La **liquidez** se refiere al volumen diario promedio, comparado con otros activos negociados en el mismo grupo de vehículos de inversión. Cuanto más alta sea, más fácil le será entrar y salir de las operaciones. Puede que consiga una posición con ganancias en un valor poco líquido, sólo para perderlas al salir debido a un deslizamiento especialmente malo.

Aprendí esta lección hace décadas, después de acumular una posición de seis mil acciones en un valor bastante inactivo. Cuando comenzó a bajar, decidí vender, y entonces es cuando descubrí que su volumen diario medio era de sólo nueve mil acciones. Había tan pocas personas negociando en estas acciones que mis propias ventas comenzaron a hacer que descendiera el precio. Me llevó varios días salir de mi paquete de seis mil acciones, que me pareció como sacar una vaca gorda a través de una salida estrecha, dejando grandes tiras de piel de vaca en los pilares de la salida. Ahora me centro en acciones americanas que se negocian en más de un millón de acciones al día. Ahí puedo entrar y salir de mis operaciones sin que nadie se dé cuenta y sin ser molestado. Cuando hay gran cantidad de *traders* hay muchas órdenes de compra y de venta, y el deslizamiento, cuando se da, es pequeño.

La **volatilidad** es la extensión de la variación media a corto plazo de un activo negociado. Cuanta más volatilidad en un instrumento de negociación, más oportunidades presenta. Las acciones populares tienden a oscilar mucho. Por otro lado, las acciones de muchas empresas de suministro de servicios públicos que son bastante líquidas son muy difíciles de negociar a causa de su baja volatilidad: tienden a permanecer en rangos estrechos.

Hay diversas maneras de medir la volatilidad, aunque una buena herramienta práctica es la beta. Compara la volatilidad de un activo con su valor de referencia, como un índice general. Si la beta de unas acciones es igual a 1, esto significa que su volatilidad es igual a la del índice S&P 500. Una beta de 2 significa que cuando el S&P sube un 5%, esas acciones probablemente repunten un 10%, pero también es posible que caigan un 10% si el S&P cae en un 5%. Una beta de 0,5 significa que las acciones probablemente subirán o caerán por un valor la mitad del porcentaje de la variación del S&P. Es mejor que los principiantes se centren en activos con beta bajo. Puede encontrarse la beta para la mayoría de valores en todos los sitios web de finanzas importantes, comenzando por Yahoo Finance. Las betas son como los colores de las pistas de esquí: verde para principiantes, azul para esquiadores de nivel medio y diamantes negros para los expertos.

Las zonas horarias. La globalización ha atraído a muchas personas a negociar lejos de casa. He conocido a *traders* australianos que operan con acciones de EE. UU. y he hablado con *traders* estadounidenses que luchan con los índices europeos. Aun así, debería pensárselo dos veces antes de operar lejos de su propia zona horaria. Los datos de uno están conectados al mundo, pero su persona física está arraigada en el área en que vive. Si se opera estando medio dormido, se está perjudicando a uno mismo. Si se tiene la cabeza en la almohada con una operación abierta en el otro lado del globo, se le está poniendo fácil a los competidores que le roben la cartera a uno.

Es más fácil operar en algunas zonas que en otras. Por ejemplo, es cómodo operar en los mercados estadounidenses desde Europa occidental, pues la Bolsa de Nueva York abre a las 15:30 y cierra a las 22:00 hora local. Es muy difícil negociar en los mercados estadounidenses desde Asia, desde donde la diferencia horaria probablemente sea de doce horas. Siempre existen excepciones a toda regla, y quizá le plazca operar por la noche; pero si se siente cansado y con ganas de dormir, no se exija demasiado y opere en su mercado local.

Comprar o vender al descubierto. El *trading* es más que comprar y esperar a que los precios suban. Los mercados son calles de doble sentido: suben y bajan. Los principiantes sólo compran, pero los *traders* expertos se sienten cómodos vendiendo al descubierto.

En pocas palabras, para ganar dinero vendiendo al descubierto se tiene que identificar un activo que se espera que vaya a bajar, tomarlo prestado del agente de uno (dejándole una fianza) y venderlo. Después de que descienda, se compra a un precio más barato y se devuelven las acciones tomadas en préstamo al agente, y se recupera la fianza. Las ganancias son la diferencia entre la venta más cara y los precios de compra más baratos. Es igual que cuando se compra, sólo que el proceso está invertido: primero se vende, después se compra. Está claro que vender al descubierto es un tema demasiado complejo para tratarlo en dos parágrafos, razón por la cual le conmino a que lea mi último libro anterior al presente: *The New Sell & Sell Short: How to Take Profits, Cut Losses and Benefit from Price Declines* (John Wiley & Sons, 2011).

42. Las acciones

Una acción es un certificado de propiedad sobre una empresa. Si comprase cien acciones de una empresa que ha emitido cien millones de acciones, sería propietario de una millonésima parte de esa compañía. Si terceras personas quisieran ser propietarias de esa empresa, deberían pujar por sus acciones.

Cuando a las masas les comienza a gustar las perspectivas de una empresa, sus órdenes para comprar acciones empujarán los precios de las acciones hacia arriba. Si no les gustan las perspectivas de dicha empresa, comenzarán a vender sus acciones, haciendo que los precios desciendan. Las empresas cotizadas intentan hacer que sus acciones sean más atractivas para hacer subir el precio de las acciones, ya que esto les ayuda a incrementar su valor o a financiarse emitiendo deuda. Las primas de los altos ejecutivos, a menudo, están vinculadas al precio de las acciones de su compañía.

Los valores fundamentales, en especial los beneficios, hacen subir o bajar los precios a largo plazo; pero, como el famoso economista John Maynard Keynes, conocido por su astucia escogiendo acciones, afirmó una vez: «A largo plazo todos estaremos muertos». Los mercados están llenos de cosas raras, como cuando las acciones de empresas con beneficios débiles o inexistentes se disparan hasta las nubes, ocasionalmente, desafiando a la gravedad. Las acciones de las nuevas industrias, más sexis, pueden levitar sobre las expectativas de beneficios futuros más que sobre beneficios reales. Las acciones de empresas con beneficios sólidos y bien administradas pueden vagar de banda a banda, o caer, si no satisfacen las perspectivas del público.

A Warren Buffett le encanta decir que comprar unas acciones hace de uno un socio de un tipo maníaco-depresivo llamado Sr. Mercado. Cada día, el Sr. Mercado viene corriendo para ofrecerle a uno comprar sus acciones, o venderle las propias. La mayoría de las veces, uno debería ignorarle, ya que está loco, aunque en ocasiones el Sr. Mercado se deprime tanto que ofrece sus acciones a cambio de una canción, y entonces es cuando uno debe comprar. Otras veces, su manía llega a un nivel que ofrece un precio demencial por las acciones de uno, y entonces es cuando uno debe vender.

La idea de Buffett es brillante por su simplicidad, pero difícil de poner en práctica. El estado anímico del Sr. Mercado es tan contagioso que nos arrastra a la mayoría de nosotros. La gente quiere vender cuando el Sr. Mercado está deprimido y comprar cuando está en estado maníaco. Para ser un *trader* exitoso, uno debe distinguirse de las masas. Deben definirse criterios objetivos que ayuden a decidir cuán alto es demasiado alto, y cuán bajo es demasiado bajo. Buffett toma sus decisiones con la base del análisis fundamental y unos instintos fantásticos. Los *traders* pueden usar las herramientas de análisis técnico descritas en este libro.

¿Con qué acciones negociará? En Estados Unidos hay más de veinte mil, y muchas más, más allá. Los principiantes tienden a dispersarse demasiado. Temerosos de perderse una oportunidad, comprar software para escanear. La persona que no tiene una idea clara de cómo operar con un solo valor no recibirá ninguna ayuda de seguir miles de éstos. Le irá mucho mejor si se centra en un puñado de acciones y las sigue cada día.

Volveremos a la cuestión de escoger acciones en la décima parte, «Detalles prácticos». Brevemente, siempre es buena idea limitar su conjunto de candidatos para operar. Ese conjunto puede ser pequeño o grande, dependiendo de sus capacidades y tiempo disponible. Un amigo griego llama a su lista de vigilancia de doscientas acciones su harén. Las ha tenido en propiedad en algún momento del pasado; las examina los fines de semana y escoge menos de diez con las que quizá opere la semana siguiente.

Yo tengo dos grupos en los cuales pescar para ideas de negocio. Los fines de semana paso mi escáner de divergencias sobre los quinientos valores que componen el S&P 500, y miro más de cerca las acciones que este escáner señala, para seleccionar un puñado que consideraré como opciones para operar durante la semana siguiente. Después repaso las elecciones Spike del fin de semana, pensando que, entre una docena de *traders* del más alto nivel, quienes envían sus elecciones favoritas, probablemente valdrá la pena subir a cuestas de una de éstas. El número de acciones que monitorizo de cerca durante la semana siempre es un de un solo dígito. Éste es mi estilo; algunos amigos siempre están monitorizando varias docenas de acciones. Sólo usted puede decidir qué número es adecuado para usted, pero sólo debería seguir tantas como le sea posible seguir centrado.

43. Los fondos de inversión cotizados (ETF)

Los fondos cotizados (ETF) son un vehículo de inversión que se negocian como si de acciones se tratara. ETF diferentes contienen distintos tipos de activos, como acciones, materias primas o bonos, y generalmente cotizan cerca de los valores netos de sus activos. Existen ETF diseñados para seguir índices, sectores, naciones, materias primas y mercancías, bonos, contratos de futuros y mercados de divisas. Los ETF apalancados están diseñados para replicar el índice subyacente en una determinada proporción (apalancamiento). También existen ETF inversos y ETF inversos apalancados que operan en sentido inverso a sus activos subyacentes: cuando un índice cae, su ETF inverso sube, y viceversa. El número de ETF ha subido hasta ser de millares en los últimos años.

Con tantas opciones, ¿qué es lo que no debería gustarnos de los ETF? De hecho, bastantes cosas.

La industria se calla el hecho de que existen dos mercados de ETF. El mercado primario está reservado a los «participantes autorizados»: grandes inversores institucionales que son, a la vez, agentes e inversores, y tienen acuerdos con los distribuidores de ETF para comprar o vender grandes bloques que consisten en decenas de millares de acciones ETF. Estos intermediarios compran al por mayor y después venden al por menor. Usted, como *trader* por cuenta propia, siempre se sienta al final del autobús: en el mercado secundario.

Un amigo que es un *trader* activo, que revisó este capítulo, añadió: «Creo que los "participantes autorizados" también pueden obtener acciones ETF para vender al descubierto en grandes cantidades. Mi agente siempre me dice que no queda ninguno disponible, ni siquiera en ETF ampliamente distribuidos, de los cuales no puedo imaginarme que no tengan muchos en su inventario. Cuando les pregunto sobre esta cuestión, se niegan a contestar. Me pregunto cómo se contabiliza una transacción de venta al descubierto así por parte de un participante autorizado. Me pregunto si, de algún modo, acaba en transacciones emparejadas (tanto en compras que hacen subir el volumen como en ventas que lo hacen bajar, cancelándose entre sí). Si así fuese, la presión añadida de la venta quedaría oculta a la vista».

Los gastos de administración incurridos en los ETF empantanan el retorno a los inversores. De acuerdo con un estudio de Morgan Stanley, los ETF no llegaron a sus objetivos de 2009 en un 1,25 % de media, el doble de la «diferencia» de 2008. Estos porcentajes son su «corte de pelo» por el privilegio de invertir en ETF en vez de en acciones individuales. Cuanto más exótico es el índice o activo al que está vinculado el ETF, mayor es su «corte de pelo».

Algunos ETF pierden valor tan rápido que sus emisores realizan agrupamientos de acciones (*contrasplits*) para que los precios vuelvan a subir a los dobles dígitos. Con el paso del tiempo, esos ETF se hunden hasta dígitos simples, y sus gestores vuelven a realizar otro agrupamiento de acciones para que sus ETF resulten apetecibles a nuevos imbéciles.

Un amigo perdió más de un millón de dólares el año pasado: anticipó un descenso en el mercado y compró un ETF sobre un índice de volatilidad (la volatilidad sube cuando los mercados caen). Claro que el mercado cayó en un 10%, y la volatilidad subió en picado: pero su ETF bajó, en vez de subir (figura 43.1).

Muchos ETF hacen un «seguimiento» muy poco honrado de sus índices subyacentes. Después de probar ETF sobre materias primas y mercancías, no los volvería a tocar ni con un palo de tres metros, tras haber experimentado con ellos durante algunos días en los que la materia prima subió, mientras que mi ETF sobre ésta bajó. Dejé de negociar con ETF

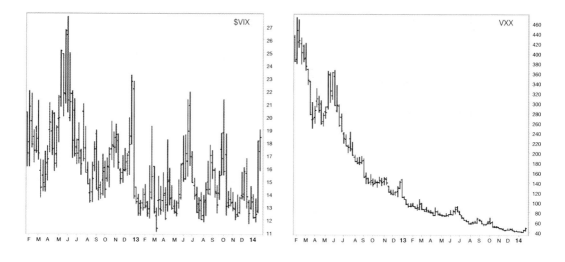

FIGURA 43.1 $VIX, índice de volatilidad, y VXX, un ETF sobre volatilidad, semanal (*Gráficos de StockCharts.com*).

Hacer seguimiento de la volatilidad: realidad y fantasía

¿Puede creerse que estos dos gráficos, que cubren el mismo período de tiempo, se supone que siguen lo mismo?

La volatilidad es un factor sumamente importante en los movimientos de mercado. De igual forma que los precios oscilan entre las tendencias al alza y las tendencias a la baja, oscilan entre períodos de baja y de alta volatilidad. Ésta es la razón por la que muchos analistas y *traders* prestan mucha atención al $VIX, el índice de volatilidad. El gráfico de la izquierda muestra cómo, durante los dos últimos años, el $VIX osciló entre los bajos diez y los medios veinte (repuntó por encima de 80$, brevemente, durante el mercado a la baja en 2008). Los *traders* tienen este dicho: «Cuando el VIX está alto, es seguro comprar; cuando el VIX está bajo, es mejor ir despacio».

Dado que las fluctuaciones del $VIX parecen bastante ordenadas, algunos *traders* intentan operar con él usando diversos ETF, como el VXX, mostrado en el gráfico de la derecha. Durante el mismo período, el VXX ha descendido continuamente, perdiendo el 90 % de su valor. ¿Es esto el seguimiento de la volatilidad?

sobre naciones después de encontrarme en varias situaciones en que el índice de un país subía hasta un nuevo máximo mientras que mi ETF se quedaba por debajo del nivel de ruptura (figura 43.2).

Los ETF apalancados ponen mucho más peso en el futuro que los ETF no apalancados, y tienen pérdidas mucho mayores que pasan de mes a mes. Las desventajas que los inversores minoristas sufren se ven amplificadas en los ETF apalancados. Quizá sigan a sus activos subyacentes más o menos correctamente durante una sola sesión de negociación, pero se desvían mucho con el paso del tiempo.

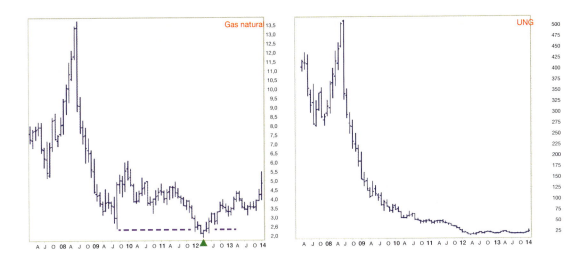

FIGURA 43.2   Precio *spot* del gas natural y UNG, ETF sobre gas natural, mensual (*Gráficos de StockCharts.com*).

El mercado del gas natural: realidad y fantasía

El gráfico de la izquierda muestra los precios *spot*, o precios al contado, del mercado del gas natural: alcanzó un máximo cerca de 13,5 dólares en 2008 y comenzó un mercado a la baja que acabó en un doble suelo. Una falsa ruptura a la baja cerca de los 2 dólares en 2012 ayudó a identificar una oportunidad de compra. Un gráfico de futuros (no se muestra) es muy similar en apariencia al gráfico de precios al contado; pero observe UNG, un ETF sobre gas natural a la derecha. A medida que descendía de forma interminable desde 500 dólares hasta menos de 20 dólares, perdí la cuenta del número de amigos y clientes que se quejaban de que estaban perdiendo dinero mientras trataban de capturar su suelo.

Los únicos ETF que más o menos se negocian decentemente son los vinculados a índices amplios, como SPY y QQQ. En general, los ETF atraen a muchos clientes minoristas poco sofisticados, pero los cortes de pelo y un seguimiento pobre de los valores subyacentes ponen todo en su contra. Recuerde un principio importante: NELCG, o «no existen las comidas gratuitas». Cuando se trata de ETF: atención, consumidores.

44. Las opciones

Las opciones son instrumentos derivados: apuestas que otros valores, como acciones, índices o futuros, llegarán a cierto precio en una fecha concreta. Una opción *call* (u opción de compra) le da a su poseedor el derecho, pero no la obligación, de comprar una cantidad determinada de un valor concreto a un precio determinado en una fecha concreta. Es una apuesta a que el precio subirá. Una opción *put* (u opción de venta) es un derecho, pero no una obligación, a vender una cantidad determinada de un valor concreto a un precio determinado en una fecha concreta. Es una apuesta a que el precio caerá. En cada transacción de opciones hay dos partes: un comprador y un vendedor, también llamado emisor. Los compradores compran opciones, mientras que los emisores las crean y las venden a los compradores.

El punto clave que hay que recordar es que los compradores de opciones, considerados colectivamente, pierden dinero con el tiempo, a pesar de las operaciones afortunadas ocasionales. En el otro lado de la mesa, los emisores de opciones como grupo ganan dinero de forma regular, a pesar de las pérdidas ocasionales.

Los emisores crean opciones de la nada para suplir la demanda de los compradores de opciones. Una vez, uno de mis estudiantes, un creador de mercado en el parqué del AMEX, me dijo: «Las opciones son un negocio sobre la esperanza. Se puede comprar esperanza, o puede venderse. Yo soy un profesional: vendo esperanza. Llego al parqué por la mañana y encuentro la esperanza que el público está buscando. Entonces pongo precio a esa esperanza y se la vendo».

Cada opción tiene un precio de ejercicio (también conocido como precio *strike*). Si las acciones no llegan a alcanzar ese precio antes de la fecha de vencimiento,* la opción vence sin ejercitarse y el comprador pierde lo que ha pagado, mientras que el emisor se queda su botín, cuyo nombre educado es prima.

- Una opción está «a dinero» (*at-the-money*) cuando el precio actual de su valor subyacente coincide con el precio de ejercicio.
- Una *call* está «fuera de dinero» (*out-of-the-money*) cuando el precio actual del valor subyacente está por debajo del precio de ejercicio. Una *put* está «fuera de dinero» cuando el precio actual del subyacente está por encima del precio de ejercicio. Cuando más «fuera de dinero» esté una opción, más barata será ésta.
- Una *call* está «en dinero» (*in-the-money*) cuando el precio actual del valor subyacente está por encima del precio de ejercicio. Una *put* está «en dinero» cuando el precio actual del subyacente está por debajo del precio de ejercicio.

Las opciones pueden estar «a dinero», «fuera de dinero» o «en dinero» en diferentes momentos de su vida, ya que los precios de los valores subyacentes fluctúan. El precio de toda opción tiene dos componentes: el valor intrínseco y el valor temporal.

- El valor intrínseco de una opción entra en positivo sólo cuando está «en dinero». Si el precio de ejercicio de una *call* es de 80 dólares y el valor subyacente sube a 83 dólares, el valor intrín-

---

* Existen dos tipos de opciones según el momento en que pueden ser ejercidas. Las opciones *americanas* pueden ejercerse en cualquier momento desde su entrada en vigencia hasta su vencimiento. Las opciones *europeas* sólo pueden ejercerse en su fecha de vencimiento. *(N. del T.)*

seco de la *call* en cuestión será de 3 dólares. Si el valor está en o por debajo de 80 dólares, el valor intrínseco de la *call* es cero.
- El otro componente del precio de una opción es el valor temporal. Si el valor subyacente se negocia a 74 dólares y la gente está pagando 2 dólares por una *call* que da derecho a comprar a 80 dólares, los 2 dólares en su totalidad representan el valor temporal. Si el valor subyacente sube a 83 dólares y el precio de la *call* sube a 4 dólares, 3 dólares de éstos es valor intrínseco (83–80), mientras que 1 dólar es valor temporal (la esperanza de que el subyacente suba incluso más durante el resto de vida de la opción).

Los precios de las opciones dependen de varios factores:

- Cuanto más «fuera de dinero» esté el precio de ejercicio, más barata será la opción: el valor subyacente deberá viajar una distancia más larga para que la opción valga algo antes de que venza.
- Cuanto más cerca esté la fecha de vencimiento, más barata será la opción: tendrá menos tiempo de cumplir la esperanza. La velocidad con la que una opción pierde valor se conoce como **depreciación temporal,** que no sigue una función lineal, sino que se acelera a medida que se acerca el vencimiento.
- Cuanto menos volátil sea el valor subyacente, más barata será la opción, pues tendrá menor probabilidad de sufrir un movimiento importante.
- Factores menos importantes también tienen influencia en el precio de las opciones, como el nivel actual de los tipos de interés y de los dividendos repartidos por el valor subyacente.

Los diferentes factores que impactan en los precios de las opciones pueden chocar entre sí y cancelarse parcialmente. Por ejemplo, si un mercado cae de manera abrupta, reduciendo el valor de las *calls*, la volatilidad añadida hará que suba el valor de las opciones, por lo que las *calls* puede que pierdan menos de lo esperado. Existen diversos modelos matemáticos, como el Black-Scholes, que están descritos ampliamente en la bibliografía sobre opciones, usados para determinar cuál es el valor justo de toda opción.

Comprar opciones

La estrategia más simple y fácil respecto a las acciones es comprarlas. Esto es exactamente lo que los principiantes hacen y, a menos que aprendan rápido y cambien, sus cuentas están condenadas.

Esta cita es estándar en la propaganda de las agencias de corredores: «Las opciones ofrecen apalancamiento: la posibilidad de controlar grandes posiciones a cambio de un pequeño desembolso. El riesgo total de una opción queda limitado al precio que se paga por ésta. Las opciones permiten a los *traders* ganar dinero rápido cuando aciertan; pero si el mercado se invierte, ¡uno puede irse sin deber nada!». Olvidan mencionar que, para obtener beneficios comprando opciones, uno debe acertar tres cosas. Se debe escoger el valor correcto, predecir la magnitud de su movimiento, y prever cuán rápido llegará hasta ese punto. Si uno se equivoca en tan sólo uno de estos tres factores, perderá dinero.

¿Ha intentado alguna vez lanzar una pelota y hacerla pasar por tres aros en un parque de atracciones? Esta triple complejidad hace que comprar opciones sea un juego en que se pierde.

Unas acciones, un índice o un contrato de futuros puede hacer una entre tres cosas: subir, bajar o quedarse plano. Cuando se compra una *call*, sólo se saca provecho si el mercado sube; se pierde si baja o se queda igual. Se puede perder incluso si sube, pero no suficientemente rápido. Cuando se compra una *put*, se gana sólo si el mercado cae suficientemente rápido. Los compradores de opciones sólo ganan dinero si el mercado se mueve a su favor con la velocidad suficiente, pero pierde si se mueve poco a poco, si se queda igual, o si va en su contra.

Los compradores de opciones tienen una probabilidad de ganar de una entre tres, mientras que la probabilidad es de dos entre tres para los emisores de opciones. No es de extrañar, pues, que los pros emitan opciones. Los pros venden *calls*; si el valor cae, permanece igual, o sube lentamente, estas *calls* vencerán sin ejercitarse y ellos se quedarán con la prima. Venden esperanzas a los pobres compradores, y cuando la esperanza resulta vana, se quedan con su dinero.

Las opciones atraen a hordas de pequeños inversores que no pueden permitirse comprar acciones. Para sacar más provecho de su dinero, compran *calls* como si fueran sustitutos de acciones. Esto no funciona, ya que las opciones se mueven de manera diferente a las acciones. Los principiantes, crédulos, compran esperanzas vanas, que los pros están encantados de venderles.

Los principiantes, los jugadores y los *traders* infracapitalizados forman la mayoría de compradores de opciones. Piense simplemente en todo el dinero que estos desventurados pierden con su entusiasmo por hacerse ricos deprisa. ¿Quién se queda todo ese dinero? Parte va a las comisiones de corretaje, pero el grueso de este dinero acaba en los bolsillos de los emisores de opciones. Los profesionales bien financiados emiten opciones, más que comprarlas. La emisión de opciones es un negocio intensivo en capital: se necesitan cientos de miles de dólares, como mínimo, para hacerlo correctamente, aunque la mayoría de emisores de éxito operan en los millones. La emisión de opciones es una cosa seria para *traders* con conocimientos, disciplinados y bien financiados. Si su cuenta es demasiado pequeña para emitir opciones, espere hasta que crezca lo suficiente.

Los mercados son como surtidores que succionan el dinero del bolsillo de la mayoría mal informada hacia las carteras de una minoría astuta. Los *traders* inteligentes de cualquier mercado buscan situaciones en que la mayoría hace algo de una manera, mientras una minoría pequeña con dinero hace lo opuesto. Las opciones son un gran ejemplo de esta norma.

Emisión de opciones

Existen dos tipos de emisión de opciones. Los emisores de opciones cubiertas compran acciones y emiten opciones contra esas acciones. Los emisores al descubierto emiten *calls* y *puts* sobre acciones que no poseen.

Los **emisores de opciones cubiertas** poseen los valores subyacentes. Por ejemplo, un fondo puede mantener una posición larga en acciones de IBM y vender *calls* contra ésta. Si las acciones no suben hasta el precio de ejercicio durante la vida de esas *calls*, las opciones vencerán sin efecto. El emisor cubierto sumará la prima al fondo y emitirá una nueva *call* con una nueva fecha de vencimiento. Si IBM sube hasta el precio de ejercicio y es ejecutada, entregará esas acciones al precio de ejercicio, obtendrá el dinero y usará el capital liberado para comprar otras acciones y emitir *calls* en contra de estas últimas acciones.

Los grandes fondos tienden a usar modelos por ordenador para comprar acciones y emitir *calls* cubiertas. La emisión con cobertura es un negocio exigente a nivel matemático e intensivo en capital. La mayoría de jugadores serios distribuyen los costes, incluyendo los de personal y equipos, sobre una gran base de capital. Los pequeños *traders* no tienen ninguna ventaja en esta cara empresa. La emisión cubierta era muy rentable en los primeros tiempos de las opciones negociadas en los mercados. Hoy por hoy es un campo muy abarrotado de actores, y los rendimientos son más pequeños.

Los **emisores de opciones al descubierto** venden opciones sin poseer los valores subyacentes; la garantía de sus emisiones es el dinero en sus cuentas. Los emisores al descubierto cobran la prima cuando inician una transacción, pero su riesgo es ilimitado si la posición se gira en su contra. Cuando se poseen unas acciones, se vende una *call* cubierta y esas acciones suben al precio de ejercicio y la opción se ejecuta, uno tiene algo para entregar. Si se vende una *call* al descubierto y las acciones suben hasta o superado el precio de ejercicio, uno tiene que pagar. Imagínese vender *calls* sobre unas acciones que se ven involucradas en una operación de adquisición y abren 50 dólares más altas la mañana siguiente: aún tendrá que entregarlas.

Esta combinación de beneficios limitados y riesgo ilimitado asusta a casi todos los *traders*, que se mantienen a distancia de la emisión al descubierto; pero de nuevo, hay una brecha entre las percepciones y la realidad. Una opción que esté «muy fuera de dinero», con un período de vencimiento corto, es muy probable que venza sin efecto, lo que significa que el emisor obtendrá beneficios. La ratio de riesgo/beneficios potenciales en la emisión al descubierto es mejor de lo que parece, y existen técnicas para reducir el impacto de los movimientos adversos raros.

Los emisores de opciones al descubierto sofisticados tienden a vender *calls* y *puts* «fuera de dinero» cuyos futuros o acciones subyacentes probablemente no lleguen a alcanzar los precios de ejercicio durante el resto de vida de las opciones. No sólo venden esperanza, sino que también venden esperanzas remotas. Los buenos emisores hacen un seguimiento de la volatilidad para saber cuán lejos puede llegar a moverse un valor, y entonces vender opciones fuera de este rango. Este juego entra en una actividad frenética durante la semana o dos semanas anteriores al vencimiento de una opción, cuando el parqué imprime dinero de la nada, vendiendo *puts* y *calls* al descubierto con probabilidades casi nulas de alcanzar su precio de ejercicio.

Los emisores cautelosos cierran sus posiciones sin esperar a las fechas de vencimiento. Si se emite una *call* a noventa céntimos y ésta baja hasta los diez céntimos, tiene sentido comprarla de vuelta y salir de una posición. Ya ha obtenido la mayor parte del beneficio potencial, por lo que ¿por qué exponerse a un riesgo continuado? Es más barato pagar otra comisión, contabilizar los beneficios y buscar otra oportunidad de emisión.

Llegar a ser un emisor al descubierto requiere una disciplina de hierro. El tamaño de las emisiones y el número de posiciones deben estar estrictamente determinados por sus reglas de gestión del capital. Si vende una *call* al descubierto y las acciones suben por encima del precio de ejercicio, usted está expuesto al riesgo de arruinarse. Debe decidir por adelantado a qué nivel cortará y saldrá de una posición, aceptando una pérdida relativamente pequeña. Un vendedor al descubierto no puede permitirse sentarse y esperar cuando un valor se mueve en su contra.

La elección del emisor

El tiempo es el enemigo de los compradores de opciones. Todo comprador ha pasado por esta triste secuencia: compra una *call*, las acciones suben, pero su opción baja hasta cero y pierde dinero. Los compradores pierden cuando el valor subyacente toma más tiempo de lo esperado en alcanzar el nivel al que podrían cobrar por su apuesta. La mayoría de opciones vencen sin efecto en su fecha de vencimiento.

¿Qué pasa si invertimos este proceso, emitiendo opciones en vez de comprarlas? La primera vez que se emite una opción, y se hace correctamente, se siente una sensación deliciosa de que el tiempo juega a favor de uno. La opción emitida pierde algo de valor temporal cada día, asegurando cada vez más la prima cobrada. Cuando el mercado no se mueve, aún se está ganando dinero, mientras el valor temporal sigue evaporándose, haciendo más probable que pueda conservar la prima.

Si vivir bien es la mejor venganza, entonces tomar el factor que liquida a la mayoría de compradores de opciones –el tiempo– y hacer este juego a favor de uno mismo son experiencias gratificantes.

Dado que cada opción representa una esperanza, es mejor vender esperanzas vanas cuyo cumplimiento sea improbable. Realice tres pasos antes de emitir una opción de compra o de venta:

1. Analice el valor contra el que quiera emitir opciones.
   Use la triple pantalla para decidir si una acción, un futuro o un índice está en una tendencia o no. Use los gráficos semanales y diarios, indicadores de seguimiento de tendencia y osciladores para identificar tendencias, detectar inversiones de tendencia y establecer objetivos de precios. Evite emitir opciones cuando se esté a punto de anunciar beneficios: no mantenga posiciones abiertas durante esos días potencialmente tormentosos.
2. Escoja qué tipo de opción emitir.
   Si su análisis revela bajismo, considere emitir *calls*, y si revela alcismo, considere emitir *puts*. Cuando la tendencia es al alza, venda la esperanza de que bajará, y cuando es a la baja, venda la esperanza de que subirá. No emita opciones cuando los mercados estén planos y las primas bajas: las rupturas de los rangos de cotización pueden castigarle.
3. Estime cuán lejos, con un margen de seguridad generoso, tendría que ir el valor para cambiar su tendencia. Emita la opción más allá de ese nivel.

Emita una opción con un precio de ejecución que el mercado probablemente no alcanzará antes del vencimiento de la opción. Una herramienta objetiva que muestra el nivel de seguridad de su posición planeada es el indicador llamado Delta, que discutiremos más adelante.

Depreciación temporal. Las opciones pierden valor con cada día que pasa, pero su ritmo de depreciación no es constante. Las opciones caen más rápido a medida que se acerca la fecha de vencimiento. Como un canto rodado bajando una pendiente, la depreciación temporal se vuelve vertical en el precipicio final.

La depreciación temporal es mala para los compradores de opciones, pero muy buena para los emisores de opciones. Se cobra la prima el día que se vende una *call*. Cuanto más caiga por debajo del precio al que la emitió, más segura será su prima. La depreciación temporal es el amigo del emisor de la opción y el enemigo del comprador de ésta.

Teniendo esto en mente, el momento idóneo para el emisor de opciones es, aproximadamente, entre dos y tres meses antes del vencimiento de una opción. Ahí es donde la depreciación temporal comienza a ganar velocidad. Se acelera durante las últimas semanas de la vida de una opción. Cuando uno emite opciones cerca del vencimiento, se beneficia de una depreciación más rápida. Puede ganar más dinero con opciones con vidas más largas, pero no sea codicioso. La meta del emisor no es hacer un gran negocio en una única operación, sino producir unos ingresos constantes.

Delta. Delta es una herramienta que muestra la probabilidad de que el valor subyacente alcance el precio de ejercicio de una opción hasta su fecha de vencimiento. Es una de varias herramientas para opciones, conocidas colectivamente como *griegas* (cada una lleva el nombre de una letra del alfabeto griego). Puede encontrarse la Delta de cualquier acción, índice o ETF en muchos sitios web de finanzas, especialmente en los de las agencias de brókeres que ofrecen servicios de opciones.

El emisor de opciones cauteloso debería tener como objetivo vender *calls* y *puts* cuyo Delta no esté muy por encima del 0,10; esto significa que sólo hay un 10 % de probabilidades de que se llegue al precio de ejercicio antes de la fecha de vencimiento. Recuerde: como emisor de opciones no quiere que el valor subyacente alcance ese precio: quiere vender esperanzas vanas. Si un riesgo del 10 % le parece alto, tenga en mente que el Delta se deriva sin referencia alguna al análisis de mercado. Si su decisión se basa en un buen análisis técnico, su riesgo será más bajo de lo que el Delta indica.

La tentación de vender opciones al descubierto «más cerca del dinero» y así obtener primas más generosas es peligrosa. Es probable que la Delta sea alta, lo que significa que un pequeño movimiento contra la tendencia puede empantanar su posición. Si va a emitir opciones, hágalo como si estuviese emitiendo políticas de seguros contra accidentes. Para obtener beneficios constantes y dormir bien por las noches, venda seguros de automóvil a señoras que sólo conducen hasta el supermercado, no a motoristas temerarios.

Poner límites al riesgo

Un importante *trader* de opciones compartió conmigo su técnica de «trocear la horquilla de precios de compra y de venta». Pone una oferta de compra (*bid*) baja o una oferta de venta (*ask*) alta, y entonces comienza a descontar de centavo en centavo hasta que alguien compra. Por ejemplo, recientemente encontró una opción que quería emitir (esto es, vender). La oferta de compra era de 1,18 dólares y la de venta de 1,30 dólares, pero él no tenía ninguna intención de vender a 1,18 dólares, pagando así por una horquilla enorme. En vez de eso, puso en su orden de venta un gran número de contratos a 1,29 dólares, un centavo más barato que el precio de venta (*ask*). No obtuvo respuesta. Unos minutos más tarde bajó su oferta de venta a 1,28 dólares, y de pronto apareció un comprador, compró sus contratos, y después la horquilla de precios de compra y de venta volvió a 1,18/1,30 dólares. Mi cliente cree que hay muchos *traders* al margen, observado, sin mostrar sus intenciones, pero dispuestos a negociar dentro de la horquilla. Consigue que piquen bajando centavo a centavo. Los emisores de opciones pueden sufrir por tres causas. Algunos operan más allá de sus posibilidades, creando posiciones que son demasiado grandes para sus cuentas. Asumir demasiado riesgo les causa nervios y hace que no puedan mantener sus posiciones cuando llegan curvas peligrosas. Los emisores de opciones también sufren cuando no corren suficientemente deprisa cuando una opción se gira en su contra. Por último, los emisores de opciones pueden sufrir una debacle si no tienen una reserva en caso de que se den grandes movimientos adversos. Cuando más tiempo opere, mayor será el riesgo de sufrir un acontecimiento catastrófico.

El emisor puede acabar siendo negligente vendiendo opciones al descubierto y recogiendo beneficios. Un sentimiento petulante autocomplaciente puede cegarlo y hacer que no vea la realidad. Debe proteger todas las operaciones, incluyendo las opciones al descubierto. He aquí diversas sugerencias:

- Establezca su zona de recogida de beneficios: considere recomprar sus opciones al descubierto. Las opciones emitidas son un activo amortizable. Cuando el valor subyacente se mueve lejos del precio de ejercicio pero aún queda tiempo hasta el vencimiento, el precio de la opción que se ha vendido puede caer hasta casi tocar fondo, y desde ahí perder valor poco a poco. El perdedor que compró esa opción aún tiene una pequeña posibilidad de que el mercado se invierta a su favor. Continúa aferrándose a esa opción como a un boleto de lotería: muy de vez en cuando, su boleto quizá gane.

  Como emisor, ¿por qué razón debería mantener una posición abierta que ya le ha librado la mayor parte de su beneficio potencial? Tiene poco que ganar, mientras que está expuesto al riesgo. Después de que una acción que ha vendido pierda la mitad de su valor, considere recomprarla para cerrar una operación rentable. Debería haber salido de toda operación cuando ésta haya perdido el 80% de su valor.

- Use un *stop-loss* mental con las opciones que venda.
  Aquí es mejor usar *stops* mentales, ya que muchos pros van a la caza de *stops* de opciones poco negociadas. El uso de *stops* mentales requiere una disciplina de hierro: otra razón por la que la emisión de opciones no es un juego para principiantes.

Establezca sus *stops* mentales tanto en el valor subyacente como en la misma opción. Por ejemplo, puede vender una *call* al descubierto de 80 en abril sobre unas acciones que se estén negociando a 70, y poner su *stop* mental en 75. Salga de la posición de su opción al descubierto antes de que entre «en dinero». Ponga también un *stop* en su opción: si dobla su precio, recómprela para cortar pérdidas. Si vendió una opción a 1,50 dólares, recómprela si sube a 3 dólares. Puede que duela, pero no estará en las «pérdidas ilimitadas» que hace que la gente tenga miedo de emitir opciones.

- Abra una cuenta de seguro.

Quizá emita una opción de venta y el mercado sufra una debacle al día siguiente, o puede que emita una opción de compra y, de repente, se dé una adquisición. Usted espera que esto no suceda jamás, pero ¡practique el *trading* durante el tiempo suficiente y, tarde o temprano, todo acaba ocurriendo! Ésa es la razón por la que necesita un seguro. Nadie se lo venderá, por lo que tendrá que autoasegurarse a sí mismo.

Abra una cuenta en el mercado monetario y, cada vez que cierre una posición rentable de emisión al descubierto, ponga el 10% del beneficio en esa cuenta. No la use para operar: deje que su cuenta de seguro crezca con cada ronda de nuevas ganancias, preparado para cubrir una pérdida catastrófica, o para pasar por caja cuando deje de emitir opciones. En una consulta reciente con un emisor de opciones profesional, le recomendé que transfiriese el 10% de las ganancias a partir de cierto umbral al banco en que tiene la hipoteca de su casa de campo, usando ese prepago como su fondo asegurador.

¿Puede ser inteligente comprar opciones?

Los profesionales puede que compren *puts* en raras ocasiones, cuando esperan una caída severa. Cuando una tendencia a largo plazo comienza a invertirse, puede crear turbulencias masivas cerca de la cima, como los transatlánticos cuando cambian de rumbo. Cuando la volatilidad se dispara hasta las nubes, incluso los *traders* prósperos tienen problemas poniendo *stops* en los descubiertos. La compra de *puts* permite esquivar este problema.

Los precios tienden a caer el doble de rápido de lo que suben. La codicia, la emoción dominante durante las tendencias al alza, es un sentimiento feliz y duradero. El temor, la emoción dominante durante las tendencias a la baja, es más agudo y violento. Es más probable que los profesionales compren *puts*, dada su exposición más corta a la depreciación temporal. Las tendencias al alza se negocian mejor con acciones o futuros.

El *trader* que espere una recesión deberá decidir qué *put* comprar. La mejor opción es contraintuitiva y bastante diferente de lo que la mayoría de gente compra.

- Estime cuán bajo espera que caiga un valor. Sólo merece la pena comprar un *put* si se espera un crac.
- Evite los *puts* con más de dos meses de vigencia. La compra de *puts* sólo tiene sentido cuando espere un descenso en cascada. Si anticipa una tendencia a la baja interminable, es mejor vender el valor subyacente al descubierto.

- Busque *puts* baratos cuyos precios reflejen que no hay esperanza. Siga la columna con el dedo: cuanto más bajo sea el precio de ejecución, más barata será la opción *put*. Al principio, cada vez que baja al siguiente precio de ejecución, las *puts* son un 25 % o incluso un 35 % más baratas que en el nivel anterior. Llegado un punto uno sólo se ahorraría una pequeña fracción del precio de la opción *put*. Esto demuestra que toda esperanza ha sido exprimida de esa opción *put*, y que tiene un precio como el de un boleto de lotería barato. ¡Ésa es la que quiere!

Comprar una opción *put* muy barata, «muy fuera de dinero», es contraintuitivo. Está tan «fuera de dinero» y le queda tan poca vida que es probable que venza sin efecto alguno. No puede poner un *stop* sobre ella y, si resulta que está equivocado, toda la prima se esfumará. ¿Por qué no comprar una opción de venta más «cerca del dinero»?

El único momento bueno para comprar *puts* es cuando uno espera tener ganancias excepcionales de inversiones de tendencia extraordinarias. En una tendencia a la baja ordinaria es mejor vender acciones al descubierto. Con las opciones de venta baratas que están lejos, «fuera de dinero», su objetivo es una ganancia de un factor de diez, o más. Los rendimientos de este tipo permiten que uno se equivoque repetidamente en operaciones así, y aun así salir ganando al final. Capturar una inversión de tendencia importante compensará diversas pérdidas y le dejará con beneficios importantes.

¿Por qué no hay más gente que use esta táctica? En primer lugar, requiere muchísima paciencia, ya que las oportunidades son muy poco frecuentes. El valor de entretenimiento es muy bajo. La mayoría de personas no puede tolerar la idea de equivocarse tres, cuatro o cinco veces seguidas, incluso cuando pueden acabar ganando dinero. Ésa es la razón por la que tan pocos *traders* juegan a este juego.

Escribí este capítulo para agudizar su visión sobre algunas de las ideas clave sobre opciones. Si está interesado en las opciones, estudie el libro de Lawrence McMillan *Options as a Strategic Investment*.

45. Los contratos por diferencias (CFD)

Los contratos por diferencias (CFD) son apuestas sobre el valor futuro de divisas, índices o acciones. Si se compra un CFD y el precio del activo subyacente sube, se cobra la diferencia de la empresa que vendió el contrato, pero si baja, se paga la diferencia. Los CFD son derivados que permiten a los especuladores apostar sobre repuntes o descensos. Se parecen al *spread betting*, práctica legal en el Reino Unido y en Irlanda, pero no en Estados Unidos.

En el momento de escribir este libro, hay CFD disponibles en Australia, Canadá, Francia, Alemania, Hong Kong, Irlanda, Italia, Japón, Holanda, Nueva Zelanda, Noruega, Polonia, Portugal, Singapur, Sudáfrica, España, Suecia, Suiza y el Reino Unido. Están prohibidos en Estados Unidos, a causa de las restricciones de la Comisión del Mercado de Valores de este país.

Los CFD los crearon a principios de la década de 1990 Brian Keelan y Jon Wood, ambos de UBS Warburg, en Londres. Los *traders* institucionales comenzaron a usarlos para cubrir su exposición en acciones y para evitar impuestos. A finales de la década de 1990, diversas firmas empezaron a vender CFD a *traders* minoristas, promocionando su apalancamiento y la exención de impuestos en el Reino Unido. Diversas firmas proveedoras extendieron la oferta de la Bolsa de Londres a acciones, materias primas y mercancías, bonos y divisas a nivel global. Los CFD sobre índices, vinculados a grandes índices mundiales como el Dow Jones, S&P 500, FTSE y DAX rápidamente se convirtieron en los activos más populares de este grupo.

Los CFD son contratos entre *traders* individuales y proveedores, que pueden ofrecer diferentes condiciones contractuales. Cada CFD se crea abriendo una operación con un proveedor basada en algún instrumento subyacente. Prepárese para pagar grandes horquillas de precios de compra y de venta, comisiones y financiación a un día. Las operaciones son, por lo general, a corto plazo, aunque las posiciones pueden pasarse de un día al siguiente. Los cargos por financiación y las ganancias o pérdidas se abonan y cargan diariamente. Los CFD son negociados a crédito.

Entre las ventajas de los CFD está el tamaño mínimo minúsculo de estos contratos, haciéndolos accesibles a pequeños inversores. La ausencia de fechas de vencimiento significa que no se da depreciación temporal. Mientras que se cobra por la financiación de posiciones largas, también se paga por las cortas.

Existen diversas dudas serias sobre los CFD. Las comisiones tienden a ser altas en relación con los contratos. Las horquillas están controladas por los emisores de CFD, que también controlan los precios de los contratos, que pueden desviarse de los precios de los valores subyacentes. En otras palabras, el cliente minorista juega contra un equipo profesional que puede mover la portería durante el partido.

Un cliente de Nueva Zelanda escribió: «En lo que respecta a los CFD y el *spread betting*, vale la pena entender que, con los CFD, uno no está sólo intentando ganar al mercado, sino también al casino. Los proveedores de CFD pueden establecer los precios que quieran para un instrumento, dado que es su instrumento. El hecho de que a veces emulen lo que sucede en el mercado bursátil no significa que sea lo mismo que operar en él».

Los CFD son promocionados entre los *traders* nuevos y con poca experiencia, quienes ensalzan sus ganancias potenciales y minimizan la importancia de los riesgos. El regulador financiero australiano, ASIC, considera que operar en CFD es más arriesgado que apostar en los caballos o en un casino. Los CFD están prohibidos en Estados Unidos, donde los reguladores no han olvidado las agencias de bolsa fraudulentas de inicios del siglo xx.

La posición de la SEC sobre este tema me recuerda a otra agencia federal, la Administración de Medicamentos y Alimentos, que mantuvo la talidomida, un medicamento para mujeres embarazadas, fuera de Estados Unidos. Como resultado, después de que se conociese la magnitud de sus horribles efectos secundarios, la población de EE. UU. se salvó de la epidemia de bebés deformes que ese medicamento generó en Europa.

46. Los futuros

Los contratos de futuros son acuerdos para el intercambio de una cantidad determinada de un activo, físico o financiero, en una fecha concreta por un precio acordado. Los contratos de futuros se diferencian de las opciones en que son de obligado cumplimiento para tanto el comprador como el vendedor. En las opciones, el comprador tiene el derecho, pero no la obligación, de realizar el intercambio. Si uno compra una *call* o una *put*, puede desentenderse, si quiere, pero en los futuros uno no puede permitirse tal lujo. Si el mercado va en contra de uno, debe salirse de la operación sufriendo una pérdida o ampliar el margen de la cuenta. Los futuros son más estrictos que las opciones, pero sus respuestas a la volatilidad de los mercados son mucho más suaves, haciendo que resulten más fáciles de negociar. Otra ventaja de los futuros es que sólo hay algunas docenas de ellos, facilitando su seguimiento. Los futuros tienen una correlación mucho más floja entre ellos que las acciones. Mientras que las acciones tienden a moverse en grupo, muchos futuros se mueven en tendencias inconexas, ofreciendo así más opciones de inversión.

Las *commodities* (materias primas y mercancías básicas) son los componentes básicos de la economía. El trigo es una *commodity*, mientras que el pan no lo es porque incluye múltiples componentes. Los veteranos solían decir que una *commodity* era algo que dolía si caía en el pie de uno: oro, azúcar, trigo, un barril lleno de crudo. En las últimas décadas muchos instrumentos financieros se comenzaron a negociar como *commodities*: índices de acciones, bonos y divisas. Los futuros incluyen instrumentos financieros, así como las *commodities* tradicionales.

La persona que compra acciones se convierte en un propietario parcial de una empresa, pero cuando se compra un contrato de futuros, no se es propietario de nada. Se entra en un contrato vinculante para un intercambio futuro de una mercancía, sea ésta una carga de trigo o un fajo de bonos del Tesoro. La persona que vende el contrato asume la obligación de la entrega. El dinero pagado por unas acciones va al vendedor; pero con los futuros, el dinero del margen permanece en una cámara de compensación como garantía, para asegurar que se aceptará la entrega cuando venza el contrato. Ésta es la razón por la que a los márgenes se les solía llamar «dinero honrado». Mientras que con las acciones se paga interés por obtener margen prestado, con los futuros se puede cobrar interés por los fondos del margen de uno.

Todo contrato de futuros tiene un tamaño definido y una fecha de liquidación. La mayoría de *traders* cierra sus contratos antes, liquidando beneficios y pérdidas al contado. Aun así, la existencia de una fecha de entrega fuerza a la gente a actuar, proporcionando una ocasión para comprobar la realidad. Algunas personas pueden sentarse en posiciones en pérdidas durante años, engañándose a sí mismas pensando que sólo es una pérdida teórica. Con los futuros, la realidad, en forma de fecha de liquidación, siempre importuna a los que sueñan despiertos.

La mayor parte de futuros tiene límites diarios, más allá de los que los precios no pueden llegar. Los límites están diseñados para interrumpir las oscilaciones histéricas y dar tiempo a la gente para que piensen de nuevo sobre sus posiciones. Una cadena de días en que se llega al límite puede ser muy estresante cuando un *trader* que está en pérdidas se queda atascado y no puede salir mientras su cuenta está siendo molida. La globalización de los mercados de futuros ha creado muchas salidas de emergencia, que permiten liquidar una operación en otras partes. Igual que cuando se embarca en un avión, el *trader* cuidadoso aprende a identificar esas salidas de emergencia antes de necesitarlas.

Con las acciones, la mayoría de gente compra y muy poca vende al descubierto. Con los futuros, igual que con las opciones, el número de posiciones largas y cortas siempre es el mismo, ya que, si alguien compra un contrato de futuros, alguna otra persona tiene que habérselo vendido, por ejemplo, tomado una posición corta. Si se quiere negociar con futuros, es bueno sentirse cómodo vendiendo al descubierto.

La ratio de supervivencia de los nuevos *traders* en futuros es baja: se dice que nueve de cada diez recién llegados se van en los primeros meses. Es importante entender que el peligro no está en los futuros, sino en una gran falta de habilidades en la gestión del riesgo por parte de los principiantes. Los futuros ofrecen algunas de las mejores oportunidades de obtener beneficios para *traders* serios, pero son mortales para los amateurs. Deberá desarrollar habilidades de gestión del capital excelentes (descritas en el capítulo 49) antes de aventurarse en los futuros.

Los futuros y transacciones al contado

Para comparar una transacción de futuros con una al contado, imaginemos lo siguiente: estamos en febrero, el oro se negocia a 1.500 dólares la onza, y su análisis indica que probablemente suba a 1.575 dólares en unas semanas. Puede comprar un lingote de oro de cien onzas con 150.000 dólares a un comerciante y guardarlo en su caja fuerte. Si su análisis es correcto, en unas pocas semanas su oro valdrá 157.500 dólares. Puede venderlo y obtener unas ganancias de 7.500 dólares, o del 5%, antes de comisiones. Perfecto. Ahora veamos qué sucede si opera en futuros basándose en el mismo análisis.

Dado que estamos en febrero, la próxima entrega mensual de oro es en abril. Un contrato de futuro abarca cien onzas de oro, con un valor de 150.000 dólares. El margen para operar con este contrato es de sólo 7.500 dólares. En otras palabras, puede controlar 150.000 dólares en oro con un depósito de 7.500 dólares. Si su análisis es correcto y el oro sube 75 dólares por onza, obtendrá aproximadamente el mismo beneficio que comprando cien onzas de oro al contado; sólo que ahora el rendimiento será del 100% de su inversión, en vez del 5%, dado que su margen es de solamente 7.500 dólares. Mucha gente, al ver tales cálculos, compra múltiples contratos bajo el impulso de la codicia. Un *trader* con 150.000 dólares en su cuenta tiene suficiente margen para veinte contratos. Si puede duplicar su dinero con un único contrato, puede hacerlo con veinte. Si lo repite dos o tres veces, será millonario rápidamente.

Maravilloso… pero hay trampa.

Los mercados pocas veces se mueven en líneas rectas. Su análisis puede que sea correcto, y puede que el oro suba de 1.500 a 1.575 dólares en unas pocas semanas, pero es perfectamente posible que baje a 1.450 dólares durante el camino. Esa caída de 50 dólares crearía una pérdida sobre el papel de 5.000 dólares si comprase cien onzas de oro al contado: desagradable, pero no una tragedia. Para un *trader* en futuros que ha comprado múltiples contratos, cada uno con un margen de 7.500 dólares, esa reducción de 50 dólares significaría una debacle. Su agente le llamaría requiriéndole más margen y, si no tuviese reservas, el agente liquidaría su cuenta y aún quedaría a deber.

Los *traders* inexpertos continuamente compran demasiados contratos y son expulsados por la primera curva de su mercado. Puede que su análisis sea correcto –puede que el oro suba hasta el precio objetivo– pero el principiante está condenado porque compromete demasiado capital y tiene reservas muy escasas. Los futuros no matan a los *traders*: la mala gestión del capital mata a los *traders* en futuros.

Los futuros pueden ser atractivos para los *traders* con altas capacidades de gestión del capital. Los rendimientos altos requieren una disciplina fría como el hielo. Es mejor para los principiantes comenzar con acciones que se mueven más despacio. Una vez se ha madurado como *trader*, puede mirar a los futuros más de cerca. Lea algunos libros introductorios. *Winning in the Futures Market*, de George Angell, es una buena primera opción, seguido de *The Futures Game*, de Teweles y Jones.

La cobertura de riesgos

Los mercados de futuros cumplen una función importante en la economía: permiten a los productores comerciales y a los consumidores cubrirse contra los riesgos en los precios de las *commodities*, dándoles una ventaja competitiva. Al mismo tiempo, los futuros ofrecen a los especuladores un palacio de las apuestas con más opciones que cualquier casino.

La cobertura de riesgos (*hedging*) significa abrir una posición en futuros opuesta a la posición real sobre la *commodity* de uno. Por ejemplo, un fabricante importante de dulces sabe con meses antelación cuánto azúcar va a necesitar como empresa. Compra el número de futuros sobre el azúcar en Nueva York o en Londres que corresponda cuando los precios son buenos para las necesidades de la empresa. En algunos meses necesitarán trenes enteros de azúcar, pero, mientras, tienen futuros sobre azúcar, con la intención de venderlos cuando compren sus cargamentos.

Si los precios del azúcar suben y tienen que pagar más por la materia prima, compensarán esa pérdida obteniendo un beneficio igual, aproximadamente, sobre su posición en futuros. Si los precios del azúcar caen, perderán dinero en sus contratos de futuros, pero éstos se verán compensados por el ahorro en la materia prima. Sus competidores que no se cubran se estarán arriesgando. Si los precios del azúcar caen, comprarán barato y tendrán beneficios imprevistos, pero si suben, se encontrarán en una situación comprometida. Los consumidores cubiertos pueden concentrarse en su negocio principal, aislándose de las oscilaciones futuras en los precios. Las aerolíneas saben con años de antelación cuánto fuel necesitarán, y la compra de futuros sobre éste las protege de las puntas de los precios que a menudo se dan en ese mercado, que es volátil.

Los productores de *commodities* también se benefician de la cobertura de riesgos. Las industrias agroalimentarias pueden vender por adelantado trigo, café o algodón cuando los precios son suficientemente altos como para asegurar beneficios. Venden al descubierto la cantidad suficiente de contratos de futuros para cubrir el tamaño de su cosecha potencial. A partir de entonces no corren riesgos en los precios. Si los precios bajan, compensarán sus pérdidas al contado de la materia prima con los beneficios de las operaciones de futuros al descubierto. Si los precios suben, perderán dinero en sus posiciones cortas de futuros, pero lo recuperarán vendiendo la materia prima real a precios más altos.

La cobertura de riesgos elimina el riesgo de los precios cuando se planea comprar o entregar una *commodity* en especie. Permite a los intereses comerciales concentrarse en su negocio principal, ofrecer precios estables a los consumidores y obtener una ventaja competitiva a largo plazo.

Los coberturistas dejan pasar la posibilidad de tener beneficios inesperados, pero se aíslan a sí mismos del riesgo en los precios. Los supervivientes valoran la estabilidad. Ésa es la razón por la que los Exxons, las Coca-Colas y los Nabiscos del mundo se encuentran entre los mayores jugadores de los mercados de *commodities*. Los coberturistas son los *insiders* supremos; un buen departamento de coberturas no sólo compra un seguro contra los precios, sino que también sirve como un centro de beneficios.

Los coberturistas transfieren los riesgos de los precios a los especuladores que entran en los mercados, atraídos por los destellos de los beneficios potenciales. Es irónico que los coberturistas, que poseen información confidencial, no tengan una seguridad plena sobre los precios, mientras que masas de alegres intrusos dejan caer dinero para apostar sobre futuros.

Los dos mayores grupos de especuladores son los granjeros y los ingenieros. Los granjeros producen *commodities*, mientras que a los ingenieros les encanta aplicar métodos científicos al juego de los futuros. Muchos granjeros entran en los mercados de futuros para cubrirse, pero se infectan y comienzan a especular. Nunca me deja de sorprender cuántos granjeros acaban especulando en futuros de índices bursátiles. Mientras operan con maíz, ganado o soja, su comprensión de los fundamentos les da una ventaja por encima de los capitalinos. ¿Pero qué ventaja tienen en el S&P 500?

Oferta, demanda y estacionalidad

Los mercados alcistas o bajistas importantes en los futuros son impulsados por la oferta o la demanda. Los mercados impulsados por la oferta suelen tener un ritmo vertiginoso, mientras que los mercados impulsados por la demanda tienden a ser tranquilos y pausados. ¿Por qué? Piense en cualquier materia prima, por ejemplo, el café, que se cultiva en África y en América del Sur.

Los cambios en la demanda son lentos, gracias al conservadurismo de la naturaleza humana. La demanda de café sólo puede incrementarse si beber café gana popularidad, con máquinas de *espresso* en cada bar. La demanda puede caer si beber café pierde popularidad, a causa de una economía en retroceso o como respuesta a una moda para estar más saludable. Los mercados impulsados por la demanda se mueven a un ritmo pausado.

Ahora imagine que un área importante de cultivo de café se ve afectada por un huracán o una helada. De inmediato se rumorea que la oferta global de café va a bajar un 10 % y los precios se disparan, expulsando a los consumidores marginales. Imagine una nueva política de la OPEP limitando severamente la oferta de petróleo, o una huelga general en una nación líder en la extracción de cobre. Cuando la oferta de una *commodity* se ve reducida, o incluso cuando se rumorea que se va a reducir, su precio sube, reasignando unos suministros ajustados a aquellos en mejor posición para permitírselos.

Los precios del grano, a menudo, experimentan fuertes aumentos durante la primavera y el verano, estaciones en que se siembra y se riega, ya que las sequías, las inundaciones y las plagas amenazan la oferta. Los *traders* dicen que los granjeros pierden su cosecha tres veces antes de cosecharla. Una vez la cosecha ha acabado y se conoce la oferta, la demanda pasa a ser la fuerza impulsora. Los mercados impulsados por la demanda tienen canales más estrechos, con objetivos de beneficios menores y riesgos más bajos. Con el cambio de las estaciones tienen que trazarse nuevos canales y ajustarse las tácticas de comercio. Los *traders* nuevos pueden preguntarse por qué han dejado de funcionar sus herramientas. Los *traders* inteligentes sacan un nuevo juego de herramientas para la temporada y guardan las antiguas hasta el año siguiente, como cuando cambian los neumáticos normales y de invierno en su vehículo.

Todo *trader* en futuros debe conocer los factores clave en la oferta y en la demanda del mercado en que está negociando. Por ejemplo, debe vigilar la climatología durante los meses críticos en que se riega y se siega, para las *commodities* de la agricultura. Los *traders* de tendencias en los mercados de futuros tienden a buscar mercados impulsados por la oferta, mientras que los *swing traders* pueden rendir igual de bien en los mercados impulsados por la demanda.

La mayoría de *commodities* fluctúan durante las estaciones. Las olas de frío y sus heladas en Estados Unidos son alcistas en los futuros de fuel para calefacción. Los futuros del zumo de naranja solían sufrir subidas salvajes durante la temporada de escarcha en Florida, pero se han vuelto mucho más tranquilos gracias al incremento en la producción de naranjas en Brasil, en el hemisferio sur. Las operaciones estacionales se aprovechan de estas oscilaciones, pero se debe ir con cuidado, ya que esos ciclos pocas veces son idénticos. Asegúrese de que pasa sus operaciones estacionales por el filtro del análisis técnico.

Los suelos y los techos

Las *commodities*, a diferencia de las acciones, raramente se negocian por debajo de ciertos precios suelo o por encima de ciertos precios techo. El suelo depende del coste de producción. Cuando el precio de una materia prima, ya sea oro o azúcar, cae por debajo de ese nivel, los extractores dejan de cavar y los granjeros dejan de sembrar. Algunos gobiernos del tercer mundo, desesperados por obtener dólares e intentando evitar el malestar social, puede que subvencionen la producción, pagando a los nativos en una divisa local que no vale casi nada y arrojando su producto a los mercados mundiales. Aun así, si un número suficiente de productores cierra y sale del mercado, la oferta disminuye, y los precios tienen que subir para atraer a nuevos proveedores. Si se observa un gráfico de veinte años de la mayoría de materias primas, se puede ver que las mismas áreas de precio han servido de suelo año tras año.

El techo depende del coste de sustitución. Si el precio de una materia prima sube, los grandes consumidores industriales comenzarán a alejar su vista de ella. Si el pienso de semilla de soja, uno de los piensos importantes, pasa a ser demasiado caro, la demanda pasará al pienso basado en pescado; si el azúcar pasa a ser demasiado costoso, la demanda se pasará a los edulcorantes basados en el maíz.

¿Por qué no hay más gente que opere contra esos niveles? ¿Por qué no compran cerca del suelo y venden al descubierto cerca del techo, aprovechándose de algo que parece ser pan comido? Antes de nada, ni el suelo ni el techo están grabados en piedra, y los mercados pueden violarlos brevemente. Aún más importante, la naturaleza humana va en contra de tales operaciones. La mayor parte de especuladores no tiene el coraje de vender al descubierto en un mercado que está hirviendo, cerca de máximos récord, o de tomar posiciones largas en un mercado después de que éste se haya colapsado.

El *contango,* los mercados invertidos y los diferenciales

Todos los mercados de futuros ofrecen diversos contratos para diferentes meses de entrega. Por ejemplo, se puede comprar o vender entregas de trigo en septiembre y diciembre de este año, marzo del siguiente, y así sucesivamente. Por lo general, los meses cercanos son más baratos que los lejanos; a esa relación se le llama mercado *contango*.

Los precios más altos para entregas más remotas reflejan el *coste de traslado*: financiación, almacenamiento y seguros de las *commodities*. Las diferencias entre los meses de entrega se llaman primas, que los coberturistas vigilan de cerca. Cuando la oferta se ajusta o la demanda se incrementa, la gente comienza a pagar más por los meses cercanos, y la prima de los meses lejanos comienza a disminuir. A veces, los meses futuros son más caros que los meses lejanos: ¡el mercado se invierte! Aquí se da una escasez real, y la gente paga un extra por obtener sus productos antes. Este fenómeno, llamado *mercado invertido*, es una de las señales más fuertes de un mercado alcista en una *commodity*.

Cuando se buscan mercados invertidos, recuerde que hay un mercado en el que la inversión es la norma. Los futuros sobre tipos de interés siempre están invertidos, ya que aquellos que mantienen posiciones de contado ingresan intereses continuamente en vez de pagar por la financiación y el almacenamiento.

Los profesionales no esperan a las inversiones de mercado: monitorizan cómo se estrechan o ensanchan las primas. Los buenos especuladores pueden recitar del tirón los últimos precios, pero los *traders* de parqué le citarán las últimas primas. El *trader* entendido se sabe de memoria el diferencial normal entre los diferentes meses de entrega.

Los coberturistas tienden a dominar las posiciones cortas de los mercados, la mayoría de especuladores son alcistas a perpetuidad, pero a los *traders* de parqué les encanta operar con estos diferenciales. Esta práctica (conocida en inglés como *spreading*) significa tomar posiciones largas en un mercado mientras se vende al descubierto en otro mercado relacionado con el primero.

Si el precio del maíz, un importante pienso, comienza a subir más rápido que el precio del trigo, en algún momento los granjeros empezarán a usar trigo en vez de maíz. Reducirán sus compras de maíz y comprarán más trigo, empujando sus diferenciales respectivos de vuelta a sus valores normales. Los *traders* en diferenciales apuestan en contra de las desviaciones y a favor de un retorno a la normalidad. En esta situación, un especulador en diferenciales venderá maíz al descubierto y comprará trigo, en vez de iniciar una operación direccional en uno de los dos mercados.

El *trading* en diferenciales es más seguro que el *trading* direccional, y requiere márgenes más bajos. Los amateurs no entienden los diferenciales y están poco interesados en estas operaciones fiables pero lentas. No hay un único libro sobre diferenciales que pueda recomendar, señal de cuán bien los profesionales han protegido esta área de conocimiento y han mantenido fuera a los intrusos. Éste es uno de los pocos nichos de mercado en que los profesionales están ganando grandes cantidades de dinero sin la ventaja de un simple libro sobre cómo hacerlo.

Los compromisos de los *traders*

Los brókeres informan sobre las posiciones de sus clientes a la Comisión del Comercio en Futuros sobre Mercancía (CFTC), que procesa y suprime los datos personales y publica resúmenes al público. Sus informes sobre los Compromisos de los *Traders* (COT) están entre las mejores fuentes de información acerca de los que el dinero inteligente está haciendo en los mercados de futuros.

Los informes COT revelan las posiciones de tres grupos: los coberturistas, los grandes especuladores y los pequeños especuladores. Los coberturistas se identifican como tales ante los agentes, ya que esto les concede diversas ventajas, como depósitos de margen más bajos. Los grandes especuladores son aquellos que tienen un número de contratos por encima de los *niveles de reporte* establecidos por el gobierno. Los que no son coberturistas ni grandes especuladores son pequeños especuladores.

Antiguamente, los grandes especuladores solían ser el dinero inteligente. Hoy en día, los mercados son más grandes, los niveles de reporte mucho más altos, y los grandes especuladores con probabilidad sean fondos sobre *commodities*, la mayoría de los cuales no son más inteligentes que los *traders* normales y corrientes. Los coberturistas, hoy en día, son el dinero inteligente, pero entender sus posiciones no es tan fácil como parece.

Por ejemplo, un informe COT puede mostrar que, en cierto mercado, los coberturistas tienen el 70 % de las posiciones cortas. Un principiante que piense que esto es bajismo puede equivocarse totalmente, si desconoce que los coberturistas, por lo general, tienen el 90 % de las posiciones cortas en ese mercado, lo que hace de esa situación del 70 % muy alcista. Los analistas de los COT entendidos comparan las posiciones actuales con la norma histórica y buscan situaciones en que los coberturistas, o dinero inteligente, y los pequeños especuladores, muchos de ellos jugadores de apuestas, estén en posiciones diametralmente opuestas. Si encuentra que, en un mercado concreto, el dinero inteligente está en gran medida a un lado, mientras que los pequeños especuladores están asediando el otro, es el momento de usar el análisis técnico para buscar entradas del lado de los coberturistas.

Los márgenes y el control del riesgo

Los bajos requerimientos de margen en los futuros hacen que sean más gratificantes que las acciones, pero también mucho más peligrosos. Cuando se compra acciones en Estados Unidos, se debe dejar, al menos, la mitad de su valor al contado con el agente, que le da un préstamo de margen para el resto. Si tiene 40.000 dólares en la cuenta, se puede comprar acciones por un valor de 80.000 dólares, no más. Este límite en el margen fue implementado después del crac del 29, cuando se vio claramente que los márgenes bajos llevaron a una especulación excesiva, lo que contribuyó a la brutalidad de los descensos. Antes de 1929, los especuladores podían comprar acciones con un margen del 10%, cosa que iba muy bien en los mercados alcistas, pero les obligaba a cerrar cuentas cuando los precios bajaban, cosa que empujaba el mercado aún más abajo durante los mercados a la baja.

En los mercados de futuros, los márgenes de sólo el 3 o 5% son normales, lo que permite a los especuladores hacer grandes apuestas con poco dinero. Con una cuenta de 40.000 dólares se pueden controlar mercancías por valor de un millón de dólares, ya sean tripas de cerdo o futuros sobre índices bursátiles.

Recordando el ejemplo anterior, si el oro se negocia a 1.500 dólares la onza y uno compra un contrato de cien onzas con un margen de 7.500 dólares y captura un movimiento de precios de 75 dólares, ganará un 100%. Los principiantes ven estos números y exclaman: «¿Dónde he estado metido toda mi vida?». Piensan que han encontrado la carretera real al tesoro. Pero hay trampa. Antes de que el mercado suba 75 dólares, puede que baje 50 dólares. Este detalle sin importancia causará una llamada del agente para ampliar el margen, y forzará la quiebra de la cuenta del pequeño especulador, a pesar de que su previsión fuera correcta.

Los márgenes bajos atraen a los yonquis de adrenalina, que se esfuman rápidamente. Los futuros son muy negociables, pero sólo si se siguen reglas estrictas de gestión del capital y uno no se vuelve loco con estos bajos márgenes. Los profesionales comienzan con posiciones pequeñas y las aumentan en forma de pirámide si los movimientos de la operación se mueven a su favor. Añaden más y más nuevos contratos mientras mueven sus *stops* más allá del punto muerto.

Cuando uno encuentra interés en los futuros, es buena idea dar los primeros pasos en los mercados en que se conozca algo sobre los fundamentos. Si usted es un ranchero con ganado, un constructor de viviendas o trabaja dando préstamos, entonces los futuros sobre ganado, madera o tipos de interés serían puntos donde empezar con sentido. Si no tienen intereses particulares, dé sus primeros pasos en mercados relativamente baratos. En Estados Unidos, el maíz, el azúcar y, en los años tranquilos, el cobre pueden ser buenos mercados para los principiantes. Son líquidos, volátiles y no demasiado caros.

Volveremos al mercado de futuros en la novena parte, «Gestión del riesgo». Allí encontrará con qué contratos puede o no puede negociar, dependiendo de su precio y volatilidad, así como de su cuenta.

Los *traders* en futuros con pequeñas cuentas a veces operan con mini contratos. Por ejemplo, un contrato regular sobre oro representa cien onzas del metal amarillo, mientras que un mini contrato sólo cubre veinte onzas. Los mini contratos se negocian durante las mismas horas que los contratos regulares y siguen sus precios de cerca. Las comisiones asociadas son similares a las de los contratos regulares, aunque le dan un bocado proporcionalmente mayor a cada operación. Su deslizamiento tiende a ser mayor a causa de volúmenes menores. Las excepciones son los futuros de índices bursátiles, en que los mini contratos tienen un volumen mayor que los regulares.

47. El *forex*

El mercado de divisas es el mayor tipo de activos en el mundo por volumen de negociación, con una rotación de más de cuatro billones de dólares al día. Las divisas se negocian a todas horas: desde las 20:15 GMT del domingo hasta las 22:00 GMT del viernes, descansando sólo los fines de semana. Mientras que algunas operaciones en divisas sirven para las necesidades de cobertura de riesgos de importadores y exportadores, la mayor parte de transacciones es especulativa.

Estados Unidos es el único país del mundo donde la mayoría de gente no piensa mucho en las divisas. En el momento en que un estadounidense pisa suelo extranjero, se da cuenta de que todo el mundo, desde los ejecutivos hasta los taxistas, vigilan los tipos de cambio. Cuando la gente fuera de EE. UU. puede reunir algo de capital para invertir, a menudo su primera idea es operar en los mercados de divisas.

El mercado *forex* no tiene una sede física concreta. Las instituciones negocian en el mercado interbancario, realizando transacciones entre ellas a través de plataformas en línea, como Bloomberg o Reuters. A menos que pueda operar con diez millones de dólares en *forex* al contado, tendrá que negociar como minorista, pasando por un agente.

La mayoría de principiantes abre cuentas en tiendas de *forex* donde inmediatamente se encuentra con un error fatal: su agente es su enemigo. Cuando se invierte en acciones, futuros u opciones, su bróker es su agente: ejecuta sus operaciones a cambio de una comisión, y ahí se acaba todo. No es así en las casas de *forex* (así como con los CFD), en que su agente probablemente tome la posición opuesta de cada operación. Ahora, usted y su casa de *forex* están enfrentados: si usted pierde, su agente gana, y si usted gana, su agente pierde. Dado que la casa tiene casi todas las cartas, dispone de muchas maneras de conseguir los resultados deseados.

La mayoría de casas de *forex* «meten» las órdenes de los clientes «en un cubo»: las aceptan sin ejecutar operaciones. Cobran por *spreads*, comisiones, intereses, etc. por operaciones inexistentes. Un jefe de operaciones hablador de una importante casa de *forex* europea (que ahora está en plena expansión internacional, con filiales en Estados Unidos –veo vallas publicitarias en Nueva York–) me dio la explicación más clara que haya recibido nunca.

Esta casa de *forex* acepta cualquier operación sobre cualquier par de divisas, ya sea a largo o a corto, pero siempre cambia la horquilla de precios de compra y de venta para salir ganando ya de entrada. Esas «operaciones», por así llamarlas, nunca llegan a ningún sitio: sólo se mantienen como entradas electrónicas en las cuentas de la empresa. La casa de *forex* cobra intereses cuando sus clientes pasan sus «posiciones» fantasma de un día al siguiente, aunque realmente nunca exista posición alguna, ya que la casa simplemente tiene la posición opuesta de cada operación. La única ocasión en que la firma entra en el mercado legítimo es cuando múltiples órdenes de clientes se agrupan en el mismo lado del mismo par de divisas en exceso de un millón de dólares: entonces es cuando la casa cubre su propia exposición en el mercado real.

Cuando se negocia con acciones, opciones o futuros, el agente compra y vende en representación de uno, ganando una comisión por el servicio, y no le importa si gana o pierde. Esto es perfecto, ya que no tiene incentivos a empujarle hacia las pérdidas. Por otro lado, la casa de *forex* que pone sus órdenes en un cubo desea que pierda, para poder ganar ella. Además de cambiar las horquillas y de cobrar intereses por posiciones inexistentes, pueden llegar a comprar una «comisión de reasentamiento» diaria: la horquilla entera cada día que mantenga una operación.

Las tiendas de *forex* ayudan a asegurar la desaparición de sus clientes ofreciendo un apalancamiento homicida. He visto cómo ofrecen apalancamientos de 100:1 e incluso de 400:1. El recién llegado que reúne un capital de 1.000 dólares puede, de repente, controlar una posición por valor de cien mil dólares. Esto significa que el mínimo movimiento en los precios en su contra garantiza que su capital desaparezca. Ésa es la razón por la que estas tiendas guardan, confiadas, el dinero de sus clientes en casa, sin llegar a transmitir sus operaciones al mercado real: ¿por qué razón deberían compartir el botín con otros? Están tan seguros del fracaso de sus clientes que muchas compensan a sus empleados con un porcentaje de los depósitos de los clientes que capturan: los fondos depositados en una casa de *forex* son como si fueran suyos.

«El mercado hace tiempo que está plagado de estafadores explotando a los crédulos», según el *New York Times*. «El individuo medio víctima del *trading* en divisas pierde unos 15.000 dólares, según los registros de la CFTC», afirma *The Wall Street Journal*. La negociación de divisas «se ha convertido en el fraude *du jour*», según Michael Dunn, de la Comisión del Comercio en Futuros sobre Mercancía estadounidense.

En agosto de 2008, la CFTC organizó un grupo de trabajo especial para lidiar con el fraude creciente en el mercado de divisas. En enero de 2010, la CFTC identificó un «número de prácticas deshonestas» en el mercado minorista de divisas, «entre ellas la solicitación de fraude, la falta de transparencia en el establecimiento de precios y la ejecución de las transacciones, la falta de respuesta a las quejas de los clientes y la selección de personas mayores, poco sofisticadas, de pocos recursos y otros individuos vulnerables como objetivo». Propuso nuevas reglas limitando el apalancamiento a 10:1.

El fraude puede incluir hacer rotar en exceso las cuentas de los clientes, la venta de software inútil, la gestión incorrecta de «cuentas gestionadas», la publicidad engañosa y los esquemas Ponzi. Mientras sucedía todo esto, sus promotores afirmaban que negociar en divisas es un camino a la riqueza.

El mercado real de *forex* es un juego de suma cero, en que los *traders* profesionales bien financiados, muchos de los cuales trabajan para bancos, están dedicados a jornada completa a negociar. Un *trader* minorista sin experiencia tiene desventajas significativas en cuanto a la información. El *trader* minorista siempre paga la horquilla de precios de compra y de venta, lo que hace que su probabilidad de ganar disminuya. Los *traders* minoristas en *forex* casi siempre están infracapitalizados, sujetos al problema de la «ruina del jugador». Incluso en un juego justo entre dos jugadores, el que tiene el menor capital tiene mayor probabilidad de quebrar a largo plazo.

Después de observar las tiendas de *forex* durante décadas, me divertí viendo lo que mi mejor estudiante hizo cuando se interesó por el *forex*. Este *trader* en acciones multimillonario decidió examinar las casas de *forex* abriendo grandes cuentas y esperando a la noche, cuando la negociación en el *forex* es menor. Entonces lanzó sus órdenes, siempre de un tamaño muy inusual y atípico, y observó la cinta. Sólo dos casas mostraron sus órdenes en la cinta: el resto, aparentemente, fueron puestas en un cubo.

Me gusta negociar con divisas, pero jamás me acercaría a una casa de *forex*. En su lugar, opero con futuros en divisas electrónicas. Recomiendo esto a cualquiera que esté interesado en negociar con divisas. Los agentes de futuros trabajan para usted, no en su contra; las horquillas en los futuros son más estrechas, las comisiones más razonables y no se cobra interés por el privilegio de mantener una posición. Existen contratos para casi todos los pares de divisas importantes, e incluso mini contratos euro/dólar y yen/dólar.

Uno de los desafíos reales de las divisas es que se mueven las veinticuatro horas del día. Puede que entre en una operación, la analice por la noche y decida recoger beneficios al día siguiente. Cuando se levanta, no quedan beneficios por recoger. El punto de inflexión que vio venir ya ha llegado y se ha ido, pero no en Estados Unidos, sino en Asia o en Europa. ¡Alguien le ha robado la cartera mientras dormía!

Las grandes instituciones financieras lidian con este problema usando el sistema de «pasar el libro». Los bancos pueden abrir una posición en Tokio, gestionar la intradía y después transferirla a su filial en Londres antes del cierre por la llegada de la noche. Londres continúa gestionando esta y otras posiciones, y por la noche le pasa el libro a Nueva York, que la gestiona hasta que se la pasa de vuelta a Tokio. Las divisas persiguen al sol, y los *traders* pequeños no pueden mantener el ritmo. Si negocia con divisas, tiene que, o bien tomar posiciones a muy largo plazo, ignorando las fluctuaciones diarias, o bien operar intradía, evitando las posiciones que se deban pasar de un día al siguiente.

NOVENA PARTE

Gestión del riesgo

Un buen sistema de inversión genera mayores beneficios que pérdidas durante un período determinado de tiempo, pero incluso el sistema diseñado con más cuidado no garantiza el éxito de cada operación. Ningún sistema puede asegurarle que nunca tendrá operaciones con pérdidas, o incluso una serie de operaciones con pérdidas.

Un sistema es un plan; pero, como Helmuth von Moltke, mariscal de campo alemán del siglo XIX, escribió: «Ningún plan sobrevive al contacto con el enemigo». El boxeador estadounidense Mike Tyson, citado por *The Economist*, lo expresa más claramente: «Todo el mundo tiene un plan hasta que recibe un puñetazo en la boca». Ésta es la razón por la que el control del riesgo debe ser una parte esencial de todo sistema de *trading*.

La incapacidad de gestionar las pérdidas es uno de los peores escollos en el *trading*. Los principiantes se quedan congelados como los ciervos por los faros de un automóvil cuando una pérdida que se profundiza comienza a barrer los beneficios de muchas buenas operaciones. Recoger beneficios deprisa, pero esperar a que las operaciones con pérdidas se recuperen es una tendencia humana general. Para cuando el amateur desesperado pierde la esperanza y cierra la operación con unas pérdidas terribles, su cuenta ha sufrido grandes daños, y a veces daños irreparables.

Para ser un *trader* exitoso, deberá aprender las reglas de gestión del riesgo e implementarlas con firmeza.

■ 48. Las emociones y las probabilidades

El dinero remueve emociones poderosas. Las tormentas emocionales desatadas cuando se gana o se pierde dinero afectan a nuestro *trading*.

El principiante que se apresura a dar una orden puede sentir vértigo por la excitación. Pronto aprenderá que el mercado ofrece una forma de entretenimiento dolorosamente cara. Al inicio de mi carrera, oí a un *trader* profesional decir que «el éxito en el *trading* debería ser un poco aburrido». Se pasaba horas cada día haciendo sus deberes, pasando el tamiz por los datos de mercado, calculando riesgos y llevando las cuentas. Estas tareas que consumen tiempo no eran excitantes, pero su éxito se basaba en ese trabajo pesado. Los principiantes y los jugadores de apuestas se entretienen muchísimo, pero pagan con pérdidas.

Otro error emocional es contar el dinero de las operaciones abiertas. Los recién llegados sueñan con lo que se podrían comprar con los beneficios aún abiertos o se quedan congelados por el *shock* de comparar sus pérdidas aún abiertas con sus nóminas mensuales. Pensar en dinero interfiere en la toma de decisiones. Los profesionales se centran en gestionar las operaciones; sólo cuentan el dinero después de cerrar estas operaciones.

El *trader* que se pone a contar beneficios durante una operación abierta es como el abogado que, en medio de un juicio, comienza a soñar qué se comprará con sus honorarios. El juicio aún está abierto, sus adversarios están presentando un caso contra su cliente y contar el dinero no le ayudará a ganar; al contrario, le distraerá y hará que pierda. El amateur que se ve alterado contando pérdidas durante una operación abierta es como el cirujano que lanza su bandeja de instrumentos después de que un paciente comience a sangrar: su frustración no mejorará el resultado de la operación.

Los *traders* profesionales no cuentan el dinero durante las operaciones abiertas. Lo hacen al final del período contable, como puede ser a final de mes.

Si me preguntase sobre una operación abierta, podría contestarle que está un poco por delante, mucho, o un poco por detrás (es improbable que esté muy por detrás a causa de los *stops*). Si insistiese pidiéndome un número, quizá le diría cuántos *ticks* por delante o por detrás voy, pero nunca traduciré esos *ticks* en dólares. Tardé años en aprender a acabar con el hábito destructivo de contar dinero en medio de las operaciones abiertas. Puedo contar *ticks*, pero mi mente se detiene antes de convertirlos a dólares. Es como estar a dieta: hay mucha comida alrededor de uno, pero no se puede tocar.

Céntrese en gestionar su operación y el dinero seguirá casi como algo inesperado.

Otro punto clave: el profesional no se vuelve loco por sus ganancias o pérdidas en una única operación. En los mercados se da mucha aleatoriedad. No podemos acertarla siempre, por lo que aún sufrimos operaciones con pérdidas, igual que un cirujano puede hacerlo todo bien y, aun así, perder a un paciente. Ése es el motivo por el que los *traders* sólo deben preocuparse por tener un método con unas expectativas positivas y trabajar para ser rentable al final del período contable.

El objetivo de todo profesional de éxito en cualquier campo es alcanzar su máximo potencial: ser el mejor médico, el mejor abogado o el mejor *trader*. Maneje cada operación como si se tratase de un procedimiento quirúrgico: con seriedad, sobriedad, sin dejadez ni tomando atajos. Concéntrese en practicar bien el *trading*. Cuando se trabaja así, el dinero llegará tarde o temprano.

Porqué Johnny no puede vender

Su supervivencia y éxito dependen de su disposición a cortar pérdidas mientras aún son relativamente pequeñas.

Cuando una operación comienza a ir en contra del principiante, éste aguanta, esperando un cambio a su favor. Cuando recibe la llamada de su agente para que amplíe su margen, se apura para transferirle más fondos a su agente, como si la pérdida inicial no hubiese sido suficientemente mala. ¿Por qué razón debería una operación con pérdidas volverse a su favor? No existe ninguna razón lógica, sólo vanas ilusiones.

Aguantar en una operación con tozudez sólo hace que la herida sea más profunda. Las pérdidas saben cómo formar una bola de nieve, hasta que lo que inicialmente parecía una pérdida mala comienza a parecer una ganga, ya que la caída posterior es mucho peor. Por último, el perdedor, desesperado, se enfrenta al toro y cierra la operación, sufriendo unas pérdidas severas.

Justo después de que salga, el mercado se invierte y vuelve rugiendo.

El *trader* quiere darse cabezazos con un muro: si hubiese aguantado, habría ganado dinero. Tales inversiones ocurren a menudo, ya que la mayor parte de perdedores responde a los mismos estímulos. Las personas tienen emociones similares, independientemente de su nacionalidad o nivel de educación. El *trader* asustado al que le sudan las manos y el corazón le va a mil se siente y actúa igual, haya nacido en Nueva York o en Hong Kong, haya estudiado durante dos años o durante veinte.

Los requerimientos intelectuales del *trading* son modestos, pero los emocionales son inmensos. Hace muchos años, un *trader* con estudios superiores, pero muy emocional me enseñó cómo operar con divergencias cerca de los bordes de los canales. Perfeccioné su método, añadí reglas de gestión del riesgo y continué ganando dinero con él hasta el día de hoy. El hombre que me enseñó había quebrado por su falta de disciplina y acabó yendo de puerta en puerta, vendiendo revestimientos de aluminio. El *trading* emocional y la impulsividad no son buenos para el éxito.

Roy Shapiro, un psicólogo de Nueva York del que tomo prestado el titular de un artículo suyo para esta sección, escribe: «Con grandes esperanzas, en el lugar íntimo en que tomamos nuestras decisiones de inversión, nuestra idea actual se prepara […] una dificultad para vender es el apego que experimentamos hacia las posiciones. Después de todo, una vez algo es nuestro, tendemos, de forma natural, a sentir apego por esto. […] Este apego a las cosas que compramos ha sido llamado el "efecto de la dotación" o "aversión a la desposesión" por psicólogos y economistas, y todos lo identificamos en nuestras transacciones financieras, así como en nuestra incapacidad para desprenderos de esa vieja cazadora que cuelga en el armario. El especulador es el padre de la idea […] la posición toma sentido como una extensión personal de uno mismo, casi como si se tratara de un hijo. […] Otra razón por la que Johnny no vende, incluso cuando la posición pueda estar perdiendo terreno, es porque desea soñar. […] Para muchos, en el momento de la compra, el juicio crítico pierde fuerza y la esperanza asciende a gobernar el proceso de decisión». Soñar en los mercados es un lujo que no podemos permitirnos.

El Dr. Shapiro describe un test que muestra cómo la gente lleva los negocios que implican una elección. Primero, se le da una elección a un grupo de gente: un 75 % de probabilidad de ganar 1.000 dólares y un 25 % de no ganar nada; o 700 dólares asegurados. Cuatro de cada cinco sujetos toman la segunda opción, incluso después de que se les explique que la primera opción lleva a ganar 750 dólares al cabo del tiempo. La mayoría toma una decisión emocional y se planta en la ganancia más pequeña.

Se administra otro test: la gente tiene que escoger entre una pérdida asegurada de 700 dólares; o una probabilidad del 75 % de perder 1.000 dólares y del 25 % de no perder nada. Tres de cada cuatro escogen la segunda opción, condenándose a sí mismos a perder 50 dólares más de lo que deberían. Intentando evitar el riesgo, ¡maximizan las pérdidas!

Los *traders* emocionales tienen ansias de ciertas ganancias y rechazan apuestas rentables que implican incertidumbre. Entran en apuestas arriesgadas para posponer sufrir pérdidas. Es parte de la naturaleza humana recoger beneficios rápidamente, y pérdidas poco a poco. La conducta irracional se incrementa cuando la gente se siente bajo presión. Según el Dr. Shapiro, en el hipódromo, «las apuestas con poca probabilidad aumentan en las dos últimas carreras del día».

El catedrático Daniel Kahneman, en su libro *Pensar rápido, pensar despacio*, dice: «La pérdida segura genera mucha aversión, y eso nos lleva a tomar el riesgo. […] Existe una considerable aversión a las pérdidas, incluso cuando la cantidad en riesgo es minúscula en comparación con lo que ya se posee […] las pérdidas parecen más grandes que las ganancias correspondientes». Añade: «Los animales, incluyendo a la gente, luchan más para prevenir las pérdidas que para conseguir ganancias», y lo explica en detalle: «La gente que se enfrenta a opciones muy malas hace apuestas desesperadas, aceptando una alta probabilidad de que las cosas empeoren a cambio de una pequeña esperanza de evitar una gran pérdida. Tal toma de riesgos a menudo hace que fracasos razonables acaben convirtiéndose en desastres». ¿Por qué actuamos así? El catedrático Kahneman lo explica: «Con la excepción de los muy pobres, para quienes los ingresos coinciden con la supervivencia, la motivación principal de la búsqueda de dinero no es necesariamente económica. El dinero es una representación por puntos en la escala del amor propio y del éxito». Estas recompensas y castigos, promesas y amenazas, están en nuestras mentes.

El *trading* emocional destruye a los perdedores. Si se revisan los registros de operaciones suelen mostrar que los daños más importantes proceden de unas pocas pérdidas muy grandes o de una secuencia larga de pérdidas, mientras se está intentando operar para salir del agujero. La disciplina de una buena gestión del capital nos habría mantenido fuera de ese agujero ya para comenzar.

La probabilidad y la incompetencia matemática

La incompetencia matemática –la incapacidad de hacer cuentas o de entender nociones básicas de la probabilidad– es una debilidad fatal para los *traders*. Las capacidades numéricas no son difíciles, pueden ser aprendidas con muchos libros básicos y agudizadas después con un poco de práctica.

El hombre anumérico, de John Allen Paulos, es un libro entretenido. Es una primera referencia excelente sobre los conceptos de la probabilidad. Paulos describe que una persona aparentemente inteligente le dijo durante un cóctel: «Si la probabilidad de lluvia es del 50 % el sábado y del 50 % el domingo, entonces es seguro en un cien por cien que lloverá el fin de semana». Usted tiene la deuda consigo mismo de alcanzar una comprensión de los conceptos matemáticos y lógicos básicos necesarios para el *trading*.

Existen muy pocas certidumbres incuestionables en el análisis de mercado, que se basa en gran parte en la probabilidad. «Si se dan las señales A y B, entonces seguirá el resultado C» no es el tipo de lógica que se mantiene en los mercados.

Ralph Vince comienza su importante libro *Portfolio Management Formulas* con este delicioso párrafo: «Lance una moneda al aire. Por un instante puede experimentar una de las paradojas más fascinantes de la naturaleza: el proceso del azar. Mientras la moneda está en el aire, no hay manera de saber seguro si será cara o cruz. Sin embargo, si se lanza muchas veces, el resultado puede predecirse razonablemente».

La esperanza matemática es un concepto importante para los *traders*. Cada operación tiene una esperanza o bien positiva, también llamada ventaja del jugador, o una esperanza negativa, también llamada «la casa siempre gana», dependiendo de quién tenga mejores probabilidades en el juego. Si usted y yo lanzamos una moneda, ninguno de los dos tiene ventaja: cada uno tiene una probabilidad del 50 % de ganar. Si en un casino juega al mismo juego que tome el 5 % de cada bote, sólo ganará noventa y cinco centavos por cada dólar que pierda. Esta ventaja, «la casa siempre gana», crea una esperanza matemática negativa. Ningún sistema de gestión del capital puede vencer la esperanza matemática negativa al cabo del tiempo.

Una esperanza matemática positiva

Un contador de cartas habilidoso tiene una ventaja contra el casino, a menos que le detecten y le echen fuera. Los casinos aman a los jugadores borrachos, pero odian a los contadores de cartas. Una ventaja le permite ganar con mayor frecuencia que perder durante un período determinado. Sin la ventaja, mejor sería dar su dinero a beneficencia. En el *trading*, la ventaja viene de los sistemas que generan mayores beneficios que pérdidas, después del deslizamiento y las comisiones, durante un período determinado. Actuar basándose en presentimientos conduce a pérdidas.

Los mejores sistemas de inversión son simples y robustos. Tienen pocos elementos. Cuanto más complejos sean los sistemas, mayor será el riesgo de que alguno de sus componentes se estropee.

A los *traders* les encanta optimizar los sistemas, haciendo que funcionen con datos históricos. El problema es que su agente no le permitirá operar en el pasado. Los mercados cambian y los parámetros de los indicadores que la habrían clavado con las tendencias del mes pasado probablemente no lo hagan de aquí a un mes. En vez de optimizar su sistema, intente desoptimizarlo. Un sistema robusto aguanta bien los cambios del mercado y gana a un sistema altamente optimizado en el *trading* real.

Finalmente, una vez haya desarrollado un buen sistema, deje de enfrascarse en él. Si le gusta juguetear, diseñe otro sistema. En palabras de Robert Prechter: «La mayoría de *traders* toman un buen sistema y lo destruyen intentando hacer de él un sistema perfecto».

Una vez tenga un sistema de inversión que funciona, es hora de establecer las reglas de gestión de capital. Sólo se puede ganar si se tiene una esperanza matemática positiva de un sistema de inversión acertado. La gestión del capital le ayudará a explotar un buen sistema, pero no le puede rescatar de uno malo.

Riesgo empresarial o pérdidas

Analizamos los mercados para identificar tendencias. Vaya con cuidado con no confiarse demasiado al prever precios futuros. El futuro es fundamentalmente incognoscible. Cuando compramos, esperando un repunte, es perfectamente posible que un acontecimiento no previsto haga que el mercado dé un vuelco y caiga. Sus acciones en respuesta a las sorpresas le definirán como *trader*.

El pro gestiona sus operaciones, aceptando lo que se conoce como «riesgo empresarial». Esto significa que la cantidad que arriesga sólo le expone a una pérdida de capital menor. Una pérdida, por otro lado, puede amenazar la salud de una cuenta e incluso su supervivencia. Debemos trazar un límite claro entre el riesgo empresarial y las pérdidas. Ese límite se define según la proporción de la cuenta que el *trader* expone al riesgo en cada operación.

Si sigue las reglas de gestión del riesgo descritas más adelante, sólo aceptará un riesgo empresarial normal. La violación de una línea roja bien definida le expondrá a pérdidas peligrosas.

«Esta vez es diferente –dice el *trader* indisciplinado–. Le daré un poco más de juego a esta operación». El mercado seduce a los *traders* a que rompan sus reglas. ¿Seguirá usted las suyas?

Una vez presidí un panel en un encuentro de gestores de carteras en que uno de los presentadores tenía cerca de mil millones de dólares en su fondo. Un hombre de mediana edad entró en el negocio unos veinte años, mientras trabajaba para una firma de consultoría en la industria naviera después de graduarse. Aburrido de su trabajo diario, diseñó un sistema de inversión, pero no podía operar con él porque requería un mínimo de 200.000 dólares, que por aquel entonces no tenía. «Tuve que acudir a otras personas… –dijo– y pedirles dinero. Una vez les hube explicado lo que iba a hacer y me dieron el dinero, tuve que adherirme a mi sistema. Habría sido inadmisible desviarme del sistema que les dije que iba a seguir. Mi pobreza me funcionó». Pobreza e integridad.

■ 49. Las dos reglas principales de la gestión del riesgo

Si el *trading* es un acto de funambulismo a grandes alturas, entonces la seguridad requiere tender una red debajo del alambre en que se realizan las acrobacias. Si caemos, la red nos salvará de aplastarnos contra el suelo. La única cosa mejor que una red de seguridad son dos redes de seguridad: si una no nos salva de la caída, lo hará la otra.

Incluso las operaciones mejor planeadas pueden torcerse a causa de la aleatoriedad de los mercados. Incluso los mejores análisis y las configuraciones de operación más claras no pueden evitar los accidentes. Lo que puede controlarse es el riesgo. Esto se hace gestionando el tamaño de las operaciones y estableciendo *stops*. Así se asegura de que las pérdidas, inevitables, sean pequeñas, y no permite que inutilicen nuestra cuenta, para poder ganar a largo plazo.

Las pérdidas horribles son visibles en la mayoría de registros de cuentas. Toda evaluación de rendimiento muestra que una única pérdida terrible, o una secuencia corta de pérdidas no tan malas, son responsables de la mayor parte del daño en una cuenta. Si el *trader* hubiese cortado pérdidas antes, su balance final sería mucho más alto. Los *traders* sueñan con ganancias, pero se quedan congelados cuando sufren una operación con pérdidas. Si se siguen reglas de gestión del riesgo, se puede escapar del peligro rápidamente en vez de esperar y rezar para que el mercado dé un giro.

Los mercados pueden olfatear una cuenta con una única perdida horrible que saca a la persona fuera del juego, como el mordisco de un tiburón. Los mercados también pueden matar con una serie de mordiscos, ninguno de ellos letal por sí solo, pero que descarnan la cuenta combinados, como un grupo de pirañas. Los dos pilares de la gestión del capital son las reglas del 2 y del 6 %. La regla del 2 % salvará su cuenta de los mordiscos de los tiburones y la regla del 6 % de las pirañas.

Los dos errores más graves

Hay dos maneras rápidas de arruinar una cuenta: no usar *stops* e iniciar operaciones demasiados grandes para el tamaño de la cuenta.

Operar sin *stops* expone a uno a pérdidas ilimitadas. En los siguientes capítulos discutiremos los principios y las reglas del control del riesgo, pero sólo funcionarán si usa *stops*.

Existen diversos métodos para establecer *stops*, que discutiremos en el capítulo 54. Queremos poner nuestros *stops* ni demasiado lejos ni demasiado cerca. Por ahora, tan sólo hay que recordar que se deben usar *stops*. Debe conocer el máximo nivel de riesgo, tan simple como eso. Si no conoce su máximo nivel de riesgo, estará volando a ciegas.

El otro error fatal es operar por encima de sus posibilidades: iniciar operaciones cuyos tamaños sean demasiado grandes para su cuenta. Esto es como poner una vela enorme en una embarcación pequeña: una ráfaga de viento potente volcará la embarcación en vez de hacerla ir más rápido.

Diferente gente inicia operaciones que son demasiado grandes para sus cuentas por ignorancia, codicia o una combinación de ambas. Hay una regla matemática simple que le dice el tamaño máximo de cada operación, como está a punto de ver.

50. La regla del 2 %

Una pérdida desastrosa puede producir en una cuenta lo que un tiburón puede causarle a un nadador desafortunado. El pobre principiante que pierde una cuarta parte de su capital en una única operación es como el nadador que acaba de perder un brazo o una pierna por culpa de un tiburón y está sangrando en el agua. Tendrá que generar un rendimiento del 33 % del capital restante para simplemente volver a estar como estaba. La probabilidad de que sea capaz de conseguir esto va de poca a ninguna.

La víctima típica de un «mordisco de tiburón» pierde más dinero. Pierde confianza y se vuelve temeroso de apretar el gatillo. La manera de evitar pérdidas como «mordiscos de tiburón» es seguir la regla del 2 %. Limitará sus pérdidas a un tamaño manejable: a un riesgo empresarial normal.

La regla del 2 % prohíbe arriesgar más del 2 % del capital neto de su cuenta en una sola operación.

Por ejemplo, si tiene 50.000 dólares en su cuenta, la regla del 2 % limita su riesgo máximo en cada operación a 1.000 dólares. Esto no es el tamaño de su operación: es la cantidad que expone al riesgo, basada en la diferencia entre su punto de entrada y su *stop*.

Digamos que decide comprar unas acciones a 40 dólares y pone un *stop* en 38 dólares, justo por debajo del soporte. Esto significa que estará arriesgando 2 dólares por acción. Si se divide el total de riesgo permitido de 1.000 dólares por el riesgo de 2 dólares por acción planeado, la regla dice que no podrá operar con más de 500 acciones. No hay problema alguno en operar con menos acciones, no tiene que llegar al máximo cada vez. Si se siente muy alcista acerca de las acciones y quiere operar el tamaño máximo permitido, el número de acciones estará limitado a 500.

Un buen análisis de mercado por sí solo no hará de usted un ganador. La capacidad para encontrar buenas operaciones no garantiza el éxito. Los mercados están llenos de buenos analistas que destruyen sus cuentas. Sólo puede aprovecharse de sus investigaciones si se protege de los tiburones.

He visto *traders* conseguir veinte, treinta e incluso, una vez, cincuenta operaciones rentables seguidas, y aun así acabar perdiendo dinero. Cuando se está en una racha de victorias, es fácil pensar que se ha resuelto el juego. Entonces, una pérdida desastrosa barre con todas las ganancias y arremete contra su capital. Necesita el repelente contra tiburones de la buena gestión del capital.

Un buen sistema de *trading* le ofrece una ventaja a largo plazo, pero a corto plazo se da un elevado grado de aleatoriedad en los mercados. El resultado de toda operación individual es parecido a lanzar una moneda al aire. El *trader* profesional espera obtener beneficios a final de mes o de trimestre, pero pregúntele si ganará dinero en su próxima operación y dirá, honestamente, que no lo sabe. Ésta es la razón por la que usa *stops*: para evitar que las operaciones negativas dañen su cuenta.

El análisis técnico puede ayudarle a decidir dónde poner un *stop*, lo que limitará sus pérdidas por acción. Las reglas de gestión del capital le ayudarán a proteger su cuenta de forma global.

La regla individual más importante es limitar su exposición en todas las operaciones a no más de un 2% de su cuenta.

Esta regla sólo es de aplicación a su cuenta de *trading*. No incluye sus ahorros, el patrimonio neto de su vivienda, su plan de jubilación, o su cuenta para comprar regalos de Navidad. Su capital para *trading* es el dinero que ha dedicado a él. Éste es su verdadero capital riesgo: el patrimonio de su empresa de *trading*. Si tiene cuentas separadas para negociar en acciones, futuros y opciones, aplique la regla del 2% a cada cuenta por separado.

He notado una diferencia, curiosa, en cómo reacciona la gente cuando oye por primera vez la regla del 2%. Los recién llegados con cuentas pequeñas a menudo objetan que ese porcentaje es demasiado bajo. Una persona me preguntó si la regla del 2% podía incrementarse cuando confiaba en una operación, y le respondí que sería como añadir longitud extra a una cuerda para hacer *puenting* porque le gustaba la vista desde el puente.

Los profesionales, en cambio, a menudo dicen que el 2% es demasiado y que intentan arriesgar menos. No querría perder el 2% de un millón de dólares en una sola operación en un día. Un gerente de un *hedge fund* que me consultó dijo que su proyecto para los siguientes seis meses era incrementar el tamaño de sus operaciones. Nunca arriesgaba más del 0,5% del capital en una operación, e iba a enseñarse a arriesgar el 1%. Los buenos *traders* tienden a quedarse bastante por debajo del límite del 2%. Cuando los amateurs y los profesionales están en lados opuestos en una discusión, sabe qué lado escoger. Intente arriesgar menos del 2%: éste es, simplemente, el nivel máximo.

Mida el capital neto de su cuenta el primer día de cada mes. Si comienza el mes con 100.000 dólares en su cuenta, la regla del 2% permite arriesgar un máximo de 2.000 dólares por operación. Si tiene un buen mes y su capital sube hasta los 105.000 dólares, entonces su límite del 2% para el siguiente mes será… ¿qué? ¡Rápido! Recuerde, los buenos *traders* saben hacer cuentas. Si tiene 105.000 dólares en su cuenta, la regla del 2% le permite arriesgar 2.100 dólares y operar con una cantidad un poco mayor. Si, por otro lado, ha tenido un mal mes y su capital ha caído a 95.000 dólares, la regla del 2% pondrá su riesgo máximo permitido en 1.900 dólares por operación al mes siguiente. La regla del 2% vincula el tamaño de sus operaciones con su rendimiento, además de con el tamaño de su cuenta.

El Triángulo de Hierro del control del riesgo

¿Cuántas acciones comprará o venderá al descubierto en su próxima operación? Los principiantes, a menudo, escogen un número arbitrario, como mil o doscientas acciones. Puede que compren más si ganaron dinero en su última operación, o menos si perdieron dinero.

De hecho, el tamaño de las operaciones debería basarse en una fórmula, en vez de en un presentimiento vago. Use la regla del 2% para tomar decisiones racionales sobre el número máximo de acciones que podrá comprar o vender al descubierto en cada operación. A este proceso lo llamé «el Triángulo de Hierro del control del riesgo» (figura 50.1).

Por ejemplo, cuando hice un voluntariado para enseñar un curso anual de «Dinero y *trading*» en un instituto local y quise hacer que la experiencia fuese real para los chavales, abrí una

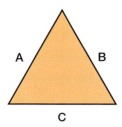

FIGURA 50.1   El Triángulo de Hierro del control del riesgo.

Construya el Triángulo de Hierro en tres pasos:

A. Riesgo máximo para la operación planeada en dólares (nunca más del 2 % de su cuenta).
B. Distancia, en dólares, entre su entrada planeada y su *stop*: riesgo máximo por acción.
C. Dividir A por B para encontrar el número máximo de acciones con las que se puede operar. No existe obligación alguna de operar con este número de acciones, pero no se puede operar por encima de éste.

cuenta con 40.000 dólares. Le dije a mis estudiantes que, si a final de curso ganábamos dinero, le daría la mitad del beneficio al instituto y distribuiría el resto entre los participantes en el curso. También les comenté que su riesgo máximo por operación sería del 1 %. Un chaval se levantó en clase y defendió comprar Nokia a 16 dólares con un *stop* en 14,50 dólares. «¿Con cuántas acciones podremos operar?», pregunté. Con un riesgo máximo de 400 dólares por operación y un riesgo de 1,50 dólares por acción, los chavales pudieron comprar 250 acciones, con algo de margen para las comisiones.

Si tiene una cuenta pequeña quizá acabe operando con el número máximo permitido de acciones cada vez. A medida que su cuenta crezca puede que quiera cambiar el tamaño de sus operaciones: por ejemplo, un tercio del máximo para operaciones regulares, dos tercios para operaciones muy fuertes y la cantidad máxima para operaciones excepcionales. Haga lo que haga, el Triángulo de Hierro del control del riesgo establecerá el número máximo de acciones con que podrá operar.

La regla del 2 % en los mercados de futuros

Recientemente, un *trader* me preguntó cómo podía aplicar el Triángulo de Hierro del control del riesgo a la negociación en futuros e-mini con su cuenta de 50.000 dólares. Le respondí:

A. Si está practicando *trading* con una cuenta de 50.000 dólares, la regla del 2 % limitará su riesgo en cada operación a 1.000 dólares. Digamos que quiere ser conservador y arriesgar sólo el 1 % de esa cuenta, o sea 500 dólares. Ése es el primer lado del Triángulo de Hierro del control del riesgo.
B. Suponga que está mirando sus e-minis favoritos y quiere vender un contrato al descubierto a 1810, con un objetivo de beneficio en 1790 y un *stop* de 1816. Estará arriesgando 6 puntos

y, dado que un punto en e-minis vale 50 dólares, su riesgo total será de 300 dólares (más comisiones y posible deslizamiento). Ése será el segundo lado de su Triángulo de Hierro del control del riesgo.

C. Cierre su triángulo dividiendo A por B para encontrar el tamaño máximo de su operación. Si su riesgo máximo es de 500 dólares, entonces es un contrato, pero si es de 1.000 dólares, será de tres.

Permítame que le presente a dos futuros *traders*, el Sr. Liebre y el Sr. Tortuga, cada uno con una cuenta de 50.000 dólares. El ágil Sr. Liebre ve que el rango medio diario del oro es de unos 30 dólares, lo que equivale a 3.000 dólares al día por un único contrato. El rango diario del maíz es de unos 10 centavos, lo que equivale a 500 dólares al día por un único contrato. Piense que sólo con que capture la mitad del rango de un día, ganará 1.500 dólares por contrato en oro, mientras que el mismo nivel de habilidad sólo le reportará 250 dólares en maíz. El Sr. Liebre entra en su cuenta de *trading* y compra dos contratos sobre oro.

El cauteloso Sr. Tortuga usa una aritmética diferente. Comienza empleando la regla del 2 % para limitar su riesgo máximo diario a 1.000 dólares por operación. Ve que sería imposible poner un *stop* que realmente sirva cuando el oro puede moverse 3.000 dólares en la negociación diaria. Comprar oro con su cuenta sería como agarrar un tigre muy grande de una cola muy corta. Si, por otro lado, opera en maíz, tendrá un buen poder de permanencia. Ese tigre es más pequeño y tiene la cola más larga, que puede enrollarse en la muñeca. El Sr. Tortuga compra un contrato de maíz. ¿Quién piensa usted que es más probable que gane a largo plazo, el Sr. Liebre o el Sr. Tortuga?

Los mercados de futuros son más letales que las acciones, no a causa de una complejidad especial. De acuerdo, tienen algunas características específicas, pero éstas no son difíciles de aprender. Los futuros matan a los *traders* seduciéndolos con márgenes muy estrechos. Ofrecen un apalancamiento enorme: la capacidad de operar en posiciones grandes con un margen del 5 %. Esto funciona de maravilla cuando el mercado se mueve a favor de uno, pero hace añicos la cartera de uno cuando el mercado se gira en su contra.

Sólo se puede tener éxito en los futuros con un control del riesgo sensato, usando la regla del 2 %.

A. Calcule el 2 % del valor de su cuenta: éste será el nivel máximo aceptable de riesgo para toda operación. Si tiene 50.000 dólares en su cuenta de futuros, el máximo que puede arriesgar son 1.000 dólares.

B. Examine los gráficos del mercado que le interesen y anote su entrada, objetivo y *stop* planeados. Recuerde: una operación sin estos tres números no es una operación, sino una apuesta. Exprese el valor de la diferencia entre su entrada y su *stop* en dólares.

C. Divida A entre B, y si el resultado resulta menos de uno, no le está permitida operación alguna: significa que no puede permitirse ni siquiera operar con un contrato.

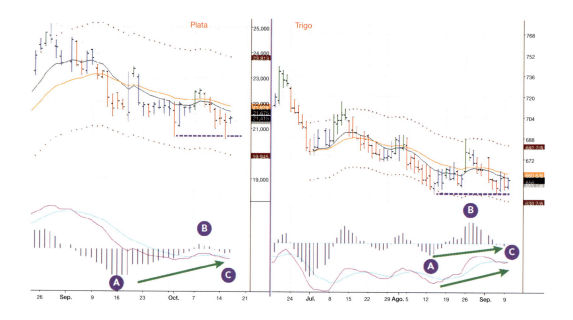

FIGURA 50.2 Gráficos diarios con MME de 13 y 26 días y autoenvolventes. Sistema impulso e histograma MACD 12-26-9 (*Gráficos de TradeStation*).

La regla del 2% en los futuros: plata y trigo

Suponga que quiere comprar plata en el borde derecho de este gráfico. Los precios han trazado un doble suelo con una falsa ruptura a la baja. El histograma MACD ha trazado una divergencia alcista. El sistema impulso se ha puesto en azul, permitiendo comprar. Los contratos de futuros cercanos se negocian a 21.415 dólares unos minutos antes del cierre.

Decide que, si compra, su objetivo de beneficio estará cerca de 23 dólares, a medio camino entre la MME y la línea superior del canal. Su *stop* estará en 20,60 dólares, el nivel del último mínimo. Estará arriesgando 0,815 dólares por onza para ganar cerca de 1,585 dólares por onza, una ratio riesgo/beneficio de 2:1, un número aceptable.

¿Le está permitido realizar esta operación? ¡No! Ese riesgo de 0,815 dólares por onza por contrato se traduce en un riesgo total de 4.075 dólares, dado que un contrato cubre 5.000 onzas de plata. Recuerde, su riesgo máximo permitido es de 1.000 dólares. Si está ansioso por llevar a cabo esta operación, puede comprar un mini contrato. Sólo cubre 1.000 onzas de plata, lo que significa que pondrá en riesgo 815 dólares. Mis mejores deseos para esta operación razonable.

Ahora, suponga que está interesado en comprar trigo en el borde derecho de este gráfico. La imagen técnica tiene una apariencia similar: un doble suelo con una divergencia alcista de las líneas MACD y del histograma MACD. El sistema impulso está en azul, permitiéndole comprar. Un poco antes del cierre, los precios están a 658 centavos.

Decide que, si entra, su objetivo estará cerca de los 680 centavos, próximo a la línea superior del canal. Su *stop* estará en 652 centavos, el nivel de un mínimo reciente. Estará arriesgando 10 centavos por *bushel*,* en el intento de ganar 22 centavos por *bushel*, una ratio riesgo/beneficio de 2:1, similar a la de la plata.

¿Le está permitido realizar esta operación? ¡Sí! Ese riesgo de 10 centavos por contrato se traduce en un riesgo total de 500 dólares, dado que el contrato cubre 5.000 *bushels* de trigo. Recuerde, su riesgo máximo permitido es de 1.000 dólares. Si se siente muy alcista, puede incluso comprar dos contratos.

Debe tener en mente que, cuando se negocia con futuros, las imágenes técnicas de dos mercados diferentes pueden parecer similares, pero deberá basar sus decisiones de realizar o no realizar una operación en las reglas de gestión del capital.

---

* Un *bushel* americano equivale a 35,24 litros. *(N. del T.)*

Revisemos dos ejemplos de mercado, que muestran patrones gráficos similares (figura 50.2). Asumamos que tiene una cuenta de 50.000 dólares, lo que le permite un riesgo máximo de 1.000 dólares por operación.

Puede operar en futuros con una seguridad razonable sólo si practica una gestión del capital estricta. El apalancamiento en los futuros puede funcionar siempre que se mantenga a una distancia prudencial de los contratos que pueden acabar con su cuenta.

Un *trader* en futuros profesional me sorprendió al principio de mi carrera cuando me dijo que empleaba un tercio de su tiempo en la gestión de riesgos. Los principiantes corren a operar sin pensárselo demasiado. Los *traders* de nivel intermedio se centran en el análisis de mercado. Los profesionales dedican una proporción muy grande de su tiempo al control del riesgo y se llevan el dinero de los principiantes y de los amateurs.

Si no puede permitirse operar en cierto mercado, aún puede descargarse los datos de éste, hacer sus deberes y operar sobre el papel, como si lo estuviese haciendo con dinero real. Esto le preparará para el día en que su cuenta crezca hasta que sea suficientemente grande, o el mercado se calme lo suficiente, para que usted pueda operar en él.

■ 51. La regla del 6 %

La piraña es un pez tropical de agua dulce, no mucho mayor que la mano de un hombre, pero con una dentadura temible. Lo que la hace especialmente peligrosa es que ataca en grupo. Si un perro, un burro o una persona caen a un río tropical, un grupo de pirañas puede atacar con un número de mordiscos tan grande que la víctima se desmorona. Un toro puede entrar en un río, ser atacado por un grupo de pirañas y unos minutos después sólo quedan huesos en el agua. El *trader* que mantiene los tiburones a raya con la regla del 2 % aún tiene que protegerse de las pirañas. La regla del 6 % le salvará de morir a causa de muchos pequeños mordiscos.

La mayoría de nosotros, cuando se encuentra en problemas, lucha con más fuerzas. Los *traders* que están perdiendo a menudo toman posiciones más grandes, intentando salir del agujero operando aún más. La mejor respuesta a una racha de pérdidas es mantenerse a un lado y tomarse un tiempo para reflexionar. La regla del 6% establece un límite sobre las pérdidas máximas mensuales de cualquier cuenta. Si se llega a este límite, uno debe dejar de hacer *trading* durante el resto del mes. La regla del 6% fuerza a que uno salga del agua antes de que las pirañas lo devoren.

La regla del 6% prohíbe que uno comience nuevas operaciones durante el resto del mes cuando la suma de sus pérdidas para el mes actual y los riesgos en operaciones abiertas alcanza el 6% del capital de la cuenta.

Todos pasamos por períodos en que estamos en sintonía con los mercados, sacando beneficios en una operación tras otra. Cuando todo lo que tocamos se convierte en oro, es hora de operar activamente.

En otros momentos, todo lo que tocamos se convierte en una sustancia por completo diferente. Pasamos por períodos en que nuestros sistemas se pierden la sincronización con el mercado, generando pérdida tras pérdida. Es importante reconocer estos períodos oscuros y no tirar para adelante, sino dar un paso hacia atrás. El profesional que esté en una racha de pérdidas probablemente hará una pausa, continuará monitorizando el mercado y esperará a sincronizarse con éste de nuevo. Es probable que los amateurs sigan tirando hacia adelante hasta inutilizar sus cuentas. La regla del 6% le hará que se tome un respiro mientras su cuenta aún está intacta.

El concepto de riesgo disponible

Antes de iniciar una operación, pregúntese: ¿qué sucedería si, de pronto, todas las operaciones se volviesen en mi contra? Si ha usado la regla del 2% para establecer los *stops* y el tamaño de las operaciones, la regla del 6% limitará las pérdidas máximas totales que su cuenta pueda sufrir.

1. Sume todas las pérdidas del mes.
2. Sume todos los riesgos de todas las operaciones abiertas actualmente. El riesgo en dólares de toda posición abierta es la distancia entre su entrar y el *stop* actual, multiplicado por el tamaño de la operación. Suponga que ha comprado 200 acciones a 50 dólares, con un *stop* en 48,50 dólares, arriesgando 1,50 dólares por acción. En ese caso, su exposición al riesgo es de 300 dólares. Si esa operación comienza a moverse a su favor y puede mover su *stop* hasta el punto muerto, su exposición al riesgo pasará a ser cero.
3. Sume las dos líneas anteriores (pérdidas acumuladas del mes, más los riesgos en operaciones abiertas). Si esta suma llega al 6% del capital de su cuenta al inicio del mes, no podrá iniciar otra operación hasta que acabe el mes, o hasta que algunas operaciones abiertas se muevan a su favor, permitiéndole mover sus *stops*.

La regla del 6% cambia la típica pregunta: «¿Tengo suficiente dinero para esta operación?» por otra mucho más relevante: «¿Tengo suficiente riesgo disponible para esta operación?». Ese límite —no arriesgar más del 6% del capital en la cuenta de uno en un solo mes— mantiene el riesgo total bajo control, asegurando la supervivencia a largo plazo. Su riesgo disponible para cada mes es el 6% del capital de su cuenta, y la primera pregunta a hacerse cuando considere una nueva operación es: «Teniendo en cuenta todas mis operaciones abiertas y cerradas este mes, ¿tengo suficiente riesgo disponible para esta operación?».

Usted sabe cuánto dinero ha perdido durante el mes actual, si es que ha perdido. Calcular cuánto dinero está expuesto al riesgo en sus operaciones abiertas es fácil. Si sus pérdidas anteriores del mes, más el riesgo en las operaciones existentes le expone a un riesgo total del 6% del capital de su cuenta, no podrá iniciar otra operación.

Si la regla del 6% no le permite iniciar una nueva operación, continúe haciendo un seguimiento de las acciones en las que está interesado. Si ve una operación que realmente quiera iniciar, pero no tiene riesgo disponible, considere cerrar una de sus operaciones abiertas para liberar algo de riesgo.

Si está cerca del límite del 6%, pero ve una operación muy atractiva que no querría perderse, tiene dos opciones. Puede recoger beneficios sobre una de sus operaciones abiertas para liberar riesgo disponible. De manera alternativa, puede ajustar algunos de sus *stops* de protección, reduciendo su exposición al riesgo. Asegúrese, por eso, de que en su entusiasmo por operar no ajuste demasiado sus *stops* (*véase* capítulo 54).

Estudiemos un ejemplo, asumiendo, para simplificar, que el *trader* arriesgará el 2% del capital de su cuenta en cada operación.

1. A final de mes, el *trader* tiene 50.000 dólares en su cuenta, sin posiciones abiertas. Anota los niveles máximos de riesgo para el mes entrante: el 2%, o 1.000 dólares por operación, y el 6%, o 3.000 dólares para la cuenta globalmente.
2. Unos días más tarde ve unas acciones A muy atractivas, resuelve dónde poner el *stop* y compra una posición que deja 1.000 dólares, o el 2% de su capital, expuestos al riesgo.
3. Unos días después, ve unas acciones B, e inicia una operación similar, arriesgando otros 1.000 dólares.
4. A final de semana ve unas acciones C, y las compra, arriesgando otros 1.000 dólares.
5. La semana siguiente ve unas acciones D, más atractivas que las otras tres anteriores. ¿Puede comprar? No, no podrá, pues su cuenta ya está expuesta a un 6% de riesgo. Tiene tres operaciones abiertas, con un riesgo del 2% en cada una, lo que significa que puede perder el 6% si el mercado se vuelve en su contra. La regla del 6% le prohíbe tomar más riesgos en este momento.
6. Unos días después, las acciones A repuntan, y el *trader* mueve el *stop* por encima del punto muerto. Las acciones D, con las que no puedo operar hace sólo unos días, aún parecen atractivas. ¿Puede comprarlas ahora? Sí, sí que puede, ya que su riesgo actual es sólo el 4% de su cuenta. Tiene un 2% de riesgo en las acciones B y otro 2% en las acciones C, pero nada en

las acciones A, pues su *stop* está por encima del punto muerto. El *trader* compra las acciones D, arriesgando otros 1.000 dólares, o el 2%.

7. Más adelante, durante la semana, el *trader* ve las acciones E, que parecen muy alcistas. ¿Podrá comprarlas? No, de acuerdo con la regla del 6%, pues su cuenta ya está expuesta a un riesgo combinado del 6% en las acciones B, C y D (ya no existe riesgo en las acciones A). No podrá comprar las acciones E.
8. Unos días más tarde, las acciones B hacen que su *stop* se dispare. Las acciones E aún parecen atractivas. ¿Podrá comprarlas? No, pues ya ha perdido un 2% en las acciones B y tiene una exposición del 4% de las acciones C y D. Añadir otra posición en este momento le expondría a un riesgo mensual de más del 6%.

Tres operaciones abiertas no es una gran diversificación. Si desea iniciar más operaciones, establezca su riesgo por operación por debajo del 2%. Por ejemplo, si arriesga el 1% del capital de su cuenta en cada operación, podrá abrir hasta seis posiciones antes de llegar al límite del 6%. Haciendo *trading* con una cuenta grande, uso la regla del 6%, pero ajusto la regla del 2% bien por debajo del 1%.

La regla del 6% le permite incrementar el tamaño de sus operaciones cuando está en una racha ganadora, pero le hace detenerse pronto cuando está en una racha con pérdidas. Cuando los mercados se mueven a su favor, puede mover sus *stops* al punto muerto y así tener más riesgo disponible para nuevas operaciones. Por otro lado, si sus posiciones comienzan a ir en su contra y a disparar *stops*, dejará de operar rápidamente y salvará el grueso de su cuenta para hacer borrón y cuenta nueva el mes siguiente.

La regla del 2% y la regla del 6% ofrecen pautas para formar pirámides, aumentando las posiciones ganadoras. Si compra unas acciones y éstas escalan lo suficiente para que pueda subir su *stop* por encima del punto muerto, entonces podrá comprar más de estas mismas acciones, siempre que el riesgo en la nueva posición no sea de más del 2% del capital de su cuenta y el riesgo total de su cuenta sea inferior al 6%. Trate cada adición como una operación por separado.

Muchos *traders* pasan de un extremo emocional a otro, de la euforia de la cima a la tristeza de los valles. Estos cambios anímicos no le ayudarán a operar, sino todo lo contrario. Es mejor que invierta sus energías en el control del riesgo. Las reglas del 2 y del 6% convertirán sus buenas intenciones a la realidad de un *trading* más seguro.

■ 52. Recuperarse después de una debacle

Cuando el nivel de riesgo aumenta, nuestra capacidad de rendimiento desciende. Los principiantes ganan dinero en pequeñas operaciones, comienzan a sentirse seguros de sí mismos e incrementan el tamaño de sus operaciones. Entonces es cuando comienzan a perder. El nivel de riesgo incrementado sobre posiciones mayores hace que sean más rígidos y menos ágiles; esto es todo lo necesario para rezagarse.

Vi un gran ejemplo de esto cuando realicé una formación psicológica en grupo para una empresa de *trading* intradía en Nueva York. La firma enseñaba a sus *traders* un sistema de *trading* propietario y les dejaba operar con el capital de la firma compartiendo los beneficios. Sus dos mejores *traders* ganaban hasta un millón de dólares al mes; otros obtenían beneficios mucho menores, y unos cuantos perdían dinero. El propietario de la firma me pidió que fuese y ayudase a los *traders* que perdían.

Se quedaron asombrados al oír que venía un psiquiatra, y se quejaron enérgicamente, diciendo que «no estaban locos». El propietario los motivó, diciendo a los *traders* con peor rendimiento que tenían que participar o dejar la empresa. Después de seis semanas, los resultados eran tales que había lista de espera para el segundo grupo.

Dado que la empresa enseñaba a sus *traders* su propio sistema, nos enfocamos en la psicología y en el control del riesgo. En una de nuestras primeras reuniones, un *trader* se quejó de que había perdido dinero, cada día, durante los últimos trece días. Su gerente, que estaba presente en estas reuniones, confirmó que el tipo estaba usando el sistema de la firma, pero no podía ganar dinero. Comencé diciendo que me quitaría el sombrero delante de cualquiera que, tras perder trece días seguidos, aún tuviese la fuerza emocional de ir al trabajo y operar la mañana siguiente. Le pregunté a este hombre con cuántas acciones operaba, ya que la firma establecía un máximo para cada *trader*. A él se le permitía comprar o vender setecientas acciones de una vez, pero lo había reducido voluntariamente a quinientas.

Le dije que redujese este tamaño a cien acciones hasta que tuviese una semana con más días en beneficios que en pérdidas, y en que tuviese beneficios en total. Una vez hubiese saltado esa valla durante dos semanas seguidas, podía subir a doscientas acciones de una vez. Después, tras otro período de ganancias de dos semanas, podría subir a trescientas acciones, y así sucesivamente. Le estaba permitido un incremento de cien acciones después de dos semanas de *trading* rentable, pero si tenía una sola semana con pérdidas, tenía que bajar al nivel anterior. En otras palabras, tenía que comenzar con poco, subir poco a poco, pero bajar rápido si había problemas.

El *trader* se quejó enérgicamente, diciendo que cien acciones no eran suficientes para ganar dinero. Le dije que dejase de engañarse a sí mismo, ya que operando con quinientas acciones tampoco estaba ganando dinero, y él tuvo que aceptarlo a regañadientes. Cuando nos reunimos la semana siguiente, nos informó de que había tenido cuatro días con beneficios y que había obtenido ganancias, en conjunto. Ganó muy poco dinero a causa del tamaño de cien acciones, pero iba por delante. Continuó ganando dinero la siguiente semana y subió a doscientas acciones. Después de otra semana con beneficios, me preguntó: «Doctor, ¿cree que esto podría ser psicológico?». El grupo rio a carcajadas.

¿Por qué un hombre pierde operando con 500 acciones, pero gana dinero operando con 100 o 200?

Saqué un billete de 10 dólares de mi bolsillo y dije que, si alguien del grupo lo quería, sólo tenía que subirse a la mesa de conferencias, larga y estrecha, y caminar de un lado al otro. Diversos asistentes levantaron la mano. Les dije que un momento, que tenía una oferta mejor.

Daría 1.000 dólares al contado a quien subiese al tejado del edificio de diez plantas conmigo y usase una plancha igual de ancha que la mesa para pasar al tejado de otro edificio de diez plantas en el otro lado del paseo. Ningún voluntario.

Comencé a azuzar al grupo: la plancha será sólida, lo haremos un día que no haya viento, pagaré 1.000 dólares al contado al momento. El desafío físico sería el mismo que caminar sobre una mesa de conferencias, pero la recompensa sería mucho mayor. Aún sin interesados. ¿Por qué? Porque si uno pierde el equilibrio en la mesa, salta medio metro y aterriza en la alfombra. Si se pierde el equilibrio entre dos tejados, uno acaba aplastado en el asfalto.

Los altos niveles de riesgo afectan negativamente a nuestro rendimiento. Tiene que entrenarse a sí mismo a aceptar riesgos, poco a poco y en pasos bien definidos. Depende de cuán activamente opere, estos pasos pueden ser medidos en semanas o en meses, pero el principio es el mismo: debe obtener beneficios durante dos unidades de tiempo antes de aumentar un peldaño su exposición al riesgo. Si pierde dinero durante una unidad de tiempo, baje un peldaño en la exposición al riesgo. Esto es muy útil para las personas que quieran volver al *trading* después de una debacle. Debe volver de manera gradual, sin grandes aumentos de miedo.

La mayor parte de principiantes tiene prisa por hacer el negocio del siglo, pero… ¿adivine quién hace el agosto? Algunos agentes con pocos escrúpulos promueven el *trading* excesivo (realizar operaciones demasiado grandes para la cuenta de uno) para generar comisiones. Algunos corredores de valores fuera de Estados Unidos ofrecen un «apoyo» de 10:1, permitiendo que uno compre acciones por valor de 10.000 dólares por cada 1.000 dólares que se depositen en la agencia. Algunas casas de *forex* ofrecen un «apoyo» de 100:1, e incluso de 400:1.

Iniciar una operación es como bucear en busca de un tesoro. Hay oro en el fondo del mar, pero recuerde mirar su manómetro del aire mientras lo escudriña. El fondo del mar está lleno de restos de buceadores que vieron grandes oportunidades, pero se quedaron sin aire. El buceador profesional siempre piensa en su suministro de aire. Si no encuentra oro hoy, volverá mañana. Debe sobrevivir y bucear de nuevo. Los principiantes se suicidan porque se quedan sin aire. La atracción del oro gratis es demasiado fuerte. ¡Oro gratis! Me recuerda a un dicho ruso: «La única cosa gratis en este mundo es el queso de la ratonera».

Los *traders* de éxito sobreviven y prosperan gracias a su disciplina. La regla del 2 % le mantendrá a salvo de los tiburones, mientras que la del 6 % le mantendrá a salvo de las pirañas. Si sigue estas reglas y tiene un sistema de inversión razonable, estará a años luz de sus competidores.

El gerente del *trading*

Solía asombrarme de por qué razón los *traders* institucionales, como grupo, rendían mucho mejor que los *traders* por cuenta propia. El *trader* por cuenta propia medio en Estados Unidos es un hombre casado de unos cincuenta años, con educación universitaria, a menudo empresario o profesional liberal. Uno pensaría que este individuo pensativo, bueno con los ordenadores, lector de libros, debería darle unas cuantas vueltas a los chicos ruidosos de veintitrés años que jugaban a béisbol en la universidad y no han leído un libro desde el tercer curso en ésta.

En realidad, los *traders* institucionales, como grupo, tienen un mayor rendimiento que los *traders* por cuenta propia, año tras año. ¿Es a causa de sus reflejos rápidos? Realmente no, dado que los *traders* por cuenta propia jóvenes no tienen un mayor rendimiento que los más mayores. Los *traders* institucionales tampoco ganan gracias a la formación, que es escasa en la mayoría de firmas.

Un hecho curioso: cuando los *traders* institucionales de éxito salen para comenzar por su cuenta, la mayoría pierde dinero. Puede que usen el mismo equipo, operen con el mismo sistema, y mantengan sus contactos, pero aun así fracasan. Después de unos cuantos meses, la mayoría de *cowboys* están de vuelta en las oficinas de los cazatalentos, buscando una faena en el *trading*. ¿Por qué razón podían ganar dinero para sus firmas, pero no pueden por sí mismos?

Cuando un *trader* institucional deja su empresa, deja también a su gerente, la persona a cargo de la disciplina y del control del riesgo. Ese gerente establece el riesgo máximo por operación. Es parecido a lo que los *traders* por cuenta propia pueden conseguir con la regla del 2%. Las empresas operan con bases de capital enormes, sus límites de riesgo son mucho mayores en dólares, pero muy pequeños en términos porcentuales. El *trader* que viola el límite de riesgo es despedido. El *trader* por cuenta propia puede romper la regla del 2% sin que nadie lo sepa, pero los gerentes institucionales vigilan a sus *traders* como halcones. El *trader* por cuenta propia puede tirar los comprobantes de operaciones a una caja de zapatos, pero los gerentes de *trading* se sacan de encima a la gente impulsiva rápidamente. Imponen una disciplina que salva a los *traders* institucionales de pérdidas desastrosas, las mismas que liquidan muchas cuentas de particulares.

Además de establecer el límite de riesgo por operación, los gerentes establecen el máximo mensual permitido de pérdidas para cada *trader*. Cuando un empleado baja hasta ese nivel, sus privilegios de *trading* quedan suspendidos durante el resto del mes. El gerente del *trading* rompe con las rachas de pérdidas de sus *traders* forzándoles a dejar de operar si alcanzan su límite mensual de pérdidas. Imagínese estar en una sala con colegas de trabajo que están operando activamente, mientras uno le saca punta al lápiz y se le pide que salga a buscar bocadillos. Los *traders* hacen todo lo que pueden para evitar estar en esa situación. La presión social crea un serio incentivo a no perder.

La gente que sale de las instituciones sabe cómo operar, pero su disciplina, a menudo, es externa, no interna. Pierde dinero rápidamente sin gerentes. Los *traders* por cuenta propia no tienen gerente. Ése es el motivo por el que usted debe ser su propio gerente. La regla del 2% le mantendrá a salvo de pérdidas desastrosas, mientras que la del 6% le mantendrá a salvo de las rachas de pérdidas. La regla del 6% le forzará a hacer algo que la mayoría de gente no puede hacer hasta que es demasiado tarde: cortar las rachas de pérdidas.

DÉCIMA PARTE

Detalles prácticos

¿Comprará acciones que rompen resistencias hasta nuevos máximos? ¿Venderá al descubierto dobles techos?

¿Comprará retiradas? ¿Buscará inversiones de tendencia? Estos enfoques son diferentes, y uno puede ganar o perder dinero con cada uno de ellos. Deberá escoger un método que tenga sentido para usted y con el que se sienta cómodo emocionalmente. Escoja lo que le llame más, lo que corresponda a sus habilidades y temperamento. No existe el *trading* genérico, de la misma manera que no existe el deporte genérico.

Para hallar buenas operaciones deberá definir el patrón con el que desea operar. Antes de usar un escáner, deberá tener una idea muy clara de qué está buscando. Desarrolle su sistema, y testéelo con una serie de pequeñas operaciones para asegurarse que tiene la disciplina para seguir sus señales. Debe estar seguro de que operará con el patrón que ha identificado cuando lo vea.

Los diferentes estilos en el *trading* requieren distintas técnicas de entrada, métodos diversos para establecer *stops* y objetivos de beneficios y técnicas de escaneo muy diferentes. Aun así, existen muchos principios clave que son aplicables a todos los sistemas.

53. Cómo establecer objetivos de beneficio: la palabra mágica es *suficiente*

Establecer objetivos de beneficio en sus operaciones es como preguntar por el sueldo y los incentivos en una contratación para un nuevo empleo. Puede que se gane más o menos de lo esperado, pero debe tenerse una idea de lo que se espera.

Anote su nivel de entrada, su objetivo de beneficio y su *stop* para cada operación planeada, para comparar su riesgo y su recompensa. Su ganancia potencial debería ser, al menos, el doble que el riesgo. Casi nunca merece la pena pagar un dólar para ganar un dólar: podría apostar al color en la ruleta, para eso. Tener un objetivo realista de beneficio y un *stop* firme le ayudará a tomar la decisión de si entrar o no en cada operación.

Al principio de mi carrera en el *trading* no pensaba en los objetivos de beneficio. Si alguien me hubiese preguntado sobre ellos, le habría contestado que no quería limitar mis beneficios potenciales. A día de hoy, me reiría de una respuesta así. El principiante sin un objetivo sobre los precios claro se alegrará más y más a medida que sus acciones suban, y se sentirá más abatido cuando sean trituradas. Sus emociones le prepararán para actuar en el peor de los momentos posibles: continuará aguantando y añadiendo a sus posiciones largas en la cima y venderá disgustado cerca del suelo.

Cuando se calcula el beneficio potencial de una operación se cae en una paradoja. Cuanto más largo sea el período de tenencia planeado de una operación, mayor es el beneficio potencial. Unas acciones pueden subir mucho más en un mes que en una semana. Por otro lado, cuanto más largo es el período de la operación, más alto es el nivel de incertidumbre. El análisis técnico puede ser bastante fiable para los movimientos a más corto plazo, pero a largo plazo se dan muchas sorpresas desagradables.

En un capítulo anterior sobre la elección de horizontes temporales para las operaciones, examinamos nuestras tres opciones principales. El período de tenencia de las operaciones en posiciones o inversiones se mide en meses, a veces en años. Podemos aguantar una operación *swing* por unos días, a veces semanas. La duración esperada de una operación intradía se mide en minutos, raramente en horas.

Las medias móviles y los canales son de ayuda para establecer objetivos de beneficio en las operaciones *swing*; sólo ahí deberá prestar más atención a los osciladores y salir a la primera señal de divergencia contra su operación. Los objetivos de beneficio en el *trading* de posiciones generalmente se establecen en los niveles previos de soporte y de resistencia.

Los tres objetivos mencionados más arriba –medias móviles, canales y niveles de soporte/resistencia– son bastante modestos. No son poco realistas, sino todo lo contrario. Recuerde que la palabra mágica es *suficiente*, tanto en la vida como en el *trading*. Le pone al mando, y ganando lo «suficiente» en una operación tras otra, con el tiempo conseguirá resultados excelentes.

¿Cómo definir *suficiente*? Creo que las medias móviles y las envolventes, junto con los niveles recientes de soporte y de resistencia pueden mostrarnos qué sería lo «suficiente» para cada operación determinada. Permítaseme ilustrar esto con varios ejemplos: una operación *swing*, otra operación intradía y, en tercer lugar, una inversión a largo plazo.

VRSN fue un ejemplo bastante común de una operación *swing* modesta: entrar cerca de una de las líneas del canal y recoger beneficios en la zona de valor, entre dos medias móviles (figura 53.1). Esto no es cazar elefantes: es cazar conejos, una actividad mucho más fiable.

La operación intradía con EGO de la figura 53.2 ilustra una compra de una retirada a la zona de valor durante una tendencia al alza, con un objetivo de beneficio en la línea superior

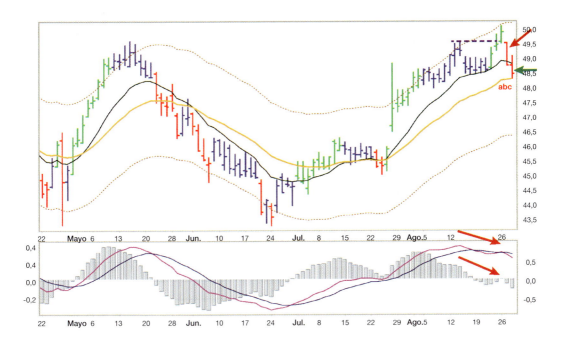

FIGURA 53.1 VRSN con MME de 13 y 26 días, sistema impulso y envolvente del 4 %. MACD 12-26-9 (*Gráfico de StockCharts.com*).

Una operación *swing*: recoger beneficios en la zona de valor

Este registro de venta al descubierto de VeriSign Inc. (VRSN) sale de mi diario de operaciones. Es una de varias acciones que desarrolló la configuración de mi estrategia «falsa ruptura con divergencia». Los últimos tres días de esta gráfica están marcadas como *a*, *b* y *c*. El día *a* VRSN rompió la resistencia y cerró por encima de ésta, marcado con una línea discontinua horizontal, mientras que el histograma MACD no pudo ni subir por encima de cero. Al día siguiente, marcado con una *b*, VRSN abrió por debajo de la línea naranja, mostrando que el día anterior había sido una falsa ruptura al alza (algunos lo llamarían «empuje hacia arriba»). Tan pronto como el histograma MACD bajó un *tick*, creando una divergencia bajista, el patrón se hubo completado, e inmediatamente vendí al descubierto.

VRSN siguió hundiéndose todo el día y cerró más bajo. Al día siguiente, marcado con una *c*, intentó formar una base, y como el precio diario ya estaba en la zona de valor, decidí que ya bastaba y cubrí mi descubierto. Obtuve 82 centavos de beneficio sobre 3.000 acciones, lo que significó 2.460 dólares sin contar las comisiones. Podría haber ganado más manteniéndome más tiempo, pero en el *swing trading*, veinticinco centavos rápidos son mejores que un dólar lento. Recoger beneficios en la zona de valor reduce el nivel de incertidumbre y acorta el tiempo en que las operaciones permanecen expuestas al riesgo.

del canal. Usé un oscilador para acelerar mi salida cuando el mercado no me permitió salir en el objetivo inicial.

FIGURA 53.2 Gráficos de EGO de 25 y 5 minutos con MME de 13 y 26 días, sistema impulso y autoenvolvente. MACD 12-26-9 (*Gráficos de TradeStation*).

Recoger beneficios de una operación intradía cerca de la línea superior del canal

Este registro de compra de Eldorado Gold Corp. (EGO) sale de mi diario de operaciones. Ilustra el uso de la triple pantalla en el *trading* intradía y para recoger beneficios. La decisión estratégica de comprar EGO se tomó en un gráfico de 25 minutos, en el área A, en que la media móvil se volvió hacia arriba y el sistema impulso cambió a verde (nótese que el día anterior hubo una falsa ruptura a la baja, indicando que estas acciones no querían bajar y podían estar preparándose para una recuperación).

Mi estrategia de *trading*, aquí, fue la de «retirada al valor», que ejecuté con un gráfico de 5 minutos, cuando los precios abrieron por encima de la brecha, pero después se retiraron a la zona de valor (área B). Tomé posiciones largas en 9,51 dólares; mi objetivo inicial eran 9,75 dólares, cerca de la línea superior del canal del gráfico de 25 minutos, con un stop en 9,37 dólares, para una ratio de recompensa/riesgo de casi 2:1. Ya que se trataba de una operación intradía, la tuve en mi pantalla todo el día.

Al principio, con la tendencia al alza tan fuerte, consideré llevar la operación al día siguiente, pero entonces comenzaron a surgir divergencias bajistas en el área C, y di una orden de venta en 9,75 dólares. Ése acabó siendo el máximo diario, y mi orden no obtuvo contrapartida. A medida que los precios bajaban desde su divergencia bajista en el gráfico de 5 minutos, me apresuré a bajar mi orden de venta a 9,70 dólares. Obtuve contrapartida, y salí con beneficios antes del cierre. Una ganancia de 19 centavos sobre 2.000 acciones resultó en 380 dólares en unas pocas horas.

El nombre de uno de los escáneres que uso para encontrar posibles candidatos para invertir es «ángeles caídos». Identifica las acciones que han caído más de un 90 % desde sus picos, han dejado de descender, han tocado fondo y han comenzado a subir lentamente. Unas acciones

FIGURA 53.3 IGOI con MME de 13 y 26 días, sistema impulso y envolvente del 4%. MACD 12-26-9 (*Gráfico de StockCharts.com*).

Una operación *swing*: recoger beneficios en la zona de valor
Establecer objetivos de beneficio para operaciones a largo plazo en el nivel de resistencia.

En el borde derecho del gráfico semanal, iGo, Inc. (IGOI) se negocia ligeramente por encima de los 3 dólares, con una MME creciente que confirma una tendencia al alza. Su cima anterior global estuvo por encima de 60 dólares (nótese una cola de canguro), dos repuntes recientes intermedios se quedaron en nada, el más reciente cerca de los 15 dólares, y el anterior cerca de los 22 dólares (marcados con líneas lila discontinuas). Si éste es el inicio de una nueva tendencia al alza, sería razonable establecer el primer objetivo de beneficio cerca de 15 dólares, y el siguiente cerca de 22 dólares.

que hayan perdido un 90% de su valor tienen todo el derecho a morir, pero si deciden vivir, probablemente se recuperen.

El mejor momento para buscar «ángeles caídos» es cuando un mercado bajista comienza a dar muestras de que está tocando fondo. Ahí es donde se encuentran muchos candidatos que han sobrevivido al ataque de los bajistas y están comenzando a levantarse del suelo. Este ejemplo muestra un antiguo amor de los mercados alcistas, IGOI, que fue vapuleado pero dejó de descender y comenzó a subir. El gráfico semanal de la figura 53.3 muestra dos intentos anteriores de volver al área del pico de diversos años. Cada una de esas recuperaciones siguió la misma ruta hasta justo la mitad del anterior mercado bajista.

¿Va a ser ésta una operación fácil? Nada más lejos de la realidad. En primer lugar, el último suelo fue cerca de los 2 dólares, y si se pone un *stop* ahí, el riesgo por acción será muy alto y se tendrá que disminuir el tamaño de la operación. Además, la recuperación esperada puede que tome desde algunos meses a algunos años en comenzar. ¿Está preparado para esperar tanto tiempo con su capital invertido? Por último, pero no por ello menos importante, el volumen de estas acciones es bajo. Subirá si los precios se recuperan, pero si la recuperación se queda en agua de borrajas, no será fácil vender. Teniendo todos estos factores en cuenta, puede verse cuán difícil es comprar a largo plazo.

■ 54. Cómo establecer *stops*: aprenda a no hacerse ilusiones vanas

Una operación sin *stop* es una apuesta. Si busca emociones fuertes, mejor vaya a un casino de verdad. Haga un viaje a Macao, Las Vegas o a Atlantic City, donde la casa de apuestas le dará bebidas gratis, e incluso puede que le agasaje con una habitación de hotel mientras se lo pasa en grande. Los jugadores que pierden dinero en Wall Street no reciben regalo alguno.

Los *stops* son obligados para la supervivencia y el éxito a largo plazo, aunque muchos de nosotros sintamos una gran resistencia emocional a usarlos. El mercado refuerza nuestros malos hábitos entrenándonos para que no usemos *stops*. Todos hemos pasado por esta experiencia desagradable: comprar unas acciones y poner un *stop* que se dispara, uno sale con pérdidas, para ver cómo después las acciones cambian de tendencia y repuntan, como se esperaba originalmente. Si se hubiesen tenido las acciones sin un *stop*, se habría ganado en vez de perder. Verse perjudicado repetidamente de esta forma hace que uno se asquee con los *stops*.

Después de algunos acontecimientos así, uno comienza a operar sin *stops*, y funciona de maravilla durante un tiempo. No se dan vuelcos inesperados. Cuando una operación no funciona bien, sale de ella sin que haya *stop*: usted tiene la disciplina suficiente. Este paseo feliz se acaba después de que una operación grande comience a ir mal. Uno sigue esperando a que se dé una recuperación, aunque sea parcial, para salir un poco mejor, pero sigue hundiéndose. Con el paso de los días, daña más y más su cuenta: un tiburón se lo está comiendo. Pronto, su supervivencia estará en peligro y su confianza está hecha pedazos.

Cuando se opera sin *stops*, los tiburones dando vueltas al perímetro de toda cuenta son cada vez más grandes y tienen peores intenciones. Si opera sin *stops*, el mordisco del tiburón sólo es cuestión de tiempo. Cierto, los *stops* son una molestia, pero su uso es un mal menor, comparado con operar sin ellos. Esto me recuerda lo que Winston Churchill dijo acerca de la democracia: «Es la peor forma de gobierno, excepto por todas las demás que se han probado».

¿Qué debemos hacer? Recomiendo aceptar la irritación y el dolor de los *stops*, pero centrándose en hacerlos más lógicos y menos desagradables.

En mi anterior libro, *The New Sell and Sell Short*, dediqué un largo capítulo a los entresijos del establecimiento de diversos tipos de *stop*. Más que repetirme aquí, ofreceré un breve resumen.

Poner los *stops* fuera de la zona de «ruido de mercado»

Ponga un *stop* demasiado cerca y será golpeado por alguna oscilación intradía sin sentido. Póngalo demasiado lejos y tendrá una escasa protección.

Tomando prestado un concepto de la ingeniería, todos los movimientos del mercado tienen dos componentes: la señal y el ruido. La señal es la tendencia de las acciones. Cuando la tendencia es al alza, podemos definir el ruido como la parte del rango de cada día que sobresale por debajo del mínimo del día anterior. Cuando la tendencia es a la baja, podemos definir ruido como la parte del rango de cada día que sobresale por encima del máximo del día anterior.

Los *stops* en la zona de seguridad quedan descritos en detalle en *Come into My Trading Room*. Miden el ruido del mercado y establecen *stops* en un múltiple del nivel de ruido lejos del mercado. Resumiendo, use la pendiente de la MME de 22 días para definir la tendencia. Si la tendencia es al alza, marque todas las penetraciones bajistas de la MME durante el período de análisis del pasado (de 10 a 20 días), añada su profundidad y divida la suma por el número de penetraciones. Esto le da la penetración bajista promedio del período escogido de análisis del pasado. Refleja el nivel de ruido promedio de la tendencia al alza actual. Querrá poner los *stops* más lejos del mercado que el nivel de ruido promedio. Ésa es la razón por la que se debe multiplicar la penetración bajista promedio por un factor de dos o más. Poner un *stop* más cerca sería contraproducente.

Cuando la tendencia, definida por la pendiente de la MME, va a la baja, calculamos la zona de seguridad basándonos en las penetraciones alcistas de las barras de máximo anteriores. Se cuenta cada penetración alcista durante un horizonte temporal determinado y promediamos los datos para dar con la penetración alcista promedio. La multiplicamos por un coeficiente, comenzando por tres, y añadimos este resultado al máximo de cada barra. Vender al descubierto cerca de los máximos requiere *stops* más amplios que cuando se compra cerca de suelos tranquilos y agotados.

Al igual que el resto de sistemas e indicadores en este libro, la zona de seguridad no es un artilugio mecánico que sustituya el pensamiento independiente. Se tiene que establecer un período de análisis del pasado, el horizonte temporal con el cual se calcula la zona de seguridad. También se debe afinar el coeficiente por el cual se multiplica la penetración promedio para que el *stop* esté fuera del nivel de ruido normal.

Incluso si no usa la zona de seguridad, quizás quiera seguir el mismo principio de calcular una penetración promedio contra la tendencia con la que desea operar, y poner su *stop* bien lejos de la zona de ruido de mercado.

No establecer *stops* en niveles obvios

Un mínimo reciente que sobresalga mucho de una trama compacta de precios atrae a los *traders* a poner *stops* ligeramente por debajo de ese nivel. El problema es que la mayoría de personas ponen sus *stops* ahí, creando un entorno rico en objetivos para que se disparen. El mercado tiene el hábito misterioso de bajar rápidamente a estos mínimos obvios y hacer saltar los *stops* antes de invertirse y comenzar una nueva recuperación. Sin meterme a culpar a nadie de asaltar *stops*, permítaseme sugerir varias soluciones.

Merece la pena establecer sus *stops* en niveles no obvios: ya sea cerca del mercado o más profundamente, por debajo de un mínimo obvio. Un *stop* más cercano reduce el riesgo en dólares, pero aumenta el riesgo de sufrir las consecuencias de un vuelco inesperado. Un *stop* más bajo le ayudará a esquivar algunas falsas rupturas, aunque si acaba disparándose, perderá más.

Escoja su opción. Para el *swing trading* a corto plazo, generalmente vale la pena poner *stops* más ajustados, mientras que, con las operaciones en posiciones a largo plazo, conviene más usar *stops* más amplios. Recuerde el Triángulo de Hierro del control del riesgo: un *stop* más amplio requiere un menor tamaño de las operaciones.

Un método que me gusta es el *stop* de Nic, llamado así en honor a un amigo australiano, Nic Grove. Él se inventó el método de poner *stops* no cerca del mínimo más bajo, sino del segundo mínimo más bajo (más superficial). La lógica es simple: si el mercado está descendiendo a su segundo mínimo más bajo, es casi seguro que continuará cayendo y dará con el mínimo clave, donde se agrupa el grueso de *stops*. Usando el *stop* de Nic acabo con pérdidas menores y deslizamientos más bajos que los que sufriría cuando los mercados caen a mínimos más visibles.

La misma lógica sirve cuando se vende al descubierto: ponga su *stop* de Nic no «un *tick* por encima del mayor máximo», sino al nivel del segundo máximo más alto. Repasemos algunos ejemplos recientes tanto de posiciones largas como cortas en la figura 54.1.

Quizá quiera explorar diversos sistemas diferentes para establecer *stops*, como los *stops* parabólicos, la zona de seguridad y los *stops* de volatilidad, descritos en los libros mencionados anteriormente. Puede usar sistemas elaborados o sencillos, pero recuerde los principios más importantes: primero, use *stops*; y segundo, no los sitúe en niveles obvios, fáciles de ver a cualquiera que mire el gráfico. Haga que sus *stops* sean algo más ajustados o amplios que la media: guarde distancias con el público, ya que usted no quiere ser un *trader* medio.

Por la misma razón, evite poner *stops* en números redondos. Si compra a 80 dólares, no ponga un *stop* en 78 dólares, sino en 77,94 dólares. Si entra en una operación intradía en 25,60 dólares, no ponga su *stop* en 25,25 dólares: muévalo hasta 25,22 dólares o incluso 22,19 dólares. Los números redondos atraen al público: ponga su *stop* un poco más allá. Deje que las masas sean golpeadas primero, y quizá así su propio *stop* permanezca intacto.

Otro método, popularizado por Kerry Lovvorn, es usar *stops* de Rango Real Promedio (ATR) (*véase* capítulo 24 para una explicación del ATR). Cuando entre durante una barra de precios, ponga el *stop*, al menos, a un ATR de distancia del extremo de esa barra. Un *stop*

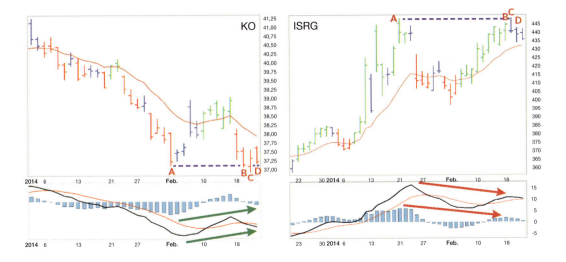

FIGURA 54.1   Gráficos diarios con MME de 13 días, sistema impulso e histograma MACD 12-26-9 (*Gráficos de StockCharts.com*).

Stops de Nic: posición larga en KO y corta en ISRG

En el gráfico de The Coca-Cola Company (KO) vemos una falsa ruptura a la baja con una divergencia alcista. El sistema impulso ha pasado de rojo a azul, permitiendo la compra. Si decidimos comprar, ¿dónde deberíamos poner el *stop*?

   Barra A: el mínimo fue de 37,10 dólares.

   Barra B: el mínimo fue de 37,05 dólares.

   Barra C: el mínimo fue de 36,89 dólares (una falsa ruptura a la baja que excedió al mínimo A en 21 centavos).

   Barra D: el mínimo fue de 37,14 dólares.

Las masas pondrán sus *stops* por debajo de 36,89 dólares, pero el *stop* de Nic estará en 37,04 dólares, un centavo por debajo del segundo mínimo más reciente, el mínimo de la barra B.

En el gráfico de Intuitive Surgical, Inc. (ISRG) vemos una falsa ruptura al alza con una divergencia bajista. El sistema impulso ha pasado de verde a azul, permitiendo la venta al descubierto. Si vendemos al descubierto, ¿dónde deberíamos poner el *stop*?

   Barra A: el pico anterior alcanzó los 447,50 dólares.

   Barra B: el máximo fue de 444,99 dólares.

   Barra C: el máximo fue de 447,75 dólares (una falsa ruptura al alza que excedió el pico anterior en 25 centavos).

   Barra D: el máximo fue de 442,03 dólares.

Las masas pondrán sus *stops* por encima de 447,45 dólares, pero el *stop* de Nic estará en 445,05 dólares, unos centavos por encima del segundo máximo reciente, el máximo de la barra B.

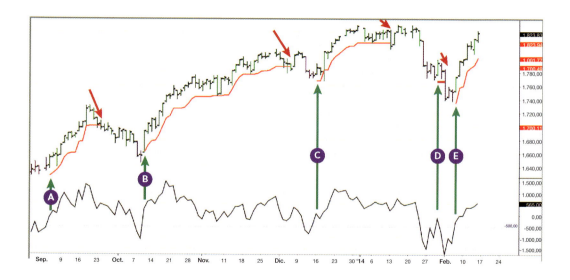

FIGURA 54.2 S&P 500 e índice nuevos máximos-nuevos mínimos de 20 días (*Gráfico de TradeStation, programación de Kerry Lovvorn*).

Stop de seguimiento ATR – 2 siguiendo una señal de rebote en un aumento brusco

Una señal de rebote en un aumento brusco (*spike*, descrita en el capítulo 34) se da cuando el índice nuevos máximos-nuevos mínimos de 20 días cae por debajo de 500, lo que indica un desequilibrio bajista, y después repunta por encima de dicho nivel, mostrando que los alcistas están de vuelta. Las señales de rebote en un aumento brusco están marcadas aquí con flechas verdes verticales. Aquí, las barras del S&P están coloreadas de verde mientras la señal de rebote en un aumento brusco está, en efecto, coloreada de lila después de que desaparezca. La línea roja que sigue a los máximos en las barras del S&P 500 dos ATR por debajo.

El rebote en un aumento brusco da señales para el mercado entero, y este gráfico sigue cada señal de compra con un *stop* de seguimiento ATR – 2 «sólo al cierre» (los cruces intradía no cuentan: el mercado tiene que cerrar por debajo del stop para hacer que se dispare). Nótense las señales A, B y C, muy productivas. La señal de compra E aún está, en efecto, en el momento de escribir estas líneas. La señal D resultó en pérdidas: no existen señales que siempre sean rentables.

de dos ATR es aún más seguro. Puede usarlo como *stop* de seguimiento, moviéndolo con cada barra. El principio es el mismo: establezca los *stops* fuera de la zona de ruido de mercado (figura 54.2).

Una de las ventajas de usar *stops* de seguimiento es que reducen gradualmente la cantidad de dinero expuesta al riesgo. Antes discutimos el concepto de riesgo disponible (capítulo 51). A medida que una operación seguida de un *stop* de seguimiento se mueve a su favor, libera riesgo disponible gradualmente, permitiéndole realizar nuevas operaciones.

Incluso si no usa *stops* en la zona de seguridad o *stops* ATR, asegúrese de poner los *stops* a cierta distancia de los precios recientes. No quiere ser como uno de esos *traders* temerosos que embuten sus *stops* tan cerca de los precios actuales que la fluctuación sin sentido más ligera seguro que hace que se disparen.

El concepto de señal y de ruido puede ser de ayuda no sólo para poner *stops* inteligentes, sino también para encontrar buenas entradas para las operaciones. Si ve unas acciones con una tendencia fuerte, pero no le gusta perseguir precios, baje un horizonte temporal. Por ejemplo, si la tendencia semanal es al alza, pase al gráfico diario, y probablemente vea que una vez, cada pocas semanas, sufre una retirada por debajo de la zona de valor. Mida las profundidades de varias penetraciones recientes por debajo de la MME lenta para calcular la penetración promedio (*véase* figura 39.3). Ponga la orden de compra del día siguiente a esa distancia por debajo de la MME y ajústela cada día. Estará usando la marca del comportamiento del ruido para encontrar una buena entrada para una operación de seguimiento de tendencia.

No permita que una operación con beneficios se convierta en pérdidas

¡Nunca permita que una operación abierta que está en beneficios decentes sobre el papel se convierta en pérdidas! Antes de iniciar una operación, comience por planear a qué nivel empezará a proteger sus ganancias. Por ejemplo, si su objetivo de beneficio para la operación es de unos 1.000 dólares, puede que decida que un beneficio de 300 dólares debería ser protegido. Una vez su beneficio potencial aún abierto suba a 300 dólares, moverá su *stop* de protección al nivel del punto muerto. A ese movimiento lo llamo «ponerle las esposas a la operación».

Poco después de mover el *stop* hasta el punto muerto, deberá centrarse en proteger una porción de su beneficio potencial creciente. Decida por adelantado qué porcentaje protegerá.

Por ejemplo, puede que decida que, una vez esté puesto el *stop* en el punto muerto, protegerá un tercio de su beneficio aún abierto. Si este beneficio en la operación descrita sube hasta 600 dólares, subirá el *stop* de manera que 200 dólares de beneficio queden protegidos.

Estos niveles no están grabados en piedra. Puede escoger porcentajes diferentes, dependiendo del nivel de confianza en cada operación y la tolerancia al riesgo.

A medida que una operación se mueve a su favor, las ganancias potenciales restantes comienzan a reducirse, mientras que su riesgo –la distancia hasta el *stop*– sigue creciendo. Operar es gestionar el riesgo. A medida que la ratio recompensa/riesgo de sus operaciones en beneficios se deteriora lentamente, debe comenzar a reducir su riesgo. Proteger una porción de los beneficios potenciales mantendrá la ratio recompensa/riesgo más estable.

Mueva el *stop* sólo en el sentido de su operación

Ha comprado unas acciones y, siendo un *trader* disciplinado, pone un *stop* debajo. Las acciones suben, generando unos beneficios potenciales buenos, pero entonces se encallan. A continuación, bajan un poco, después un poco más, y entonces se ponen en negativo, acercándose a su *stop*. Examinando el gráfico, la formación del suelo tiene buena pinta, con una divergencia alcista capaz de soportar un repunte fuerte. ¿Qué hará a continuación?

Antes de nada, aprender de su error de no haber movido el *stop*. Ese *stop* debería haberse subido hasta el punto muerto hace tiempo. A falta de eso, sus opciones se reducen: aceptar una pérdida pequeña en el momento y estar preparado para reposicionarse más tarde, o continuar aguantando. El problema es que se siente tentado a escoger la tercera opción, absolutamente no planeada: bajar el *stop*, dándole a la operación en pérdidas «más espacio». ¡No lo haga!

Dar «más espacio» a una operación es hacerse ilusiones vanas, simple y llanamente. No está en la caja de herramientas de los *traders* serios.

Dar «más espacio» a una operación en pérdidas es como decirle a un hijo que le quitará las llaves del automóvil si no se porta bien, pero no cumplir lo que se dice. Así se le enseña que las reglas no importan y se le anima a que se comporte aún peor. Ser firmes comporta mejores resultados a largo plazo.

Lo más lógico que se puede hacer cuando una operación comienza a ir mal es aceptar una pérdida pequeña. Continúe monitorizando esas acciones y esté a punto para comprarlas de nuevo si tocan fondo. Vale la pena persistir, las comisiones son baratas, y los *traders* profesionales, a menudo, aceptan diversas heridas pequeñas en una operación antes de que comience a correr a su favor.

Los *stops* en caso de catástrofe: el salvavidas del profesional

Poco tiempo después de mudarme a una casa cerca de un lago compré un kayak, e inmediatamente adquirí un chaleco salvavidas. Legalmente sólo necesitaba llevar un chaleco en el kayak, por lo que bastaría el más barato que encontrase. Aun así, desembolsé un importe considerable por un chaleco de calidad, cómodo y que no interfiriese con la actividad de remo mientras lo llevaba puesto.

Sólo planeaba ir a remar tranquilamente por el lago, en el kayak, sin acercarme para nada a aguas rápidas ni corrientes. No esperaba necesitar el chaleco jamás. ¿Malgasté el dinero comprándolo? Bueno, si algún día una embarcación a motor me golpea, llevar un chaleco de gran calidad puede significar la diferencia entre la vida y la muerte.

Lo mismo sucede con los *stops*. Son una molestia y cuestan dinero. Aun así, algún día un *stop* salvará su cuenta de un choque de vida o muerte.

Recuerde que los accidentes graves son mucho más probables en el mercado que en un lago. Por eso los *stops* son esenciales.

Un «*stop* fuerte» es una orden que se le da a un agente. Un «*stop* suave» es una orden que uno tiene en mente, listo para usarlo cuando sea necesario. Los principiantes y los *traders* intermedios deben usar *stops* fuertes. El *trader* profesional, sentado delante de la pantalla con datos reales todo el día, puede usar un *stop* suave si tiene la disciplina de salir cuando su sistema le diga que lo haga.

Aun así, ocurren accidentes. Una vez un amigo, *trader* profesional, me describió cómo luchó contra una inversión en el mercado. Su *stop* suave estaba en un nivel de 2.000 dólares de pérdidas, pero para cuando tiró la toalla y salió, sus pérdidas sumaban 40.000 dólares, las peores de toda su carrera como *trader*. Ésta es la razón por la que, incluso si no se usan *stops* fuertes regularmente, se debe, como mínimo, usar «*stops* en caso de catástrofe» en cada operación.

Para las operaciones de sobresaliente, ya sean en largo o en corto, trace una línea en su gráfico a la que no espera que sus acciones lleguen. Ponga su *stop* fuerte en ese nivel y haga que sea VHC: «válida hasta que se cancele». Esto será su *stop* en caso de catástrofe. Ahora ya puede jugar con el lujo de los *stops* suaves. Reme fuerte en su kayak, sabiendo que lleva un chaleco salvavidas fiable.

Si mi amigo, cuyas pérdidas de 2.000 dólares hicieron metástasis en unas pérdidas de 40.000 dólares, hubiese usado un *stop* fuerte «en caso de catástrofe», sólo habría sufrido unas pérdidas relativamente pequeñas, habría esquivado un desastre y evitado el dolor financiero y emocional de un mordisco de tiburón.

Los *stops* y las brechas en operaciones de un día para otro: sólo para pros

¿Qué haría si sus acciones se ven afectadas por malas noticias importantes después del cierre de sesión del mercado? Si mira las cotizaciones antes de la apertura de la sesión la mañana siguiente, se dará cuenta de que abrirá mucho más bajo, muy por debajo de su *stop*, asegurando un deslizamiento masivo.

Esto ocurre raramente, pero ocurre.

Si usted es un *trader* nuevo o intermedio, no hay mucho que pueda hacer: apriete los dientes y acepte la pérdida. Sólo los pros con una disciplina fría tienen una opción adicional: operar intradía para salir de esa posición. Retire su *stop*, y cuando se inicie la sesión, gestione la situación como si se tratara de una operación intradía que compró con el primer *tick* de la mañana.

A menudo, las brechas de apertura vienen seguidas de rebotes, ofreciendo a los *traders* ágiles la oportunidad de salir con pérdidas más pequeñas. Esto no ocurre siempre, motivo por el cual la mayoría de *traders* no debería usar esta técnica nunca. Puede que haga que sus pérdidas sean más profundas, en vez de reducirlas.

Asegúrese de salir antes del cierre. Sus acciones en daños puede que reboten hoy, pero es probable que mañana acudan más vendedores y las hagan bajar aún más. No deje que un rebote le calme y le dé la falsa esperanza de una inversión de tendencia.

55. ¿Es ésta una operación de sobresaliente?

Su rendimiento en cualquier campo mejorará si hace tests. Recibir las notas le ayudará a reconocer sus puntos fuertes y sus puntos débiles. Ahora puede trabajar en reforzar lo bueno y en corregir lo que no lo es.

Cuando se completa una operación, el mercado ofrece tres notas. Califica la calidad de la entrada y de la salida y, aún más importante, la nota global de la operación.

Si es un *swing trader* y usa una combinación de gráficos semanales y diarios, mire sus notas en los diarios. Su **nota de compra** depende de la localización de su entrada en relación al máximo y al mínimo de la barra diaria en que compró.

$$\text{Nota de compra} = \frac{(\text{máximo} - \text{punto de compra})}{(\text{máximo} - \text{mínimo})}$$

Cuanto más cerca compre del mínimo de la barra, y más lejos del máximo de ésta, mejor será la nota de su compra. Suponga que el máximo del día ha sido de 20 dólares, el mínimo de 19 dólares, y que usted consiguió comprar a 19,25 dólares. Si se introducen estos números en la fórmula, da un resultado con una nota del 75 %. Si su nota de compra es un 100 %, significa que compró en el *tick* más bajo del día. Excelente, pero no cuente con eso. Si su nota de compra es un 0 %, significa que compró en el *tick* más alto del día. Esto es terrible, y debería servir de recordatorio para no perseguir precios a la fuga. Yo calculo mis notas de compra de cada operación, y considero que cualquier nota por encima del 50 % es un muy buen resultado, pues significa que he comprado en la mitad baja de la barra diaria. A continuación, se encuentra la fórmula de la **nota de venta.**

$$\text{Nota de venta} = \frac{(\text{punto de venta} - \text{mínimo})}{(\text{máximo} - \text{mínimo})}$$

Cuanto más cerca venda del máximo de la barra, y más lejos del mínimo de ésta, mejor será la nota de su venta. Suponga que el máximo del día ha sido de 20 dólares, el mínimo de 19 dólares, y que usted consiguió vender a 19,70 dólares. Si se introducen estos números en la fórmula, da un resultado con una nota del 70 %. Si su nota de venta es un 100 %, significa que vendió en el *tick* más alto del día. Si su nota de venta es un 0 %, significa que vendió en el *tick* más bajo del día. Esta nota terrible debería servir de recordatorio a vender antes en vez de entrar en pánico. Yo calculo mis notas de venta de cada operación, y considero que cualquier nota por encima del 50 % es un muy buen resultado, pues significa que he vendido en la mitad alta de la barra diaria.

Cuando se evalúa una operación, la mayoría de la gente asume que la cantidad de dinero que gana o pierde en esa operación refleja su calidad. El dinero es importante para trazar la curva de capital, pero es una mala medida de una operación individual. Tiene más sentido dar una calificación de calidad a cada operación comparando lo que se ha obtenido con lo que era posible realmente. Yo calculo la **nota de mis operaciones** comparando puntos ganados o perdidos en cada operación con la altura del canal del gráfico diario medido el día de la entrada.

$$\text{Nota de operación} = \frac{(\text{venta} - \text{compra})}{(\text{máximo del canal} - \text{mínimo del canal})}$$

Un canal bien trazado contiene entre el 90 y el 95 % de los precios de las últimas cien barras (*véase* capítulo 22). Puede usar los canales que desee –paralelos a la MME, autoenvolvente, Keltner o canales ATR– siempre que sea constante. El canal contiene las oscilaciones normales de los precios; sólo los máximos y mínimos extremos sobresalen por fuera de éste. La distancia entre la línea superior e inferior del canal del día de entrada en una operación representa un máximo realista de los beneficios disponibles existentes para un *swing trader* en el mercado. Apuntar al máximo, sin embargo, es un juego muy peligroso. Yo considero que toda operación que gane un 30% o más de la altura de su canal es una operación de sobresaliente (figura 55.1).

Un comentario de Kerry Lovvorn en la reunión anual de SpikeTrade en 2012 captó mi atención: desafió a todos los participantes a definir lo que él llamaba «una operación de sobresaliente»: una configuración que anuncia la probabilidad de que una operación sea excelente. «Deben definir el patrón para ustedes mismos –dijo–. Si no saben cuál es su "operación de sobresaliente", no pintan nada en el mercado».

Yo sabía de sobra cuáles eran mis operaciones de sobresaliente: una divergencia acompañada de una falsa ruptura o de una retirada al valor. Aun así, si no encontrase operaciones de sobresaliente en mi pantalla, entraría en operaciones de notable y, en un día muy aburrido, iría a por una operación de aprobado.

Al volver de esa reunión, puse una pegatina en una de mis pantallas para hacer *trading* con la pregunta: «¿Es ésta una operación de sobresaliente?». Desde entonces siempre la tengo frente a mí cuando doy una orden. Los resultados llegaron pronto: a medida que el número de operaciones que no eran de sobresaliente cayó en picado, mi curva de capital neto comenzó a tener una pendiente positiva más inclinada.

Debe tener una idea clara de cuál es la configuración perfecta para usted, «la operación de sobresaliente». La perfección no garantiza beneficios –las garantías no existen en los mercados– pero sí que significa una configuración con una esperanza matemática positiva fuerte. También significa algo con lo que usted ha operado antes y con lo que está cómodo. Una vez sepa de qué se trata, puede comenzar a buscar valores que exhiban ese patrón.

Una de las pocas ventajas de los *traders* por cuenta propia sobre los institucionales es que podemos operar o no cuando queramos. Podemos permitirnos el lujo de estar libres esperando una configuración excelente. Desafortunadamente, la mayoría de nosotros, en nuestro entusiasmo por operar, descartamos esta increíble ventaja.

He añadido la pregunta: «¿Es ésta una operación de sobresaliente?» a mi hoja de operación, un formulario de gestión de operaciones que discutiremos en el capítulo siguiente. Cuando veo una operación potencial, me pregunto esto a mí mismo. Si la respuesta es afirmativa, comienzo a calcular la gestión del riesgo, tamaño de la posición y plan de entrada. Si la respuesta es negativa, paso página y comienzo a buscar otra opción (figura 55.2).

No importa cuán magnífica una idea o unas acciones parezcan, no operaré con ellas a menos que encajen en una de mis tres estrategias. Las ideas van y vienen, tienen éxito o fracasan, pero las estrategias permanecen y mejoran con el tiempo, a medida que se aprende cómo se comportan bajo diferentes condiciones del mercado.

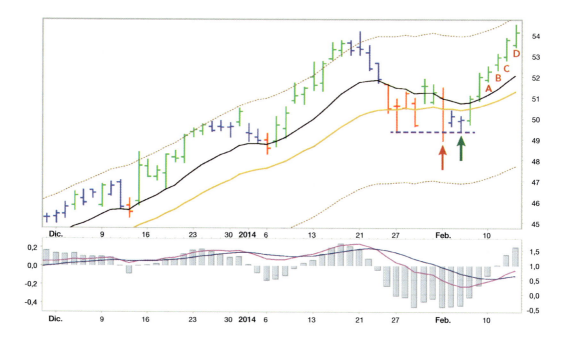

FIGURA 55.1 ADSK diario con MME de 13 y 26 días y envolvente del 7%. Sistema impulso con histograma MACD 12-26-9 (*Gráfico de StockCharts.com*).

Notas de compra, de venta y de operación

Este gráfico procede de mi diario de operaciones en Autodesk, Inc. (ADSK) mientras trabajaba en este libro (mi plan para esta operación se encuentra en la figura 38.1). Me apunté a seguir una elección en Spike, y mi estrategia aquí fue la de «retirada al valor». ADSK había mostrado, recientemente, una retirada más profunda que la media: nótese una falsa ruptura a la baja marcada con una flecha roja, seguida de un movimiento que prueba de nuevo el mínimo anterior a la falsa ruptura con éxito, marcado con una flecha verde.

> Día A. Lunes 10 de febrero de 2014: máximo 52,49 dólares, mínimo 51,75 dólares, línea superior de canal 53,87 dólares, inferior 47,61 dólares (necesitaremos valores de los canales para calcular la nota de la operación al cierre). Compro a 51,77 dólares. Nota de compra = (52,49 − 51,77) / (52,49 − 51,75) = 97 %.
>
> Días B y C. Martes y miércoles: repunte continúa, comienzo a mover hacia arriba el *stop*.
>
> Día D. Jueves: máximo 54,49 dólares, mínimo 53,39 dólares. Vendo a 53,78 dólares. Nota de venta = (53,78 − 53,39) / (54,49 − 53,39) = 35 %. Nota de operación = (venta − compra) / altura de canal = (53,78 − 51,77) / (53,87 − 47,61) = 32 %.

Mi nota de compra en esta operación fue inusualmente alta, la nota de venta por debajo de la media, pero la nota global de la operación fue muy buena. Mientras estaba enfrascado con este libro, sólo negocié 200 acciones, por lo que mis ganancias, después de comisiones, fueron de menos de 400 dólares. Si calificase mis operaciones según las ganancias, ésta sería fácil de pasar por alto, pero capturar un 32 % del canal me valió un sobresaliente.

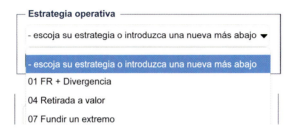

FIGURA 55.2 La caja de estrategias en el diario de operaciones (*Fuente: SpikeTrade.com*).

Cuando planifique una operación, asegúrese de especificar qué sistema usará. Pregúntese si esta operación planificada parece una «operación de sobresaliente» de acuerdo con su sistema.

Uso las palabras *sistema* y *estrategia* indistintamente; ambas significan un plan operativo. Como puede ver en esta captura de pantalla de la caja de estrategias de mi diario de operaciones, tomada en septiembre de 2013, actualmente opero con tres sistemas. El principal es «falsa ruptura con divergencia». En ocasiones opero con retiradas a valor, comprando retiradas durante tendencias al alza y vendiendo al descubierto repuntes durante tendencias a la baja. Muy ocasionalmente opero contra los extremos, comprando acciones que han sido muy vapuleadas o vendiendo al descubierto acciones cuyos repuntes salvajes están encallándose.

Gradualmente puede que desarrolle nuevas estrategias y desista de otras. Puede ver que las que yo utilizo están numeradas como 1, 4 y 7. El resto de números son estrategias que dejé de usar.

Su sistema puede ser muy mecánico o bastante general, con sólo algunos principios clave, como mi triple pantalla. Ya sea una cosa o la otra, debe conocer la apariencia de sus «operaciones de sobresaliente» antes de planear su próxima operación.

Le acompañaré a lo largo de una de mis estrategias, pero recuerde que no tiene por qué copiarla (figura 55.3). Nuestra manera de operar es tan personal como escribir a mano. Defina una estrategia con la que se sienta cómodo, pruébela, y después encuentre un gráfico que la represente a la perfección. Imprima el gráfico y cuélguelo en una pared cerca del escritorio desde donde opera. Ahora puede buscar operaciones que se parezcan a cómo pintaba ese gráfico el día en que entró en esa operación.

En la próxima sección, sobre planificación de operaciones, verá cómo usar un formulario que llamo hoja de operación para tomar decisiones de inversión más objetivas. Cada operación tiene varios parámetros, y es fácil pasar por alto algunos de ellos en el fragor de la batalla. De la misma manera que un piloto repasa una lista de comprobación antes del vuelo, todo *trader* debe cotejar su lista antes de decidir dar una orden.

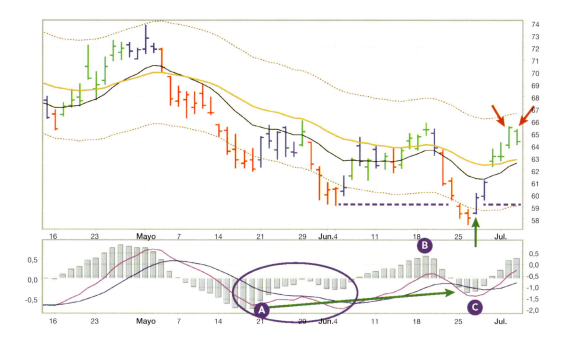

FIGURA 55.3 SLB diario con MME de 13 y 26 días y envolvente del 6%. Sistema impulso con histograma MACD 12-26-9 (*Gráfico de StockCharts.com*).

Falsa ruptura a la baja con divergencia alcista

Este gráfico procede de mi diario de operaciones y representa un ejemplo casi perfecto de la estrategia *swing* que abrevio como «01 FR + Divergencia»: falsa ruptura con divergencia, ya sea alcista o bajista. Schlumberger, Ltd. (SLB) estaba en una tendencia a la baja estable y, al alcanzar un nuevo mínimo en A, parecía otro mínimo más en un descenso largo y doloroso. Veo el área entera dentro del círculo del histograma MACD como un suelo único, ya que en ningún momento cruzó la línea del eje. En el área B, la situación se vuelve más interesante: el histograma MACD repunta por encima del eje, «doblegando la voluntad del oso» (de los bajistas). El sistema impulso semanal (que no se muestra), que había estado en rojo hasta ese momento, pasó a estar en azul, eliminando la prohibición de comprar. En el área C, SLB cayó a un nuevo mínimo, pero el MACD descendió a un mínimo mucho menos profundo, preparándose para una divergencia alcista.

Obsérvese con cuidado la primera barra azul después de diversas barras rojas en el área C. Ahí es donde el histograma MACD subió un *tick*, completando la divergencia alcista. Además, esa barra repuntó y cerró por encima del nivel de la ruptura a la baja, marcada con una línea lila discontinua: identifica las barras anteriores como una falsa ruptura a la baja.

Compré en una barra (marcada con una flecha verde vertical) sin esperar a su cierre, comprando 2.000 acciones a 60,80 dólares, con un *stop* en 59,12 dólares. Cuatro días más tarde, cuando los precios comenzaron a acercarse a la línea superior del canal, así como al nivel del máximo anterior, comencé a recoger beneficios. Vendí 1.000 acciones a 66,55 dólares y el resto el día siguiente, a 67 dólares (ambos marcados con flechas rojas). Ingresé cerca de 6 dólares por acción, para un total de 11.950 dólares antes de comisiones en cinco días de negociación. El sistema entregó una operación espléndida.

Éste es el gráfico que tengo en mente cuando busco opciones y futuros para operar. Quiero encontrar aquellos que han completado un suelo A y una cima B y están descendiendo a lo que sería el suelo C. Por detrás, el sistema impulso en el gráfico semanal no puede estar en rojo, ya que esto prohibiría comprar.

56. Buscar operaciones potenciales

Hay miles y miles de acciones; en los próximos días y semanas, algunas subirán, otras caerán y otras fluctuarán. Cada acción generará dinero para los *traders* cuyos sistemas estén sincronizados con ellas, y hará que el resto pierda. El desarrollo de un sistema de inversión o estrategia es previo a la búsqueda de operaciones. Si no tiene una estrategia claramente definida, ¿¡qué buscará!?

Comience por desarrollar un sistema en el que confíe. Una vez lo tenga, buscar candidatos para operar será un proceso bastante lógico y simple. Cuando mire su lista de candidatos, la primera pregunta sobre cualquier opción será: «¿Es ésta una operación de sobresaliente?». En otras palabras, ¿esta opción se parece a su patrón ideal? Si la respuesta es afirmativa, puede comenzar a trabajar en la operación.

Esta búsqueda significa examinar un grupo de activos negociados y ampliar el *zoom* sobre los candidatos para operar. Su búsqueda puede ser visual o con el ordenador: puede pasar por múltiples gráficos, dándole una ojeada rápida a cada uno, o que su ordenador escanee la lista y marque las acciones cuyos patrones llamen su atención. Repito: definir el patrón en que confía debe ser el primer paso, escanear es el segundo, más distante.

Asegúrese de que tiene expectativas realistas a la hora de buscar. Ningún escaneo puede encontrar una aguja en un pajar, o la piedra preciosa con que operar. Lo que hace un buen escaneo es presentar un grupo de candidatos en el que centrar la atención. Puede hacer que este grupo sea más grande o más pequeño cambiando los parámetros del escaneo, haciéndolos más o menos estrictos. El escaneo es una manera de ahorrar tiempo que ofrece candidatos potenciales, no es una fórmula mágica que nos libre de la necesidad de trabajar en nuestras elecciones.

Comience por describir qué acciones desea encontrar. Por ejemplo, si usted es seguidor de tendencias, pero no le gusta perseguir acciones, puede diseñar un escaneo para encontrar acciones cuyas medias móviles sean crecientes pero cuyo último precio sólo esté por encima de esa media en un pequeño porcentaje. Puede programar ese escaneo usted mismo, o contratar a alguien que se lo haga (hay programadores que ofrecen este servicio).

La lista bruta de acciones a escanear puede ser de sólo unas pocas docenas, o incluir el S&P 500, e incluso el Russell 2000. Me gusta buscar candidatos los fines de semana y, dependiendo de cuánto tiempo tenga, usar una de las dos técnicas: una más perezosa y la otra que requiera un trabajo duro. La manera perezosa, cuando tengo poco tiempo, es examinar las elecciones de los Spikers para la semana entrante. Los Spikers son la élite entre los miembros de SpikeTrade.com; pienso que, entre las docenas de elecciones por parte de *traders* muy inteligentes que compiten por la mejor elección de la semana, una o dos acciones pueden servir para que yo me apunte a seguirlas. Examino esas elecciones, añadiendo mi opinión del mercado. Dependiendo de las perspectivas que vea para la semana entrante, me centro sobre todo en candidatos de compra o de venta al descubierto.

La manera que requiere trabajar duro consiste en echar los quinientos componentes del S&P 500 a mi software y escanear buscando divergencias MACD potenciales. He visto muchos escáneres de divergencia, y ninguno que fuese fiable: todos presentan demasiados falsos positivos y pasaban por alto muchas divergencias buenas. Entonces me di cuenta de que las divergencias son «un patrón analógico»: claramente visibles a simple vista humana, pero difíciles de ver en un proceso digital. Acudí a John Burns, que me programó un escáner semiautomático de divergencias MACD. En vez de buscar divergencias, escanea los patrones que preceden a éstas y proporciona una lista de candidatos a observar durante los siguientes días (figura 56.1).

Pasando mi escáner de divergencias MACD semiautomático por los gráficos semanales y diarios de los quinientos componentes del S&P 500 sólo lleva un minuto, pero el trabajo real comienza cuando reviso la lista de candidatos alcistas y bajistas que entrega este escaneo. En primer lugar, comparo el tamaño de las listas de alcistas y bajistas. Por ejemplo, unas semanas antes de escribir este capítulo, mi escaneo de componentes del S&P 500 devolvió cuatro o cinco candidatos a divergencia alcista, mientras que devolvió entre setenta y ochenta candidatos a divergencia bajista. Este gran desequilibrio indicaba que el mercado estaba colgando al borde de un precipicio, por lo que yo debía encontrar algunas ventas al descubierto para la contracción que se avecinaba. Reduzco mi lista semanal de candidatos a ser operados hasta cinco o seis opciones, las que muestran los patrones más atractivos y las mejores ratio recompensa/riesgo. Éstas son las acciones con las que intentaré operar durante la semana. Tengo amigos que pueden hacer malabares con veinte acciones a la vez: se puede hacer, pero yo no puedo; todo *trader* serio debe conocer sus limitaciones.

Otra manera de encontrar candidatos a ser operados «trabajando duro» supone escanear grupos de acciones por industria. Por ejemplo, si creo que el oro está acercándose a un suelo importante, saco la lista de las 52 acciones relacionadas con el oro y las 14 con la plata que se cotizan actualmente y busco candidatos de compra. Mientras hago esto, tengo en mente el gráfico de SLB que se muestra en la figura 55.3: quiero encontrar acciones cuyos patrones se parezcan a mi ideal.

Si va a escanear un gran número de acciones, merece la pena añadir algunas reglas negativas. Por ejemplo, puede que quiera omitir las acciones cuyo volumen diario medio esté por debajo de medio millón, o incluso un millón, de acciones. Sus gráficos tienden a ser más abruptos y su deslizamiento peor que con las acciones negociadas más activamente. Puede que quiera ex-

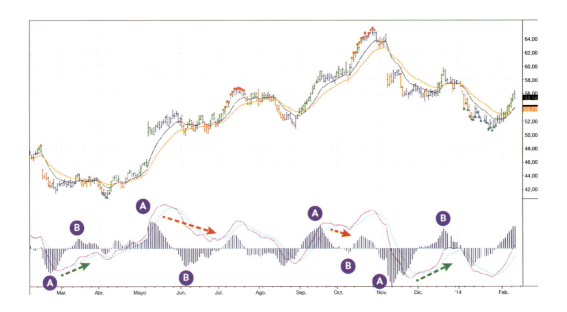

FIGURA 56.1   WFM diario con MME de 13 y 26 días. Sistema impulso con histograma MACD 12-26-9. Puntos rojos: divergencias bajistas potenciales o reales. Puntos verdes: divergencias alcistas potenciales o reales (*Gráfico de TradeStation, escáner de John Bruns/elder.com*).

Escáner de divergencias semiautomático con histogramas MACD

Hemos estudiado el histograma MACD y sus divergencias en el capítulo 23, y hemos vuelto a este patrón de forma repetida a lo largo de este libro. En vez de buscar divergencias completadas, este escaneo semiautomático encuentra acciones que han completado las partes A y B de una divergencia potencial. Cuando la parte C (el segundo máximo o mínimo) comienza a emerger, este escaneo comienza a poner puntos rojos por encima o puntos verdes por debajo de la barra, para alertar de la posibilidad de divergencia.

Este gráfico de Whole Foods Market, Inc. (WFM) muestra que un escáner no encuentra operaciones automáticamente. Es un programa de vigilancia que alerta de la posibilidad de que un mercado esté listo para que se opere en él, comprando o vendiendo al descubierto. Cuando se recibe una señal de este tipo, el *trader* debe trabajar sobre estas acciones para establecer el nivel al cual la divergencia se completará y anotar las entradas, los objetivos y los niveles de *stop*.

cluir acciones caras de sus escaneos de candidatos a compra y acciones baratas de sus escaneos de candidatos a venta al descubierto. Escoger el nivel en que poner los filtros de precio es una cuestión de preferencias personales. Ésta es la razón por la que el escaneo es mejor para los *traders* experimentados.

Aprenda a pescar con unas cuantas cañas antes de tirar grandes redes.

UNDÉCIMA PARTE

Cómo llevar un buen registro

«No existen las comidas gratis. Como con tantas otras cosas, o pagará por adelantado o pagará al final por ser desorganizado, y desafortunadamente pagar cuando se está saliendo siempre es más caro…», escribe Andrew J. Mellen en *Unstuff Your Life*.

El mercado es perversamente inconsistente sirviendo recompensas y castigos. Siempre existe la posibilidad de que una operación mal planificada genere beneficios, mientras que una operación bien planificada y ejecutada con cuidado pueda acabar en pérdidas. Este refuerzo aleatorio subvierte nuestra disciplina y anima a ser descuidados en nuestro *trading*.

Llevar un buen registro es la mejor herramienta para desarrollar y mantener la disciplina. Une la psicología, el análisis de mercado y la gestión del riesgo. Cuando imparto clases, siempre digo: «Muéstrenme un *trader* con buenos registros, y les enseñaré un buen *trader*».

Dejar por escrito sus planes para las operaciones asegurará que no pase por alto ningún factor esencial del mercado. Llevar un buen registro le ahorrará tropezar con operaciones impulsivas. La disciplina en el *trading* es parecida al control del peso, muy difícil para la mayoría de personas. Si no sabe lo que pesa hoy y si la curva de peso es creciente o decreciente, ¿cómo podrá controlarlo? Perder peso comienza pesándose desnudo en la báscula por la mañana y anotando el peso del día.

Todos cometemos errores, pero si se evalúan los registros y se medita sobre los errores del pasado, es menos probable que se repitan. Llevar bien el registro le convertirá en su propio maestro y obrará milagros en el capital neto de su cuenta.

Una lectura rápida de este capítulo no hará de usted un *trader* disciplinado. Deberá invertir horas en hacer sus deberes y aceptar el dolor de que sus *stops* se ejecuten. Primero el trabajo, después la recompensa. A medida que su cuenta crezca, sentirá una maravillosa sensación de haber logrado algo.

Veamos los tres componentes clave de cómo llevar un registro:

1. La disciplina comienza con hacer sus deberes (le ofreceré una hoja de cálculo con deberes).
2. La disciplina se ve reforzada por dejar por escrito sus planes para las operaciones (le ofreceré archivos PDF para trabajar con candidatos a ser comprados y a ser vendidos al descubierto).
3. El punto culminante de la disciplina llega cuando se ejecutan esos planes y se completan los registros de operación (le ofreceré un enlace a un diario de operaciones en línea llamado *Trade Journal*).

Le ruego que se sienta con la libertad de personalizar estos documentos. Los mercados son enormes y diversos, y no existe la «talla única» cuando se trata de sistemas de análisis, de inversión y de mantenimiento de registros. Los principios básicos están en este libro, pero la manera en que usted los implemente puede ser propia de usted.

57. Sus deberes diarios

Cuando se despierta por la mañana y sabe que tiene que estar en la oficina a una hora en concreto, no pierde tiempo planeando cada pequeño paso. Sigue una rutina establecida: se levanta, se lava, se viste, desayuna, entra en el automóvil, etc. Esta rutina le pone a tono para el día que comienza, liberando su mente para pensar estratégicamente. Cuando llega a la oficina, ya está listo para enfrentarse al día.

Tener una rutina para el mercado vale la pena: una secuencia de pasos para ver cómo van las cosas, los factores clave que dominan la negociación del día. Esta rutina debería ponerlo en sincronía con el mercado antes del inicio de la sesión, despabilándole y dejándole listo para la acción.

Yo uso una hoja de cálculo para mi rutina antes de la apertura. La persona que me dio esta idea fue Max Larsen, un gestor de carteras de Ohio. He cambiado la hoja de cálculo de Max: mi versión actual está numerada como 3.7, y refleja dos revisiones mayores y unas cuantas menores. Se basa en cómo veo los mercados, mientras que sus enlaces incrustados me facilitan acceder a diversas páginas web para consultar la información que necesito.

1	Deberes para Elder	Miércoles
2	v 3.7	19/2/2014
3	Consultar mercados Extremo Oriente	suben 0,2–1,1%
4	Consultar mercados Europa	bajan 0,5%
5	Calendario económico Briefing.com	Construcciones y permisos bajan
6	Marketwatch	Crac de 2014
7	Euro	1,375 v/v
8	Yen	98,1 v/v
9	Petróleo	102 v/v
10	Oro	1.317 v/a
11	Bono estadounidense	133,23 v/a
12	Baltic Dry Index	1.146
13	NH-NL	1.208 / 365
14	VIX	13,9 r/a
15	S&P500 al contado	1.841 v/v
16	Valor diario	en el canal superior
17	Índice de fuerza 13 días	positivo
18	Expectativa candelabro S&P	a la baja
19	Modo: activo, conservador, defensivo u operación intradía	defensivo

FIGURA 57.1 Hoja de cálculo de deberes diarios (*Fuente: elder.com*).

Comienzo consultando los mercados exteriores, después las noticias importantes, las divisas clave y las materias primas, e indicadores clave del mercado bursátil. Con la práctica, el proceso entero puede completarse en unos 15 minutos. Analicémoslo línea por línea.

1. Consultar mercados Extremo Oriente: este enlace me lleva a la página www.finance.yahoo.com. Anoto los cambios porcentuales entre días para Australia y China. La memoria de cada persona funciona de manera diferente, y la mía me resulta más útil cuando anoto las cosas.
2. Consultar mercado Europa: aquí anoto los cambios porcentuales del DAX alemán y del FTSE del Reino Unido. Los mercados dan vueltas con el sol, y así se obtiene una sensación de cómo una ola que se generó en Estados Unidos, viaja por Asia y, después, a Europa, antes de volver a Estados Unidos.
3. Calendario económico: este enlace me lleva a la página en Briefing.com, que menciona los informes sobre datos fundamentales programados para ser publicados cada día. Muestra las cifras previas de cada publicación y la previsión de consenso. Cuando un informe importante, como el de desempleo o utilización de la capacidad productiva, anuncian resultados mejores o peores que las estimaciones, pueden esperarse fuegos artificiales en los mercados.
4. Marketwatch: esta página web es para las masas; la consulto para ver qué se les está diciendo esa mañana. En ocasiones sugiere operaciones de opinión contraria.
5. Euro: anoto el precio actual del contrato de futuros más activo, seguido de las iniciales del sistema impulso –verde, azul o rojo– primero para el semanal, después para el diario. Éste es el

formato que uso para el resto de mercados mencionados más adelante. Consulto los gráficos de futuros sobre el euro por dos razones. La primera, porque hay temporadas en que esta divisa danza o bien en sincronía, o bien en contra del mercado bursátil de EE. UU. La otra razón es que, a veces, los futuros sobre euros ofrecen buenas oportunidades para operar intradía.
6. Yen: la segunda de las razones detalladas para el euro aplica más, aquí, que la primera.
7. Petróleo: es la sangre que da vida a la economía, y los futuros sobre el petróleo suben y bajan, con sus altibajos. Se puede negociar en futuros sobre petróleo.
8. Oro: un indicador sensible del temor y de las expectativas inflacionarias, así como un activo negociado popular.
9. Bonos: los tipos de interés crecientes o decrecientes están entre los factores más importantes que lideran las tendencias de la bolsa.
10. Baltic Dry Index: un indicador adelantado, sensible de la economía mundial. El BDI representa el coste de enviar por barco bienes secos, por ejemplo, tejidos de Vietnam a Europa, o leña de Alaska a Japón. El BDI es muy volátil, y la ausencia de vehículos negociables basados en él ayuda a que el BDI refleje la actividad económica real. Es especialmente útil si se opera con acciones de la industria del transporte marítimo.
11. NH-NL: considero el índice nuevos máximos-nuevos mínimos como el mejor indicador adelantado del mercado bursátil, y me gusta anotar los últimos valores semanales y diarios cada mañana como recordatorio.
12. VIX: el índice de volatilidad, también llamado «índice de miedo». Existe un dicho: «Cuando el VIX está alto, es seguro comprar; cuando el VIX está bajo, es mejor ir despacio». Nota al pie: cuidado con los ETF sobre el VIX, que son notorios por no estar sincronizados con el índice VIX.
13. S&P 500: anoto el valor de cierre del día anterior de este índice y le añado las iniciales del sistema impulso para sus gráficos semanales y diarios.
14. Valor diario: paso al gráfico diario del S&P y miro si la última barra cerro por encima, en, o por debajo de valor, y también su relación con las líneas de canal. Me ayuda a ver si el mercado está en zona de sobrecompra o de sobreventa.
15. Índice de fuerza: compruebo si la MME de 13 días está por encima o por debajo de su eje (alcista o bajista), así como cualquier posible divergencia.
16. Expectativa candelabro S&P: testeo la precisión de mis expectativas de mercado anotando si espero que el mercado cierre por encima o por debajo del precio de apertura del día. Si no tengo una opinión, dejo este campo en blanco. Al día siguiente, coloreo esta celda verde o roja, dependiendo de si mis expectativas resultaron correctas.
17. En la última hilera de mi hoja de cálculo de deberes, hago un resumen estableciendo cómo operaré hoy: activamente, de forma conservadora, de forma defensiva (sólo cerrando operaciones), operando intradía, o no operando.

Mi hoja de cálculo de deberes (figura 57.1) es un trabajo en progreso, ya que continuamente añado y quito líneas. Si comienza a usarla, estoy seguro de que la modificará para que se adapte a sus preferencias. Mi empresa, Elder.com, ofrece mi última hoja de cálculo, completa y con un test psicológico que puede evaluar usted mismo como un servicio al público; simplemente escriba a info@elder.com y solicítela.

Después de rellenar esta hoja de cálculo, paso a mis operaciones abiertas. Reviso los *stops* y los objetivos de beneficio, haciendo los ajustes que sean necesarios para el día que comienza. Entonces, si tengo pensado operar ese día, reviso mi pequeña lista de candidatos, centrándome en entradas, objetivos y *stops* planificados. Ahora ya estoy sincronizado con el mercado, listo para dar órdenes. Hago estos deberes incluso cuando sé que no podré operar ese día, por ejemplo, mientras estoy viajando. Esta disciplina es como lavarse y vestirse por la mañana, incluso los días en que uno no planea ir a la oficina.

¿Está preparado para operar hoy?

Hay veces en que uno se siente en sintonía con el mercado, y otras ocasiones en que uno se siente que está fuera de onda. Su estado anímico, salud y limitaciones de tiempo influencian su capacidad de operar. Por ejemplo, imagine que está haciendo *trading* cuando tiene dolor de muelas. No podrá concentrarse de pleno en el mercado, y a quien debería llamar es al dentista, no a su agente.

Éste es el motivo por el que cada mañana realizo una autoevaluación psicológica de treinta segundos para medir objetivamente mi disposición a operar. La primera persona que conocí que usaba esta autoevaluación fue Bob Bleczinski, un antiguo Spiker. Puede que publicase su test en Internet, ya que en 2011 vi cómo un miembro de SpikeTrade, Erin Bruce, presentaba su autoevaluación en la reunión de ese año. Las preguntas que se planteaba a sí misma eran completamente diferentes, pero el formato se parecía al de Bob.

Modifiqué el test de autoevaluación de Erin para que se ajustase a mi personalidad, y lo tomo cada día antes de la apertura del mercado. Todo test de autoevaluación debe ser breve y específico. El mío sólo contiene cinco preguntas, y cada una de ellas sólo permite tres respuestas: sí, no o más o menos. Discutiremos la lógica de diseñar tales test en el siguiente capítulo. Si comienza a utilizar este test, probablemente lo modifique para que se ajuste a su personalidad, y formulará las preguntas que sean más importantes para usted (figura 57.2).

Si la puntuación en algunas preguntas es cero, esto me advierte de que no debería operar. Si no he realizado mi plan de operaciones o si mi horario está muy lleno, significa que es un mal día para operar: es mejor mantenerse al margen o sólo dar órdenes de salida.

Usted, su mente, su estado anímico y su personalidad son componentes esenciales del *trading*. Ésta es la razón por la que una autoevaluación rápida es de ayuda para ver si uno debería operar ese día.

Físico – mal 0	Salud OK, energía, dormir 1	Rebosante 2		2
Pérdidas día 0	Día anterior mixto o sin operar 1	Ganancias día 2		1
No preparado 0	Medianamente preparado 1	Muy preparado 2		1
Desanimado 0	Ánimo regular 1	Muy animado 2		1
Muy ocupado 0	Con lo normal en el plato 1	Libre 2		1
1-2-3-4 NO operar	5-6 Y 9-10 Atención	7-8 Bien		6

FIGURA 57.2   Test de autoevaluación «¿Estoy preparado para operar?» (*Fuente: elder.com*).

Realizo este test inmediatamente después de completar mis deberes. Revisémoslo línea por línea:

1. ¿Cómo me siento físicamente?
    A. Enfermo = 0
    B. Normal = 1
    C. En plena forma = 2
2. ¿Cómo me fue ayer en el mercado?
    A. Perdí dinero = 0
    B. Tanto perdí como gané o no operé = 1
    C. Gané dinero = 2
3. ¿He hecho mi planificación de operaciones esta mañana?
    A. No preparado = 0
    B. Medianamente = 1
    C. Bien preparado = 2
4. ¿Cómo estoy anímicamente?
    A. Mal = 0
    B. Normal = 1
    C. Muy animado = 2
5. ¿Cuán ocupado estoy hoy?
    A. Muy ocupado = 0
    B. Normal = 1
    C. Bastante libre = 2

La hoja de cálculo suma las puntuaciones de las cinco preguntas y usa el formato condicional de Excel para colorear la celda de resumen. Si mi puntuación final es de cuatro o menos, la celda se vuelve roja. Con tantos puntos negativos, me dice que no opere hoy. Una puntuación de cinco o seis emite una luz amarilla: debo operar con cautela. Una puntuación de siete u ocho me da luz verde, pero si la puntuación sube a nueve o diez, la luz vuelve a estar en amarillo: con todo tan perfecto, cualquier cambio hará que todo vaya a peor. No permita que los éxitos recientes se le suban a la cabeza.

58. La creación y evaluación de planes operativos

Cualquier plan operativo debe especificar la estrategia que utilizará. Debe hacer que compruebe las fechas de beneficios y dividendos o las renovaciones de los contratos, para evitar ser sorprendido por noticias predecibles. Debe explicar en detalle su entrada, objetivo y *stop* planeados, así como el tamaño de su operación.

Dejar por escrito un plan operativo hace que éste sea real. Una vez entra en una operación y su capital comienza a fluctuar, puede que se estrese y olvide realizar ciertas tareas. El plan que se escribe antes de entrar en una operación se convierte en una isla de cordura y estabilidad en medio de la tormenta; ayuda a asegurar que no se pasa por alto ningún factor esencial.

Un plan realmente bueno incluirá una escala para medir su calidad. Esta calificación objetiva, que discutiremos más adelante, lleva menos de un minuto, pero le anima a implementar sólo aquellos planes que tienen una probabilidad más alta de éxito. Hace que se desestimen los planes marginales y no se persigan ideas de operación dudosas.

Aunque todos mis registros están en formato electrónico, me gusta tener mis planes operativos en papel. Uso formularios impresos que llamo *hojas de operación*, similar a las hojas de ruta de los paquetes de nuestras compras por Internet. Cuando una empresa le envía un producto, viene con una hoja de ruta que muestra el nombre del producto, la cantidad, la dirección de envío, la forma de entrega, condiciones para la devolución y otros datos esenciales. Mis operaciones vienen acompañadas de hojas de operación desde la fase de planificación hasta el día de cierre.

Tengo dos hojas de operación diferentes para cada sistema de inversión, una para comprar y otra para vender al descubierto. Aquí estudiaremos una hoja de operación para una de mis estrategias favoritas. Puede usarlo como punto de partida para desarrollar su propia hoja de operación.

Cuando una operación potencial llama mi atención, decido qué sistema se ajusta mejor y escojo la hoja de operación en blanco apropiada. En el mismo momento, si una operación que parece atractiva no encaja en ningún sistema de inversión, no hay operación. Después de decidir el sistema, escribo la fecha y el *ticker*, y después califico la operación potencial, como se muestra más abajo. Si la calificación es suficientemente alta, procedo a completar mi plan operativo; si no, tiro la hoja de papel a la papelera y comienzo a buscar otras operaciones.

Llevo mis hojas de operaciones abiertas dondequiera que vaya. Si estoy en mi escritorio, están al lado del teclado. Si salgo durante el día y llevo mi ordenador portátil conmigo, pongo esas hojas de operación entre el teclado y la pantalla, para que sean lo primero que vea cuando abra el portátil.

Después de haber escrito planes operativos durante años, desarrollé gradualmente un método para darles una calificación antes de tomar la decisión de operar o no. Mi hábito de evaluar los planes se vio reforzado después de leer *Pensar rápido, pensar despacio*, del catedrático Daniel Kahneman. Este libro sobre toma de decisiones por parte de un economista conductual galardonado con un premio Nobel puso de relieve el valor de los sistemas de evaluación simples: hacen que nuestras decisiones sean más racionales y menos impulsivas.

Evaluar planes operativos (un Apgar para operaciones)

Entre los ejemplos que el profesor Kahneman da en su libro, está la descripción del trabajo de la Dra. Virginia Apgar (1909-1974), una pediatra anestesióloga de la Universidad de Columbia.

Se le reconoce haber salvado incontables vidas. Médicos y enfermeras de todo el mundo usan la escala de Apgar para decidir si los recién nacidos necesitan cuidados intensivos inmediatos.

La mayoría de bebés nacen bien; algunos tienen complicaciones, mientras que otros están en riesgo de muerte. Antes de la Dra. Apgar, los doctores y las enfermeras usaban su juicio clínico para distinguir entre esos grupos, y sus errores contribuían a la mortalidad infantil. El sistema de evaluación de la Dra. Apgar hizo que sus decisiones fuesen objetivas.

El índice de Apgar resume las respuestas de cinco preguntas simples. Cada recién nacido es evaluado, observando su pulso, respiración, tono muscular, reflejos y color de la piel. Una buena respuesta a cada pregunta otorga dos puntos, una mala, cero, y se otorga un punto en el medio. Generalmente se realiza el test un minuto y cinco minutos después del nacimiento. Un resultado global de siete hacia arriba se considera normal, de cuatro a seis, bastante bajo, y de menos de cuatro, críticamente bajo. Los bebés con una buena evaluación se pueden cuidar con normalidad sin peligro alguno, mientras que los que tienen un índice Apgar bajo requiere atención médica inmediata. El proceso de toma de decisiones por completo, que se centra en quién necesita un tratamiento médico agresivo, es rápido y objetivo. El sistema simple de evaluación de la Dra. Apgar ha mejorado los índices de supervivencia de recién nacidos en todo el mundo.

Después de leer el libro del profesor Kahneman, cambié el nombre de mi sistema de evaluación a «Apgar para operaciones». Me ayuda a decidir qué ideas de operación son fuertes y sanas, y cuáles están enfermas o son débiles. Claro que, como *trader*, mis acciones son completamente las opuestas a las de los pediatras. Los médicos se centran en los niños más enfermos, para ayudarles a sobrevivir. Como *trader*, yo me centro en las ideas más sanas y lanzo el resto a la basura.

Antes de mostrarle mi Apgar para operaciones, un consejo importante: el método de evaluación que va a ver está diseñado para un sistema: mi estrategia de «falsa ruptura con divergencia». Los otros sistemas requerirán un test diferente. Utilice mi Apgar para operaciones como punto de partida para desarrollar un test para su propio sistema.

Por ejemplo, recientemente le di mi archivo de Apgar para operaciones a un emisor de opciones profesionales al que proporcioné servicios de consultoría. Le encantó la idea de un test por escrito, que reducía la impulsividad, uno de sus problemas principales. Tras algunas semanas, me mostró su propio Apgar para operaciones, que era muy diferente del mío. Sustituyó uno de mis indicadores con su RSI y estocástico favoritos, y añadió preguntas relevantes sólo para la emisión de opciones. Me alegró ver que estaba operando con mayores niveles de rentabilidad.

Un Apgar para operaciones exige respuestas claras a cinco preguntas que van al fondo de la estrategia de inversión. Mientras desarrolla un Apgar para operaciones para su propia estrategia, le recomiendo que limite el número de preguntas a cinco y que califique sus preguntas en una escala de puntos del cero al dos. La simplicidad hace este test más objetivo, práctico y rápido.

Cuando observo una operación potencial, tomo una hoja de operación en blanco de la pila y rodeo con un círculo mis respuestas a las cinco preguntas. Un círculo en la columna roja otor-

	Cero	**Uno**	**Dos**	**Puntuación**	**Nivel**
Impulso semanal	Rojo	Verde	Azul (después de rojo)		
Impulso diario	Encima de valor	Verde	Azul (después de rojo)		
Precio diario	Ninguna	En zona de valor	Debajo de valor		
Falsa ruptura	Con lo normal en el plato 1	En su sitio	Cerca		
Perfección	En ningún marco	Un horizonte temporal	Ambos horizontes temporales		

FIGURA 58.1 Apgar para operaciones de compra, usando la estrategia «falsa ruptura con divergencia» (*Fuente: elder.com*).

Valore sus respuestas a las cinco preguntas en una escala del cero al dos:

1. Impulso semanal (descrito en este libro): cero para rojo, uno para verde, dos para azul en el gráfico semanal.
   El Impulso en rojo prohíbe comprar, el verde sí, pero podría ser demasiado tarde, mientras que el azul (después de rojo) muestra que los bajistas están perdiendo fuerza, buen momento para comprar.
2. Impulso diario: mismas preguntas y calificaciones para el gráfico diario.
3. Precio diario: cero si el último precio está por encima de valor, uno si está en la zona de valor, dos si está por debajo de valor en el gráfico diario.
   Los precios por encima de valor puede que hagan que sea demasiado tarde para comprar, en la zona de valor está bien, por debajo de valor podría ser una ganga.
4. Falsa ruptura: cero si no existe, uno si ya se ha dado, dos si está a punto de darse.
5. Perfección: cero si en ningún horizonte temporal, uno si solo en uno, dos puntos si ambos tienen una apariencia perfecta.
   Siempre analizo los mercados en dos horizontes temporales; uno de ellos debe mostrar un patrón perfecto para alguna estrategia para que entre en una operación. Muy raramente ambos horizontes temporales son perfectos, está bien si uno es perfecto y el otro es meramente bueno. Si ninguno de los dos horizontes temporales parece perfecto, no puede ser una operación de sobresaliente: deje estas acciones y siga con las siguientes.

ga un cero, en la amarilla, un punto, y en la columna verde, dos puntos. Escribo cada número en su celda de evaluación y sumo las cinco líneas. Además, si pongo el círculo en la columna roja, puede que escriba en la celda siguiente a qué precio cambiaría la respuesta a amarillo o a verde. Eso haría subir la evaluación del plan, permitiéndome entrar en la operación a ese nivel. La figura 58.1 muestra el Apgar para operaciones para compras; la figura 58.2 muestra el Apgar para operaciones para ventas al descubierto.

	Cero	Uno	Dos	Puntuación	Nivel
Impulso semanal	Verde	Rojo	Azul (después de verde)		
Impulso diario	Verde	Rojo	Azul (después de verde)		
Precio diario	Debajo de valor	En zona de valor	Encima de valor		
Falsa ruptura	Ninguna	En su sitio	Posible con diverg. baj.		
Perfección	En ningún marco	Un horizonte temporal	Ambos horizontes temporales		

FIGURA 58.2 Apgar para operaciones de venta al descubierto, usando la estrategia «divergencia con falsa ruptura» (*Fuente: elder.com*).

Esta imagen es igual que la del Apgar para operaciones de compra, y usa la misma estrategia.

Se tarda menos de un minuto en generar un Apgar para operaciones para una operación. Solo quiero operar con ideas saludables cuya nota sea de siete o más, y sin que ninguna de las líneas tenga una nota de cero. Si la nota es siete o más, procedo a completar mi plan operativo. Establezco la entrada, el objetivo y el *stop*, decido el tamaño de la operación, etc.

Las Apgar para operaciones ofrecen calificaciones objetivas para operaciones potenciales. Con miles de activos negociados disponibles, no hace falta malgastar energía en candidatos malos. Utilice el Apgar para operaciones como ayuda para hacer zoom en las mejores posibilidades.

Uso de la hoja de operación

Una vez esté interesado en unas acciones y el Apgar para operaciones confirme su idea de operación, completar una hoja de operación le ayudará a centrarse en los aspectos clave de esa operación.

Examinemos una hoja de operación para posiciones largas (figura 58.3).

Diseñé mis hojas de operación con PowerPoint, ajustando dos por página. Siempre conservo algunas en blanco a mano, pero no imprimo demasiadas, ya que mejoro estos formularios continuamente.

Mi hoja de operación para operaciones al descubierto es igual, excepto por el hecho de que el Apgar para operaciones es diferente, como se muestra en la figura 58.2. Cuando comience a desarrollar sus propias hojas de operación, puede que desee copiar las secciones 1, 3 y 4, pero desarrolle su propia sección 2, el Apgar para operaciones para su propio sistema o estrategia.

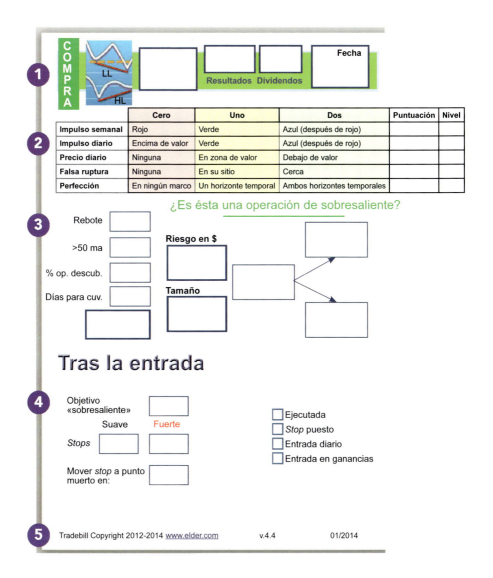

FIGURA 58.3 Hoja de operación para compras, usando la estrategia «divergencia con falsa ruptura» (*Fuente: elder.com*).

Parte 1: identificación de la operación

- La franja verde la identifica como una operación de compra.
- Una imagen en miniatura de una divergencia alcista con falsa ruptura es un recordatorio de la estrategia.
- La primera celda es para el *ticker*.
- La siguiente celda es para la fecha de anuncio de resultados. Puede encontrarlas en diversas páginas web gratuitas, como www.Briefing.com, www.earnings.com o www.Finviz.com. La mayoría de *traders* evita tener acciones cuyos resultados estén a punto de ser anunciados.

Una sorpresa desagradable en los resultados puede dañar seriamente su posición. Anotar esa fecha le fuerza a centrarse en evitar problemas.
- La siguiente celta es la fecha de anuncio de dividendos, si es que hay. Por lo general la busco en http://finance.yahoo.com. Los dividendos crean obligaciones impositivas para las posiciones largas, mientras que las cortas tienen que pagar dividendos, por lo que definitivamente querrán evitar este día.
- La última celda es para la fecha de mi plan.

Parte 2: Apgar para operaciones

- Mi Apgar para operaciones ha quedado descrito anteriormente. Recuerde que cada estrategia exige su propio Apgar. Puede cambiar las preguntas por aquellas que sean relevantes para su propio sistema. Por ejemplo, puede que pregunte si el estocástico está en la zona de sobrecompra (cero), de sobreventa (uno) o de sobreventa con una divergencia alcista (dos).
- Después de obtener la suma del Apgar para operaciones, responda a esta pregunta clave por escrito: ¿es ésta una operación de sobresaliente? Si la nota global está por debajo de 7, deje estas acciones y busque otra operación.

Parte 3: el mercado, la entrada, el objetivo, el *stop* y el control del riesgo

- Las cinco celdas en el borde izquierdo me exigen que dé respuesta a preguntas sobre el estado general del mercado. ¿Está activada la señal de rebote en un aumento brusco? El indicador que monitoriza acciones por encima de sus MM, ¿es alcista o bajista? ¿Qué porcentaje de posiciones abiertas en estas acciones son al descubierto? ¿Cuántos «días para cubrirse»? Todas estas cuestiones han sido descritas en este libro. La última búsqueda es para algunas palabras como resumen.
- Las tres celdas enlazadas por flechas están en el centro del proceso de toma de decisiones. Requieren tres números esenciales para toda operación: la entrada, el objetivo y el *stop*.
- Riesgo en dólares: ¿cuántos dólares está dispuesto a arriesgar en esta operación? Este número no puede, en ningún caso, exceder el 2 % del capital neto de su cuenta. Generalmente lo mantengo bastante por debajo de ese umbral.
- Tamaño: ¿cuántas acciones o contratos de futuros comprará, basándose en el riesgo permitido en dólares y en la distancia entre la entrada y el *stop*? Esto se explica en detalle en el Triángulo de Hierro del control del riesgo, en el capítulo 50.

Parte 4: tras la entrada

- El objetivo sobresaliente es el 30 % de la altura del canal diario añadido al precio de entrada.
- El *stop* suave es el que se tiene en mente, mientras que el fuerte, en caso de catástrofe, es el de la orden real. No podrá estar por debajo del *stop* mencionado en la sección 3.
- Nivel de precio al cual se moverá el *stop* hasta el punto muerto.
- Marque las casillas de verificación de la derecha a medida que realiza estos pasos esenciales: poner el *stop*, crear una entrada en el diario y dar una orden para recoger beneficios.

Parte 5: línea de copyright

- Esta línea muestra cuándo fue actualizada esta hoja de operación. Como lector de este libro, está invitado a escribir a info@elder.com y solicitar la última versión, que enviamos a los *traders* como un servicio público.

59. El diario de operaciones-*Trade Journal*

La memoria es la piedra angular de la vida civilizada. Nos permite aprender de nuestros éxitos y aún más de nuestros fracasos. Llevar un diario de sus operaciones le ayudará a crecer y a convertirse en un mejor *trader*.

Llevar un registro de operaciones detallado es pesado, pero es lo que hacen los *traders* serios. Mucha gente me preguntó, después de que publicase un libro de entrevistas con *traders* (*Entries & Exits*, 2006) qué tenían en común todos ellos. Vivían en países diferentes, operaban en mercados distintos y usaban métodos diversos: pero todos llevaban un registro excelente.

El mejor ejemplo provenía de la mujer en la entrevista del primer capítulo de dicho libro. Cuando estaba acabando el manuscrito, me di cuenta de que nuestra entrevista estaba incompleta y tenía que hacerle más preguntas sobre sus operaciones. Un año después, en otra visita a California, donde vivía esta señora, le pedí una cita de nuevo. Asumí que me mostraría algunas operaciones recientes, pero fue a un archivador y sacó una carpeta con todas las operaciones de la semana de mi anterior visita. Completamos la entrevista examinando los gráficos de un año antes como si esas operaciones hubiesen tenido lugar el día anterior. Había un mercado alcista a toda máquina y le estaba yendo muy bien, pero aún trabajaba en mejorar su rendimiento. Su diario detallado era su herramienta para mejorarse.

Deje que las entradas en su diario sirvan como su «memoria extracraneal», una herramienta para construir la estructura del éxito.

Durante años luché con el desarrollo de un sistema para llevar registros que fuesen fáciles de actualizar y de analizar. Al principio llevaba el diario de mis operaciones en papel, adhiriendo con pegamento las impresiones de los gráficos y haciendo marcas sobre éstas; aún conservo una de estas antigüedades cerca de mi escritorio. Más adelante llevé mi diario en Word, y después en Outlook. Finalmente, en 2012, Kerry Lovvorn y yo creamos un diario de operaciones basado en la web, llamado *Trade Journal*.*

El uso de este diario de operaciones es una maravilla, y tanto Kerry como yo lo usamos para todos nuestros diarios de operaciones. Nuestro diario de operaciones está disponible

---

* Confiamos en la capacidad de programación de Helena Trent y usamos diversas ideas que nos sugirió Jeff Parker.

para todo el mundo, y su uso es gratuito (hasta un límite). Los diarios de los usuarios están en línea, protegidos por una contraseña y son absolutamente privados, aunque los miembros de SpikeTrade tienen la opción de compartir operaciones específicas de sus diarios de operaciones.

Nuestro diario de operaciones se muestra en la figura 59.1. Incluso si prefiere construir el suyo propio, échele una ojeada para ver qué se debe incluir en su propio sistema para llevar el registro.

El diario de operaciones está diseñado para hacer que llevar el registro resulte simple y lógico, ayudándole a planear, documentar y aprender de sus operaciones. Ya hemos revisado diversas secciones del diario de operaciones. La figura 38.1 mostraba sus tres secciones: configuración, riesgo y parámetros. La figura 55.2 mostraba la caja de estrategia del diario de operaciones.

La mayoría de nosotros olvidamos rápidamente las operaciones pasadas, pero el diario de operaciones nos induce a volver a ellas. Las operaciones en las que entró y de las que salió en el borde derecho del gráfico ahora están en el centro de ese gráfico, donde puede reexaminar sus decisiones y aprender cómo mejorarlas.

Los tres beneficios

Llevar un diario de operaciones ofrece tres beneficios importantes. Uno es inmediato: un mayor sentido de orden. El segundo llega uno o dos meses más tarde, cuando comienza a revisar sus operaciones cerradas. Finalmente, después de acumular docenas de registros, tendrá diversas maneras de analizarlos y de aprender de sus curvas de capital.

El sentido de orden y de estructura proviene de documentar su plan, su entrada y su salida para cada operación. ¿Dónde entrará exactamente, cuál es su objetivo, dónde pondrá el *stop*? Definir y dejar por escrito estos números le conducirá a un *trading* disciplinado. Será menos probable que caiga en compras impulsivas, que permanezca demasiado tiempo en una operación con beneficios, o que permita que una pequeña pérdida se convierta en una muy grande por falta de un *stop*. Rellenar los números de la gestión del riesgo le ayudará a encontrar el truco al tamaño de las operaciones. Documentar las salidas hará que se tenga que enfrentar con las notas de operación.

Revisar cada operación un mes o dos después de la salida es una de las mejores experiencias de aprendizaje que se puede tener. Las señales de oportunidad de inversión que pudieron parecer vagas e inciertas en el borde derecho del gráfico parecen más claras que el agua cuando se ven en el centro de la pantalla. Volver a las operaciones pasadas y añadir un gráfico «postoperación» hace que se tengan que reevaluar las decisiones tomadas. Ahora se puede ver claramente qué se hizo bien o mal. Su diario le enseñará lecciones que no tienen precios.

Tomo mis decisiones estratégicas en gráficos semanales, tácticas en los diarios. Dado que mis gráficos diarios están formateados de manera que muestren entre cinco y seis meses de datos, una vez al mes paso unas cuantas horas revisando las operaciones que cerré dos

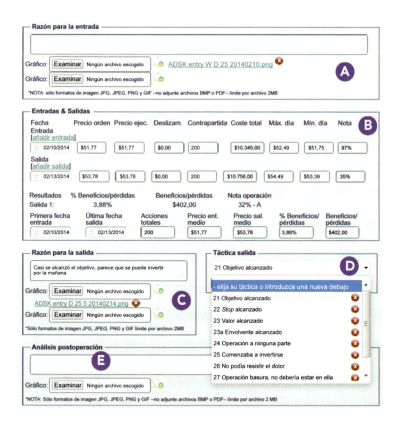

FIGURA 59.1 *Trade Journal* (vista parcial) (*Fuente: SpikeTrade.com*).

Sección A: el diario de operaciones pregunta por qué decidí operar con estas acciones. Normalmente dejo esta casilla en blanco porque me gusta escribir estos comentarios en los gráficos, usando el software de SnagIt. En el caso de ADSK, adjunté una combinación de gráficos, mostrando el gráfico, diario y de 25 minutos.

Sección B: documentar las fechas y precios de entrada y salida; tener en cuenta el deslizamiento y ver las notas de compra, venta y operación.

Sección C: razones para salir con un gráfico adjunto combinatorio que muestra tanto la entrada como la salida.

Sección D: la lista de tácticas de salida es más larga que la de estrategias operativas. Puede que salga porque la operación ha alcanzado su objetivo, o su *stop*, o está alcanzando la zona de valor o la envolvente. Puede que salga si la operación no está yendo a ninguna parte o está comenzando a girarse. También hay dos salidas negativas: no poder aguantar el dolor, o reconocer que se ha entrado en una operación basura.

Sección E: análisis postoperación. Me gusta volver a cada operación dos meses después de la salida y revisarla con la ventaja de la retrospectiva. Creo un gráfico de seguimiento, marco mi entrada y salida con flechas y entonces escribo un comentario sobre cómo me parece mi operación después del paso del tiempo. Ésta es la mejor manera de aprender qué hice bien o mal.

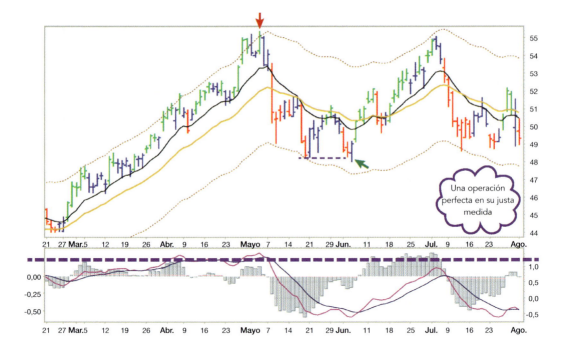

FIGURA 59.2 DISCA diario con MME de 13 y de 26 días y canal del 6%. Sistema impulso con histograma MACD 12-26-9 (*Gráfico de StockCharts.com*).

Análisis de seguimiento (vendiendo una cima al descubierto)

Mi estrategia para vender al descubierto Discovery Communications, Inc. (DISCA) fue «fundir el extremo»; mi táctica de salida «comenzaba a invertirse». La entrada y la salida están marcadas con flechas. Una revisión dos meses más tarde confirmó que ambas decisiones fueron correctas. Lección: la próxima vez que vea este patrón, saltaré a bordo de la operación.

meses antes. Por ejemplo, a finales de marzo o a principios de abril reviso todas las operaciones que cerré en enero. Saco los gráficos actuales, marco mis entradas y salidas con flechas y escribo un comentario sobre cada operación. Permítaseme compartir dos ejemplos (figuras 59.2 y 59.3).

Tales revisiones le enseñan qué cosas van bien en su *trading* y qué cosas necesitan cambiar. Poco después de comenzar a hacer mis revisiones «dos meses después», me di cuenta de dos problemas con mis salidas. Noté que mis *stops* estaban un poco demasiado ajustados, y eso me ayudó a ver que incrementando ligeramente la cantidad de riesgo podía reducir sustancialmente el número de vuelcos inesperados y salir ganando. También noté que mientras mis operaciones *swing* a corto plazo tendían a ser buenas, a menudo me perdía tendencias más grandes que emergían de esos movimientos a corto plazo. Usé esos conocimientos para ajustar mis métodos en adelante.

FIGURA 59.3 MCP diario con MME de 13 y de 26 días y canal del 16%. Sistema impulso con histograma MACD 12-26-9 (*Gráfico de StockCharts.com*).

Análisis de seguimiento (comprando una retirada)

La estrategia al comprar Molycorp, Inc. (MCP) fue la «retirada al valor»: pensé que había comenzado una nueva tendencia al alza. Al día siguiente ya no estaba tan seguro y vendí, obteniendo un pequeño beneficio. Una revisión dos meses más tarde mostró que me perdí la reanudación de una tendencia bajista; mi decisión de cortar y huir con unas ganancias pequeñas fue correcta, pero pasé por alto una operación importante. Lección: continuar monitorizando las operaciones cerradas durante una semana más o menos y estar listo para entrar de nuevo o cambiar a la estrategia contraria.

Examinar su curva de capital neto es esencial, ya que sólo una curva creciente le certifica como *trader* de éxito. Si su curva de capital neto está en una tendencia a la baja, puede que tenga la culpa su sistema, o que su gestión del riesgo sea mala, o que le falte disciplina; sea cual sea la razón, debe encontrarla y solventar el problema.

Aun así, una curva de capital neto combinada para todas sus operaciones y cuentas es una herramienta bastante rudimentaria. El diario de operaciones le permite hacer zoom y seguir sus curvas de capital para mercados, estrategias y tácticas de salida específicos. Por ejemplo, yo puedo examinar curvas de capital separadas de compras y de ventas al descubierto, de diferentes estrategias y salidas, e incluso según la fuente de mis ideas para operar. Créame: una vez vea una curva de capital neto producto de las salidas, marcada como «No podía resistir el dolor», ¡jamás volverá a operar sin *stops*!

CONCLUSIÓN

Un viaje sin fin: cómo seguir aprendiendo

Como nos acercamos al final de este libro, le quiero felicitar por su persistencia y su compromiso. Hemos trabajado con los temas esenciales en el *trading*: psicología, tácticas, gestión del riesgo y cómo llevar registros. Sin embargo, convertirse en un *trader* de éxito requerirá más que leer un único libro.

¿Cuánto tiempo piensa que le llevará?

Quizá haya visto este número: 10.000. Según algunos autores, ése es el número de horas requeridas para ser un experto en cualquier empresa importante, como una profesión o un deporte. Si eso es cierto y usted invierte 40 horas por semana, 50 semanas al año, tardará cinco años en ser un profesional. Si sólo puede invertir 20 horas por semana, le llevará diez años. Esa idea da miedo.

Si usted, como tanta otra gente, llegó al *trading* después de una carrera exitosa en otro campo, ya sea la ingeniería, la agricultura o los negocios, puede que haya invertido ese número de horas en ellos. ¿Realmente quiere invertir otras 10.000 horas en un nuevo proyecto en esta etapa de su vida?

Antes de que tenga un escalofrío ante esta perspectiva, permítame compartir un número muy diferente: 20 horas. Procede de un libro, *En sólo 20 horas: Aprende lo que quieras de forma rápida*. Su autor, Josh Kaufman, hace la observación razonable de que, aunque llegar a ser un experto de primera categoría lleva años, uno puede conseguir un nivel básico de competencia en la mayoría de campos en un tiempo mucho más breve.

«Las primeras horas practicando algo nuevo siempre son las más frustrantes. Ése es el motivo por el que es difícil aprender a hablar otra lengua, tocar un instrumento, darle a una pelota de golf o tomar fotos magníficas. Es mucho más fácil ver la televisión o navegar por Internet», escribe. Para aprender una nueva habilidad, uno tiene que encontrar a los expertos y obtener sus materiales, crear un plan de acción y tener el compromiso firme de que se estudiará y se practicará sin ninguna distracción.

Completando sólo veinte horas de práctica deliberada y concentrándose, uno puede pasar casi de cero a rendir razonablemente bien en muchos campos. Kaufman describe cómo empleó veinte horas para aprender diversas nuevas habilidades, incluyendo el windsurf y la programación web. Incluso si se toma una actividad más compleja, como volar, veinte horas sirven para pasar las clases teóricas y comenzar las primeras lecciones de vuelo con un instructor. Esto no hará de uno un piloto, pero cincuenta horas de vuelo sirven para conseguir la licencia de piloto privado.

El número de horas para dominar las habilidades básicas del *trading* es incluso mayor, pero está mucho más cerca del de volar que de diez mil horas.

Los requerimientos individuales del *trading* no son altos. Después de todo, sólo tratamos con cinco números: los precios de apertura, máximo, mínimo y cierre, y el volumen. La dificultad principal surge de nuestras emociones. El *trading* remueve emociones poderosas, las más fuertes de las cuales son la codicia y el miedo.

Los nuevos *traders* se centran en el dinero, sueñan con lo que podrán comprar con las ganancias y dejan de lado la precaución. Compran tantas acciones como se pueden permitir y duplican su margen. Llenos de expectativas felices, no anotan sus planes operativos. Cuando una operación se vuelve contra ellos, sus emociones pasan de la codicia al miedo. Entonces se quedan congelados, mientras el mercado hace añicos sus cuentas.

Técnicamente el *trading* no es muy duro. Psicológicamente, es el juego más difícil del planeta.

Para reducir el estrés del *trading*, recuerde diversos puntos esenciales. Su vida en el *trading* depende de las siguientes normas:

• Opere con cantidades pequeñas mientras esté aprendiendo.
• No cuente el dinero mientras esté en una operación.
• Utilice reglas de gestión del riesgo, principalmente la regla del 2 %.
• Anote, especialmente estos tres números: entrada, *stop* y objetivo.
• Lleve un diario de operaciones y revíselo, al menos, una vez al mes.

La mayoría de *traders* están muy aislados y nunca pueden ver cómo otros practican el oficio. Este aislamiento contribuye a las operaciones impulsivas. Un *trader* por cuenta propia que rompe todas las reglas y comete grandes errores es invisible para los demás. Nadie le avisará para que se aleje de los problemas ni le elogiará por sus operaciones buenas.

Antiguamente, nuestros agentes sabían qué estábamos haciendo, pero ahora damos nuestras órdenes por Internet. La única persona humana que quizá contacte con usted sobre sus operaciones sea el encargado de los márgenes en la firma de corretaje. Recibir una llamada o un correo de él nunca son buenas noticias. Espero que nunca reciba una llamada exigiéndole que amplíe su margen, y que tenga que enviar su buen dinero después de las pérdidas.

Para romper con este aislamiento, para ver qué hacen *traders* buenos, y para ser recompensado por su rendimiento, le sugiero que visite SpikeTrade.com, una página web que llevo con mi amigo Kerry Lovvorn. Ahí, muchos *traders* comparten ideas y consejos, entran en una competición amistosa y comentan las operaciones de los otros. Continuamente vemos gente que entra con un nivel bastante básico, comienza a enviar sus elecciones voluntariamente, gana bonificaciones por su rendimiento y sube hasta convertirse en *traders* serios.

Le deseo éxito. El *trading* es una de las empresas más duras en el mundo, pero también es una aventura fascinante sin fin que puede ser muy gratificante. Llevo décadas en este viaje, y aún espero que llegue el lunes, cuando los mercados vuelven a abrir. Mientras que el *trading* me ha hecho libre, aún me encuentro cometiendo errores ocasionales y tengo que concentrarme en mi disciplina. Me reservo el derecho de ser más listo mañana de lo que lo soy hoy. Es un gran viaje, y espero compartirlo con usted.

Dr. Alexander Elder
Nueva York-Vermont, 2014

Bibliografía y otras fuentes

ANGELL, G.: *Winning in the Futures Market* (1979). Probus Publishing, Chicago, 1990.
APPEL, G.: *Day-Trading with Gerald Appel* (vídeo). Financial Trading Seminars, Inc., Nueva York, 1989.
ARIELY, D.: *Por qué mentimos... en especial a nosotros mismos*. Ariel, Barcelona, 2012.
BELVEAL, L. D.: *Charting Commodity Market Price Behavior* (1969). Dow Jones Irwin, Homewood, IL, 1989.
BRUCE, E.: *Presentación reunión SpikeTrade*. 2011.
CAMERON, P.: *Comunicación personal*. 2012.
DAVIS, L. J.: «Buffett Takes Stock». *The New York Times*, 1 abril, 1990.
DOUGLAS, M.: *The Disciplined Trader*. New York Institute of Finance, Nueva York, 1990.
EDWARDS, R. D. y MAGEE, J.: *Análisis técnico de las tendencias de los valores* (1948). Gesmovasa, Madrid, 1996.
EHLERS, J.: *MESA and Trading Market Cycles*. John Wiley & Sons, Hoboken, NJ, 1992.
ELDER, A.: *Come into My Trading Room*. John Wiley & Sons, Hoboken, NJ, 2003.
—: *Directional System* (vídeo). Financial Trading Seminars, Inc., Nueva York, 1988.
— :*Entries & Exits*. John Wiley & Sons, Hoboken, NJ, 2006.
—: *Force Index* (vídeo). Elder.com, Inc., Nueva York, 2010.
—: *MACD & MACD-Histogram* (vídeo). Financial Trading Seminars, Inc., Nueva York, 1988.

—: «Market Gurus», *Futures and Options World*. Londres, septiembre de 1990.
—: & Kerry Lovvorn, *The New High-New Low Index*. SpikeTrade, Alabama, 2012.
—: *The New Sell & Sell Short: How to Take Profits, Cut Losses, and Benefit from Price Declines*. John Wiley & Sons, Hoboken, NJ, 2011.
—: *Technical Analysis in Just 52 Minutes* (vídeo). Financial Trading Seminars, Inc., Nueva York, 1992.
—: «Triple Screen Trading System», *Futures Magazine*. Abril de 1986.
—: *Triple Screen Trading System* (vídeo). Financial Trading Seminars, Inc., Nueva York, 1989.
—: *Two Roads Diverged: Trading Divergences*. Elder.com, Nueva York, 2012.
ELLIOTT, R. N.: *Nature's Law* (1946). New Classics Library, Gainesville, GA, 1980.
ENGEL, L.: *How to Buy Stocks* (1953). Bantam Books, Nueva York, 1977.
FREUD, S.: «Psicología de las masas y análisis del yo» (1921), *Más allá del principio del placer*. RBA, Barcelona, 2002.
FRIEDMAN, M.: *Ensayos sobre economía positiva* (1953). Gredos, Madrid, 1967.
FROST, A. J. y PRECHTER, R. R. JR.: *El principio de la onda de Elliott* (1978). Gesmovasa, Madrid, 1989.
GAJOWIY, N.: *Comunicación personal*. 2012.
GALLACHER, W.: *Winner Take All-A Privateer's Guide to Commodity Trading*. Midway Publications, Toronto, 1983.
GANN, W. D.: *How to Make Profits in Commodities*. W. D. Gann Holdings, Chicago, 1951.
GAWANDE, A.: *El efecto Checklist* (2011). Antoni Bosch, D. L., Barcelona, 2011.
GLEICK, J.: *Caos: la creación de una ciencia* (1987). Crítica, Barcelona, 2012.
GOEPFERT, J.: SentimenTrader.com
GRANVILLE, J.: *New Strategy of Daily Stock Market Timing for Maximum Profit*. Prentice Hall, Englewood Cliffs, NJ, 1976.
GREENSON, R. R.: «On Gambling» (1947), *Explorations in Psychoanalysis*. International Universities Press, Nueva York, 1978.
GROVE, N.: Comunicación personal. 2004.
GUNTER, J.: Comunicación personal. 2013.
HAVENS, L.: *Making Contact*. Harvard University Press, Cambridge, MA, 1986.
HURST, J. M.: *The Profit Magic of Stock Transaction Timing*. NJ, Prentice-Hall, Englewood Cliffs, 1970.
Investopedia.com.
KAHNEMAN, D.: *Pensar rápido, pensar despacio* (2011). Debate, Barcelona, 2012.
KAUFMAN, J.: *En sólo 20 horas: Aprende lo que quieras de forma rápida* (2013). Aguilar, Madrid, 2014 (sólo libro electrónico).
KAUFMAN, P.: *Nuevos sistemas y métodos de trading*. Millenium Capital, Alicante, 2011.
LARSEN, M.: Presentación reunión SpikeTrade. 2007.
LE BON, G.: *Psicología de las masas* (1895). Morata, Madrid, 2014.
LEFEVRE, E.: *Memorias de un operador de bolsa* (1923). Deusto, Barcelona, 2009.

Mackay, C.: *Delirios multitudinarios: la manía de los tulipanes y otras famosas burbujas financieras* (1841). Aletheya, Santander, 2012.

McMillan, L. G.: *Options as a Strategic Investment*. Prentice Hall, Englewood Cliffs, NJ, 2012.

Mellen, A. J.: *Unstuff Your Life*. Avery/Penguin, Nueva York, 2010.

Murphy, J. J.: *Análisis técnico de los mercados financieros* (1999). Gestión 2000, Barcelona, 2000.

Neill, H. B.: *The Art of Contrary Thinking* (1954). Caxton Printers, Caldwell, ID, 1985.

Nison, S.: *Las velas japonesas* (1991). Valor, D. L., Barcelona, 2014.

Notis, S.: «How to Gain an Edge with a Filtered Approach», *Futures Magazine*, septiembre de 1989.

Paulos, J. A.: *El hombre anumérico* (1988). Tusquets, Barcelona, 2016.

Plummer, T.: *Forecasting Financial Markets*. Kogan Page, Londres, 1989.

Pring, M. J.: *El análisis técnico explicado* (1980). Valor Editions de España, D. L., Barcelona, 2015.

Rhea, R.: *The Dow Theory*. Barron's, Nueva York, 1932.

Shapiro, R.: «Why Johnny Can't Sell Losers: Psychological Roots», artículo no publicado, 1991.

Steidlmayer, J. P. y Koy, K.: *Markets & Market Logic*. Porcupine Press, Chicago, 1986.

Surowiecki, J.: *Cien mejor que uno*. Urano, Barcelona, 2005.

Stoller, M.: Comunicación personal, 1988.

Teweles, R. J., y Jones, F. J.: *The Futures Game, 2nd ed.*. McGraw-Hill, Nueva York, 1987.

Twelve Steps and Twelve Traditions, Nueva York, Alcoholics Anonymous World Services, 1952.

Vince, R.: *Portfolio Management Formulas*. John Wiley & Sons, Hoboken, NJ, 1990.

Weissman, R. L.: *Mechanical Trading Systems: Pairing Trader Psychology with Technical Analysis*. John Wiley & Sons, Hoboken, NJ, 2004.

Wilder, J. W. Jr.: *Nuevos conceptos sobre sistemas técnicos de operación en bolsa* (1976). Gesmovasa, Madrid, 1988.

Williams, L. R.: *How I Made One Million Dollars*. Conceptual Management, Carmel Valley, CA, 1973.

—: *The Secret of Selecting Stocks*. Conceptual Management, Carmel Valley, CA, 1972.

Yannidis, N.: Comunicación personal. 2011.

Agradecimientos

Nadie nace siendo inteligente. Conseguimos lo que conseguimos después de aprender de otros y de que éstos nos ayuden. A partir de ahí, si lo hacemos bien, puede que podamos construir sobre lo que aprendimos, avanzar unos pocos pasos y compartir nuestro conocimiento con aquellos que quizá nos sigan.

Dedico este libro a Lou Taylor, probablemente la persona más notable que haya conocido en mi vida. Era brillante, intrépido y un hombre del todo fuera de lo común; la historia de su asombrosa vida (murió en el año 2000) se merece su propio libro.

El nuevo Vivir del trading es un reflejo de cómo pienso, me siento y actúo en los mercados. Estoy tentado a agradecer nombre a nombre a todos aquellos que me han ayudado a llegar a ser la persona que soy, y quizá patear a unos pocos que habrían querido verme fracasar. Si cayese en esta tentación, esta sección se convertiría en una autobiografía, en vez unos breves agradecimientos. Por lo que permítanme mencionar sólo a aquellos que, de una forma directa y sustancial, me han ayudado durante los últimos dieciocho meses que he estado trabajando en este libro.

Kerry Lovvorn comenzó como estudiante, pero se ha convertido en un socio y un amigo. Mientras que mi formación es la psiquiatría, la suya es el acero. A medida que él se adaptaba más a los temas psicológicos, yo pasé a ser más estructurado y orientado a los datos. La nuestra es una gran colaboración, y llevar SpikeTrade juntos, hoy, está en el centro de mi vida intelectual.

Jeff Parker, un viejo amigo, ha leído y evaluado cuidadosamente este libro, así como su guía de estudio; es un crítico duro pero agradable. Chip Anderson, de StockCharts.com, no sólo me ha ayudado a dominar su software, sino que también ha convertido mis gráficos personales a un formato adecuado para el libro. Mi agente literario Ted Bonanno me prestó su ayuda, mientras que Nancy Dimitry y Gabriella Kadar, de D&P Editorial Services, han prestado grandes servicios, convirtiendo mis archivos en un libro físico. Ha sido un placer trabajar de nuevo con John Wiley & Sons, y agradezco mucho lo que Paul diNovo, su director creativo, ha hecho por el estilo visual de este libro. Carol Keegan Kayne sigue revisando todos mis libros, incluido éste, para asegurar la máxima claridad y precisión.

Para concluir, muchas gracias a dos grupos: los *SpikeTraders* que me mantienen bien despierto con sus preguntas y los graduados de los seminarios para *traders*, que han potenciado mis habilidades para enseñar.

¡Gracias y hasta pronto!

Dr. Alexander Elder
Nueva York-Vermont 2014

Acerca del autor

Alexander Elder, doctor en medicina, es un *trader* profesional y maestro de *traders*. Es autor de varios best-sellers, considerados clásicos modernos entre la comunidad de *traders*. También ha escrito libros sobre Rusia y Nueva Zelanda.

El Dr. Elder nació en Leningrado y creció en Estonia, donde entró en la facultad de medicina a los dieciséis años. A los veintitrés años, cuando trabajaba como médico en un barco, saltó del barco soviético en África y recibió asilo político en Estados Unidos. Trabajó como psiquiatra en la ciudad de Nueva York e impartió clases en la Universidad de Columbia. Su experiencia como psiquiatra le proporcionó una visión única sobre la psicología del *trading*.

El Dr. Elder es un *trader* activo, pero continúa enseñando y es un conferenciante muy buscado, tanto en Estados Unidos como en todo el mundo. El Dr. Elder es el creador de unas formaciones para *traders* conocidas como *Trader's Camps*, clases de una semana para *traders*. Es el fundador del grupo SpikeTrade, una comunidad de *traders* cuyos miembros comparten las mejores elecciones de acciones cada semana compitiendo para conseguir diferentes premios.

Páginas web: www.elder.com
www.spiketrade.com
Correo electrónico: info@elder.com

ÍNDICE DE CONTENIDOS

A
Acciones, 221-222
    búsqueda de, 285-287
    elección de, 221-222
    liquidez de, 219-220
    márgenes con, 242-243
    opciones vs., 227-228
    posiciones de venta al descubierto
        abiertas, 186-188
    precios de, 221-222
    volatilidad de, 220
Acciones de menos de un dólar, 183-184
Acciones por encima de la media móvil
    de cincuenta días, indicador, 176-177
Activos negociados, 219-246
    acciones, 221-222
    búsqueda de, 285-287
    comprar o vender al descubierto, 221
    contratos por diferencias, 234-235
    fondos cotizados, 222-225
    forex, 244-246
    futuros, 236-243
        cobertura, 238-239
        comparados con operaciones
            al contado, 237-238
        contango, 241
        diferenciales, 241-242
        estacionalidad con, 239-240
        factores de oferta y demanda con, 239-240
        márgenes y control del riesgo con, 242-243
        mercados invertidos, 241-242
        suelos y techos, 240-241
        y compromisos de los *traders*, 242
    liquidez de, 219-220
    opciones, 225-234
        comprar, 227-228
        emisión, 228-230
        limitar el riesgo con, 232-233
        precio de, 226-227
    volatilidad de, 220
    y zonas horarias, 220-221
Acumulación/distribución (A/D), 139-140
    reglas operativas relativas a, 140-141
    y la conducta colectiva, 140
ADX (Índice Direccional Promedio), 117-119
Agentes:
    comisiones de, 15
    en *trading* en *forex*, 244, 246
    dinero tomado por, 49
    de acciones, opciones o futuros, 244-246
    software de análisis gratuito de, 93
    soportados por *traders* por cuenta propia, 51
Agrupamientos de acciones (ETF), 222-225
Aislamiento en el *trading*, 308-309
Alcistas (*traders*), 45-47
    compromiso emocional de, 77-78
    conducta ante las tendencias de, 81-82
    conflicto entre bajistas y, 151
    dolor y arrepentimiento de, 75-77
    equilibrio de fuerzas entre bajistas y:
        A/D, 139-140
        divergencias, 111-112, 125, 129
        histograma MACD, 106-108
        indicadores misceláneos, 97
        índice de fuerza, 142-148
        líneas MACD, 105-106

posiciones abiertas, 150, 152
precios de cierre, 123
Volumen On-Balance, 137
volumen, 132
y la línea de nivel cero del NH-NL, 171-172
máximo poder de, 70
y las colas de canguro, 86-87
y líneas de canal, 212-213
y posiciones abiertas, 149-150
y volumen de negociación, 133-136
Alcohólicos Anónimos (AA), 32-33
aplicado al *trading*, 33-35
cayendo en el agujero, 37
«encuentro de un único asistente», 39-40
impulso irrefrenable del *trading*, 36
primer paso, 38-39
tocar fondo, 37-38
cómo controlar las tendencias autodestructivas, 39
día a día, 35
encuentros, 35
lecciones de, 33-35
negación, 33-34
primer paso, 34-35
para jugadores, 33
tocar fondo, 34
Análisis de seguimiento:
comprar una retirada, 305
vender una cima al descubierto, 304
Análisis espectroscópico de máxima entropía (MESA), 155
Análisis fundamental, 63
análisis técnico con, 162
para encontrar acciones, 160
Análisis gráfico, 67-89
candelabros japoneses, 72
colas de canguro, 86-89
como ventana a la psicología de masas, 59
detectar parcialidad en, 64
diagonales en, 68
gráficos de barras, 69-72
historia del chartismo, 69
e *insider trading*, 51
«ley de la naturaleza», 74
paseo aleatorio, 73-74
soporte y resistencia, 74-80
causas de, 74-75
fortaleza de, 77-78

reglas operativas relativas a, 78-79
rupturas reales y falsas, 79-80
subjetividad en, 67-68
tendencias y rangos de cotización, 81-86
decidir si operar o esperar, 85
el difícil borde derecho, 83
identificación de, 84
y horizontes temporales en conflicto de los mercados, 85-86
y psicología de masas, 81-82
teoría de los mercados eficientes, 72-73
teoría del caos, 73
Análisis gráfico clásico, *véase* Análisis gráfico
Análisis técnico, 63, 91-130
cajas de herramientas para, 92-93
categorías de indicadores, 96-97
indicadores misceláneos, 97
indicadores de seguimiento de tendencias, 96
osciladores, 96
como psicología social con ánimo de lucro, 59
como sondeo, 63-64
con análisis fundamental, 162
datos de mercado, 94-96
e *insider trading*, 51
hardware, 92-93
indicadores de seguimiento de tendencias, 96
líneas MACD, 105-106
sistema direccional, 115-121
indicadores misceláneos, 97
convergencia-divergencia de medias móviles (MACD), 105-115
creación, 105
histograma MACD, 106-115
líneas MACD, 105-106
y psicología de mercado, 105
medias móviles, 97-104
como soporte y resistencia, 102
escoger la longitud de, 100
exponenciales, 99, 101-104
MME duales, 102-103
ponderadas, 98
simple, 98
y psicología de mercado, 98-99
objetividad de, 67-68
osciladores, 96, 121-122
en zonas de sobrecompra y sobreventa, 121-122

estocástico, 122-127
histograma MACD, 106-115
Índice de Fuerza Relativa (RSI), 127-130
para medir los tiempos de las entradas
y salidas, 162
precios, valores y zona de valor, 103-104
sistema direccional, 115-121
conducta colectiva, 117-118
construcción, 115-117
Rango Real Promedio, indicador, 118,
120-121
reglas operativas relativas a, 118
seguimiento por, 117-118
y canales, 103
Análisis técnico de las tendencias de los valores
(Edwards y Magee), 69
Analistas de fundamentos, concepto
de valor para, 103
Analistas gráficos de una sola variable, 68
Analistas técnicos:
como psicología social, 62
concepto de valor, 103-104
identificación de repuntes y descensos por, 60
objetivos de, 47
Anunciantes, las señales de los, 183
Apalancamiento, en *forex*, 245
Apego a posiciones, 249
Apgar, índice de:
Apgar para operaciones, 296-298
para recién nacidos, 296
Apgar, Virginia, 296
«Apoyos», 264
Appel, Gerald, 105, 213
Apple Inc., 160-162, 187
Aprender habilidades del *trading*,
307-309
Apuestas, *véase* Juego
Ariely, Dan, 27
Arrepentimiento, soporte o resistencia y, 76-78
Art of Contrary Thinking, The (Humphrey
B. Neill), 181
Asesores, 54
ASIC, 235
ATR (Rango Real Promedio), 118, 120-121
ATR (Rango Real Promedio), *stops* de, 274, 276-277
Aumentos bruscos, 174, 176
Autocontrol, 40, 65
Autoengaño, 67-68
Autoenvolvente, 212

Autorrealización, 20
Autosabotaje, 20, 29-30
Autotest, de preparación para el *trading*, 293-294
Aversión a las pérdidas, 252

B

Bajistas (*traders*), 45-47, 55, 59-60
compromiso emocional de, 77-78
conducta ante las tendencias de, 83-84
conflicto entre alcista y, 150-151
dolor y arrepentimiento de, 77
equilibrio de fuerzas entre alcistas y:
A/D, 140
divergencias, 111-114
histograma MACD, 196, 108-110
indicadores misceláneos, 97
índice de fuerza, 142-143
líneas MACD, 107
posiciones abiertas, 151
precios de cierre, 122-123
volumen, 132
Volumen On-Balance, 137-138
y la línea de nivel cero del NH-NL, 171-172
máximo poder de, 70
y las colas de canguro, 86-88
y las líneas de canal, 211
y posiciones abiertas, 151
y volumen de negociación, 131-133
Bandas de Bollinger, 210, 215, 217
Belveal, L. Dee, 150
Beneficio(s):
cálculo de los beneficios potenciales, 268
en CFD, 234-235
en operaciones abiertas, 248
fuente de, 48-49
niveles de protección de, 277. *Véase también* Stops
sensación de poder de, 34
«suficiente», 268
Betas, 220
Bleczinski, Bob, 293
Blume, Sheila, 28
Boletines, 54, 180-182
Bolsa de Nueva York, 48, 69, 133, 170-171, 176,
180, 220
acciones por encima de la media móvil
de cincuenta días de, 176
horario en Europa occidental para, 220
volumen diario en la década de 1940, 69
volumen reportado por, 69, 133

Bordes:
    con tendencias y rangos de cotización, 83-84
    y gráficos de seguimiento, 165
Brechas de apertura, 279
Bruce, Erin, 293
Bruns, John, 209
Buffett, Warren, 72, 212, 221-222
Búsqueda de operaciones, 285-287
    acciones, 221-222
    «ángeles caídos», 270-271
    definición, 285
    definición de patrones antes de, 267
    reglas negativas en, 286
    usando cajas de herramientas, 92-93
Buy-stops, 203

C

Cajas negras, 53-54, 93-94
Cajas de herramientas, 53-54, 92-93
Calidad de las operaciones, 279-285
Canales, 210-217
    combinando divergencias y, 213
    construyendo, 210
    definición, 103
    en el *trading* intradía, 166
    en operaciones de sobresaliente, 281
    para establecer objetivos de beneficio, 270
    Rango Real Promedio, 120, 214
    simétricos, 211
    y medias móviles, 103
Canales de desviación estándar (bandas de Bollinger), 210, 215, 217
Canales simétricos, 211
Candelabros japoneses, 72, 136, 142
Capital neto de una cuenta, 254
    examinar la curva de capital neto, 305
    Regla del 2% para, 254-259
    Regla del 6% para, 259-262
Cargos por financiación, en los CFD, 235
CFD (contratos por diferencias), 234-235
CFTC, *véase* Comisión del Comercio en Futuros sobre Mercancía
Charting Commodity Market Price Behavior (L. Dee Belveal), 190
Checklists, véase Listas de comprobación
Churchill, Winston, 272
Ciclos, 154-155
Ciclos en los precios a corto plazo, 154-155
Ciclos en los precios a largo plazo, 154
Cien mejor que uno (James Surowiecki), 58

Cimas. *Véase también indicadores específicos*
    desde la década de 1950, 69
    señales de inversión de tendencia en, 158
    y divergencias, 111-114
Cobertura de riesgos:
    de futuros, 238-239
    línea entre especulación y, 52
Coberturistas, 183-185, 239, 241-242
    informe de las posiciones de, 183
    informes COT, 242
Codicia, 23, 26, 31, 41, 43, 45, 50, 53, 57, 64, 121, 135, 146, 158, 178, 187, 190, 231, 233, 237, 253, 308
Cohen, Abraham W., 181
Colas de canguro (*fingers*), 68, 86-89
Come into My Trading Room (Alexander Elder), 206, 273
Comerciales, *véase* Coberturistas
Comisión del Comercio en Futuros sobre Mercancía (CFTC), 183-186, 242, 245
Comisión del Mercado de Valores de Estados Unidos, *véase* Securities and Exchange Commission
Comisiones, 13-15, 48, 52, 235
Comisiones de reasentamiento, 245
Comisiones pagadas por las instituciones, 52
Compromiso de los *Traders* (COT), indicador, 97, 242
Commodities (materias primas y mercancías básicas). *Véase también* Futuros
    agrícolas
    coste de traslado para, 241
    mercados alcistas en, 243
    suelos y techos para, 240-241
Cómo seguir aprendiendo, 307-309
Compradores, 46-47
    de opciones, 225-228
    y posiciones abiertas, 149-153
Comprar. *Véase también activos negociados específicos*
    «a precio de mercado», 16
    compromiso emocional en, 133
    durante tendencias, 82-85
    en la zona de valor, 103-104
    indicadores para, *véase indicadores específicos*
    por *insiders*, 186
    y rangos de cotización, 82
Conducta colectiva, 140. *Véase también* Acumulación/distribución

Conductas grupales, 62-63. *Véase también* Conducta colectiva
Configuración de operaciones, 194
Consenso alcista, 97, 181
Consenso de valor:
    en el histograma MACD, 108
    medias móviles como, 98-99, 103-104
    precio como, 46-47, 127
    y operaciones por encima/por debajo de la MME, 176-178
Contango, mercado, 241
Contrasplits (ETF), *véase* Agrupamientos de acciones (ETF)
Contratos por diferencias (CFD), 234-235
Convergencia-divergencia de medias móviles (MACD), 105-115
    creación, 105
    escáner de, 286-287
    histograma MACD, 106-115
        divergencias, 110-115
        escáner de divergencias semiautomático, 287
        picos y valles, 110
        reglas operativas relativas al, 109-110
        y psicología de mercado, 108-109
    líneas MACD, 105-108
        reglas operativas relativas a las, 106
        y psicología de mercado, 105
    manera «rápida y sucia» de trazar, 106
    y psicología de mercado, 105
Coste de traslado, 241
COT (Compromisos de *Traders*), indicador, 97, 242
Crac de 1929, 69, 243
Creadores de mercado, 48
Cruces:
    del MACD y líneas de señal, 105-106
    media móvil, 101
Cuentas de seguro para emitir opciones, 233
Cuentas de *trading*, 255
Culto a la personalidad, 24-27
Curva de capital neto, examinar, 305

D

Datos de mercado:
    en análisis técnico por ordenador,
    en medias móviles,
Debacles:
    máximo permitido para,
    recuperación de,
    Regla del 6% para,

Deberes diarios,
Delirios multitudinarios: la manía de los tulipanes y otras famosas burbujas financieras (Charles Mackay), 55, 181
Delta, 231
Depreciación temporal (opciones), 227, 231, 233
Descensos. *Véase también* indicadores individuales
    contratos por diferencias en, 234
    en rangos de cotización, 81
    en tendencias a la baja, 81-82
    en tendencias al alza, 81-82
    posiciones abiertas en, 153
    psicología de, 60
    volumen durante, 134-135
Deslizamiento, 13-14, 16-17, 70-72
    brechas de un día para otro, 279
    en mercados tranquilos, 72
    y posiciones abiertas, 153
«Día a día» (principio de AA), 35
Diarios de operaciones, 30
    para evitar tendencias autodestructivas, 29-30
    Trade Journal, 301-305
«Días para cubrirse», 187, 300
Diferenciales, *trading* con:
    futuros, 241
Dinero:
    en operaciones abiertas, 248
    ganar, 64
    motivos para querer, 248-250
    origen del, 49-50
Disciplina, 264-265
Disciplined Trader, The (Mark Douglas), 42
Divergencias, 110-114
    alcistas, *véase* Divergencias alcistas
    bajistas, *véase* Divergencias bajistas
    como señal del estocástico, 125
    como señal del OBV, 137-138
    combinando canales y, 215-216
    entre A/D y precios, 140-142
    índice de fuerza, indicación de, 146
    NH-NL, 173-174
    señal del sabueso de los Baskerville, 114-115, 142
    triple alcista o bajista, 114
Divergencias a las que «les falta el hombro derecho», 114
Divergencias alcistas, 111-112, 129
    entre A/D y precios, 140-142
    entre índice de fuerza y precio, 146
    falsas rupturas a la baja con, 284

NH-NL indicando, 173-174
señales RSI de, 129
Divergencias alcistas o bajistas triples, 114
Divergencias bajistas, 111, 113
entre A/D y precios, 140-141
entre índice de fuerza y precio, 146
NH-NL indicando, 173-174
señales RSI de, 128-129
Divisas:
CFD en, 234-235
futuros en divisas electrónicos, 246
trading forex, 244-246
DM (Movimiento Direccional), 115-116
Doce pasos y doce tradiciones (AA), 33
Documentación, *véase* Llevar registros
Dolor:
volumen como medida de, 133-135
y soporte o resistencia, 75-77
Donchian, Richard, 97-98, 101
Douglas, Mark, 42-43
Dow, Charles, 69, 196
Dow Jones, índice industrial, 14, 76, 111, 138-139, 178, 235
histograma MACD de, 112-113
OBV para acciones en, 138-139
Dow Theory, The (Robert Rhea), 69
Doyle, sir Arthur Conan, 114

E

efecto Checklist, El (Atul Gawande), 189
Ehlers, John, 155
Elder.com, 12, 93, 293
Elliott, R. N., 24, 26, 69, 74
Emisión de opciones, 225-234
Emisores de opciones al descubierto, 228-232
Emisores de opciones cubiertas, 228-229
Emociones:
colectivas, 55-56
en el *trading*, 31, 247-250
lidiar con, *véase* Psicología individual
y objetivos de beneficio, 268
y pensamiento irracional, 41
y tendencias, 59-60
En sólo 20 horas: Aprende lo que quieras de forma rápida (Josh Kaufman), 307-308
Encuentros, AA, 35
Engel, Louis, 9
Entrar en operaciones:
comisiones por, 13-14
en sistema de triple pantalla, 197-201
en sistema impulso de *trading*, 206-207, 209
en *trading* intradía, 165-167
plan operativo para, 56
planificar, 268
uso de análisis técnico para, 160
uso de señal y ruido en, 277
y el Rango Real Promedio, 118
y emociones colectivas, 55
y gráficos de barras, 70
y tendencias o rangos de cotización, 84
Escáner de «ángeles caídos», 270-271
Escritores de boletines financieros, 180-182
Especuladores, 51-52, 183-185
granjeros e ingenieros como, 239
inversores institucionales como, 52
límites de posiciones de, 184-185
Esperanza matemática, 251-252
Esperanza matemática negativa, 251
Esperanza matemática positiva, 251-252
Estacionalidad, con futuros, 239-240
Estaciones de los indicadores, 155-157
Estadísticas de lotes incompletos, 180
Estado anímico, como un componente de *trading*, 293-294
Estar al mando de la vida de uno, 42-44
Estocástico, oscilador, 122-127
en *trading* con sistema de triple pantalla, 200
reglas operativas relativas al, 125-126
y psicología colectiva, 123
Estocástico lento, 123
Estocástico rápido, 123
Estocástico semanal, 126
Estrategia «Falsa ruptura con divergencia», 296-297
Estrategias de *trading*, *véase* Sistemas/estrategias de *trading*
Estrés del *trading*, reducir, 308
ETF, *véase* Fondos de inversión cotizados
Éxito:
a través de estar al mando de la vida de uno, 42-44
acumulación de capital como sello distintivo del, 31
barreras al, 15
cualidades para, 43-44
deseo de, 10-11
realismo para, 20
y autocontrol vs. controlar los mercados, 40
y *trading* emocional, 31, 41

Expectativas:
    de compradores y vendedores, 46-47
    para escanear, 285-287

F
Factor de cinco, 158-159, 196-197
Falsas rupturas, 79-80
    a la baja, 80, 284
    al alza, 80
    del soporte y resistencia, 75
    que refuerzan señales del estocástico, 124
Fantasías:
    culto a la personalidad, 24-27
    mito de la infracapitalización, 22
    mito del cerebro, 21
    mito del piloto automático, 23-24
    realidad vs., 20-27
    vanas ilusiones, 27
Filtro de corriente del mercado
        (sistema de triple pantalla), 197-199
Filtro de la técnica de entrada
        (sistema de triple pantalla), 201-202
Filtro de ola del mercado
        (sistema de triple pantalla), 199-201
Filtros, 101
Fingers (colas de canguro), 86-89
Fondos de inversión cotizados (ETF), 222-225
    ETF apalancados, 223-224
    ETF inversos, 223
    ETF inversos apalancados, 223
Forecasting Financial Markets (Tony Plummer), 57
Forex, 13, 133, 212, 219, 244-246, 264
Formato condicional, 209
Fraude, en *trading* en *forex*, 245
Freud, Sigmund, 28, 154
Friedman, Milton, 73
Fuerza:
    beneficios y sensación de, 35
    de bajistas vs. alcistas:
        A/D, 140
        divergencias, 111, 125, 129
        histograma MACD, 106
        indicadores misceláneos, 97
        índice de fuerza, 143-148
        línea MACD, 105
        posiciones abiertas, 151-152
        precios de cierre, 123
        volumen, 132

Volumen On-Balance, 137
    y nivel cero del NH-NL, 171-172
    de las tendencias, 205-206
Futuros, 236-243
    cobertura, 238-239
    comparados con operaciones al contado, 237-238
    compromisos de los *traders*, 183-186
    contango, 241
    divisa, 246
    estacionalidad con, 239-240
    factores de oferta y demanda con, 239-240
    insider trading en, 50
    márgenes y control del riesgo con, 242-243
    mercados invertidos, 241-242
    opciones vs., 236
    período de tiempo para, 149
    precios de cierre en gráficos diarios, 71
    Regla del 2 % para, 256-259
    suelos y techos, 240-241
    tendencias en volumen para, 132-133
Futuros agrícolas, 154, 240
Futuros e-mini, 256-257
Futuros en divisas electrónicas, 246
Futuros sobre tipos de interés, 241

G
Gallacher, William R., 26
Galleon fund (fondo de inversión), 50
Ganar, 40-44. *Véase también* Éxito
    componentes esenciales para, 27
    deseo de, 10-11
    dificultad para, 49
    estando al mando de la vida de uno, 42-44
    interpretar las reglas según convenga, 31-32
    y autocontrol vs. controlar los mercados, 40-41
    y *trading* emocional, 41-42
    y volumen de negociación, 133-134
Gann, W. D., 26, 69
Gastos en el *trading*, 13, 16
    comisiones, 15
    deslizamiento, 16-17
Gawande, Atul, 189
Género:
    de los *traders*, 12
    y motivos para apostar, 28-29
Gestión de operaciones, 63-65
    interpretar los mercados y gestionarse
        uno mismo, 65

previsión vs., 63-64
y sondeos, 63-64
Gestión del capital. *Véase también* Gestión del riesgo
  comisiones, 15
  con futuros, 243
  conservadora, 64
  deslizamiento, 16-17
  esperanza matemática negativa, 251
  gastos en el *trading*, 13, 16
  reglas como red de protección en, 30-31
  riesgo empresarial, 38-39, 252
  seguir las reglas de, 31
  y emociones, 247-250
    no poder vender, 249-250
    riesgo empresarial, 252
    y contar dinero en operaciones abiertas, 249
Gestión del riesgo, 194-195, 247-265
  con futuros, 242-243
  con opciones, 229-232
  errores más graves en, 253
  para tendencias y rangos de cotización, 83-84
  por mánager de operaciones, 53, 264-265
  probabilidades en, 247-252
  recuperaciones después de debacles, 262-265
  reglas principales de, 252-262
    Regla del 2%, 254-259
    Regla del 6%, 259-262
  stops para proteger operaciones en beneficios, 277
  y autogestión, 11
  y emociones, 247-250
    no poder vender, 249-250
    riesgo empresarial, 252
    y contar dinero en operaciones abiertas, 249
Goepfert, Jason, 182
Gráficos de barras, 50
  distancia entre máximos y mínimos en, 71
  máximos en, 71
  mínimos en, 71
  precios de apertura en, 69-70
  precios de cierre en, 70-71
  significado de, 69-72
Gráficos de fin de sesión, 165
Gráficos de media móvil exponencial, 83-84
Gráficos de velas (o candelabros), 68, 71-72, 142. *Véase también* Candelabros japoneses
Gráficos diarios, 69-72, 79-80. *Véase también* Horizontes temporales; *indicadores individuales*
Gráficos horarios, 86, 159, 197
Gráficos intradía, 69, 92. *Véase también* Horizontes temporales; *indicadores individuales*
Gráficos semanales, 69-71, 73, 75-76, 78-80. *Véase también* Horizontes temporales; *indicadores individuales*
Grandes especuladores, 183
Grandes *traders*, 241. *Véase también* Traders institucionales
Granville, Joseph, 131, 137-139
Greenson, Ralph, 28
Griegas (indicadores en análisis de opciones), 231
Grove, Nic, 274
Grupos de autoayuda, 32. *Véase también* Alcohólicos Anónimos (AA)
Gurús, 24-27
  seguidores de, 26-27
  de métodos mágicos, 25-26
  del ciclo de mercado, 24-25
  muertos, 26

H

Habilidades del *trading*, aprender, 307-309
Hacerse cargo de la vida de uno, 42-44
Hamilton, William, 69
Havens, Leston, 42
Hedging, véase Cobertura de riesgos
Histograma MACD, 83-84, 96, 106-113
  combinado con canales, 214-216
  divergencias, 110-115
  en sistema de triple pantalla, 197-199
  en sistema impulso, 205-207, 209
  escáner de divergencias semiautomático, 286-287
  estaciones de, 155-157
  horizontes temporales de, 110
  pendiente de, 108-110
  picos y valles, 110
  reglas operativas relativas a, 109-110
  y psicología de mercado, 108-109
Historia del chartismo, 69
Hoja de cálculo, para rutina antes de la apertura, 290-292
Hojas de operación, 281, 283, 295-296, 298-301
hombre anumérico, El (John Allen Paulos), 251
Horizonte temporal a corto plazo, 197
Horizonte temporal a largo plazo, 197
Horizonte temporal del *trading*, 159-167
  a largo plazo (inversiones), 159-161

swing trading, 161-165
trading intradía, 165-167
Horizonte temporal intermedio, 197
Horizontes temporales:
de los mercados, 158-159
análisis usando múltiples horizontes temporales, 73-74
en conflicto, 85-86
del índice nuevos máximos-nuevos mínimos, 174-176
en el *trading*, 159-167
a largo plazo (inversiones), 159-161
con sistema impulso, 208
en el *trading* con sistema de triple pantalla, 195-197, 201, 203-204
opciones, 230-231
swing trading, 161-165
trading intradía, 165-167
estaciones en, 157
y factor de cinco, 158-159
y las colas de canguro, 86
Horquilla(s):
de precios de compra y de venta, 17
con CFD, 235
con operaciones en *forex*, 244-246
«trocear la horquilla de precios de compra y de venta», técnica, 232
How I Made One Million Dollars (Larry Williams), 139
How to Buy Stocks (Louis Engel), 9-10
Hurst, J. M., 97-98, 210

I

Ilusiones vanas, *véase* Vanas ilusiones
Impulso irrefrenable de operar, 36
Incertidumbre, 56, 83, 250, 268-269
Incompetencia matemática, 23, 250-251
Indicador:
clímax, 138-139
MAS (Most Active Stocks, valores más activos), 180
Net Field Trend, 138-139
Indicadores. *Véase también indicadores individuales y tipos de indicadores*
aplicación de medias móviles a, 102
cambiar parámetros de, 100
claridad en las señales de, 97
contradictorios, 96
datos básicos usados para, 96
en el borde derecho de gráficos, 83
en rupturas reales y falsas, 80
en *trading* con sistema de triple pantalla, 195-196
estaciones de, 155-157
identificación de tendencias con, 84
«ir de compras de» 130
Indicadores basados en el volumen, 136-142
acumulación/distribución (A/D), 139-142
reglas operativas relativas a, 140-141
y conducta colectiva, 140
índice de fuerza, 142-148
a corto plazo, 144-146
a medio plazo, 146-148
construcción, 142-142
reglas operativas relativas a, 144-148
y psicología del *trading*, 143
posiciones abiertas, 149-153
reglas operativas relativas a, 152-153
y psicología colectiva, 150, 152
Volumen On-Balance, 137-140
señales de oportunidad de inversión, 137-138
y conducta colectiva, 140
Indicadores de consenso y de compromiso, 180-188
compromisos de los *traders* de futuros, 183-186
insider trading legal, 186
posiciones de venta al descubierto abiertas, 186-188
seguimiento de opiniones de la industria asesora, 181-182
señales de la prensa, 182
señales de los anunciantes, 183
Indicadores de opinión contraria, 181
Indicadores de seguimiento de tendencias, 96
en *trading* con sistema de triple pantalla, 195-196
líneas MACD, 106-107
sistema direccional, 115-121
Indicadores Direccionales (+DI, –DI), 115-117
Indicadores generales del mercado, 169-188
acciones por encima de la media móvil de cincuenta días, 176-178
de consenso y de compromiso, 180-188
compromisos de los *traders* de futuros, 183-186
insider trading legal, 186
posiciones de venta al descubierto abiertas, 186-188

seguimiento de opiniones de la industria asesora, 181-182
señales de la prensa, 182
señales de los anunciantes, 183
índice nuevos máximos-nuevos mínimos, 169-176
construcción, 170
de 65 y de 20 días, 175-176
en múltiples horizontes temporales y períodos de análisis del pasado, 174-176
reglas operativas relativas al, 171-174
semanal, 174-175
y psicología colectiva, 170-171
Línea Avance/Retroceso (LAR), 178-180
Indicadores misceláneos, 97. *Véase también* Índice nuevos máximos-nuevos mínimos (NH-NL)
Índice de fuerza, 142-148
a corto plazo, 144-146
a medio plazo, 146-148
construcción, 142-142
en sistema de triple pantalla, 200-202, 204
reglas operativas relativas a, 144-148
y psicología del *trading*, 143
Índice de Fuerza Relativa (RSI), 127-130
reglas operativas relativas a, 129-130
y psicología de masas, 127, 129
Índice de Movimiento Direccional Promedio (ADX), 117-119
Índice de volatilidad, 223-224
Índice Industrial Dow Jones, *véase* Dow Jones, índice industrial
Índice nuevos máximos-nuevos mínimos (NH-NL), 169-176
construcción, 170
de 65 y de 20 días, 175-176
en múltiples horizontes temporales y períodos de análisis del pasado, 174-176
reglas operativas relativas al, 171-174
semanal, 174-175
y psicología colectiva, 170-171
Índices CFD, 234-235
Índices de mercado:
en análisis técnico, 95
Inercia de los activos negociados, 205
Infancia, bagaje mental de la, 30
Información privilegiada, 50-51
Insider trading:
en mercados de futuros, 50
ilegal, 50
legal, como indicador, 186

Instrumentos financieros de futuros, 236-237
Interpretar las reglas según convenga, 31-32
Interpretar los mercados, 65
Inversiones (de tendencia), 82
apostar por, 72
colas de canguro, 86-89
consenso precedido de, 181
índice de fuerza, indicación de, 143, 146
NH-NL indicando, 173-174
opiniones de periodistas señalando a, 182
protección contra las, 79. *Véase también* Stops de protección
respuestas de los perdedores a, 249-250
retiradas señalando, 84
tiempos de las operaciones e, 158
y acciones por encima de la media móvil de cincuenta días, 176-178
y posiciones abiertas, 152-153
y *shocks* en precios, 61-62
y volumen de negociación, 136-138
y zona de valor, 103-104
Inversiones (*trading* a largo plazo), 159-161
Inversiones en los precios (futuros), 240-241
Investors Intelligence, 181-182
«Ir de compras de indicadores», 130

J
Juego, 28-29, 272
de suma cero:
el *trading* como, 14
mercado *forex* como, 245
de suma negativa, el *trading* como, 14
Jugadores Anónimos, 29
neuróticos, 28

K
Kahneman, Daniel, 60, 250, 295-296
Kaufman, Josh, 308
Keelan, Brian, 235
Keynes, John Maynard, 221

L
«La casa siempre gana», *véase* Ventaja de la casa
Lane, George, 122
Larsen, Max, 290
Le Bon, Gustave, 55
Lealtad al grupo, 56
«Ley de la naturaleza», 74
Líderes:
gurús, 24-27

de métodos mágicos, 25-26
del ciclo de mercado, 24-25
muertos, 26
seguidores de los, 26-27
lealtad a, 61
del público, 56
y miedo a la incertidumbre, 56
Límites, en futuros, 236
Límites de posiciones, 184-185
Línea Avance/Retroceso (LAR), 178-180
Línea direccional:
negativa, 117-118
positiva, 117-118
Línea
%D, 122-123
%K, 122-123
Líneas de señal (MACD), 105-107
cruce entre línea MACD y, 105-106
diferencia entre línea MACD y, 106
e histograma MACD, 106-107
Líneas de tendencia:
diagonal, 68
subjetividad de, 68
Líneas direccionales suavizadas (+DI_{13}, -DI_{13}), 116
Líneas MACD, 105-107
cruce entre líneas de señal y línea MACD, 105-106
en divergencias, 111
reglas operativas relativas a, 106
y psicología de mercado, 105
Liquidez, 154, 219-220
Lista de vigilancia, composición, 95
Listas de comprobación, 189
Llamadas de agentes para ampliación de margen, 243, 249
Llevar registros, 39
deberes diarios, 290-292
planes operativos, 295-301
creación, 295
evaluación de, 296-298
uso de la hoja de operación, 298-301
Trade Journal, 301-305
y preparación psicológica para el *trading*, 293
Lovvorn, Kerry, 31, 58, 114, 120, 170, 213, 274, 281, 301, 309, 315

M

MACD, *véase* Convergencia-divergencia de medias móviles
Mackay, Charles, 55, 181
Mánager de operaciones, 55, 264-265
Mandelbrot, Benoit, 210
Manía de los tulipanes, 55, 181
Manías colectivas, 55
Márgenes, 242-243
Market Vane, 181-182
Maximum Entropy Spectral Analysis (MESA), *véase* Análisis espectroscópico de máxima entropía
McMillan, Lawrence, 234
Mechanical Trading Systems (Richard Weissman), 189
Media entre máximo y mínimo, medias móviles basadas en, 102
Medias móviles (MM), 97-104
como soporte y resistencia, 102
con índice de fuerza, 102
escoger la longitud de, 102
exponenciales, 98-102. *Véase también* Medias móviles exponenciales (MME)
horizontes temporales de, 97-100, 103
MME duales, 102-103
para establecer objetivos de beneficio, 268
ponderadas, 98, 102
simples, 98-99, 102
y psicología de mercado, 98-99
Medias móviles exponenciales (MME), 98-102
con índice de fuerza, 142-146, 148
de línea MACD, 105
duales, 102-103
en sistema de triple pantalla, 199-203
en sistema impulso, 205-206, 209
identificación de tendencias con, 84
longitud de, 100
reglas operativas relativas a, 100-102
retardadas, 102
y sistemas de *trading* de canales, 211, 215
y *stops* en la zona de seguridad, 273
y zona de valor, 103
Medias móviles ponderadas (MMP), 98, 102
Medias móviles simples, 98-99, 102
Medición del volumen, 133
Mellen, Andrew J., 289
Member Short Sale Ratio, 180
Memoria:
en el diario de operaciones, 301
y los niveles de soporte o de resistencia, 75-77
Mentalidad colectiva, 56-57
Mente, como un componente del *trading*, 290. *Véase también* Pensar

Mercado(s):
- aleatoriedad en, 253-254
- como deporte, 41
- como masas, 55-59. *Véase también* Psicología de masas
  - de individuos, 48
  - expertos en, 55-56
  - líderes de las masas, 56
  - mentalidad colectiva, 56-57
  - pensamiento independiente vs., 58
  - razones para unirse a las masas, 56
  - sabiduría colectiva, 59
- comparar volúmenes de, 132
- *contango*, 241
- dureza de, 48
- el origen del dinero en el, 49-50
- en sobrecompra y en sobreventa, 121-122
- estaciones de los, 155-157
- ETF, 223
- grupos vs. individuos en, 49
- horizonte temporal de, 158
  - análisis usando múltiples horizontes temporales, 73-74
  - en conflicto, 85-86
- incapacidad de controlar, 40-41
- información privilegiada en, 50-51
- intentos de manipulación de, 42-43
- interpretar los, 65
- picos en, 144, 146, 148
- público a nivel mundial, 48-49
- rangos de cotización vs. tendencias en, 79
- tamaño de los, 48-49
- teorías de, 72-74
- y sistemas automáticos de *trading*, 23-24

Mercado bursátil de EE. UU.:
- ciclos de precios en, 154
- tendencias en, 196

Mercado interbancario, 244

Mercados alcistas:
- de 2007, 112
- en *commodities*, 241
- máximos y mínimos de precios en, 70-71
- y NH-NL semanal, 174-175

Mercados bajistas:
- asesores en, 181
- de 2007-2009, 112
- máximos y mínimos de precios en, 70-71

Mercados de derivados, gurús de métodos mágicos en, 25-26

Mercados de divisas, 244

Mercados de valores internacionales, volumen reportado por, 133

MESA (Maximum Entropy Spectral Analysis), *véase* Análisis espectroscópico de máxima entropía

«Meter órdenes en un cubo», 244

Miedo, 11, 21, 31, 37, 40-42, 45, 53, 55-57, 59-60, 64, 68-69, 121, 135, 146, 152, 155, 178, 181-182, 187, 190, 233, 264, 292, 308

Minicontratos (futuros), 38

Misticismo, 74

Mito de la infracapitalización, 22

Mito del cerebro, 21

Mito del piloto automático, 23-24

MM, *véase* Medias móviles

MME, *véase* Medias móviles exponenciales

Moltke, Helmuth von, 247

Movimiento direccional (DM), 115-116

Movimiento direccional diario, 117

N

NASDAQ, 92, 95, 157, 170-171, 176, 184

Nature's Law (R. N. Elliott), 74

Negación (principio de AA), 33-34

Neill, Humphrey B., 181

NELCG, principio, 225

New Sell and Sell Short, The (Alexander Elder), 273

New Strategy of Daily Stock Market Timing (Joseph Granville), 137

New York Times, The, 245

NH-NL, *véase* Índice nuevos máximos-nuevos mínimos

Nison, Steve, 72

Niveles de reporte, 183, 185, 242

Notis, Steve, 199

O

Objetivos de beneficio:
- en el *trading* intradía, 165
- en sistema de triple pantalla, 204-205
- establecimiento, 267-272
- y Rango Real Promedio, 120-121

Oferta y demanda, factores:
- con futuros, 239-240
- reflejados en el precio, 73

On-Balance Volume (OBV), *véase* Volumen On-Balance

Opciones, 225-234
- comprar, 227-228

depreciación temporal con, 227, 231
emisión, 228-230
futuros vs., 236-237
limitar el riesgo con, 232-233
precios de, 226-227
Opciones «a dinero», 226
Opciones de compra (*call*), 149, 225, 230, 233, 236
Opciones de venta (*put*), 180, 226, 228, 230, 233-234, 236
Opciones «en dinero», 226, 233
Opciones «fuera de dinero», 226-227, 229, 234
Opciones «muy fuera de dinero», 229, 234
Operaciones abiertas:
cambiar el plan operativo durante, 58
contar dinero en, 248
dinero expuesto al riesgo en, 260-261
Operaciones al contado, los futuros comparados a, 237-238
Operaciones de sobresaliente, 279, 281-283, 285, 297, 299-300
Opiniones de la industria asesora, 181-182
Options as a Strategic Investment (Lawrence McMillan), 234
«Orden perfecto» en los mercados, 74
Ordenadores en el *trading*, 92-94. *Véase también* Análisis técnico
cajas de herramientas, 92-93
hardware, 94
Órdenes de compra:
en el sistema de triple pantalla, 201-203
índice de fuerza, indicador para, 144-145
y señales del estocástico, 126
Órdenes de mercado, 14
deslizamiento en, 16-17
horquillas de precios de compra y de venta para, 17
Órdenes de «parar e invertir posiciones», 114
Órdenes de venta:
índice de fuerza indicador para, 144
y señales del estocástico, 126
Órdenes «válidas hasta que se cancelen» (VHC), 279
Órdenes limitadas, 14, 16-17
Origen del dinero, en los mercados, 49-50
Oro:
trading en futuros vs. al contado, 237-238
zona de resistencia del, 76
Osciladores, 96, 121-122
en divergencias alcistas, 111
en divergencias bajistas, 111

estocástico, 122-127
en *trading* con sistema de triple pantalla, 195-196
reglas operativas relativas a, 125-126
y psicología colectiva, 123
histograma MACD, 106-115
divergencias, 110-114
horizontes temporales de, 110
pendiente de, 108-110
picos y valles, 110
reglas operativas relativas a, 109-110
y psicología de mercado, 108-109
identificación de tendencias con, 84
índice de fuerza, 142-148
a corto plazo, 144-146
a medio plazo, 146-148
construcción, 142-143
reglas operativas relativas a, 144-146, 148
y psicología del *trading*, 143
Índice de Fuerza Relativa, 92, 96, 122, 127-130
reglas operativas relativas al, 129-130
y psicología de masas, 127, 129
y psicología de masas, 121

P

Pánico en el mercado, 174
Parcialidad, detección, 64
Participantes en el mercado, grupos de, 184-185
Participantes en el panorama actual del *trading*, 51-54
asesores, 54
traders institucionales, 52-53
traders por cuenta propia, 51
«Pasar el libro», 246
Patrones. *Véase también* Patrones gráficos de las operaciones de sobresaliente
definición, 267
emergiendo del caos, 63-64
fractales, 73
para escanear, 285-287
y la señal del sabueso de los Baskerville, 114-115
y negociar con acciones jóvenes, 95
Patrones gráficos:
de las operaciones de sobresaliente, 279-285
definición, 69
en el borde derecho de los gráficos, 83
interpretación subjetiva de, 67-68
líneas de tendencia del RSI, 129

oscilaciones de la psicología de masas mostradas en, 47
Paulos, John Allen, 251
Penetración alcista, 273
Penetración alcista promedio, 203, 273
Penetración bajista, 273
Penetración bajista promedio, 202, 273
Pensamiento independiente vs. mentalidad colectiva, 55-56
Pensar. *Véase también* Fantasías
    cambios, 34
    emociones y, 41-42
    independientemente, 55-56
    vanas ilusiones, 27
    y concepto de Perdedores Anónimos, 39-40
    y mentalidad colectiva, 56-57
Pensar rápido, pensar despacio (Daniel Kahneman), 250, 295
Pequeños *traders*, 185
    CFD para, 235
    de opciones, 228-229
    informes COT, 242
Perdedores:
    autodestructivos, 28
    dolor y arrepentimiento sentido por, 76-77
    fantasías de, 20-27
        culto a la personalidad, 24-27
        mito de la infracapitalización, 22
        mito del cerebro, 21
        mito del piloto automático, 23-24
    ilusiones vanas por, 27
    mercados, 40-41
    negación por, 33-34
    principios de AA para, 35-40
    respuestas emocionales de, 249-250
    y autocontrol vs. controlar mercados, 40-41
    y *trading* emocional, 41-42
    y volumen de negociación, 133-134
Perdedores Anónimos, 39-40
Pérdidas:
    cortar con, 248
    de antiguos *traders* institucionales, 265
    efecto psicológico de, 263
    en CFD, 235
    en cuenta global, 264
    en opciones, 228
    incapacidad de gestionar, 247
    por acción, limitar, 254
    Regla del 2 % para limitar, 254-259
    Regla del 6 % para limitar, 259-262
    riesgo empresarial vs., 38
Pérdidas por mordiscos de pirañas, 259-260
Pérdidas por mordiscos de tiburones, 254, 272
Periodistas financieros, 180-182
Personalidad:
    ajustar el estilo de *trading* a la, 293
    como un componente del *trading*, 189
Planes operativos, 58, 289-290, 295-301
    creación, 295
    uso de la hoja de operación, 298-301
    valoración, 296-298
Plummer, Tony, 57
«Ponerle las esposas a la operación», 277
Porcentaje de flotación al descubierto, 186-187
Portfolio Management Formulas (Ralph Vince), 251
Posiciones abiertas, 149-153
    definición, 149
    reglas operativas relativas a, 152-153
    y psicología colectiva, 150, 152
Posiciones de venta al descubierto abiertas, 186-188
Posiciones en pirámide:
    índice de fuerza, indicación para, 145
    pautas para, 262
Precio(s), 46-47. *Véase también* Precios de cierre; Precios de apertura
    ciclos a corto plazo en, 154-155
    ciclos a largo plazo en, 154
    como consenso de valor, 46-47
    como líder del público en el mercado, 57
    de opciones, 227
    deslizamiento, 16-17
    divergencias de los, 110-114
    en gráficos de barras, 69-70
    en índice de fuerza, 142-148
    en la teoría del paseo aleatorio, 73
    indicadores derivados de los, 96
    niveles de soporte y resistencia, 74-75
    recuerdos de, 75-76
    valor vs., 103
    y la comprensión del volumen, 131-133
Precio de ejercicio de opciones (precio *strike*), 226
Precios de apertura:
    de barras diarias, 69-70
    en gráficos de velas, 71-72
    relación entre precios de cierre y, 71
    y conducta colectiva, 140
Precios de cierre:
    como consenso de valor más importante, 127

de barras diarias y semanales, 70
de gráficos diarios, 70
en gráficos de velas, 71-72
Línea Avance/Retroceso (LAR), 178-180
para liquidación de cuentas de *trading*, 123, 127
relación de los precios de apertura y, 71
Prechter, Robert, 252
Predicciones:
espectaculares, 65
gestión de operaciones vs., 64
por gurús del ciclo de mercado, 24-25
Prensa, señales de la, 182
Preparación para el *trading*, 293-294
Preparación psicológica para el *trading*, 31, 293-294
Primas:
futuros, 241
opciones, 226
Primer paso (principio de AA), 34-35
Pring, Martin, 155
Probabilidades, 247-252
decisiones basadas en las emociones vs., 249-250
esperanza matemática positiva, 251-252
incompetencia matemática, 250-251
riesgo empresarial, 252
Probabilidades en contra de los *traders*, 13-17
comisiones, 15
con ETF, 222-223
deslizamiento, 16-17
gastos, 17
horquilla de precios de compra y de venta, 17
y el *trading* como juego de suma negativa, 14
Profit Magic of Stock Transaction Timing, The (J. M. Hurst), 97, 210
Programas de doce pasos, 33
Psicología:
de tendencias, 59-62
emociones en, 59-60
repuntes y descensos, 60
shocks en los precios, 61-62
y psicología social, 62
del *trading*, 11-13. *Véase también* Psicología de masas; Psicología individual
y centrarse en la realidad, 11
y *trading* sobre papel, 192-195
Psicología de masas, 31-65
creación de tendencias a la baja, 61-62
creación de tendencias al alza, 61
y emergencia de gurús, 24-25
el mercado, 48-51

grupos vs. individuos en, 49
información privilegiada en, 50-51
origen del dinero en, 49-50
público a nivel mundial, 48-49
gestión de operaciones, 63-65
interpretar el mercado y gestionarse uno mismo, 65
previsión vs., 63
y sondeos, 63-64
participantes en el panorama actual del *trading*, 51-54
asesores, 54
espaderos, 53-54
traders institucionales, 52-53
traders por cuenta propia, 51
precio, 46-47
como consenso de valor, 46-47
conducta colectiva reflejada en, 47
psicología de las tendencias, 59-62
emociones en, 59-60
psicología social, 62
repuntes y descensos, 60
shocks en los precios, 61-62
reflejada en el precio, 46-47
reflejada en el volumen, 47
seguida por el sistema direccional, 117-118
y la teoría de los mercados eficientes, 72-73
y los precios de apertura, 140
y mercados como masas, 55-59
expertos en, 55-56
líderes del público, 57-58
mentalidad colectiva, 56-57
pensamiento independiente vs., 58
razones para unirse a las masas, 56
sabiduría colectiva, 58-59
Psicología de las masas (Gustave Le Bon), 55
Psicología individual, 19-44
emociones en el *trading*, 31
e interpretar las reglas según convenga, 31-32
ganadores y perdedores, 40-44
estar al mando de la vida de uno, 42-44
trading emocional, 41-42
y autocontrol vs. control de los mercados, 40-41
ilusiones vanas, 27
mito de la infracapitalización, 22
mito del cerebro, 21
mito del piloto automático, 23-24
realidad vs. fantasía, 20-27

autorrealización, 20
culto a la personalidad, 24-27
ilusiones vanas, 27
mito de la infracapitalización, 22
mito del cerebro, 21
mito del piloto automático, 23-24
racional e irracional, 19
razones para practicar *trading*, 19-20
seguir a gurús, 24-27
tendencias autodestructivas, 28-31
apostar, 28-29
autosabotaje, 29-30
controlar las, 30-31
y falta de ayuda mutua típica
de las relaciones humanas
en los mercados, 30
y principios de Alcohólicos Anónimos, 32-40
aplicados al *trading*, 32-33, 35-40
día a día, 35
encuentros, 35
lecciones de, 33-35
negación, 33-34
primer paso, 34-35
tocar fondo, 34
Psicología social, 59, 62
Público:
a nivel mundial, 48-49
falta de sentido del tiempo por el, 154
lentitud relativa del, 158
líderes del, 57
mercados como, 47-48, 55-59
expertos en el, 55-56
pensamiento independiente vs., 58
razones para unirse al público, 56
y el sentido común del, 58-59
y la mentalidad colectiva, 56-57
respetar la fuerza del, 49
Punto muerto, mover *stops* a, 101, 243, 260-262, 277-278, 300

R
Rango de cotización, 81-86
como señal de OBV, 138
decidir si operar o esperar, 85
dolor y arrepentimiento en, 75-77
en el borde derecho, 83
identificación de, 83-84
osciladores en, 122
posiciones abiertas en, 153

psicología de masas de, 81-82
tiempo pasado en tendencias vs., 79
y horizontes temporales de los mercados en conflicto, 85-86
y señales del estocástico, 125
Rango Real (TR), 115
Rango Real Promedio (ATR), 118, 120-121
Ratio de ventas al descubierto de lotes incompletos, 180
Ratio *put-call*, 97
Ratio recompensa/riesgo, 270, 277, 286
Razones para practicar *trading*, 19-20
Realidad:
fantasía vs., 20-21
ilusiones vanas vs., 27
Rebotes, 74-75, 78, 137, 176, 276, 279, 299-300
Recogida de beneficios:
en el *swing trading*, 269
en el *trading* intradía, 270
y las barras largas, 72
Recuperaciones, *véase* Repuntes
Redes de inteligencia de los *traders* institucionales, 52
Regla del 2%, 254-259
como pauta para tomar posiciones en pirámide, 262
en mercados de futuros, 256-259
para *traders* institucionales, 265
y Triángulo de Hierro de control del riesgo, 255-256
Regla del 6%, 259-262
como pauta para tomar posiciones en pirámide, 262
y concepto de riesgo disponible, 260-262
Reglas del *trading. Véase también* Gestión del riesgo; *temas específicos e indicadores*
interpretar según convenga, 31-32
para *traders* discrecionales, 190-191
para *traders* mecánicos, 189-190
Reglas negativas, para escanear acciones, 286
Repuntes. *Véase también indicadores individuales*
cobertura de posiciones cortas, 187
contratos por diferencias en, 234
en rangos de cotización, 81-84
en tendencias a la baja, 81
en tendencias al alza, 82
entre 1966 y 1982, 76
posiciones abiertas en, 153
psicología de, 60

volumen durante, 132
y líneas de canal, 212-213
Requisitos clave para cada operación, 195
Resistencia. *Véase también* Soporte y resistencia
definición, 74, 210
dolor y arrepentimiento, 75-77
Retardo de medias móviles, 102
Revisiones:
de la curva de capital neto, 305
de operaciones, 302-303
Rhea, Robert, 69, 196
Riesgo disponible, 260-262, 276
Riesgo empresarial, 38-39, 252, 254
Riesgo en los precios, coberturas y, 238-239
Rorschach, Hermann, 68
RSI, *véase* Índice de Fuerza Relativa
Ruido en el mercado:
ciclos percibidos como, 155
establecer *stops* fuera de la zona de, 273, 276
y establecimiento de *stops*, 277
«Ruina del jugador», 245
Rupturas:
al alza, 79-80
dolor y arrepentimiento creado por, 77
en el sistema de triple pantalla, 201
falsas, 75, 79-80, 82, 107-108, 119, 124, 132, 138, 162, 195, 200, 214, 225, 258, 269-270, 274-275, 281-284, 296-299
a la baja, 79-80, 82, 107-108, 119, 162, 200, 214, 225, 258, 270, 275, 282, 284
al alza, 79-80, 82, 132, 269, 275
del soporte y la resistencia, 75
reforzando señales del estocástico, 124
principiantes vs. pros, interpretaciones de las, 213
reales, 80
y decisiones de compra, 84
y el volumen, 132, 135

S
Sabiduría colectiva, 58-59
SAC Capital, 50
Salir de operaciones:
comisiones por, 14
en futuros y opciones, 149
en sistema impulso de *trading*, 209
en *trading* intradía, 165-167
indicador índice de fuerza para, 144, 146
opciones, 232-233

plan operativo para, 58
uso de análisis técnico para, 160, 162
y posiciones abiertas, 149
Securities and Exchange Commission (SEC), (Comisión del Mercado de Valores), 50, 183, 186, 235
Seguidores de gurús, 26-27
Seguimiento de *stops*, 273
SentimenTrader.com, 182
Señal(es). *Véase también* Indicadores
confianza en, 96
en movimientos del mercado, 273
Señal de rebote en un aumento brusco, 176, 276, 300
Señal del sabueso de los Baskerville, 114-115
Shapiro, Roy, 249-250
Shocks en los precios, 61-62
Sibbet, James H., 181
Simulaciones de *trading*, *véase* Trading sobre papel
Sistema direccional, 115-121
conducta colectiva seguida por, 117-118
construcción, 115-117
en *trading* con triple pantalla, 199
identificación de tendencias con, 83-84
indicador de Rango Real Promedio, 118-121
reglas operativas relativas al, 118
Sistema impulso en el *trading*, 199, 205-209
entradas en, 206, 208-209
salidas en, 209
Sistemas de *trading* de canales, 210-217
construcción de canales, 210
desviación estándar (bandas de Bollinger), 210, 215, 217
reglas operativas relativas a los, 213-215
simétricos, 211
y psicología de masas, 211-213
Sistemas/estrategias de *trading*, 189-217
definición, 189
desarrollados antes de buscar operaciones, 285
frecuencia de las señales de, 17
hojas de operación para, 295
optimización, 251
para limitar las comisiones, 14
para operaciones de sobresaliente, 281-283
para *traders* mecánicos, 189-190
requisitos clave para operaciones, 195
simplicidad de, 251
sistema de canales, 210-217
construcción, 210

desviación estándar (bandas de Bollinger), 210, 215, 217
reglas operativas relativas a los, 213-215
simétricos, 211
y psicología de masas, 211-213
sistema impulso, 199, 205-209
  entradas en, 206, 208-209
  salidas en, 209
testeo de sistemas, 191-192
traders discrecionales, 190-191
trading sobre papel, 192-195
triple pantalla, 195-205
  en *trading* intradía, 203-204
  escoger el horizonte temporal, 196-197
  filtro de la corriente del mercado, 197-199
  filtro de la ola del mercado, 199-201
  filtro de la técnica de entrada, 201-202
  indicadores y osciladores de seguimiento de tendencias, 195-196
  stops y objetivos de beneficio en, 204-205
y la fantasía del piloto automático, 23-24
y preparación psicológica para ganar, 31
Slater, Tim, 49
Sobrecompra, *véase* Zona de sobrecompra
Sobreventa, *véase* Zona de sobreventa
Software de caja gris, 53-54, 93
Software para el *trading*, 53-54
Sondeos, 63-64
Soporte:
  definición, 74, 210
  proveniente del dolor y arrepentimiento, 75-77
Soporte y resistencia, 74-80
  canales identificación de, 210
  causas de, 75
  fortaleza de, 77-78
  medias móviles como, 102
  reglas operativas relativas a, 78-79
  rupturas reales y falsas, 79-80
  y objetivos de beneficio, 268
Soros, George, 15
S&P 500, índice, 139, 170-172, 174-175, 177, 179, 220, 222, 235, 239, 276, 285-286, 292
  aplicación de OBV a, 139
  en búsqueda de operaciones, 285-286
  y beta, 220
Specialist Short Sale Ratio, 180
Spikers, 165, 286, 293
Spikes, *véase* Aumentos bruscos

SpikeTrade.com, 31, 120, 162, 164-165, 170, 193, 286, 309
Spreading, *véase* Diferenciales, *trading* con
Sr. Mercado, 212, 221-222
Steidlmayer, J. Peter, 87
StockCharts.com, 53, 92, 315
Stock Market Barometer, The (William Hamilton), 169
Stoller, Manning, 215
Stop de Nic, 274-275
Stops, 272-279. *Véase también* Stops de protección
  de protección, 78-79
  en caso de catástrofe, 278-279
  en sistema de triple pantalla, 204-205
  en tendencias vs. en rangos de cotización, 81
  evitar niveles obvios para, 274
  fuera de la zona de «ruido de mercado», 273
  mental, 232-233
  mover en el sentido de la operación, 277-278
  operar sin, 253
  para proteger operaciones en beneficios, 277
  planificar, 268
  poner, 79
  propósito de, 254
  y brechas de un día para otro, 279
  y Rango Real Promedio, 120-121
Stops de protección, 78-80. *Véase también* Stops
  con colas de canguro, 88-89
  con MME, 101
  con RSI, 128
  definición, 78
  para reducir la exposición al riesgo, 260-261
  y señales del estocástico, 125-126
Stops de Rango Real Promedio (ATR), 120-121
Stops de volatilidad, 274
Stops en caso de catástrofe, 278-279
Stops en la zona de seguridad, 273
Stops fuertes, 278-279
Stops mentales, 232-233
Stops parabólicos, 274
Stops suaves, 278-279, 300
Suelos. *Véase también* indicadores específicos
  «culminante», 136
  en divergencias triples, 114
  en tendencias, 95
  y divergencias, 111
  para *commodities*, 240
Suerte del principiante, 41
Surowiecki, James, 58

Swing trading, 159, 161-165
    calificar operaciones en, 280
    con sistema impulso, 209
    datos de mercado para, 94-96
    horizontes temporales en, 209
    objetivos de beneficio en, 268-269, 271
    para *traders* principiantes, 96
    recoger beneficios en, 269
    stops en, 274

T

Tamaño de operaciones, 254
    Regla del 2% para, 254-259
    riesgo asociado al, 262-264
    Triángulo de Hierro del control del riesgo para, 255-256
Taylor, Lou, 5, 7, 42, 315
Techos, para *commodities*, 240
Temor, *véase* Miedo
Temperamento, 190
Tendencia neta de campo, *véase* Indicador Net Field Trend
Tendencias, 81-86. *Véase también* Tendencias a la baja; Tendencias al alza
    creadas por el público, 49
    decidir si operar o esperar, 85
    definición, 81
    efecto del soporte o resistencia en, 74
    en el borde derecho, 83
    en gráficos a largo plazo, 160
    en mercados de futuros, 240
    identificación de, 75, 83-84
    medias móviles indicando, 102
    NH-NL, 173
    psicología de, 59-62
        emociones en, 59-60
        repuntes y descensos, 60
        shocks en los precios, 61-62
        y psicología de masas, 81-82
        y psicología social, 62
    salud de, 78
    seguimiento de tendencias por asesores, 181
    tiempo pasado en rangos de cotización vs., 79
    tiempos de las operaciones y, 158
    y factor de cinco, 158-159
    y horizontes temporales de los mercados en conflicto, 85-86
    y niveles de los osciladores, 121-122
    y señal del estocástico, 125-126
    y señales objetivas para operaciones, 57
    y volumen de negociación, 133-135
Tendencias a la baja, 81-82
    acciones por encima de MM en, 176
    canal de *trading* durante, 214
    conducta colectiva que crea, 61
    divergencias alcistas durante, 111
    dolor y arrepentimiento en, 77
    en nivel de soporte, 74
    identificación de, 83
    indicadores de triple pantalla para vender al descubierto en, 202-203
    índice de fuerza, indicación de, 143-144
    NH-NL, 173-174
    osciladores en zona de sobreventa en, 122
    perfectas, 81
    picos de volumen en, 134-135
    posiciones abiertas durante, 152-153
    psicología de masas de, 81-82
    ruido en, 273
    sistema impulso en, 209
    volumen durante, 136
    y señales del estocástico, 125-126
Tendencias al alza, 81-82
    acciones por encima de la MM en, 176
    conducta colectiva creando, 59-60
    divergencias bajistas durante, 111-112
    dolor y arrepentimiento en, 76
    en el nivel de resistencia, 74
    identificación de, 83-84
    indicadores de la triple pantalla para comprar en, 202
    índice de fuerza, indicación de, 143-144
    NH-NL, 173-174
    operar con canales durante, 213-214
    osciladores en zona de sobrecompra, 121
    perfectas, 81
    picos de volumen en, 134-135
    posiciones abiertas durante, 152-153
    psicología de masas de, 81-82
    señales en, 273
    sistema impulso en, 209
    y señales del estocástico, 125-126
    y volumen de negociación, 136
Tendencias autodestructivas, 28-31
    apostar, 28-29
    autosabotaje, 29-30
    controlando, 30-31

y falta de ayuda mutua típica de las relaciones humanas en los mercados, 30
Teoría:
    de Dow, 69, 196
    del caos, 73
    del paseo aleatorio, 73-74
    de la opinión contraria, 181
Testeo:
    de preparación para el *trading*, 293-294
    de sistemas de *trading*, 191-192
    de-barra-en-barra, 192
    de sistemas con datos históricos, 215
    hacia adelante de sistemas, 192
TICK, 180
Ticks, 71
Tiempo, 131, 150-159
    ciclos, 154-155
    en el mercado, 158
    estaciones de los indicadores, 155-157
    factor de cinco, 158-159
Tipos de cambio, 244
Tocar fondo (principio de AA), 3-36
TR (Rango Real), 115
Trade Journal, 301-305. *Véase también* Diarios de operaciones
Traders. *Véase también* Psicología individual; Psicología de masas
    discrecionales, 190-191
    género de, 12
    institucionales, 52-53
        mánager de operaciones de, 264-265
        rendimiento de *traders* por cuenta propia vs., 264-265
        ventajas de, 52-53
    mecánicos, 189-190
    por cuenta propia, 51
        aislamiento de, 308-309
        antiguos *traders* institucionales como, 264
        competición contra *traders* institucionales, 52
        rendimiento de *traders* institucionales vs., 265
        una ventaja sobre *traders* institucionales, 281
    probabilidades en contra de, 13-17
        comisiones, 15
        deslizamiento, 16-17
        el *trading* como un juego de suma negativa, 14
        gastos, 15, 17
        horquilla de precios de compra y de venta, 17
    razones para practicar *trading*, 19-20
Traders de parqué, 48-49, 62, 241
Traders discrecionales, 190-191
Traders en futuros:
    compromisos de, como indicador, 183-186
    ratio de supervivencia de, 237
Traders indecisos, 46
Traders individuales, *véase Traders* por cuenta propia
Traders institucionales, 52-53
    CFD usados por, 235
    mánager de operaciones de, 264-265
    ventajas de, 52-53
Traders mecánicos, 189-190
Traders por cuenta propia, 51
    aislamiento de, 308-309
    antiguos *traders* institucionales como, 264
    competición contra *traders* institucionales, 52
    una ventaja sobre *traders* institucionales, 281
Trading, 9-17. *Véase también temas específicos*
    aprender habilidades para el, 307-309
    búsqueda de operaciones, 285-287
    comisiones en, 15
    como juego de suma negativa, 14
    deslizamiento en, 16-17
    establecimiento de objetivos de beneficio, 267-272
    establecimiento de *stops*, 272-279
        en caso de catástrofe, 278-279
        en *trading* con sistema de triple pantalla, 204-205
        evitar niveles obvios para, 274-277
        fuera de la zona de «ruido de mercado», 273
        mover en el sentido de la operación, 277-278
        para proteger operaciones en beneficios, 277
        y brechas de un día para otro, 279
    éxito en el, 10-11
    gastos de, 15, 17
    horquilla de precios de compra y de ventas en, 17
    identificación de operaciones de sobresaliente, 279-285
    preparación psicológica para, 293-294
    probabilidades en contra de los *traders* en, 13-17
        comisiones, 15
        deslizamiento, 16-17
        gastos, 15, 17
        horquilla de precios de compra y de venta, 17

psicología de, 11-13. *Véase también* Psicología de masas; Psicología individual
razones para, 19-20
reducir el estrés de, 308
y género de los *traders*, 12
Trading a corto plazo, 153, 155, 220
Trading a largo plazo (inversiones), 154
Trading con sistema de triple pantalla, 195-205
elección de horizonte temporal, 196-197
en *trading* intradía, 203-204
filtro de la corriente del mercado, 197-199
filtro de la ola del mercado, 199-201
filtro de la técnica de entrada, 201-202
indicadores de seguimiento de tendencias y osciladores, 195-196
índice de fuerza en, 146
señales del estocástico en, 125
stops y objetivos de beneficio en, 204-205
Trading emocional, 41-42, 247-248
riesgo empresarial, 252
y contar dinero en operaciones abiertas, 248
y no poder vender, 249-250
Trading en posiciones:
datos de mercado para, 94-96
objetivos de beneficio en, 270
stops en, 273
trading intradía vs., 95
Trading especulativo, en divisas, 244
Trading intradía, 159, 165-167
datos de mercado para, 94-95
horizonte temporal en, 158-159, 197, 203
objetivos de beneficio en, 268, 270
para tratar brechas de un día para otro, 279
sistema de triple pantalla en, 203-204
y aprender a operar, 96
Trading sobre papel, 192-195
Triángulo de Hierro del control del riesgo, 255-256
TRIN, 180
«Trocear la horquilla de precios de compra y de venta», técnica, 232
Two Roads Diverged: Trading Divergences (Alexander Elder), 112-114
Tyson, Mike, 247

U
Ulises, 58
Unstuff Your Life (Andrew J. Mellen), 289

V
Valor(es):
consenso de:
en el histograma MACD, 108-109
medias móviles como, 98-99, 105
precio como, 46-47, 127
y operaciones por encima/por debajo MME, 176-178
de opciones, 227
intrínseco de las opciones, 226-227
precios vs., 103-104
temporal de las opciones, 226-227
Valores de precios bajos, indicadores basados en volumen de, 180
Vanas ilusiones, 27
con el análisis gráfico clásico, 67-68
darle «más espacio» a las operaciones como, 278
y *stops*, 272
velas japonesas, Las (Steve Nison), 72
Vendedores, 46
de opciones, 226
expectativas de, 46
y posiciones abiertas, 149-150
Vendedores al descubierto, repuntes/descensos y, 60
Vender. *Véase también* activos negociados específicos
basándose en el miedo, 56-57
compromiso emocional en, 133
indicadores para, 111, *véase indicadores específicos*
no poder vender, 249-250
por *insiders*, 186
Venta al descubierto:
ganar dinero con, 221
índice de fuerza, indicador para, 146
señales del estocástico para, 126
stops con, 273-275
triple pantalla indicadores para, 201-203
zona de valor en, 104
Ventaja de la casa («La casa siempre gana»), 251
Ventaja del jugador, 251
Ventanas de análisis del pasado (índice nuevos máximos-nuevos mínimos), 175-176
Vince, Ralph, 251
Volatilidad, 220
líneas ATR mostrando, 120
medir la, 220
y amplitud de canal, 210-211
Volumen, 131-153
conducta colectiva reflejada en, 47
de las acciones de menos de un dólar, 183-184

en zonas de soporte y resistencia, 77-78
indicadores basados en el volumen, 136-153
    acumulación/distribución, 139-142
    índice de fuerza, 142-148
    posiciones abiertas, 149-153
    Volumen On-Balance, 137-139
«máximo» y «mínimo», 137
media móvil de, 102
medir, 133
y liquidez, 219-220
y psicología colectiva, 133-135
y rupturas reales vs. falsas, 80
Volumen «alto», 135-136
Volumen «bajo», 135-136
Volumen de *ticks*, 133
Volumen diario, 131
Volumen On-Balance (OBV), 137-139
    señales de oportunidad de inversión, 137-138
    y psicología colectiva, 137
Vuelcos inesperados, 100-102, 106, 114, 118, 123, 156, 196, 205, 272, 274, 304

W
Wall Street, 32, 42, 45, 56, 97, 136, 181, 272
Wall Street Journal, The, 32, 65, 69, 183, 245
Weissman, Richard, 189
Wilder, J. Welles, Jr., 115, 127
Williams, Larry, 139
Winner Take All (William R. Gallacher), 26

Y
Yahoo Finance, 220

Z
Zona de congestión, 74-75, 77-79
Zona de sobrecompra:
    brechas en operaciones de un día para otro, 271
    como señal del estocástico, 125-126
    niveles de osciladores, 121-122
    niveles del RSI, 127
Zona de sobreventa:
    como señal del estocástico, 125-126
    niveles de osciladores, 121-122
    niveles del RSI, 127
Zona de valor, 103-104, 210-211, 268-271
Zonas de recogida de beneficios, para opciones, 232
Zonas horarias:
    trading en, 220-221
    y análisis de datos de mercado, 94-95

ÍNDICE

Prólogo 7

Introducción 9
1. El *trading*: la última frontera 9
2. La psicología es la clave 11
3. Las probabilidades en su contra 13

PRIMERA PARTE

Psicología del individuo 19
4. ¿Por qué practicar el *trading*? 19
5. La realidad frente a la fantasía 20
6. Las tendencias autodestructivas 28
7. La psicología del *trading* 31
8. Lecciones de Alcohólicos Anónimos para el *trading* 33
9. Perdedores anónimos 35
10. Ganadores y perdedores 40

SEGUNDA PARTE

Psicología de masas 45
11. ¿Qué es el precio? 46
12. ¿Qué es el mercado? 48
13. El panorama actual del *trading* 51
14. El público en el mercado y usted 55
15. La psicología de las tendencias 59
16. La gestión frente a la formulación
    de predicciones 63

TERCERA PARTE

Análisis gráfico clásico 67
17. El chartismo 68
18. El soporte y la resistencia 74
19. Las tendencias y los rangos de cotización 81
20. Las colas de canguro 86

CUARTA PARTE

Análisis técnico por ordenador 91

21. Los ordenadores en el *trading* 92
22. Medias móviles 97
23. La convergencia-divergencia de medias móviles (MACD): líneas e histograma MACD 105
24. El sistema direccional 115
25. Los osciladores 121
26. El estocástico 122
27. El Índice de Fuerza Relativa 127

QUINTA PARTE

Volumen y tiempo 131

28. El volumen 131
29. Indicadores basados en el volumen 136
30. Índice de fuerza 142
31. Las posiciones abiertas 149
32. El tiempo 154
33. Los horizontes temporales del *trading* 159

SEXTA PARTE

Indicadores generales del mercado 169

34. El índice nuevos máximos-nuevos mínimos (NH-NL) 169
35. Acciones por encima de la media móvil de cincuenta días 176
36. Otros indicadores del mercado de valores 178
37. Indicadores de consenso y de compromiso 180

SÉPTIMA PARTE

Sistemas de inversión 189

38. Testeo de sistemas, simulación de inversiones y los tres requisitos clave de toda operación 191
39. El sistema de *trading* de triple pantalla 195
40. El sistema impulso 205
41. Los sistemas de *trading* de canales 210

OCTAVA PARTE

Vehículos de inversión 219

42. Las acciones 221
43. Los fondos de inversión cotizados (ETF) 222
44. Las opciones 225
45. Los contratos por diferencias (CFD) 234
46. Los futuros 236
47. El *forex* 244

NOVENA PARTE   **Gestión del riesgo** **247**

    48. Las emociones y las probabilidades 247
    49. Las dos reglas principales de la gestión del riesgo 252
    50. La regla del 2% 254
    51. La regla del 6% 259
    52. Recuperarse después de una debacle 262

DÉCIMA PARTE   **Detalles prácticos** **267**

    53. Cómo establecer objetivos de beneficio:
        la palabra mágica es *suficiente* 267
    54. Cómo establecer *stops*: aprenda a no hacerse
        ilusiones vanas 272
    55. ¿Es esta una operación de sobresaliente? 279
    56. Buscar operaciones potenciales 285

UNDÉCIMA PARTE   **Cómo llevar un buen registro** **289**

    57. Sus deberes diarios 290
    58. La creación y evaluación de planes operativos 295
    59. El diario de operaciones-*Trade Journal* 301

CONCLUSIÓN   **Un viaje sin fin: cómo seguir aprendiendo** **307**

    Bibliografía y otras fuentes 311
    Agradecimientos 315
    Acerca del autor 317
    Índice de contenidos 319